ESG경영

ESG경영

24명의 전문가들과 함께 살펴보는 ESG경영의 모든 것!

김영기 · 홍승렬 · 최효근 · 이승관 · 김세진 · 박옥희 · 전수진 · 이장우 · 조재익 · 박상문 · 이성몽 · 장승환
임진혁 · 임은조 · 양석균 · 강미영 · 김남식 · 김재우 · 권영우 · 김영대 · 권오선 · 이상은 · 이준호 · 이윤한

기업경영의 최대 화두, 새로운 패러다임으로 부상하고 있는 ESG

ESG는 기업경영에 있어 재무성과뿐 아니라 비재무적 요소를 고려하여
지속가능한 경영환경을 만들자는 의미가 담겨 있다.

서문

■ 뉴 패러다임으로 부상하는 ESG

ESG는 Environment(환경), Social(사회), Governance(지배구조)의 영문 첫 글자를 조합한 단어이다. 여기서 Environment는 기업의 친환경 경영, Social은 기업의 사회적 책임, Governance는 기업의 투명한 지배구조를 의미한다.

지구촌의 인류가 당면하고 있는 기후변화 위기나 코로나19와 같은 펜데믹 위기에 공동으로 대처하기 위하여 각 국가뿐만 아니라 기업경영에서도 재무적인 매출이나 이익만을 고려하여 무분별하게 기업을 경영하지 않고 인류가 함께 공존하기 위해 친환경적인 기업경영, 기업의 사회적 책임, 기업의 투명한 지배구조를 통하여 지속가능한 경영환경을 만들자는 취지가 담겨 있다.

■ 2021년 기업경영의 최대의 화제로 떠오른 'ESG경영'

　기업 입장에서 보면, 이러한 ESG의 개념적인 의미보다는 ESG가 기업에 어떠한 영향을 미치는지 그 실질적 의미가 더 중요할 것이다. ESG는 기업이 지속가능한 비즈니스를 달성하는 데 필요한 세 가지 핵심 요소이며, 재무제표에는 직접적으로 보이지 않아도 기업의 중장기 기업가치에 막대한 영향을 주는 비재무적 지표로 정의해볼 수 있다. 정리하면 ESG는 환경, 사회, 지배구조라는 단어의 조합이지만, 숨은 키워드는 바로 기업의 지속가능성, 기업가치, 그리고 비재무적 성과지표라고 할 수 있다.

　우리 사회는 디지털 트랜스포메이션으로 명명되는 4차 산업혁명 시대 속에서 패러다임이 급속히 변화되고 있다. 인공지능을 중심으로 빅데이터, 클라우드, 블록체인, 자율주행, 사물인터넷, 로봇, 드론, 가상현실 등의 기술로 구현되고 있는 4차 산업혁명 시대는 이미 우리 생활 속에 깊숙이 들어와 빠른 속도로 세상을 변화시키고 있다. 예전에 상상만 하던 디지털 첨단기술로 무장한 미래 사회가 눈앞에 성큼 다가온 것이다.

　한편 2020년부터 현재까지 전 세계를 공포 속에 몰아넣고 있는 코로나19는 인간이 얼마나 나약한 존재인지 알려주었고, 위기는 언제든지 찾아올 수 있다는 것을 경고하고 있다. 이러한 바이러스의 침투는 일시적인 것이 아니라 일상화되어 팬데믹 시대를 예고하고 있으며, 우리

생활 속에서 엄청난 영향력을 미치고 있는 포스트 코로나 시대 및 위드 코로나 시대를 예고하고 있다.

■ **ESG경영의 미래**

기업의 참다운 사회적 기능은 기업 윤리를 통해서 사회적 책임을 다하는 데 있다고 볼 수 있다. 앞으로의 시장에서 기업이 살아남기 위해서는 단순히 영리 집단으로 해야 할 역할뿐 아니라 그 이상의 것, 즉 사회의 환경 변화에 적절히 대응할 능력과 행동력을 갖추어야 할 것이다.

기업의 안정적 발전은 일시적인 이윤의 창출에 있는 것이 아니라 장기적으로 기업이 이윤을 끊임없이 추구할 수 있는 건전한 사회를 육성하는 것에 있다는 사실을 알고 있는 미국 등 주요 선진국들은 이미 ESG와 관련된 법규를 제정, 강화하고 있으며 국제적 표준화 작업도 서두르고 있다. 우리나라도 기업의 신뢰도를 제고하고 사회적 책임을 강화하기 위해 기업, 정부, 이해관계자가 모두 하나 되어 한 발짝 더 앞으로 나아가는 사회적 책임을 다하는 모습을 보여주었으면 좋겠다.

2021. 09. 30.

대표저자 김영기 외 23명 dream

ESG management

Contents

01 ESG경영의 개념과 접근방향성 김영기   012

뉴 패러다임으로 부상하는 ESG경영 • 014 | ESG경영이란 무엇인가? • 016 | ESG경영의 유래와 진화 • 019 | 기업경영의 패러다임변화 • 024 | ESG경영의 필요성과 중요성 • 027 | ESG경영의 본질과 경영활동 방향성 • 030 | ESG경영사례 • 032 | ESG경영의 미래 • 034

02 경영의 가치를 다시 생각한다, ESG 홍승렬   040

왜, ESG경영을 말하는가? • 042 | 글로벌투자는 ESG로 몰린다 • 046 | ESG소비와 제로웨이스트 • 051 | 기업경영의 균형적 가치 • 057

03 ESG경영, SDGs 기후변화대응으로 실천 최효근   064

들어가며 • 066 | 기후변화의 정의 • 067 | 기후변화대응 • 069 | 마무리 • 084

04 ESG경영을 통한 중소기업의 기업가치 제고전략 이승관   090

ESG경영트렌드의 이해 • 092 | ESG경영의 산업구조 대응방안 • 096 | 제4차 산업혁명 시대와 ESG경영의 전략적 대응 • 097 | ESG경영활용을 통한 기업가치제고 전략 • 103 | ESG경영이 우리에게 가져다주는 시사점 • 105

05 유통업의 친환경경영 김세진   112

유통기업의 뉴 패러다임 • 114 | 유통업계의 친환경성과 • 117 | 유통업계의 친환경패키지 혁명 • 121

06 사람과 ESG경영 박옥희   132

프롤로그 • 134 | 주목해야 할 인권 이슈는? • 136 | WLB 관련 법률 및 현 제도는? • 141 | WLB의 정부지원과 노력 • 146 | 이젠 기업이 화답할 때 • 150

07 ESG경영의 첫발은 ISO인증 전수진   156

들어가며 • 158 | 기업경영 패러다임의 변화 • 158 | 국내 주요기관의 ESG평가방식 • 160 | ESG 평가와 ISO인증 • 168

08 가스화재폭발 사고예방과 ESG안전경영 이장우   184

가스안전 ESG안전경영의 필요성 • 186 | 가스안전과 ESG안전경영 실천 • 187 | 가스사고 통계분석과 ESG안전경영 실천 • 190 | 가스안전 ESG안전경영의 기대효과 • 202

09 CSR에서 ESG로 조재익   208

들어가며 • 210 | CSR의 이해 • 211 | ESG의 이해 • 214 | ESG의 미래 • 219 | 나가며 • 221

10 떠오르는 ESG, 비즈니스 기회로 활용하라! 박상문   226

들어가며 • 228 | 우리 앞에 훅 다가온 ESG • 229 | 더는 미룰 수 없는 환경(Environment) • 237 | CSR에서 더욱 진화한 사회(Social) • 243 | 기업의 품격을 높일 수 있는 지배구조(Governance) • 245 | ESG, 우리 기업에 또 다른 기회 • 246

11 ESG경영, 탄소배출, 지배구조, ESG금융 사례 이성몽   254

ESG경영 vs ESG금융 • 256 | 탄소배출 in ESG(환경·사회·지배구조) • 259 | 사회적 책임 in ESG(환경·사회·지배구조) • 265 | 지배구조 in ESG(환경·사회·지배구조) • 266 | ESG금융사례 • 270

12 ESG경영의 대두와 이론적 고찰 장승환   278

ESG의 주요 개념 • 280 | ESG선행연구 • 286 | ESG경영사례 • 291

13 지속가능발전목표(SDGs)와 ESG 경영 임진혁   302

지속가능발전목표(SDGs) • 304 | 지속가능경영 • 314 | ESG경영을 위한 기업의 행동지침 • 318

14 ESG의 핵심은 브레인 임은조 — 328

ESG의 이해 • 330 | ESG경영철학을 가진 기업가 • 334 | ESG경영과 뇌 • 339

15 중소기업 ESG경영 어떻게 접근할까? 양석균 — 346

들어가며 • 348 | ESG, ESG경영이란 무엇인가? • 350 | ESG경영 추진사례 • 354 | ESG경영 실정사례 • 362 | 중소기업 ESG경영의 필요성 • 363 | 중소기업의 ESG경영, 어떻게 준비하여야 하나? • 366 | 영속기업으로 가기 위한 출발점으로 ESG경영 • 383

16 누구나 쉽게 따라 하는 ESG투자 강미영 — 390

금융시장의 이해 • 392 | 새로운 패러다임이 온다 • 396 | ESG기업에 투자해야 하는 이유 • 400 | 쉽게 따라 하는 ESG투자 • 406 | 마무리하며 • 413

17 기업과 사회의 공유가치 – CSR활동 김남식 — 418

ESG(환경Environment, 사회Social, 지배구조Governance)와 기업윤리(Business Ethics), 기업의 사회적 책임(CSR: Corporate Social Responsibility) • 420 | CSR활동이 사회에서 주목받는 이유 • 422 | CSR활동이 소비자 행동(Consumer Behavior)에 미치는 영향 • 425 | CSR활동이 기업성과에 미치는 영향 • 428 | CSR활동을 위한 전략적 시사점 • 432

18 ESG, 글로벌 트렌드를 거스를 수는 없다 김재우 — 438

왜 모든 글로벌 기업들이 ESG인가? • 440 | 모두가 ESG로 바삐 움직이는 이유 • 443 | ESG에서 더 중요한 분야가 있다 • 447 | 앞으로의 ESG • 449

19 인공지능을 활용한 ESG 경영 전략 권영우 — 454

광범위한 ESG성과 측정지표 • 456 | 인공지능을 활용한 ESG경영 전략방향 • 468 | 결론 • 474

20 창업에서 ESG도입이 가능한가? 김영대 — 480

들어가며 • 482 | 2010년 ESE전략이 2021년 ESG경영으로 • 484 | 창업에도 ESG경영 도입이 가능한가? • 492

21 ESG경영과 지속가능경영의 실제 권오선 504

ESG경영의 개요 • 506 | ESG경영의 목표와 추진전략 • 510 | ESG경영의 실천사례와 시사점 • 518 | ESG경영과 지속가능경영의 실제 • 529

22 ESG경영과 사회적 경제 이상은 536

ESG경영과 사회적 경제 • 538

23 마켓5.0 시대 환경과 지속성장은 이제 필수불가분의 관계다 이준호 564

마켓의 패러다임의 전환시대에 ESG는 무엇인가? • 566 | 2021 P4G 서울 녹색미래정상회의는 ESG 신경영기법이 정착되어야 하는 이유를 제시 • 567 | 5대 시중은행 주요 ESG 전략방향 엿보기 • 568 | 기업들에 ESG마케팅의 행동주의가 일어나는 이유 3가지 • 569 | 사회공헌의 새로운 트렌드 ESG마케팅 • 570 | 성숙한 CEO가 환경문제, 사회공헌, 윤리경영 통해 ESG트렌드를 선도한다 • 572 | 비재무적 성과지표의 가치중요성으로 급부상한 ESG트렌드 엿보기 • 574 | 왜 CSR마케팅보다 ESG마케팅이 중요한가? • 576 | ESG평가 핵심지표를 지향점으로 기업이 진화하고 있는가? • 579 | ESG산업과 스타트업 투자초점으로 파이를 키워가는 시대 • 581 | 사회적 편익과 사회적 비용으로 시장규모를 키워가는 리더기업들 엿보기 • 582 | 무분별하게 버려지는 플라스틱 커피 컵, 올바른 분리배출로 시민의식 선도하는 스타트기업 이노버스의 '쓰샘' • 585 | ESG기업들의 지속가능경영을 위한 팁 • 587

24 CSR경영과 공급망 CSR지침 이윤한 594

CSR경영의 현황 • 596 | 공급망 CSR의 배경과 목적 • 597 | 공급망 CSR의 구성 • 597 | 공급망 CSR의 내용 • 602

01

ESG경영의 개념과 접근방향성

김영기

1. 뉴 패러다임으로 부상하는 ESG경영

최근 뉴스보도를 보면 ESG라는 키워드가 매일 등장하기도 하지만 갑작스럽게 너무 많이 등장하다 보니 ESG에 대한 궁금증이 있을 것이다. 2020년까지는 일부 대기업이나 연기금 같은 공공기관만이 해당하는 것으로 알고 있었는데 2021년 들어와 중소·중견기업까지 확대되면서 기업경영에서 필수적인 중요한 키워드로 인식하기 시작했다.

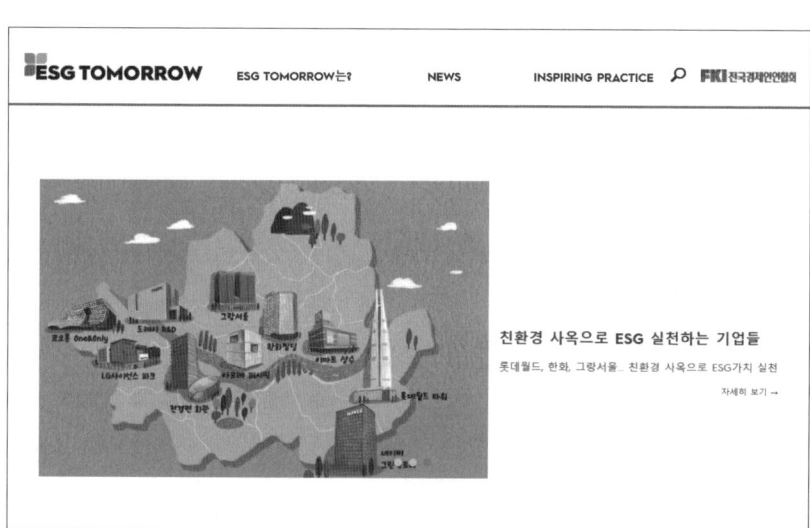

▲ 'ESG 투모로우' 홈페이지 메인화면

전국경제인연합회는 2021년 8월 16일, 60주년 기념으로 'ESG 투모로우'(http://www.esgtomorrow.co.kr)라는 사이트를 개설하고 국내외 ESG 경영 우수사례 소개와 ESG 관련 조사연구자료 게재, 기업의 지속가능경영 공시, 환경 공시 등의 분석자료를 제공한다고 하였다.

▲ 「중소·중견기업 CEO를 위한 알기 쉬운 ESG」 표지

그리고 2021년 7월 22일 대한상공회의소는 삼정KPMG와 공동으로 『중소·중견기업 CEO를 위한 ESG』라는 가이드북을 발간하여 중소기업과 중견기업 CEO들이 빠르게 확산하는 ESG경영 패러다임에 신속히 대응할 수 있도록 하였다. 이 가이드북에는 주요 ESG정보공개 가이드라인과 함께 글로벌 선진기업의 사례 등이 담겼으며 대기업보다 정보와 자원이 부족한 중소·중견기업의 ESG경영전략 수립에 실질적인 도움을 줄 수 있다.

또한, 2021년 6월 23일 국가기술표준원과 한국표준협회는 『ESG 경영·평가 대응을 위한 ISO·IEC 국제표준 100선 가이드』를 발간하고 글로벌 트렌드로 부상하고 있는 ESG를 ISO·IEC 국제표준으로 대응하자고 제안했다.

▲ 『ESG 경영·평가 대응을 위한 ISO·IEC 국제표준 100선 가이드』 표지

2. ESG경영이란 무엇인가?

ESG는 환경(Environment), 사회(Social), 지배구조(Governance)의 영문 첫 글자를 조합한 단어이다. 여기서 Environment는 기업의 친환경 경영, Social은 기업의 사회적 책임, Governance는 기업의 투명한 지배구조를 의미한다.

지구촌의 인류가 당면하고 있는 기후변화 위기나 코로나19와 같은 펜데믹 위기에 공동으로 대처하기 위하여 각 국가뿐만 아니라 기업경영에서도 재무적인 매출이나 이익만을 고려하여 무분별하게 기업을 경영하지 않고 인류가 함께 공존하기 위해 친환경적인 기업경영, 기업의 사회적 책임, 기업의 투명한 지배구조를 통하여 지속가능한 경영환경을 만들자는 취지가 담겨 있다.

기업 측면에서 보면, 이러한 ESG의 개념적인 의미보다는 ESG가 기업에 어떠한 영향을 미치는지 그 실질적 의미가 더 중요할 것이다. ESG는 기업이 '지속가능한' 비즈니스를 달성하기 위한 세 가지 핵심요소이며, 재무제표에는 직접 보이지 않아도 기업의 중장기 기업가치에 막대한 영향을 주는 비재무적 지표로 정의할 수 있다.

정리하면 ESG는 환경, 사회, 지배구조라는 단어의 조합이지만, 숨은 키워드는 바로 기업의 지속가능성, 기업가치, 그리고 비재무적 성과지표라고 할 수 있다.

ESG(Environment, Social and Governance)경영이란 기업경영에서 평가의 대상이 되었던 기존의 재무적인 요인뿐만 아니라 기업의 비재무적 요소인 환경(Environment), 사회(Social), 지배구조(Governance)를 투자의사 결정 시 경영 평가하겠다는 의미이다.

투자의사 결정 시 '사회책임투자' 혹은 '지속가능투자'의 관점에서 기업의 재무적 요소들과 함께 고려한다. 사회책임투자란 사회적·윤리적 가치를 반영하는 기업에 투자하는 방식으로 기업의 재무적 성과만을 판단하던 전통적 방식과 달리, 장기적 관점에서 기업가치와 지속가능성에 영향을 주는 ESG(환경·사회·지배구조) 등의 비재무적 요소를 충분히 반영해 평가한다. 기업의 ESG성과를 활용한 투자방식은 투자자들의 장기적 수익을 추구하는 한편, 기업행동이 사회에 이익이 되도록 영향을 줄 수 있다.

지속가능한 발전을 위한 기업과 투자자의 사회적 책임이 중요해지면서 세계적으로 많은 금융기관이 ESG평가정보를 활용하고 있다. 2000년에 영국을 시작으로 스웨덴, 독일, 캐나다, 벨기에, 프랑스 등 여러 나라에서 연기금 중심의 ESG정보 공시의무제도를 도입했고 유엔(UN)은 2006년 출범한 유엔책임투자원칙(UN PRI)을 통해 ESG이슈를 고려한 사회책임투자를 장려하고 있다.

2021년 1월 14일 금융위원회는 우리나라도 오는 2025년부터 자산총액 2조 원 이상 유가증권시장 상장사의 ESG공시 의무화가 도입되며, 2030년부터는 모든 코스피상장사로 확대된다고 발표하였다. 이로써 비재무적이고 친환경적인 사회적 책임활동이 기업가치를 평가하는 주요지표로 자리매김하게 되었다.

3. ESG경영의 유래와 진화

2021년 기업경영 최대의 화두로 떠오른 ESG경영은 언제부터 시작되었을까?

2021년 3월 30일 자 한경비즈니스에 의하면, 사실 ESG는 완전히 생소한 개념은 아니다. ESG는 거슬러 올라가면 산업혁명 시대에서 뿌리를 찾아볼 수 있다. 이 시기에 일산화탄소와 아동노동이 이슈가 되면서 기업경영이 환경과 사회에 해를 끼치지 말아야 한다는 공감대가 형성되었으며 이후 글로벌규약들이 만들어지고 환경경영, 윤리경영, 지속가능경영 등이 강조되어왔다. 특히 지속가능경영은 ESG의 더욱 근원적인 개념으로 오늘날 ESG는 지속가능경영과 사회적 책임(CSR)이 진화하고 규범화·제도화된 것으로 이해할 수 있다.

지속가능성(Sustainability)은 현세대의 필요를 충족시키기 위해 '미래세대'가 사용할 경제·사회·환경자원을 낭비하거나 여건을 저하하지 않고 서로 '조화와 균형'을 이루는 것을 의미한다. 경제·사회·환경의 트리플바텀라인(Triple Bottom Line)으로 세 요소가 균형을 이루는 지속가능한 발전의 개념이 부상하면서 1972년 로마클럽은 『성장의 한계』라는 보고서에서 자원·인구·식량·환경오염 등의 문제를 지적했고 인류가 지속하기 위해서는 성장보다 발전에 방점을 찍어야 한다고 강조했다. 경제적 성장에 더해 환경과 사회와 더불어 잘 사는 조화와 균형이 지속가능한 발전의 핵심이며 지속가능한 발전을 위한 기업의 3대 책임이 CSR에 해당한다.

세계적인 차원에서 지속가능한 발전이 의제로 등장한 것은 1987년에 유엔환경계획(UNEP)과 세계환경개발위원회(WCED)가 공동으로 채택한 『우리 공동의 미래(Our Common Future)』라는 보고서이다. 일명 브룬트란트 보고서라고 불리는 이 보고서에서는 지속가능한 발전을 '미래세대에게 필요한 자원과 잠재력을 훼손하지 않으면서, 현세대의 수요를 따르기 위해 지속해서 유지될 수 있는 발전'으로 정의하고 있다. 그리고 인류가 빈곤과 인구증가, 지구 온난화와 기후변화, 환경파괴 등의 위기에 직면해 앞으로 대재앙이나 파국을 맞이하지 않고도 경제를 발전시키기 위해서는 지속가능한 발전으로의 패러다임 전환이 필요하다고 주장했다.

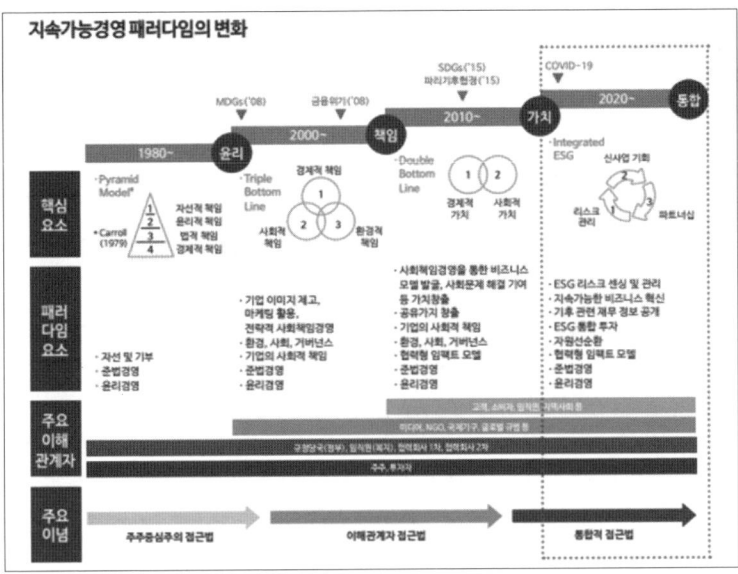

출처: 「지속가능경영, ESG 경영으로의 전환을 위한 기업들의 전략적 접근 방안」,
Deloitte Insights, 2020.11.26.

1992년 유엔환경개발회의(UNCED)와 리우회의에서 지속가능한 발전이 글로벌차원으로 논의되고 178개국 정상들이 참여한 환경과 개발에 관한 리우선언에는 세계 3대 환경협약이 포함되었는데 기후변화협약(CO_2 등 온실가스감축), 생물다양성협약(생태계보존), 사막화방지협약(사막화 방지, 물 문제 해결) 등 3대 환경협약은 현재 ESG의 E 영역에서 글로벌가이드라인 평가의 축을 이룬다. 또한 기후변화협약(UNFCCC)은 교토의정서(1997년)를 지나 파리기후변화협약(2015년)으로 기후변화와 환경어젠다를 이어왔다.

노동문제와 관련해서는 1998년 국제노동기구(ILO)에서 강제노동의 철폐, 아동노동의 폐지를 비롯한 4대 원칙을 발표했다. 앞서 나이키 협력사의 아동노동사태가 불매운동으로 이어지자 백악관에서 태스크포스(TF)를 설치해 세계적인 인권·노동의 원칙을 마련한 것으로 이 또한 ESG 중 S의 노동부문에서 글로벌가이드라인으로 작용하고 있다. 지속가능한 발전의 개념은 이후 2002년 지속가능발전세계정상회의(WSSD)에서 21세기 인류의 보편적인 발전전략을 함축하는 개념으로 정착되었다.

GRI는 기업의 지속가능경영보고서에 대한 가이드라인을 제시하는 비영리 기구로 발데즈원칙을 만든 미국의 환경단체 세레스(CERES)와 UNEP 등이 주축이 되어 1997년 설립되었다. GRI의 핵심은 지속가능성 보고표준으로 지난 20년 동안 지속해서 개발되어왔으며 2000년에 첫째 가이드라인을 발표한 데 이어 2016년 최초의 글로벌지속가능성 보고표준인 GRI표준을 정립했다. GRI표준은 경제·환경·사회부문으로 나눠 기업이나 기관의 지속가능성을 평가하기 위한 지표를 설정하고 전 세계에서 1만5402개 조직이 GRI가이드라인에 따라 지속가능경영보고서(ESG보고서)를 발간하고 있다.

GRI(Global Reporting Initiative)

	Topic	Key Indicators
일반	조직 프로필	조직명, 제품·서비스, 위치, 규모, 근로자 정보, 공급망, 외부 이니셔티브, 가입 협회
	전략	의사결정권자 성명서, 주요 영향·위험·기회
	윤리 및 투명성	조직의 행동규범, 자문 및 신고 메커니즘
	거버넌스	최고 거버넌스 구조, 기능, 역할, 평가, 보수
	이해관계자 참여	이해관계자 목록·식별·이슈 대응, 단체협약 적용 비율
	보고 관행	보고 주체, 보고 내용 결정 방법, 중대 토픽, 보고 상세 정보, GRI Standard 부합 방법, GRI Index, 외부 검증
경제	경제성과	직접적 경제 가치, 기후변화의 재무적 영향
	시장지위	주요 사업장 성별 기본 초임 임금 비율
	간접 경제 영향	사회기반시설 투자의 간접 경제효과
	조달 관행	현지 공급업체에 지급하는 지출 비율
	부패방지/공정경쟁관행	부패방지/공정경쟁관행 관련 법적 조치
	조세	조세 접근법 및 국가별 조세 보고
환경	원재료	사용한 원재료의 중량이나 부피
	에너지	조직 내외부 에너지 소비 및 에너지 집약도
	용수 및 폐수	용수 사용 및 배출량
	생물다양성	생물다양성 보존 활동
	배출	Scope 1,2,3의 온실가스 배출량
	폐기물	총 폐기물 중량
	환경법규 준수	환경 법규 위반으로 인한 벌금
	공급망 환경 평가	공급망 내 부정적 환경영향 및 조치
사회	고용	신규 채용 및 임직원 이직률, 육아휴직
	노사 관계	경영상 변동 최소 통지 기간
	직업상 안전보건	산업안전보건관리 시스템 및 임직원 보건
	훈련 및 교육	근로자 훈련, 임직원 기술 향상 프로그램
	다양성 & 동등 기회	임직원의 다양성, 남녀 보수 비율
	차별금지	차별 사건 수
	결사 및 집회의 자유	결사의 자유 침해 리스크 파악
	아동노동	아동노동발생 위험 파악
	강제노동	강제노동의 발생 위험 파악
	안전 관행	인권 정책 훈련을 받은 보안요원
	원주민 권리	원주민 권리 침해 사건의 수 및 조치
	인권 평가	인권영향평가 사업 장 식별 및 임직원 교육
	지역사회	지역사회 참여, 영향평가, 개발 프로그램
	공급망 사회 평가	공급망의 사회 부정적 영향 및 조치
	공공 정책	정치 기부금
	소비자 안전 및 보건	제품·서비스의 안전 및 보건 영향 평가
	마케팅 및 라벨링	제품·서비스의 마케팅 규정 위반 사건
	고객 사생활 보호	고객개인정보보호 위반 및 불만사항 수
	사회경제 법규 준수	사회 및 경제적 법규 위반 건수

출처:「지속가능경영, ESG경영으로의 전환을 위한 기업들의 전략적 접근 방안」, Deloitte Insights, 2020.11.26.

4. 기업경영의 패러다임변화

대한상공회의소와 삼정KPMG가 발간한 『중소·중견기업 CEO를 위한 알기 쉬운 ESG』는 "기업을 둘러싼 다양한 이해관계자들의 ESG경영요구가 잘 받아들여지지 않으면 어떻게 될까? 이는 기업의 기업가치 유지와 비즈니스의 지속성에 상당한 리스크로 작용할 것이다. 이와 반대로 ESG에 대한 이해관계자들의 요구가 잘 반영된 기업의 경우 제품과 서비스에 고객들의 관심이 커질 뿐만 아니라, 투자가 확대되고, 자본조달비용 감소로 이어져 기업가치의 상승으로 이어질 것이다. 이것이 바로 현재 진행되고 있는 새로운 경영의 패러다임이다. 이제는 기업이 재무성과뿐만 아니라 ESG와 같은 비재무적 성과를 함께 달성해야만 기업의 가치가 극대화되는 방향으로 나아갈 수 있다."고 지적하고 있다.

2021년 5월 6일 데일리포스트 송협 기자는 인사이드 경제정책 포럼 박인석 선임 연구원의 말을 다음과 같이 전했다. "ESG를 갖추지 않은 기업은 더 이상 생존하기 어려운 기류로 흐르고 있습니다. ESG는 단순히 사회공헌 활동이나 사회적 기업만을 강조하지 않고 국가와 인간, 더 넓은 의미로는 인류와 미래를 담보하기 위한 키워드라고 할 수 있습니다. 때문에 ESG는 장기적으로 기업가치와 지속가능성에 영향을 주는 기업의 핵심기준으로 반영되고 있습니다."

지난 2000년 영국은 연기금을 대상으로 ESG공시 의무화제도를 신설하고 나섰다. 전 세계의 무대에서 최초의 ESG의 신호탄이었으며 이어 스웨덴과 독일, 벨기에, 그리고 프랑스가 뒤따르면서 ESG는 유럽 전역으로 급속도로 번져나갔다.

영국을 기폭제로 유럽 전역에서 확산된 ESG는 사실 영국의 연기금을 대상으로 ESG공시 의무화제도 신설을 통해 본격화하기 전까지만 하더라도 실행도 못 한 채 구성안만 만지작거리던 천덕꾸러기였다.

실제로 ESG의 첫 시작점은 지난 2006년 유엔책임투자원칙(UN PRI)을 통해 언급되며 기업의 사회책임투자 장려에서 비롯되었지만, 궤도에 오르기까지 무려 10년 넘게 유명무실했다.

애초 영국의 연기금을 대상으로 시작된 ESG는 점진적으로 기업에 스며들기 시작했다. 그렇다면 전 세계의 기업들은 왜 ESG경영강화를 위해 가속도를 붙이고 있을까?

사실 알고 보면 이유는 아주 간단하다. 그동안 기업들이 기업의 이익을 사회에 일정 정도 환원하는 이른바 '기업나눔활동'이 1차원적 사회공헌방식이라면 ESG는 사회적 기업의 한계를 뛰어넘는 입체적인 사회공헌이기 때문이다.

지난 2019년 세계경제포럼에서 10년 전 발생가능성과 영향력 측면에서 내다본 글로벌기업의 핵심은 재무적 리스크였다. 하지만 ESG가 본격화되면서 ESG 관리수준이 높은 기업은 낮은 기업과 비교할 때 상대적으로 고위험과 영향을 받는 체계적 위험에서 낮은 것으로 나타났다.

기업의 체계적 리스크 역시 ESG기업의 능력이 뛰어났다. 실제로 에너지효율을 추구한 ESG기업의 경우 에너지가격 폭등으로 비용부담이 높아지더라도 대응이 유연하다는 시각이 지배적이다.

2021년 4월 22일, 지구의 날을 기념하여 전 세계 40개국의 정상이 화상으로 기후정상회의를 가졌다. 미국의 바이든 대통령은 2030년까지 온실가스배출량을 절반으로 감축시키겠다는 목표를 다시 한번 확인하는 등 각국의 정상들이 환경보호를 위한 정책들을 발표하였으며 그동안 전 세계적으로 여러 차례의 기후협약과 논의가 있었지만, 이제 더 이상 뒤로 미룰 수 없다는 사실에 모든 국가가 동의했다.

전 세계적인 정책 기조에 덧붙여 환경에 대한 일반시민들의 관심 또한 높아지면서 기업들도 더는 환경문제를 외면할 수 없게 되었으며 이제 기업들은 단순이윤창출 이외에도 사회적인 책임과 환경보호를 위한 적극적인 행동을 요구받게 되었다.

5. ESG경영의 필요성과 중요성

그동안 기업은 이윤창출을 위한 집단으로서 빠른 경제적 성장을 최우선과제로 생각해왔지만, 그로 인해 환경오염, 사회적 불평등, 경영상의 위법행위, 정경유착 등의 부작용이 심화하였다.

이전에는 기업이 가진 거대자본으로 이러한 문제점이 드러나지 않도록 숨겨왔으나, 인터넷이 발전하고 개인들이 집단활동을 시작하면서 기업경영문제점을 지적하는 목소리를 덮는 것이 어려워졌다. 게다가 이들이 단순 비판에 그치지 않고 집단불매운동이나 주식투자를 통해 직접 기업에 압박을 가하면서 기업도 더는 외면할 수 없게 된 것이다.

ESG경영을 요구하는 개인들의 목소리가 커졌다고 해도 국가의 정책적인 압력이 없다면 아무런 효과가 없었을 것이다. 다행스럽게도 전 세계적인 규모로 기업에 ESG경영을 요구하는 정책적인 압박이 강해지고 있다.

유럽의 경우, 지속가능성을 원칙으로 하는 기업의 의무를 법제화하여 ESG정보를 공시하도록 의무화하고 있으며 우리나라에서도 2030년까지 모든 코스피상장기업에 대해 ESG 관련 공시를 의무화하는 정책이 도입될 예정이다.

또한, 각국의 주요투자자들이 향후 ESG를 주요투자정보로 활용할 것을 예고했으며, ESG평가기준에 적합하지 않은 기업에 대해서는 아예 투자대상에서 제외하겠다고 선언하기도 하였다. 당장 우리나라의 국민연금공단도 2022년까지 운용자산의 50%를 ESG기업에 투자할 계획이라고 밝혔으니 기업들이 ESG경영에 주목하는 것은 당연하다고 볼 수 있겠다.

2021년 7월 21일 대한상공회의소와 삼정KPMG가 발간한 『중소·중견기업 CEO를 위한 알기 쉬운 ESG』에서는 ESG가 기업에 중요한 이유를 다음과 같이 4가지로 설명하고 있다.

1) 투자자의 ESG요구증대

기업의 ESG활동은 기업뿐만 아니라 기업을 둘러싼 다양한 이해관계자가 얽혀 있는 이슈로 기후변화위기와 코로나19 팬데믹을 거치면서 기업의 핵심이해관계자인 투자자, 고객, 신용평가사, 정부는 기업에 높은 수준의 ESG경영체계를 갖추도록 강력하게 요구하고 있다.

2) 고객의 ESG요구증대

글로벌기업들은 ESG경영이 미흡한 공급사와는 거래하지 않겠다는 움직임을 보이고 있다. 분업화된 공급망구조에서 자칫 ESG에 소극적인 기업은 향후 고객기반을 상실할 수도 있으므로 ESG에 반하는 공급망관리가 사회적인 논쟁으로 부상하기도 했다.

3) 신용평가에 ESG반영

글로벌신용평가기관인 무디스(Moody's), 피치(Fitch Ratings), S&P(Standard & Poor's) 등에서는 ESG평가결과를 신용등급에 반영하고 있다.

4) ESG정부규제 강화

유럽의 경우 2006년 UN PRI가 ESG투자원칙을 발표하면서 본격적으로 기업의 비재무적 요소에 대한 공시강화가 추진되었으며 2021년 3월부터 연기금을 시작으로 은행과 보험사, 자산운용사로 ESG 관련 공시의무를 확대했고, 영국은 모든 상장기업에 2025년까지 ESG정보 공시를 의무화할 예정이다.

우리나라의 경우 이미 2019년부터 자산총액 2조 원 이상의 코스피 상장사를 중심으로 기업지배구조 핵심정보를 투자자에게 의무적으로 공시하도록 규정했고 2021년 1월 금융위원회가 ESG공시의 단계적 의무화를 추진하겠다고 발표했다. 현재 자율적으로 작성하고 공시하는 지속가능경영보고서 공시를 단계적으로 의무화하겠다는 것이 핵심으로, 먼저 2025년부터 2030년까지는 자산 2조 원 이상, 2030년 이후에는 전 코스피상장사를 대상으로 확대할 예정에 있다.

6. ESG경영의 본질과 경영활동 방향성

그렇다면 ESG평가기준에 부합하는 경영방식은 구체적으로 어떤 것을 말하는 것일까? 각 구성요소와 함께 국회입법조사처의 자료를 토대로 알아보겠다.

1) 환경(Environment)

환경경영이란 기업의 고유한 생산활동 때문에 필연적으로 파생되는 환경적 훼손을 최소화하면서 환경적으로 건전하고 지속적인 발전을 도모하는 경영방식을 말한다. 환경경영은 인간이라는 자원과 자연환경의 변화과정 및 잠재적인 가치에 초점을 두면서, 고객은 단지 제품이나 서비스의 질만이 아니라 환경책임, 지역사회에 대한 공헌 그리고 윤리적 책임까지도 기업의 질로써 평가한다는 것을 전제로 한 적극적인 경영태도이다.

환경경영의 성공 여부는 최고경영자에서 일반종업원까지 조직구성원 전체의 환경에 대한 인식과 가치관에 의해 결정된다고 해도 과언이 아니다. 최고경영자가 환경예산을 비용으로 인식하지 않고 투자 내지는 경쟁력확보차원으로 인식할 때, 그리고 종업원들이 제품생산과 사무용품사용에 있어 환경을 고려할 때, 이미 그 회사의 환경경영은 그 인식수준만큼 높아져 있다고 할 수 있다.

2) 사회(Social)

　기업의 사회적 책임이란 '기업이 사회제도로서 수행하여야 할 비경제적 기업 목적'을 의미한다. 쉽게 말해서 법에 의한 의무나 회사가 직접 얻을 수 있는 경제적인 손익계산을 넘어서 지속가능한 경제개발을 위해 기업 스스로가 사회의 한 구성원임을 자각하고 사회와 다른 구성원들을 위해서 책임을 다하는 것이라고 볼 수 있다.

　사회적 책임은 크게 자선적 책임, 윤리적 책임, 법적 책임, 경제적 책임의 4가지로 분류할 수 있다. 첫 번째인 자선적 책임은 불우이웃돕기, 장학사업, 사회봉사 등 사회적 약자를 돕자는 취지로 반드시 지켜야 하는 것은 아니지만, 일반적인 가치관에 따라 기업이 그런 활동을 해주기를 바라는 것들을 말한다. 두 번째는 윤리적 책임으로, 환경보호, 인권존중, 신뢰, 투명한 거래, 정직한 판매 등 기업윤리에서 취급하는 문제를 말한다. 이 또한 의무적인 사항은 아니지만 지키지 않으면 기업이미지의 해가 될 수 있다. 세 번째는 법적 책임으로, 뇌물, 폐수 방류 등 사회적 가치관의 최저수준을 말하며 이를 지키지 않으면 처벌을 받는 강제적인 종류의 책임이다. 네 번째는 경제적 책임으로, 기업활동을 위한 각종 경영전략, 기술혁신, 인사정책, 이익 최적화를 위한 활동들을 말하며 주주와 이해관계자가 기업경영자에게 요구하는 책임이다.

3) 지배구조(Governance)

기업의 지배구조는 기업경영의 통제에 관한 시스템을 말하며 기업경영에 직접 또는 간접적으로 참여하는 주주, 경영진, 근로자 등의 이해관계를 조정하고 규율하는 제도적 장치와 운영기구를 말한다. 즉, 기업의 소유구조뿐만 아니라 주주의 권리, 주주의 동등대우, 기업지배구조에서 이해관계자의 역할, 공시 및 투명성, 이사회의 책임 등을 포괄하고 있는 개념이다. 투명하고 효율적인 지배구조는 기업경쟁력의 원천이 되어 장기적인 경제성장으로 이끌어주지만, 그렇지 못한다면 지속가능한 발전은커녕, 오너 리스크로 인해 단기적으로 기업경영에 큰 타격을 입힐 수 있다.

7. ESG경영사례

1) 스타벅스

스타벅스코리아의 전 매장 직영점 운영과 전 직원 정직원 고용은 너무나도 유명한 이야기로 스타벅스코리아가 투명한 지배구조를 갖추기 위해 어떻게 노력하고 있는지를 단편적으로 보여주는 사례이다. 이외에도 재생지를 활용한 일회용 컵과 빨대, 다양한 에너지절약 캠페인은 환경경영을 위한 스타벅스의 노력을 살펴볼 수 있다.

또한, 스타벅스는 'Shared Planet'이라는 글로벌사회공헌 캠페인을 통해 국제환경단체(Conservation International) 및 미 공정무역단체(TransFair USA), 국제공정무역 상표인증기구(FLO)와 공동으로 친환경 재배기술개선과 윤리적 원두구매활동에 앞장서며, 전 세계 약 185,000여 명의 커피 농부들을 지원하는 등 글로벌사회공헌을 통해 기업으로서의 사회적 책임을 다하려는 노력을 보여주고 있다.

2) 유한킴벌리

유한킴벌리는 1984년부터 황폐해진 국내 산림복구의 중요성을 인지하고 이를 위해 '우리강산 푸르게 푸르게 캠페인'을 전개하며 나무를 심고 숲을 가꾸는 일을 시작하였다. 본 캠페인을 통해 지난 36년 동안 생태환경보존을 위한 국·공유림 나무 심기, 숲 가꾸기, 자연환경 체험교육, 숲 생태전문가 양성, 연구조사, 해외사례연구 등 숲을 중심으로 하는 다양한 활동을 펼치고 있다.

3) 넥슨

1994년 창립 이래로 수많은 온라인게임을 개발 및 보급하며 사랑받고 있는 넥슨은 2009년부터 기업의 커뮤니케이션 부서 산하에 사회공헌팀을 개설하여 운영하고 있으며, 특히 '넥슨 핸즈'라는 사회공헌브랜드를 설립하여 적극적인 사회공헌활동에 나서고 있다.

어린이와 청소년들을 대상으로 IT, 예술, 생태, 놀이 등의 다양한 문화체험을 제공하며 감성적인 활동을 지원하는 프로그램이나 창의력이 뛰어난 대학생들에게 장학금을 지급하여 해외에 소재하고 있는 넥슨의 국외법인을 방문할 기회를 제공해주며 유럽과 미국 여행 등을 지원해 주는 프로그램 등을 운영하며 전사적인 차원에서 사회적 기업의 책임을 다하려고 노력하는 모습을 보여주고 있다.

8. ESG경영의 미래

이처럼 기업의 참다운 사회적 기능은 기업윤리를 통해서 사회적 책임을 다하는 데 있다고 볼 수 있으므로 앞으로의 시장에서 기업이 살아남기 위해서는 단순히 영리집단의 역할뿐 아니라 그 이상의 것, 즉 사회의 환경변화에 적절히 대응할 능력과 행동력을 갖추어야 할 것이다.

기업의 안정적 발전은 일시적인 이윤의 창출에 있는 것이 아니라 장기적으로 기업이 이윤을 끊임없이 추구할 수 있는 건전한 사회를 육성하는 것에 있다는 사실을 알고 있는 미국 등 주요선진국들은 이미 ESG와 관련된 법규를 제정, 강화하고 있으며 국제적 표준화 작업도 서두르고 있다. 우리나라도 기업의 신뢰도를 높이고 사회적 책임을 강화하기 위해 기업, 정부, 이해관계자가 모두 하나 되어 한 발짝 더 앞으로 나아가는 사회적 책임을 다하는 모습을 보여 주었으면 좋겠다.

참고문헌

- 네이버 지식백과, ESG(Environmental, Social and Governance), 두산백과
- 대한상공회의소, 삼정KPMG, 『중소·중견기업 CEO를 위한 알기 쉬운 ESG』, 2021.
- 국가기술표준원, 한국표준협회, 『ESG경영·평가 대응을 위한 ISO·IEC 국제표준 100선 가이드』, 2021.
- 홍종성, 「지속가능경영, ESG경영으로의 전환을 위한 기업들의 전략적 접근 방안」, Deloitte Insights, 2020.11.26.
- 이현주 기자, 「'ESG경영'의 짧지만 긴 역사…브룬트란트 보고서에서 지속가능경영까지」, 『한경비즈니스』, 2021.03.30.
- 정승환 기자, 「2002년 유엔환경계획 F1서 첫 등장…ESG, CSR과 개념 달라」, 『매일경제』, 2021.04.21.
- 송협 기자, 「전 세계 기업들이 주목하는 ESG경영은?」, 『데일리포스트』, 2021.05.06.
- 조근석 기자, 「그래서 'ESG경영'이 뭔가요」, 『아이뉴스24』, 2021.04.28.
- 대신증권, 「ESG가 뭐길래, 요즘 기업들 사이에서 난리일까」, 대신증권 공식 블로그, 2021.05.10.
- 전경련, ESG 투모로우 사이트(http://www.esgtomorrow.co.kr), 국회입법조사처 자료

저자소개

김영기 KIM YOUNG GI

학력

- 영어영문학 학사, 사회복지학 학사 졸업
- 신문방송학 석사, 고령친화산업학 석사 수료
- 부동산경영학 박사, 사회복지상담학 박사 수료

경력

- (사)한국경영기술지도사회 창업창직추진사업 단장
- 한국브레인경영학회 학회장
- 공공기관 NCS 블라인드 전문 면접관
- 정보통신산업진흥원 등 10여 개 기관 심사평가위원
- 소상공인시장진흥공단 소상공인 컨설턴트
- 서울신용보증재단 업종 닥터(소상공인 컨설턴트)
- 브레인플랫폼(주) 한국컨설턴트사관학교 대표 컨설턴트
- 서울시, 중앙대, 남서울대, 경남신보 창업 전문 강사
- 중앙대, 경기대, 세종대, 강남대, 한국산업기술대 강사 역임

자격

- 경영지도사, 국제공인경영컨설턴트(ICMCI CMC)
- 사회적 기업코칭컨설턴트, 협동조합코칭컨설턴트
- 창직컨설턴트 1급, 창업지도사 1급, 브레인컨설턴트, 국가공인브레인트레이너, HR전문면접관(1급) 자격증, ISO국제선임심사원(ISO9001, ISO14001, ISO27001)

저서

- 『부동산경매사전』, 일신출판사, 2009. (김형선 외 4인 공저)
- 『부동산용어사전』, 일신출판사, 2009. (김형선 외 4인 공저)
- 『부동산경영론연구』, 아이피알커뮤니케이션, 2010. (김영기)
- 『성공을 위한 리허설』, 행복에너지, 2012. (김영기 외 20인 공저)
- 『억대 연봉 컨설턴트 프로젝트』, 시니어파트너즈, 2013. (김영기)
- 『경영지도사 로드맵』, 시니어파트너즈, 2014. (김영기)
- 『메타 인지 학습: 브레인 컨설턴트』, e경영연구원, 2015. (김영기)
- 『메타 인지 학습: 진짜 공부 혁명』, e경영연구원, 2015. (양영종 외 2인 공저)
- 『창업과 경영의 이해』, 도서출판 범한, 2015. (김영기 외 1인 공저)
- 『NEW 마케팅』, 도서출판 범한, 2015. (변명식 외 3인 공저)
- 『브레인경영』, 도서출판 범한, 2016. (김영기 외 7인 공저)
- 『저작권 진단 및 사업화 컨설팅(서진씨엔에스, 쿠프, 아이스페이스)』, 충청북도 지식산업진흥원, 2017. (김영기)
- 『저작권 진단 및 사업화 컨설팅(와바다다)』, 강릉과학산업진흥원, 2018. (김영기)
- 『공공기관 합격 로드맵』, 브레인플랫폼, 2019. (김영기 외 20인 공저)
- 『브레인경영 비즈니스모델』, 렛츠북, 2019. (김영기 외 6인 공저)

- 『저작권 진단 및 사업화 컨설팅(파도스튜디오)』, 강릉과학산업진흥원, 2019. (김영기)
- 『2020 소상공인 컨설팅』, 렛츠북, 2020. (김영기 외 9인 공저)
- 『공공기관·대기업 면접의 정석』, 브레인플랫폼, 2020. (김영기 외 20인 공저)
- 『인생 2막 멘토들』, 렛츠북, 2020. (김영기 외 17인 공저)
- 『4차 산업혁명 시대 AI 블록체인과 브레인경영』, 브레인플랫폼, 2020. (김영기 외 21인 공저)
- 『재취업전직지원서비스 효과적 모델』, 렛츠북, 2020. (김영기 외 20인 공저)
- 『미래 유망 자격증』, 렛츠북, 2020. (김영기 외 19인 공저)
- 『창업과 창직』, 브레인플랫폼, 2020. (김영기 외 17인 공저)
- 『경영기술컨설팅의 미래』, 브레인플랫폼, 2020. (김영기 외 18인 공저)
- 『공공기관 합격 노하우』, 브레인플랫폼, 2020. (김영기 외 20인 공저)
- 『신중년 도전과 열정』, 브레인플랫폼, 2020. (김영기 외 18인 공저)
- 『저작권 진단 및 사업화 컨설팅(더웨이브컴퍼니)』, 강릉과학산업진흥원, 2020. (김영기)
- 『4차 산업혁명 시대 및 포스트 코로나 시대 미래비전』, 브레인플랫폼, 2020. (김영기 외 18인 공저)
- 『소상공인&중소기업컨설팅』, 브레인플랫폼, 2020. (김영기 외 15인 공저)
- 『미래 유망 기술과 경영』, 브레인플랫폼, 2021. (김영기 외 21인 공저)
- 『공공기관 채용의 모든 것』, 브레인플랫폼, 2021. (김영기 외 21인 공저)
- 『신중년, N잡러가 경쟁력이다』, 브레인플랫폼, 2021. (김영기 외 22인 공저)
- 『안전기술과 미래경영』, 브레인플랫폼, 2021. (김영기 외 21인 공저)
- 『퇴직전문인력 일자리 활성화를 위한 '경영지도 및 진단전문가' 모델 사례연구』, 한국연구재단, 2021. (김영기)
- 『창직형 창업』, 브레인플랫폼, 2021. (김영기 외 17인 공저)
- 『신중년 도전과 열정 2021』, 브레인플랫폼, 2021. (김영기 외 17인 공저)

- 『기업가정신과 창업가정신 그리고 창직가정신』, 브레인플랫폼, 2021. (김영기 외 12인 공저)
- 『4차 산업혁명 시대 AI 블록체인과 브레인경영 2021』, 브레인플랫폼, 2021. (김영기 외 8인 공저)

수상

- 문화관광부장관표창(2012)
- 대한민국청소년문화대상(2015)
- 대한민국교육문화대상(2016)
- 대한민국신지식인(교육분야) 인증(2020)

02

경영의 가치를
다시 생각한다,
ESG

홍승렬

1. 왜, ESG경영을 말하는가?

1) 환경, 위기의 시대

전통적 경영방식에서는 재무적 경영성과에 초점을 맞춘다. '이윤추구'는 기업을 설명할 때 꼭 필요한 단어로 자리 잡았고 자연훼손에 따른 패널티를 감당하고도 경제성이 충분하다면 기업은 주저 없이 실행력을 보여줬다. 낮은 가격으로 원재료를 채취하고 운반비를 줄이며 생산활동으로부터 발생하는 폐기물이나 폐수 등을 낮은 비용으로 처리하는 것이 효율적인 경영방식이었다. 기업경영에 사회적 양심이나 공존의 개념은 찾기 어려웠다. 즉, 기업경영활동과 환경은 공존이 아니라 상반관계처럼 자리하고 있었다.

기업경영은 기능적 관점에서 생산관리, 재무관리, 인사관리, 마케팅관리에 초점이 맞춰졌고, 이후 계획, 실행, 통제활동 등의 관리방식으로 고도화되어갔다. 이러한 기업경영의 방식은 세계 각국의 고도경제성장과 산업화를 꽤 성공적으로 끌어냈다. 투자자들도 매출액과 영업이익률이 높으면 환호하고 적극적인 투자를 이어갔다.

경제성만을 앞세우다 보니 자연이 파괴되었고, 편리성을 앞세운 물건들이 다량으로 만들어지고 버려지면서 환경은 더 오염이 되어갔다. 특히 인류의 최고의 발명품 중 하나인 플라스틱은 우리의 삶에 편리함을 주었지만 쓰고 버려지는 플라스틱은 시간이 지나도 썩지 않고 그대로 남아 인류가 해결해야 할 난제로 남아있다. 해양오염도 심각한 수준이다. 뉴스에서 새우잡이 그물에 새우보다 쓰레기가 더 많이 잡힌다는 보도가 나온다. 눈에 보이지 않는 해양 쓰레기도 그 양이 상당하다는 것을 짐작하게 해준다. 아무리 새우와 쓰레기를 구분한다고 하더라도 쓰레기가 뒤섞인 환경 속에서 자란 먹거리가 안전할 리 없다.

세계자연기금(WWF)에서 발표한 「플라스틱의 인체 섭취 평가 연구」 보고서에 따르면 한 사람이 일주일간 섭취하는 미세플라스틱의 양은 신용카드 한 장 무게인 5g에 달한다는 것이다. 플라스틱을 먹고 사는 세상이라니 믿겨 지지 않는다. 더욱 놀라운 것은 아래 그림처럼 우리가 편의점 등에서 쉽게 사 먹을 수 있는 생수를 통해서도 몸속으로 섭취되고 있다는 것이다.

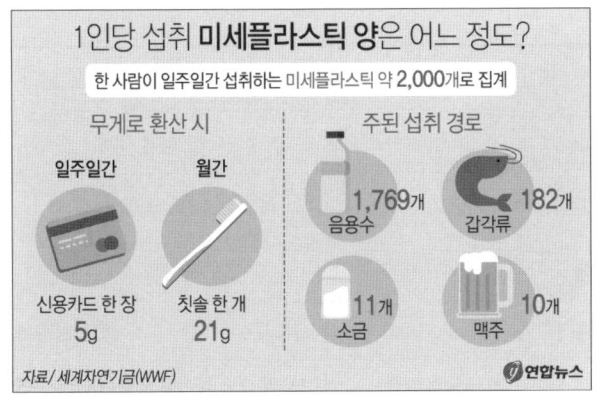

출처: 세계자연기금(WWF), 『연합뉴스』

2) 기후변화에서 기후위기로

지구오염의 가장 심각한 결과는 기후변화이다. 2018년 10월, 기후변화정부간협의체(IPCC)는 「지구온난화 1.5도」라는 특별보고서를 전 세계 195개 회원국의 만장일치로 채택했다. 지구온난화로 인한 피해를 방지하기 위해 지구 기온상승 폭 목표치를 섭씨 2도에서 1.5도로 낮춘다는 내용이 담겨있으며 이를 위해서 2030년까지 전 세계의 온실가스 배출량을 2010년 대비 45% 줄일 것을 권고하고 있다. 남극과 북극의 빙하는 녹아서 강물처럼 되어버린 곳도 있으며 북극의 최후빙하인 그린란드빙하도 녹아내리기 시작했다. 한반도는 지난 106년간 연평균기온이 1.4도 올라갔는데 매우 놀라운 점은 전 세계의 바다에서 기후변화로 인해 어업수확량이 가장 많이 줄어든 곳은 다름 아닌 한반도 동해라는 점이다(명견만리). 기후변화위기는 생각보다 우리에게 더욱 가까이 와있다.

5℃ 상승	북극 온도 20℃, 히말라야빙하 소멸, 바닷가 도시 멸망
4℃ 상승	유럽 중앙온도 50℃, 얼음이 필요한 생물 멸종
3℃ 상승	남아프리카·호주·미국의 사막화, 뉴욕·런던 침수
2℃ 상승	부산 낙동강하구 및 인천공항 지역침수
1℃ 상승	매년 30만 명이 기후, 질병으로 사망, 10% 생물 멸종위기

출처: 마크 라이너스, 「6도의 멸종-기온이 1도씩 오를 때마다 세상은 어떻게 변할까?」

팬데믹사태(일부 학자들은 코로나19도 기후변화가 원인이라고 주장한다), 지구촌 대형화재, 50도에 육박하는 캐나다 폭염은 지구 온도상승과 무관치 않다. 이러한 기후변화와 지구온난화가 가속화되면서 세계 여러 투자회사와 주요국에서는 탄소중립, 탄소배출 제로를 선언하게 된 배경이 되었고 기후변화정부간협의체(IPCC)에서도 화석에너지시스템에서 비화석에너지시스템으로의 대변화가 필요하다고 강조하고 있다.

3) 기업에서 답을 찾는다

과거 기업의 경영전략은 기술혁신, 제품과 서비스의 차별화, 조직역량 등을 강화하는 쪽으로 방향을 정했고, 이는 매출과 이익의 극대화를 위한 일련의 과정이었으며 이를 바탕으로 투자자들은 투자대상기업의 사업구조를 분석하고 재무적 지표를 중요한 투자의 판단기준으로 삼아왔다. 이러한 투자방식이 장기적으로 안정적이면서 큰 수익을 내어주었다면 세계 규모의 투자사들이 ESG기업에 투자한다는 건 더 늦어졌거나 투자방향으로 설정하지 않았을 수도 있다.

환경오염과 기후변화를 방치한다면, 그 누구도 안전할 수 없다. 이제 기업은 바뀌고 있고, 바뀌어야만 하는 시기이다. '자본주의 대전환'에서 환경이슈와 기업의 성장이 서로 상충되서는 안되는 점을 강조하며 환경파괴의 모든 책임을 기업에 물을 것이 아니라 문제해결을 위해 기업을 적극적으로 이용해야 한다고 지적한다. 기업을 통하지 않고는 어떤 이슈도 해결할 수 없다는 점을 명확하다고 말하는 것이다. 이것이

ESG경영의 시작이다.

2. 글로벌투자는 ESG로 몰린다

　ESG경영을 말할 때 '블랙록(BlackRock)'이라는 기업과 CEO 래리 핑크(Larry Fink)를 빼놓을 수 없다. 이 기업은 연례서한을 통해 '기후리스크는 곧 투자리스크'라고 정하고 ESG요인을 자산운용에 적극적으로 반영하겠다고 발표했는데 특히 화석연료 매출이 25% 이상 되는 기업은 투자대상에서 배제하겠다는 것이다. 블랙록뿐만 아니라 유럽의 연기금을 비롯한 수많은 투자기관은 이러한 흐름에 같은 목소리를 내고 있다.

　네덜란드 연기금 APG는 석탄발전소 투자를 이유로 한국전력 지분 전량 매각하였으며, JP모건도 탄광과 석탄화력발전소에 투자하지 않겠다고 선언하였다. 국내에서도 이같은 흐름을 확인할 수 있는데 국민연금은 2022년까지 책임투자(ESG) 적용 자산군 규모를 기금 전체 자산에서 약 50%로 확대하는 계획을 밝혔다. 글로벌 신용평가회사인 Moody's, S&P도 평가 대상기업 ESG 대응 역량을 신용등급에 반영하기로 하였다.

　우리나라 기업들은 왜 블랙록 CEO 래리 핑크의 서신에 민감하게 반응하고 있을까? 이는 자산운용규모를 통해서 짐작해볼 수 있는데 블랙록의 자산운용규모(2020년 12월 말 기준)는 8.68조 달러로 원화로 약 9,572조 정도여서 세계에서 가장 큰 규모로 유명하다. 세계 경제의 국내총생산(GDP)순위로 갈음해본다면 일본(3위)과 독일(4위)을 합친 규모와 맞먹는 수치이다.

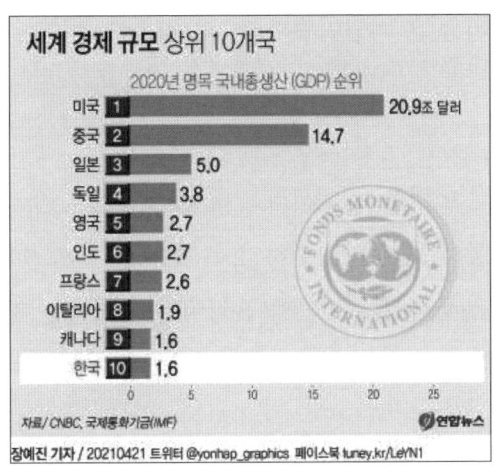

출처: CNBC, 국제통화기금(IMF), 「연합뉴스」

ESG기반투자는 단순히 착한 기업에 찾는 것이 아니다. 재무적 지표와 드러나지 않는 비재무적 지표까지 철저하게 분석하여 리스크를 줄인 안정적인 투자수익을 보장받겠다는 것이다. 철저한 투자자의 관점이다.

우리금융경영연구소의 자료에 의하면 최근 연구결과들에서 ESG투자가 포트콜리오의 리스크를 통제할 뿐 아니라 수익률 측면에서도 시장의 성과와 유사하거나 우수한 실적을 보이는 것으로 나타나는데 ESG펀드의 65%가 유형별 수익률의 상위 50% 내에서 위치하며 대형주 ESG펀드의 48%가 S&P500의 수익률을 웃돈다.

또한, 모건 스탠리(Morgan Stanley)의 분석에 따르면, ESG펀드는 특히 경기하강기에 일반펀드보다 우수한 성과를 보였으며 다수의 연구결과에서 ESG등급이 높은 기업일수록 주가수익률이 높다는 분석결과를 발표했다.

투자고객들의 이익을 위해서라고 하더라도 우리가 살아가고 있는 지구환경과 공동의 가치를 창출하기 위해 전 세계의 기업들이 ESG경영으로 비즈니스생태계에서 함께 움직여가고 있다는 것은 반가운 소식이다.

1) 자산운용사의 주주권행사

자산운용사가 투자할 때 해당 기업의 주식을 보유하게 되고 보유주식은 기업의 의사결정에도 영향을 미친다. ESG를 기반에 두고 투자를 한다는 것은 투자기업이 ESG투자기준에 못 미칠 경우 그들의 목소리를 분명히 낼 것이며, 더 나아간다면 투자자금을 회수하거나 의사결정에 참여할 수도 있다. 최근 전국경제인연합회에서 발표한 자료에 따르면 글로벌 기관투자자의 아시아·한국에 대한 주주권행사는 증가세를 보이는데 앞서 언급한 블랙록의 경우 아시아(일본 제외)주주권행사는

19년 238건에서 20년 458건으로 92.4% 증가했고, 주주권행사 건수도 2,050건에서 3,043건으로 48.4% 증가한 것으로 나타났다. 이와 관련하여 전국경제인연합회가 발표한 블랙록의 한국기업에 대한 주주활동(Engagement)의 사례는 다음과 같다.

- 2018년 9월, 블랙록은 헤지펀드 엘리엇이 낸 현대차그룹 지배구조개선안에 반대하는 견해를 밝혔다(엘리엇의 제안은 시세차익, 배당확대 등 '단기차익'만 노린 것이어서 동의하지 못함). 여기서 엘리엇의 구상은 현대모비스 A/S 부분을 떼어내 현대차와 합병, 모듈 핵심부품사업은 물류업인 현대글로비스와 합병하는 안이었다.

- 2020년, 블랙록은 한전에 해외석탄발전소(베트남 붕앙(Vung Ang)지역 등) 투자에 대한 명확한 전략적 근거를 김종갑 시장이 직접 설명하라고 요구하는 서한을 발송했다.

- 2020년 5월, LG화학의 LG폴리머스 인도공장 가스누출사건이 발생하자 블랙록은 LG화학에 사고의 원인, 이사회 및 경영진의 대응현황, 복원방안, 향후 사고방지를 위해 회사가 채택 또는 계획한 정책, 관행, 노력사항 등을 요구했다. 블랙록은 LG 측에 강한 거버넌스구조와 안전보건 이슈에 대한 경영진의 관심을 높일 것을 강조했으며 이에 LG 측은 동 사안의 진행 상황을 포함해 안전보건의 사안에 대해 적절한 경영위원회가 정기적(매월)으로 CEO에 보고한다는 답변 등을 제시했다.

2) 기업 ESG대응의 시작

이제 기업의 역할은 경제적 이익에만 국한되지 않으며 기업의 사회적 역할과 기능이 반드시 존재한다. 이러한 역할을 외면했을 때 고객들도 외면하게 된다. 경영학자 피터 드러커는 "기업은 일반사회와 경제사회의 허락이 있었기에 존재할 수 있는 것으로서, 기업의 사회적 활동목표는 단순히 좋은 의도를 표명하는 것을 넘어 기업전략에도 반영되어야만 한다."고 말하면서 기업의 존재와 사회적 기능을 강조하였다.

2021년 국내 대기업과 금융회사들은 신년사를 통해 ESG를 강화한다는 메시지를 던졌고 ESG경영이 CEO의 필수품처럼 등장했다. 이와 관련해서 각 기업이 ESG경영을 강조하며 던진 메시지의 예시는 다음과 같다(출처: KBS뉴스, 「2021년 기업 생존전략 'ESG'…핵심은 '공감'·'환경'」, 2021.01.04.).

- 현대차: "글로벌 친환경 선두 브랜드로서의 입지를 확고히 하겠다."
- 포스코: "이제 고객사와 투자가들도 탄소감축을 적극 요구하는 등 이제 탄소중립은 기업의 지속성장을 위해서 반드시 달성해야 하는 과제가 되었다."
- SK: "사회와 공감하며 문제 해결을 위해 함께 노력하는 '새로운 기업가 정신'이 필요한 때"
- LG: "고객의 경험과 라이프스타일, 가치관까지 삶에 더 깊이 공감해야 한다."

- 롯데: "고객과 사회로부터 받은 신뢰를 소중히 지켜나가며, 긴 안목으로 환경과의 조화로운 성장을 추구해야 한다
- 삼성: "협력사와 지역 사회, 나아가 다음 세대까지 고려한 삼성만의 '지속가능경영'을 발전시켜 나가 인류 사회의 책임 있는 일원이자 존경받는 기업으로 거듭나자."

ESG경영은 이해관계자들(소비자, 투자자, 근로자, 시민단체 등)의 강한 시대적 요구에 따라 비즈니스 향방의 척도가 되었으며 기업이 일시적이고 사회적인 이슈로만 접근한다면, 미래에 상당한 위기에 직면할 수 있다. 기업들도 앞다투어 명칭은 다르지만 'ESG위원회'를 설치하고 ESG활동에 대해 홍보하기 시작했고, 실무전담부서를 두어 수행인력도 확대하고 있다. 그러나 무늬만 따라 한 ESG는 오래가지 못할 것이다.

3. ESG소비와 제로웨이스트

1) ESG는 소비자로부터 시작한다

전 세계의 강한 트렌드가 된 ESG는 일시적으로 유행처럼 지나가지 않는다는 견해가 지배적이다. 앞서도 설명했듯이 강한 투자자금의 흐름과 함께하기 때문인데 왜 ESG실천기업들은 투자리스크를 줄여줬을까? 이는 이해관계자 중 하나인 소비자에게도 답을 찾아볼 수 있을 것

이다. 소비자는 이제 환경을 파괴하고 대중을 속이는 기업에 대해 불매와 보이콧이라는 강력한 메시지를 보낸다.

유가공품 제조기업인 남양유업이 57년 만에 오너경영을 끝내고 매각되었다. 남양유업은 사실상의 과점시장에서도 ESG경영에 실패하면 회사가 최악의 상황에 처할 수 있다는 하나의 교훈을 남겼다(미디어SR). 다른 기업들도 사건 및 사고 발생 시 안일한 태도로 진정성을 보이지 않는다면 소비자는 불매운동과 해당 기업서비스를 거부하기 시작하고 이를 통해 기업을 제한하기도 한다.

- 중국 토종 커피브랜드로 스타벅스와 어깨를 나란히 할 것이라 기대를 모았던 '루이싱커피'는 2020년 미국 나스닥 시장에서 퇴출되는 수모를 겪었다. 매출을 뻥튀기하는 회계부정으로 몰락수순을 겪었다. 창업 2년 만에 나스닥에 상장하며 블랙록, 싱가포르투자청 등 세계적 큰손들의 지원을 받았던 파란 사슴의 브랜드 루이싱커피는 자금회수는 물론 타 중국 기업들까지 미국 증권 당국의 조사 대상에 오르게 만들었다.

- 디즈니(Disney)가 2020년에 제작한 블록버스터 영화 〈뮬란〉은 기대와 달리 흥행참패를 기록했다.

원인은 스토리나 연기력 등 콘텐츠의 퀄리티가 아닌 인권 문제에 대한 외면이었다. 디즈니사는 중국의 많은 지역 가운데 하필 신장을 촬영 무대로 택하고 영화 끝에 '촬영지 신장 위구르의 중국 공안에 감사한다'는 자막을 삽입했다. 위구르는 중국 소수민족 탄압이 가장 심각한 곳으로 알려졌다. 홍콩 민주화운동을 주도하는 조슈아 웡은 트위터를 통해 "〈뮬란〉을 보는 건 중국이 신장 지역의 무슬림 위구르족에 가하는 감금 행위와 인종 차별을 묵인하는 것"이라고 불매운동을 이끌었다.

■ 미국 생활용품 업체인 윌리엄 소노마(Williams-Sonoma)는 코로나 이후 착한 기업의 상징으로 떠올랐다. 코로나19로 인해 소매점포가 폐쇄된 이후에도 직원들에게 꾸준히 급여와 복지를 동일하게 제공했다는 사실이 알려졌기 때문이다. 소노마는 물류센터 직원에게는 추가적인 건강보호 조치를 강화하고 임금인상에도 나섰다. 다행히 소노마는 이커머스 증가라는 풍선효과에 잘 대응하며 회사를 운영할 수 있었고 코로나 봉쇄 해제 이후 충성 고객들의 매장방문이 이어지고 있다.

출처: 『매일경제』, 「[패러다임 전환시대 ESG 경영] Part III」, 2020.12.18.

소비자들은 환경을 보존하면서 친환경적 생산활동을 하는 기업의 제품을 선택해주었고(E), 다양성과 인종차별을 하지 않고 인권을 중시하는 기업, 노동에 대한 정당한 대가를 지급하는 등의 공동이익과 사회적 가치의 실현을 위해 상호협력, 사회연대를 중시하는 기업의 제품과 서비스를 찾아 정보를 공유하기 시작했다(S). 이를 넘어 우수한 기술력을 가지고 있더라도 부정부패가 없는지, 의사결정이 투명하고 독립적으로 이루어지는가에 관심을 두고 있다(G). 정보공유의 채널이 다양해졌고 공유속도가 빨라졌기 때문에 소비자들이 더 많은 관심을 두기에 좋은 인프라가 조성된 것이다.

특히 MZ세대(1980~1990년대 출생)들은 그들이 소비의 판단기준이 명확하다. 타인의 취향과 삶의 방식을 존중하고, 일과 여가의 균형을 추구하며 이와 함께 환경과 윤리적 가치 통해 그들의 신념에 기반을 둔 소비를 한다. 여기에 그치지 않고 MZ세대는 디지털환경에 익숙하므로 그들의 추구하는 가치와 사용 후기를 SNS로 공유하고 있다. 이처럼 MZ세대는 ESG소비의 한 축으로 자리 잡고 있다.

2) 지구를 살리는 제로웨이스트

지구를 살리는 일에는 쓰레기배출을 줄이는 것이 필수적이다. 이제 더 이상 쓰레기를 매몰할 곳도 소각시킬 수도 없기에 쓰레기와의 전쟁이 시작되었지만, 쓰레기배출량은 해마다 늘어나고 있다. 기존 폐기물 매립장도 사용만료가 다가오고 있고, 신규장소를 찾는 것은 각종 반대와 입지문제들로 인해 매우 어려우므로 줄이는 것만이 답이다. CNN 보도를 통해 대중에게 알려진 경북 의성의 쓰레기 산은 그 양이 20만 톤이 넘었으며 높이는 아파트 10층의 높이까지 치솟았고 이를 처리하는 비용만 282억이 들어갔다.

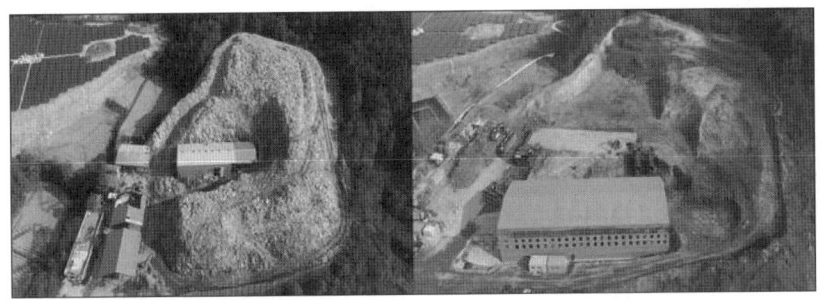

▲ 경북 의성군 쓰레기 산 처리 전·후 비교
(출처: 의성군, 「한겨레」, 「'20만t 의성 쓰레기 산' 1년 8개월 만에 모두 치웠다」, 2021.02.09.)

쓰레기를 줄이는 실천행동으로 대표적인 것이 '제로웨이스트(Zero Waste)'로 쓰레기, 폐기물을 발생시키지 않는 것이다. 실제로 실천 가능한 영역인가 하는 의문이 들지만, 국내외에서 이를 실천하는 사람들이 있으며 이들은 처음부터 완벽한 실천을 생각하지 말고 지금보다 더 일회용품을 줄이는 것부터 시작하라고 권한다. 쓰레기를 줄이는 실천적 행동에 더 큰 가치를 두는 것이다.

국내 제로웨이스터 윤리적 최소주의자 소일 작가는 누구에게 강요하지 않으면서 제로웨이스트를 실천하고 있다. 그녀는 민소매옷을 이용해 만든 에코백에 손수건과 텀블러를 가지고 다니며 이외에도 일회용품을 쓰지 않기 위한 그녀만의 노하우와 노력이 담겨 있다.

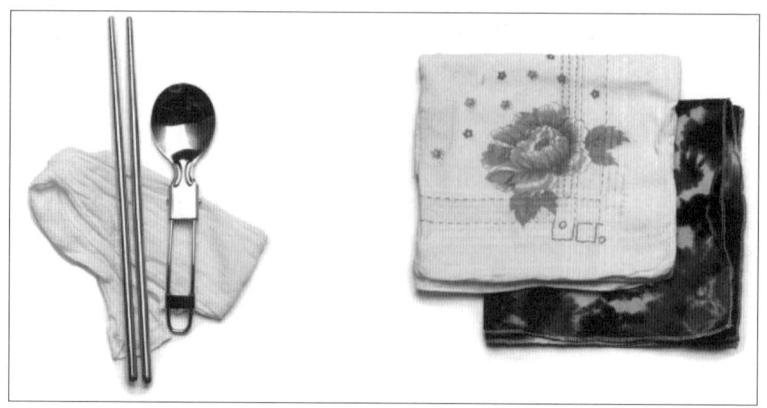
▲ 소일 작가가 일회용품을 줄이기 위해 들고 다니는 물건중 일부(출처: http://thewisecard.co.kr)

미국의 제로웨이스트 실천가 비 존슨(Bea Johnson)은 10년간 플라스틱 없는 삶을 실천해 오기 위해 '5R원칙'이라는 방법을 다음과 같이 제시했다(출처: https://www.greenpeace.org).

- 필요하지 않은 것은 거절하기(Refuse)
- 필요하며 거절할 수 없는 것은 줄이기(Reduce)
- 소비하면서 거절하거나 줄일 수 없는 것은 재사용하기(Reuse)
- 거절하거나 줄이거나 재사용할 수 없는 것은 재활용하기(Recycle)
- 나머지는 썩히기(Rot)

더욱 놀라운 것은 그녀가 1년간 버린 쓰레기의 양이 유리병(지름, 높이 10cm 크기의 병) 하나에 채울 정도로 적다. 철저한 5R원칙실천의 결과물일 것이다.

4. 기업경영의 균형적 가치

자산운용사는 수익률이 우선시되어진다. 재무적 요소를 간과할 수 없지만, 리스크를 줄이고, 안정적 수익에 다가가기 위해 비재무적인 요소까지 평가해서 투자하겠다는 것이다. 시대적 요구와 맞물려 ESG는 비즈니스척도로 활용될 것이며, 비즈니스생태계에서 핵심키워드로 더욱 자리를 잡게 될 것이다. 자산운용사가 투자기업선정에 재무적 요소평가를 하지 않는다는 의미는 결코 아니다. 따라서 기업경영에 있어 재무적 가치와 비재무적 가치의 균형관리가 무엇보다 중요하다.

국내 기업에서의 ESG경영에 대한 대비는 환경(Environment)에 치우쳐있다는 느낌을 강하게 받으며 사회(Social)와 지배구조(Governance)에 대한 기업의 변화는 크게 감지되지 않는다. E-S-G 요소 간 균형도 필요한데 가령, 3개 문항의 시험지에 1번 정답만 길고 자세히 쓴다고 2번과 3번 문제까지 후한 점수를 받을 수 있는 것은 아니기 때문이다.

2019년 8월 미국 내 200대 대기업의 이익을 대변하는 협의체인 '비즈니스라운드테이블(Business Round Table, 우리나라의 전국경제인연합회와 비슷한 성격의 단체)'은 모든 이해관계자의 사회적 책무를 강화했으며 기업의 '주주가치 극대화'라는 목적을 삭제하고 고객, 직원, 협력업체, 지역사회, 주주의 장기적 가치를 추가했다.

- 기업 결정은 더 이상 주주이익을 극대화하는 데 그쳐서는 안 돼

- 기업은 고객, 직원, 납품업체, 사회 등 모든 이해당사자를 고려해야

- 기업은 이해관계자를 위한 근본적 책무를 공유하고 가치를 창출해야

- 고객에게 가치를 전달하고, 보상·교육 등 직원 투자를 강화해야

- 공정하게 납품업체를 대하고, 주주를 위한 장기적 가치를 창출해야

▲ 美 CEO 181명이 서명한 성명서 주요 내용
(출처:「매일경제」,「"주주이익, 기업 최우선 목표 아니다"…美 CEO 181명 성명」, 2019.08.20.)

이제는 주주자본주의 중심에서 벗어나서 이해관계자들의 공동의 가치가 더 중요한 시대로 변화, 진화하고 있다.

참고문헌

- KBS 명견만리 제작팀, 『명견만리 : 대전환, 청년, 기후, 신뢰 편』, 인플루엔셜, 2021.
- 리베카 헨더슨, 『자본주의 대전환 : 하버드 ESG 경영 수업』, 어크로스, 2021.
- 소일, 『제로웨이스트는 처음인데요』, 판미동, 2021.
- 김진선, 「글로벌 자산운용사의 ESG 투자 사례와 시사점」, 우리금융경영연구소 시너지·디지털연구실, 2020.02.06.
- 전국경제인연합회 보도자료 첨부자료, 「글로벌 자산운용사 ESG 관련 주주권 행사 추이」, 2021.05.07.
- KBS 뉴스, 「2021년 기업 생존전략 'ESG'…핵심은 '공감'·'환경'」, 2021.01.04. (https://news.kbs.co.kr/news/view.do?ncd=5086771)
- 박지훈 기자, 「[패러다임 전환시대 ESG 경영] Part Ⅲ」, 『매일경제』, 2020.12.28. (http://vip.mk.co.kr/news/view/21/20/1856152.html)
- 장승용 특파원, 김제관 기자, 「"주주이익, 기업 최우선 목표 아니다"…美 CEO 181명 성명」, 『매일경제』, 2019.08.20.(https://www.mk.co.kr/news/world/view/2019/08/645780)
- 임은진 기자, 「1인당 섭취 미세플라스틱, 매주 신용카드 1장 분량」, 『연합뉴스』, 2019.06.12.(https://www.yna.co.kr/view/AKR20190611167400009)
- 장예진 기자, 「[그래픽] 세계 경제 규모 상위 10개국」, 『연합뉴스』, 2021.04.21. (https://www.yna.co.kr/view/GYH20210421002200044)
- 김일우 기자, 「'20만t 의성 쓰레기 산' 1년 8개월 만에 모두 치웠다」, 『한겨레』, 2021.02.09.(https://www.hani.co.kr/arti/area/yeongnam/982455.html)
- 이승균 기자, 「[기업분석] 남양유업이 ESG 경영 실패의 '반면교사'가 된 까닭」, 『데일리임펙트』, 2021.06.14.(http://www.mediasr.co.kr/news/articleView.html?idxno=69502)

- https://www.blackrock.com/kr/larry-fink-ceo-letter#
- Blackrock, corporate-overview
- http://thewisecard.co.kr/people-21-03-04/
- https://www.greenpeace.org/korea/update/5409/blog-plastic-zero-waste-activist-bea-johnson/

저자소개

홍승렬 HONG SEUNG YEOL

경력

- 동행경영컨설팅 대표
- 서울디지털대학교 실습운영교수
- 중부지방고용노동청 경기지청 심사위원
- 한국고용정보원 고용서비스 민간위탁기관 인증 평가위원
- 충남경제진흥원 외부평가위원
- 2016 경남고성공룡세계엑스포 홍보마케팅 자문위원
- 인천광역시 소상공인서민금융복지지원센터 컨설턴트
- 한국중견기업연합회 강사

자격

- 경영지도사
- 직업상담사
- 평생교육사
- 이러닝지도사

- 청소년심리상담사

저서

- 『신중년 N잡러가 경쟁력이다』, 브레인플랫폼, 2021. 공저
- 『신중년 도전과 열정 2021』, 브레인플랫폼, 2021. 공저

수상

- 경영선진화 아이디어 공모전 최수우상(국립중앙박물관문화재단)
- 대한민국 대표 노인복지정책 브랜드 네이밍 공모전 장려상(한국노인인력개발원)

ESG management

03

ESG경영, SDGs 기후변화대응 으로 실천

최효근

1. 들어가며

 2015년 9월 25일 유엔(UN)은 지속가능발전정상회의(UN Sustainable Development Summit)에서 지속가능발전목표(Sustainable Development Goals, SDGs)를 새로이 채택하였다. SDGs는 기존 유엔(UN)의 달성과제였던 새천년개발목표(Millenium Development Goals, MDGs)의 후속 의제로 빈곤퇴치, 불평등해소, 일자리창출, 경제성장, 지속가능한 발전, 기후변화 문제 해결 등을 주된 골자로 하고 있다. 유엔(UN)은 SDGs를 통해 빈곤, 불평등, 질병문제 등 주로 개발도상국에 해당하는 국지적인 주제를 선진국을 비롯한 모든 국가에 해당하는 보편적인 주제로 확대함으로써 MDGs의 한계점을 보완하고자 하였다.

 SDGs는 지속가능한 더 나은 세상을 위한 것을 목적으로 국가·지방단체, 기업 모두를 포함한 최종목표를 명확하게 한 것으로 기업의 이익이 최우선으로 되는 것이 아닌, SDGs가 내거는 목표를 경영 전략에 통합하여 지속적으로 기업가치가 향상된다는 것이다.

 ESG는 과거 경영성과와 이익에 크게 반영되지 않던, 환경(Environment), 사회(Social), 지배구조(Governance)라는 비재무적 요소를 고려한 핵심경영전략, 기업투자, 이해관계자(고객·거래처·주주·종업원·지역 등)를 중심으로 기업윤리와 사회에 대한 쌍방향영향 등을 수치화한 것이다.

SDGs나 ESG 모두 환경과 경제분야에서 중요 키워드로 인식하는 단어다. 이 모두 기업의 장기적인 성장에 영향을 주는 요소이고, 기업이 ESG에 주목해 매일의 사업활동을 전개하는 것이 결과적으로는 SDGs의 목표달성으로 연결된다는 것이다.

특히, SDGs의 17개 목표 중 목표 5(성 평등), 목표 8·12(지속가능성), 목표 13(기후변화대응)은 기업의 ESG활동과 연관성이 높아 주의 깊게 살펴볼 필요가 있다.

이에 필자는 SDGs 중 위의 3가지 주요내용 중에서 목표 13(기후변화대응)을 중심으로 ESG 이슈와 SDGs 의제와의 관련성과 각종 대책을 제시하고, 필자가 활동하고 있는 지자체의 활동을 중심으로 세부실천사항을 소개하고자 한다.

2. 기후변화의 정의

장기간에 걸친 기간(대체로 수십 년 또는 그 이상) 동안 지속하면서, 기후의 평균상태나 그 변동 속에서 통계적으로 의미 있는 변동을 일컫는 말이 기후변화이다. 기후변화는 자연적인 내부과정이나 외부의 강제력에 의해서, 또는 대기의 조성에서나 또는 토지 이용도에서 끊임없는 인위적 변화에 의해서 일어날 수 있다. 기후변화협약(UNFCCC) 제1

조에서는 기후변화를 전 지구 대기의 조성을 변화시키는 인간의 활동이 직접적 또는 간접적으로 원인이 되어 일어나고, 충분히 기간 관측된 자연적인 기후변동성에 추가하여 일어나는 기후의 변화로 정의하고 있다. 따라서 기후변화협약은 대기조성을 변화시키는 인간활동으로 야기되는 '기후변화'와 자연적 원인에 의해 야기되는 '기후변동성'을 구분하고 있다.

기후변화요인은 자연적인 원인과 인위적인 원인으로 나눌 수 있다. 자연적인 원인에 따른 기후변화는 외적으로 야기된 변화뿐만 아니라 기후시스템요소의 변화와 요소 간의 상호작용으로 발생하며 외적 요소에 의한 기후변화의 대표적인 예로는 화산분화에 의한 성층권의 에어로졸 증가, 태양활동의 변화, 태양과 지구의 천문학적인 상대위치 변화 등이 있다. 외적 요인 없이도 기후시스템은 자연적으로 변할 수 있는데 이는 기후시스템의 5가지 주요구성요소(온도, 습도, 강수, 풍속, 낮 길이) 및 대기권, 수권, 빙권, 지권, 생물권 각 요소가 각기 상호작용하여 끊임없이 변화하기 때문이다.

인위적인 원인이 대규모로 기후에 영향을 미치기 시작한 것은 산업혁명 초기인 18세기 중엽부터로 1970년부터 2004년 사이에 지구 온실가스배출량은 70%나 증가하였으며(IPCC, 2007), IPCC 제5차 평가보고서(2015)에 의하면 전 세계 온실가스배출량이 매해 급격하게 상승하여 1970년부터 2011년까지 40여 년간 배출한 누적 온실가스가 1970년 이전 220년 동안의 누적배출량과 비슷하다고 한다. 인간활동, 특히 공장이나 가정에서의 화석연료 연소와 생물체의 연소 등은 대기구성성분에 영향을 주는 온실가스와 에어로졸을 생산하여 온실가스를 증가시키고 대기 중 에어로졸에 의해 태양복사에너지 반사와 구름의 광학적 성질변화(산란효과에 의한 지구냉각화)를 일으키고 있다.

또한 염화불화탄소(프레온가스) 및 기타 불소화합물, 브롬합성물 등의 방출은 복사강제력에 영향을 주고 성층권의 오존층도 감소시키며, 도시화와 무리한 토지개발이나 산림채취 등으로 인한 토지이용의 변화는 지구 표면의 물리적, 생물학적 특성에 영향을 준다.

3. 기후변화대응

지구온난화로 폭염, 폭설, 태풍, 산불 등 이상기후 현상이 세계 곳곳에서 나타나고 있다. 높은 화석연료 비중과 제조업 중심의 산업구조를 가진 우리나라도 최근 30년 사이에 평균온도가 1.4℃ 상승하며 온난화 경향이 더욱 심해졌다.

국제사회는 기후변화문제의 심각성을 인식하고 이를 해결하기 위해 선진국에 의무를 부여하는 '교토의정서' 채택(1997년)에 이어, 선진국과 개도국이 모두 참여하는 '파리협정'을 2015년 채택했고, 국제사회의 적극적인 노력으로 2016년 11월 4일 협정이 발효되었다. 우리나라는 2016년 11월 3일 파리협정을 비준하였다.

파리협정의 목표는 산업화 이전 대비 지구 평균온도상승을 2℃보다 훨씬 아래(well below)로 유지하고, 나아가 1.5℃로 억제하기 위해 노력해야 한다는 것이다.

지구의 온도가 2℃ 이상 상승할 경우, 폭염, 한파 등 보통의 인간이 감당할 수 없는 자연재해가 발생하지만, 상승온도를 1.5℃로 제한할 경우 생물다양성, 건강, 생계, 식량 안보, 인간 안보 및 경제성장에 대한 위험이 2℃보다 대폭 감소한다.

지구의 온도상승을 1.5℃ 이내로 억제하기 위해서는 2050년까지 탄소 순 배출량이 0이 되는 탄소중립사회로의 전환이 필요하다.

1) 정부의 기후변화대책

(1) 파리협정 대응 경과 및 계획

정부는 기후변화협약에서 감축의무가 없는 비부속서I 국가임에도 불구하고 온실가스배출권 거래제와 같은 선도적 감축정책을 적극적으로 시행하였으며, 2019년에는 NDC 이행의 점검·평가체계를 마련하고, 2020년에는 '2050년 장기저탄소발전전략'과 '갱신 NDC'를 유엔기후변화협약사무국에 제출할 계획이다.

날짜	내용
2015.6.30	제1차 NDC 제출
2016.11.3	파리협정 국회 비준 및 비준서 UN에 제출
2016.12.6	제1차 기후변화대응 기본계획 및 2030 온실가스 감축 기본로드맵 주요 내용 발표
2018.7.24	2030 국가 온실가스 감축 기본 로드맵 수정안 확정
2019.10.22	제2차 기후변화대응 기본계획 확정
2020년	2050 장기저탄소 발전전략, 제1차 NDC(갱신) 제출 예정

출처: 「파리협정 이행규칙 안내서」, 2019, 환경부, 한국환경공단

(2) 제2차 기후변화대응 기본계획

'기후변화대응 기본계획'은 기후변화정책의 목표를 제시하는 기후변화대응의 최상위계획으로서 '저탄소 녹색성장 기본법'에 따라 20년을 계획기간으로 5년마다 수립하며, 제2차 기본계획은 환경부 등 총 17개 관계부처가 합동으로 수립하여, 19년 10월 22일에 국무회의에서 심의 확정되었다. 동 계획은 '지속가능한 저탄소 녹색사회 구현'을 비전으로 2030년까지 온실가스 배출량을 5억 3,600만 톤으로 줄이며, 이상기후(2℃ 온도상승)에 대비하며, 파리협정이행을 위한 전 부문 역량을 강화하는 것을 목표로 하고 있다.

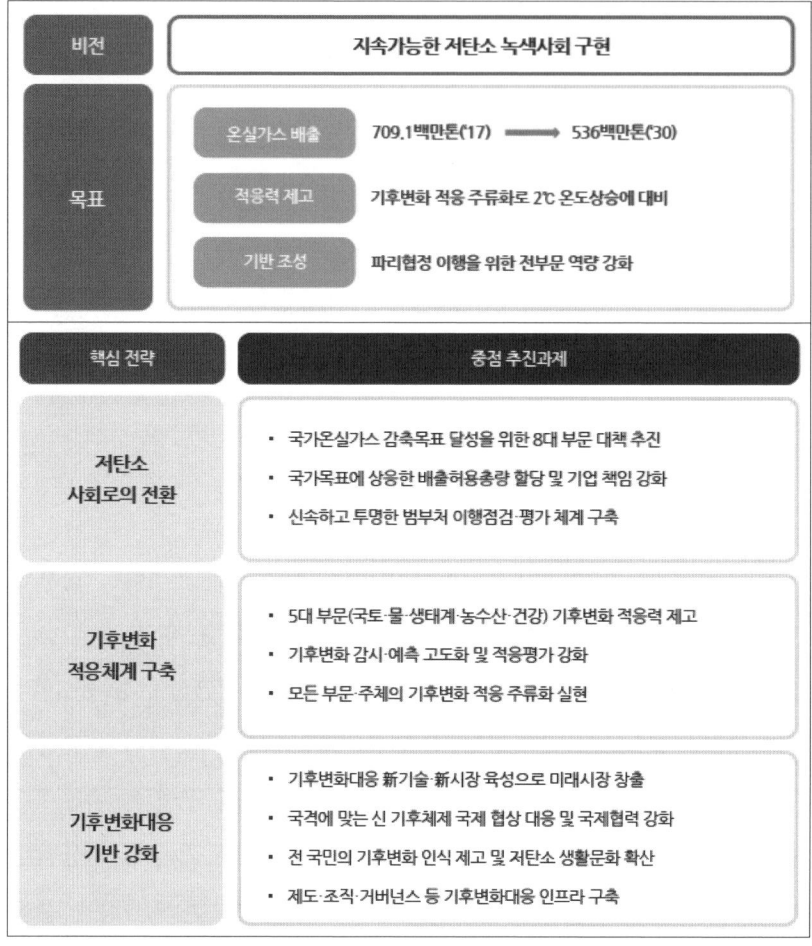

▲ 제2차 기후변화대응 기본계획의 목표 및 중점추진과제 (출처:「제2차 기후변화대응 기본계획」, 2019)

(3) 2030년 국가 온실가스 감축목표 달성을 위한 기본 로드맵

정부는 국제사회에 약속한 2030 온실가스 감축목표를 이행하기 위하여 2016년 전환(전력+열 공급), 산업, 수송, 건물, 농축산, 폐기물, 공공, 산림 등 8개 부문에 대한 감축 잠재량을 분석하고 이를 기반으로 부문별 감축계획을 담은 「2030년 국가 온실가스 감축목표달성을 위한 기본 로드맵(이하 2030 로드맵)」을 마련하였다. 이후 기존에 수립한 '2030 로드맵'에서 이행방안이 불확실한 국외감축량을 최소화하고, 국내 부문별로 감축량을 강화한 '2030 로드맵' 수정안을 발표하였다.

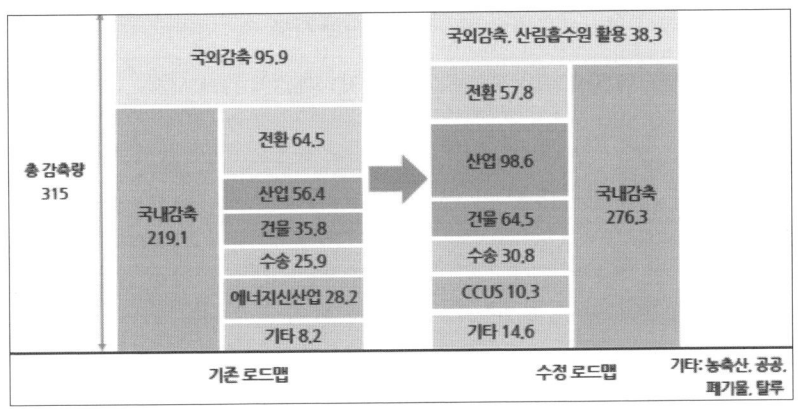

▲ 기존로드맵과 수정 로드맵 비교 (단위: 백만 톤 CO2eq)
* CO2eq: CO2 환산량(Carbon dioxide equivalent)

(4) 국가기후변화 적응대책

국가기후변화 적응대책은 '기후변화대응 기본계획'의 하위계획이자, 광역·기초지자체 기후변화 적응대책 세부시행계획의 상위계획으로, 「저탄소 녹색성장 기본법」에 따라 5년 단위로 관계 중앙행정기관의 장과 협의 및 녹색성장위원회의 심의를 거쳐 수립된 것으로 1차 대책(2011~2015), 2차 대책(2016~2020)이 수립·시행되었으며, 제3차 기후변화 적응대책은 21년~25년을 대책 기간으로 하여 2020년 수립되었다. 이러한 국가 기후변화 적응대책의 주요 내용은 다음과 같다.

- 기후변화적응을 위한 국제협약 등에 관한 사항
- 기후변화에 대한 감시·예측·제공·활용능력향상에 관한 사항
- 부문별·지역별 기후변화의 영향과 취약성 평가에 관한 사항
- 부문별·지역별 기후변화 적응대책에 관한 사항
- 기후변화에 따른 취약계층·지역 등의 재해예방에 관한 사항

2) 기업의 기후변화대응

산업계는 시설 및 기술개발투자의 주체로서 온실가스 감축의무가 주어지면 산업경쟁력이 온실가스감축 기술능력에 의해 크게 좌우됨을 고려하여 온실가스감축을 경영과정에 포함해 많은 관심과 투자를 아끼지 말아야 한다. 또한, 자체 감축비용절감을 위해서라도 기업은 다음과 같은 다양한 감축노력을 기울여야 할 것이다.

(1) 기존시설의 효율적 관리

기존시설의 에너지 낭비요소만 제거해도 상당량의 에너지를 절감할 수 있으므로 산업계 전체차원의 에너지절약노력이 필요하다.

(2) 생산시설 및 공정을 에너지효율이 우수한 것으로 교체

산업계에서는 온실가스배출의 원인이 되는 에너지사용을 줄이기 위하여 에너지효율이 높은 생산시설과 공정을 도입하여야 할 것이다.

(3) 에너지절약 및 온실가스감축기술에 대한 투자증대

온실가스 감축기술능력은 기업의 경쟁력을 결정하는 주요요소가 될 것이나 이러한 기술은 단기간에 축적되지 않으므로 장기간의 투자계획을 바탕으로 지금부터 기술개발에 매진해야 할 것이다. 또한, 온실가스를 최대한 감축하는 기술을 생산공정 및 신규공장 건설 시 도입하여야 할 것이다.

(4) 업종전환 및 고부가가치(첨단)산업에의 진출

현재와 같은 에너지 다소비의 산업구조는 기후변화협약시대 국제수출시장에서 가격경쟁력에 매우 취약하므로 에너지 다소비업종의 한계기업들은 이 점을 고려하여야 할 것이다.

기후변화대응을 잘하는 기업들은 지속가능한 목표개발촉진과 확산을 이행하고 있으며, 기업의 SDGs, ESG, 친환경 등에 대한 인증과 지수를 받기 위해 GRP 인증신청을 하고 있다.

(5) 기후변화대응 및 플라스틱 저감 국제기준(GRP: Guidelines for Reducing Plastic Waste & Sustainable Ocean and Climate Action Acceleration)

기후변화대응 및 플라스틱 저감 국제기준은 유엔(UN)의 SDGs 우수모델 및 국제친환경기준으로 소개된 기업의 글로벌 환경가이드라인이다.

전 세계 글로벌기업의 플라스틱, 석유화학제품 저감활동 및 기후변화와 지구온난화대응, 해양환경보호를 위해 매년 4~5월, GRP를 발표하며 6개 산업분류에 속하는 전 세계 1,000곳 이상의 기업을 분석하고 상위 20% 내의 기업을 선정한 뒤, 그 중 다시 상위 40% 기업을 친환경기업으로 인증한다.

GRP는 30가지 주요배경과 39가지 글로벌가이드라인을 바탕으로 플라스틱사용 저감, 해양보호, 기후변화대응 등 국제환경문제에 대해 위치, 규모, 경제사회적 흐름, 산업적 기회, 시스템, 이행효율성, 혁신, 미래비전 등의 기준을 두고 있다.

① 대상

　가. 석유화학, 소재·반도체, 건설·플랜트, ICT/패션 및 의류/유통 및 물류/식품 및 음료/화장품/프랜차이즈 식품 및 관광시설
　나. 1,000곳: 신청기업(신청은 2월 말까지)+대상선정기업(3월 말)

② 인증범위

가. 인증제품 또는 상품: 제품·상품·물품(포장재, 서류, 사무용품), 상시적인 광고 및 이동수단(비행기, 차량, 오토바이) 등

나. 공간: 매장, 상업용 시설(사무실도 포함), 전시관 등

다. 제도: 회사가 공식적으로 언론에 공표한 정책, 정관상 기재되어 있는 친환경정책, 추진하려는 구체적인 환경정책(예산, 목표, 이행주체가 나온), CEO가 발표한 선언문 등

③ 인증

가. 인증 전 단계: 6가지 해당 산업군에 속하면서 가이드라인 적용을 권고하는 기업은 가이드라인 적용 권고기업 발표

나. 인증 후 단계 : 친환경 우수경영기업은 4등급으로 나뉘어 인증기업으로 발표되며, 국제적인 환경인증 획득

- AAA 그룹(상위 10%)
- AA+ 그룹(상위 20%)
- AA 그룹(상위 30%)
- AA- 그룹(상위 40%)

④ 2021년 GRP인증 국내 기업

코리아세븐, SK종합화학, ALCOA, KERING GROUP, 우아한형제들, HSBC, XIAMEN AIRLINES, PFIZER(AAA), 현대바이오랜드, CJ 대한통운, 한샘, AVIVA, BANCOLOMBIA, 현대백화점면세점, ENEL, OLAM INTERNATIONAL, 일동제약, UBS, THE BOEING COM-

PANY, PIMCO, INDITEX으로 각 산업계에서 플라스틱 저감노력과 기후대응 선두기업들이다.

⑤ **2021년 GRP 인증의 전망**

GRP에 대한 관심은 2020년에 비해 두 배 가까이 커졌지만, 인증문은 올해 더 좁아졌으며 2020년에는 아태지역 300곳의 글로벌기업이 권고 및 추천기업 리스트에 오르고 이 중 31곳이 인증을 획득했다. 하지만 2021년에는 570곳 이상의 추천기업 중 약 3.5%에 해당하는 21곳의 기업이 인증을 획득하였다.

이는 2020년 GRP가 시작된 이래 국내외산업환경이 크게 변화된 요인이 크다. 특히 2021년 1월부터 발효된 △파리기후협약 및 전 세계적인 플라스틱 저감 및 탄소저감 확산, △블랙록, 뱅가드 등 세계 최대기관투자자의 강력한 ESG경영 요구, △EU, 미국 등 주요산업시장에서의 탄소세 및 국경조정요금 부과 등이 배경이다. 탄소배출이 많은 철강, 비료, 화학, 펄프, 제지, 플라스틱, 유리제품 등이 우선 시행대상이며, 2024년부터 유럽에서 판매하는 전기자동차 및 휴대용, 산업용 배터리도 측정대상이 된다.

3) 지자체의 기후변화대응

(1) 지자체의 역할

기후변화적응은 온실가스감축보다 지역적인 접근이 매우 중요한데 권역별 또는 지역별로 같은 기후변화영향이 발생하더라도 그 피해유형과 규모·크기 등의 양상은 해당 지자체가 가지고 있는 지리적 및 사회·경제적 여건과 기후변화에 대처하는 적응능력(Adaptive Capacity)수준에 따라 다르게 나타나기 때문이다. 이러한 기후변화적응 측면에서 지자체는 기후변화영향과 피해를 직접 받는 당사자인 동시에 이로 인한 문제를 극복·개선하고 더 나아가 기후변화가 가져다주는 긍정적인 기회를 활용 및 창출할 수 있는 핵심주체로서 그 역할이 매우 중요하다. 기후변화로 인한 위험과 취약성에 대한 노출은 지역의 인프라와 서비스, 사회구성원, 취약계층 및 지역 등에 직간접적인 영향을 미치므로 지자체에서는 이에 대한 피해완화 및 사전예방 등을 위한 적응활동에 의무를 다하는 것이 필요하다. 더불어 기후변화는 주민의 안전, 삶의 질 및 경제활동에 직접적인 영향을 주며, 중장기적으로 지역의 경쟁력에 직결되는 중요한 사안이므로 선제적이면서도 능동적인 적응대책을 통하여 기후변화로 인한 부정적인 피해를 최소화하고 더불어 변화하는 기후에 긍정적인 기회를 창출하고 활용할 필요가 있다.

따라서 지자체는 기후변화에 효과적 대응 및 관리를 위하여 적응에 기반을 둔 지역사회의 기후변화회복력(Resilience)과 미래의 경쟁력을 향상할 수 있도록 계획된 적응을 바탕으로 지역의 특성을 반영한 적응대책을 수립하여 추진하는 것이 필요하다. 이를 통해 기후변화로 인한 지역의 종합적인 적응이슈와 시급한 적응부문, 계층 및 지역 등을 파악하고 현 정책의 수준을 진단·정비하여 지역의 관련 자원, 재원, 기술, 정책 및 제도, 등의 적응능력을 강화하는 데 이바지할 수 있다.

(2) 광명시의 사례

경기도 광명시는 전국 최초로 기후위기문제를 전담하는 '기후에너지과'를 신설하였으며, 지구의 날 기념 소등캠페인, 세상을 바꾸는 기후변화 토크 콘서트, 찾아가는 기후변화 시민교육 등 시민을 대상으로 다양한 기후변화교육과 시민체감형사업을 추진하였다.

또한, 광명시 기후의병 양성을 위해 민간단체 등의 기후변화 대응활동 촉진 등의 내용을 담은 '광명시 기후위기 대응 조례'를 제정해 기후위기대응의 발판을 마련하였다.

이어서 도시재생지역 내 폭염 취약계층을 대상으로 '함께 그린 광명 쿨루프사업'을 추진하여 여름철 냉방에너지를 절감하였으며 2020년 9월 '함께 그린 광명 쿨루프 옥상문화제'를 열어 시민들과 언택트(Untact) 방식으로 소통하며 쿨루프사업에 대한 성과를 공유하였다.

그리고 기후변화대응과 신재생에너지 이용 및 보급을 전문적으로 추진하는 중간지원조직으로 기후에너지센터를 수도권 최초로 설립하고, 재생에너지 확장에 따르는 수익이 시민에게 돌아갈 수 있도록 시민이 주체로 참여하는 에너지협동조합을 만들었다.

2020년 광명도서관 옥상에 연간 전력생산량 9만kW, 하안도서관에 연간 10만kW 생산의 1호기, 2호기를 준공하였으며 시민체육관주차장에 가능한 모든 공공시설, 유휴부지에 햇빛발전소를 건립할 계획이다.

기후에너지센터는 광명시 전역에 시민들이 스스로 에너지전환에 대해 참여해서 교육, 조사, 모니터닝을 기획 진행하는 사랑방으로 '넷제로' 에너지카페를 17군데 운영하고 있다.

또한, 에너지에 관심 있는 시민이나 관련 업체 등 지역에너지 소그룹모임을 활성화해 시민참여 에너지전환사업을 발굴하는 활동도 하고 있다.

2021년부터는 산자부의 지원으로 개인의 옥상과 공공부지옥상을 태양광발전소를 플랫폼으로 연결하여 광명의 신재생 보급률을 높이고 시민들이 적극적으로 참여하도록 독려하고 있다.

또한, 광명교육지원청과 협력해 초중고 42개 학교에서 450여 차시에 걸쳐 '기후위기와 에너지, 지역에서 함께 하는 실천활동'에 대한 교육을 진행하고 있다.

공동주택 또는 단독주택을 대상으로 태양광발전기를 대여하고 상가 등 계약전력을 컨설팅하여 건물유형별 탄소배출량 데이터베이스를 조사한 후 다소비공공건축물을 대상으로 에너지를 진단하는 '탄소중립매니저활동'도 올해 시작되어 호응을 얻고 있는 활동이다.

광명시는 2050년 탄소중립을 목표로 광명형 뉴딜통합용역을 추진하여 그린뉴딜정책, 사회적 불평등해소 및 일자리창출체계를 구체화하여 본격적으로 추진할 예정이며, 기후변화 대응용역을 통해 광명시만의 기후변화해결 솔루션을 찾아 2050년 넷제로 도시 만들기에 박차를 가할 예정이다.

광명시가 시민의 기후위기인식을 파악하고 정책수립에 기초자료로 사용하기 위해 2021년 3월 26일부터 4월 13일까지 광명시 공식사회관계서비스(SNS)를 통해 설문조사를 한 내용에 따르면 광명시가 추진하는 기후위기 극복사업 가운데 잘하고 있는 것으로는 전기·수도·가스 사용량을 줄이면 보상금을 지급하는 '탄소포인트제'(47.4%)와 매월 10일 밤 10시 10분간 모든 불을 끄는 '별 볼일 있는 10·10·10 소등캠페인'(34.6%)이 있는데, 소등캠페인 26개 공동주택이 매달 참여하고 있는 광명시만의 특화사업이다.

광명시지속가능발전협의회는 시민사회와 함께 2014년 IDEC (International Democratic Education Conference) 광명시 지속가능성을 논의하다가 '에너지 생산자에서 소비자로' 아젠다를 시작으로, 광명시민 10만 명

10년 온실가스 10% 줄이기 릴레이캠페인 '별 볼일 있는 10.10.10 시민 실천 활동'을 전개하였으며, 지역에너지 계획수립을 위한 민관포럼을 꾸준하게 진행한 결과, 2017년 시민참여형 지역에너지계획을 광명시와 함께 수립하고, 지역에너지계획을 전담할 전국 최초 '기후에너지과'의 신설에 기여하였다. 이후에도 시민단체와 함께 기후위기와 에너지절약을 위한 다양한 활동을 전개하고 있는데, 현재 추진하는 '탄소중립 광명 RE100 시민클럽'은 일상생활에서 탄소중립을 실천하는 'RE100(Renewable Energy 100%)' 시민클럽으로 가정에 미니태양광을 설치하거나 공공기관이나 유휴부지에 설치되는 햇빛발전소사업에 동참하는 형태로 참여하는 시민모임이다.

출처: 광명소식, 2021년 5월 21일자 광명시 탄소포인트제 모바일 화면

4. 마무리

기업은 ESG경영을 통해 SDGs에서 규정하고 있는 전 지구적인 문제들을 해결하고 더 지속가능한 사회로의 전환을 가속해야 한다.

특히 환경영역에서 최고경영진이 환경경영에 대한 강력한 실천의지를 표명하고, 환경경영체계를 구축하며, 가치사슬 전체에 환경경영을 적용하고, 환경경영의 의사결정에 이해관계자를 참여하게 하고 환경경영의 정보와 성과를 잘 공개해야 한다.

기업은 SDGs를 통해 급변하는 경영환경변화를 가늠하고, 기업을 둘러싼 전 세계 이해관계자 및 시장의 요구와 필요를 더욱 정확하게 인식하고 대응할 수 있다. 기업은 SDGs달성을 위한 솔루션을 개발하고 이행함으로써 새로운 성장기회를 발견하고 리스크를 줄일 수 있다. 또한, 미래 비즈니스기회를 파악하고 대응하기 위한 기업의 전략수립과 소통의 중요한 수단으로도 SDGs는 매우 유용하다.

기업은 목표를 SDGs와 연계함으로써 지속가능한 발전방안도 모색해야 하는데, 이를 위해서는 ESG 측면에서 명확한 KPI를 설정하고, 목표의 기준치설정을 위한 특정시점과 기간을 고려해야 한다.

소비자들은 친환경적이거나 사회적 약자를 보호하고, 유통단계를 공정하게 하며, 사회문제를 해결하는 데 힘쓰는 기업을 선택해야 한다.

ESG활동을 잘하는 기준은 정확한 목표와 계획, 활동을 위한 구체적 과정, 외부전문가검증, 국제기준준수, 실질적인 이행, 결과도출 등으로 비용과 기술을 투입해 환경적인 영향을 줄였다면 ESG활동을 잘하는 기업이다.

하지만 기업이 환경 관련 활동을 '마케팅' 시선에서만 강조한다는 불만도 제기된다. 실제로는 탄소를 많이 배출하거나 환경에 부정적인 영향을 미치는데도 마치 환경적인 공헌을 많이 하는 것처럼 홍보한다. 그러나 소비자들은 눈에 보이는 캠페인이나 사회공헌활동 등을 통해 평가할 수밖에 없으므로 올바른 교육을 통해 이를 잘 식별할 수 있도록 도와야 한다.

소비자와 직접 만나는 기업들은 일반시민들과 소비자들의 환경인식과 참여도를 높일 수 있도록 노력해야 하고, 생활 속 가까운 곳에서 확인할 수 있는 실질적인 친환경노력과 움직임을 통해 기업이 가지고 있는 지속가능한 노력을 찾을 수 있도록 도와야 한다.

또한, 정부는 기업활동을 지나치게 규제하기보다는 기업이 스스로 ESG의 가치를 느끼고 이러한 방향으로 나갈 수 있도록 돕는 분위기를 조성하고, 온실가스를 더욱 적극적으로 줄여야 하는 기업들은 ESG활동을 더 강화할 수 있도록 지도해야 한다.

참고문헌

- 김현주 기자, 「UN 우수사례 선정 국제친환경인증 'GRP' 2021 인증기업 발표」, 세계일보, 2021.05.24.

- 김선민, 「UN의 지속가능발전목표(SDGs)와 ESG 이슈」, CGS Report, 2016년 6권 2호.

- 이은경, 「ESG 경영의 나침반, 지속가능발전목표 SDGs」, MEDIA SK, 2021.06.21.

- 정단비 기자, 「UN SDGs 협회 김정훈 사무대표 "국제 환경 인증 'GRP' 받으려면 그린 비즈니스 전환 중요"」, DAILY POP, 2021.06.07.

- 대전세종연구원, 「대전세종포럼 - 기후변화 대응을 위한 지방정부 역할」, 통권 제68호, 2019.

- 광명시 기후에너지과, 「기후위기 극복에 앞장섭니다」, 광명소식, 2021.05.12.

- 광명시 공식 블로그, 「광명시 제10회 기후변화그랜드리더스어워드 수상」, 2020.11.25.

- 기후변화 홍보포털, 「기후변화와 기후변화대책」(https://www.gihoo.or.kr/portal/kr/main/index.do)

- 대한민국정책브리핑, 「2050 탄소중립-기후변화 대응의 필요성」, 2020.12.21.

- 광명시 지속가능발전협의회 누리집(gm21.or.kr/gm21)

- 한국기업지배구조원, 'ESG모범규준-환경', 2021.

- 환경부, 「제2차 기후변화대응 기본계획」, 2019.10.

- 환경부, 한국환경공단, 「파리협정 이행규칙 안내서」, 2019.06.

저자소개

최효근 CHOI HYO GEUN

학력

- 공학사, 문학사, 행정학사, 사회복지학사
- 숭실대학교 정보과학대학원 이학 석사
- 캐나다크리스천대학원 상담코칭학 박사

경력

- (현)청운대학교 교양대학 창의력개발 교수
- (현)안산대학교 금융정보과 산학겸임교수
- (현)한국폴리텍Ⅴ대학 신중년과정 강사
- (현)국가기술자격정책심의위원회 전문위원
- (현)대한민국산업현장교수
- (현)대한민국 스타훈련교사
- (현)디지털산업정보학회 이사
- (현)한국취업진로협회 이사
- 신협중앙회 연수원장 역임(1996~2016)
- 기후위기 대응 광명시민헌장 제정 FGI

- 광명시 자치분권네트워크 환경분과 위원
- 탄소중립 광명 RE100 시민클럽
- 광명시지속가능발전협의회 제11기 위원
- 광명시민주시민교육운영위원회 위원
- 중소기업 CSR 전문가(한국경영기술지도사회)
- 사회적경제 전문가 (가천대학교)
- SR교육지도사(공공기관사회책임연구원)
- 한국과학창의재단 교육기부단

저서

- 『열정有삶』, 고용노동부, 2015. 2017. 공저
- 『끊임없이 도전하고 자기개발을 멈추지 마라』, 테리안, 2019.
- 『신중년 도전과 열정』, 브레인플랫폼, 2020. 공저
- 『오늘도 빛은 그곳에 머무네』, 등대지기, 2020. 공저
- 『4차 산업혁명 시대 및 포스트코로나 시대 미래비전』, 브레인플랫폼, 2020. 공저
- 『공공기관 채용의 모든 것』, 『창직형 창업』, 브레인플랫폼, 2021. 공저

수상

- 기록문화 유공 국가기록원장 표창(2007)
- 독도사랑 공모 국토해양부장관 표창(2008)
- 스타훈련교사 고용노동부장관 표창(2013)
- 직업능력개발 유공 고용노동부장관 표창(2014)
- 청운대학교 대학발전부문 공로상(2020)
- 대한민국산업현장교수단 우수 교수 표창(2020)

ESG management

04

ESG경영을 통한 중소기업의 기업가치 제고전략

이승관

1. ESG경영트렌드의 이해

오늘날 기업활동에 친환경, 사회적 책임경영, 지배구조개선 등 투명경영을 고려해야 지속가능한 발전을 할 수 있다는 철학을 담고 있는 ESG는 개별기업을 넘어 자본시장과 한 국가의 성패를 가를 키워드로 부상하고 있다. ESG경영부담은 대기업만의 것이 아니며 대기업에 ESG정보공시가 의무화되는 등 ESG경영압박이 세지면, 중소기업에까지 확대되는 것은 시간문제로 대기업에 부품, 용역 등을 조달하는 협력업체들에는 더 예민한 문제가 된다. 예를 들어 지난해 SK텔레콤과 SK브로드밴드 등 8개 SK 계열사가 RE100에 가입하며 2050년까지 사용전력량의 100%를 풍력·태양광 등 재생에너지로 조달하겠다고 서약했는데 이 캠페인은 가입사뿐 아니라 협력업체에까지 동참을 요구하기 때문에, SKT와 SKB 협력사들은 2050년까지 RE100을 달성해야 하는 직접 당사자가 되는 것이다. 또한, KB금융이 중소기업 대출심사에 ESG 등 비재무 정보반영방안을 검토하는 등 은행권에서도 대출심사요건으로 기업의 ESG수준을 고려하겠다는 계획을 속속 발표하고 있다. 정부와 국회의 움직임도 심상찮다. 중소벤처기업부는 대기업과 중소기업 상생협력프로그램인 '자상한기업 2.0' 선발기준으로 ESG지표를 우선순위로 두겠다고 밝혔고 최근 국회에서는 ESG경영을 실천하는 중소기업에 중소벤처기업 창업 및 진흥기금지원을 쉽게 하는 중소기업진흥법개정안을 대표 발의했다. 환경·사회·지배구조(ESG)경영이 지속가능경영방식으로 전 세계에서 자리 잡아가고 있는 가운데, 국내에서는 대기업을 중심으로 빠르게 확산하고 있다. 하도급·납품 등으로 대기업과 무관하지 않은 중소기업에도 ESG경영은 남의 얘기가 아니며 전문가들은 중소기업전용 가이드라인 제정, 우수도입기업 가점 등을 통한 전담 지원이 필요하다고 진단한다.

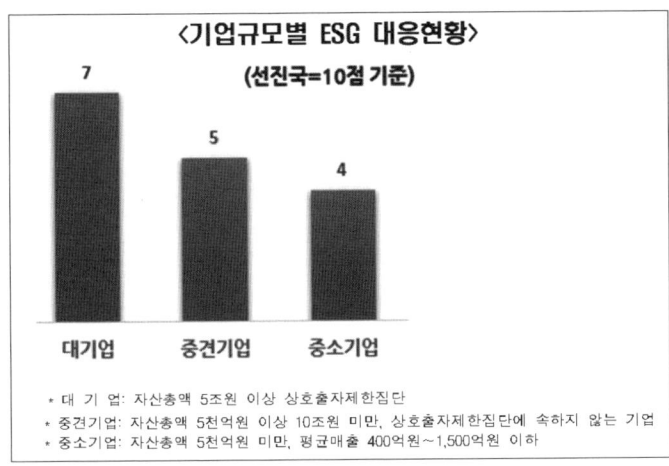

출처: 전경련, ESG경영현황, 2021.02.25.

ESG경영방식이 세계적 경영화두가 됨에 따라 중소기업도 이에 대한 준비가 필요하다는 목소리가 힘을 얻고 있다. ESG는 환경(Environment), 사회(Social), 지배구조(Governance)의 영문 첫 글자를 조합한 단어로, 기업경영에서 지속가능성을 달성하기 위한 3가지 핵심요소이며 재무제표와 같은 단기적·정량적 지표에 의한 기업가치평가가 아닌, 장기적이고 정성적인 요소에 초점을 두고 기업이 지속적으로 성장할 수 있는지 가능성을 평가하는 지표가 된다.

우선, 환경(Environment)항목에서는 탄소발자국, 에너지효율, 재생에너지 사용 등이 포함되는데 가장 중요한 이슈는 바로, 자원사용과 오염물질배출을 최소화해 기업의 영업활동이 지구에 미치는 영향을 줄이는 것이다. 사회(Social)항목에서는 근로환경, 노사관계, 지역사회 기여와 같은 이슈 등이 속한다. 특히 사회는 기업 내부이슈와 외부이슈로 구분할 수 있는데, 내부이슈 중에는 직원만족도, 노동조합가입률, 직원당 평균 교육시간과 같은 근로여건과 여성직원 비율, 장애보유직원 비율과 같은 다양성 관련 항목이 핵심이다. 마지막으로 지배구조(Governance)는 ESG 중에서도 가장 어려운 항목으로, 이사회구조 및 다양성, 경영진보수, 주주권리보장과 같은 이슈들이 중점적으로 다뤄진다. 전 세계적 기후변화위기와 코로나19 팬데믹 등에 직면하며 세계는 환경, 사회적 가치를 중시하는 방향으로 패러다임을 전환하고 있으며 논란이 있지만, ESG는 기업의 장기적인 생존과 번영에 직결되는 핵심적인 가치로 자리매김할 것이라는 의견이 대세를 이루고 있다. 전 세계적 차원에서 지속가능성이 주요한 의제로 등장한 것은 1987년 유엔환경계획(UNEP)과 세계환경개발위원회(WCED)가 공동으로 채택한 『우리 공동의 미래(Our Common Future)』, 일명 브룬트란트 보고서에서 지속가능한 발전이 제시되면서부터다. 지속가능한 발전은 미래세대에게 필요한 자원과 잠재력을 훼손하지 않으면서 현세대의 수요를 맞추기 위해 지속해서 유지될 수 있는 발전을 의미한다.

2006년에는 유엔(UN)의 주도하에 지속가능성 투자원칙을 준수하는 국제투자기관 연합체인 유엔책임투자원칙(UN PRI)이 결성되었다. 유엔책임투자원칙에는 ESG와 관련된 이슈를 투자정책수립 및 의사결정, 자산운용 등에 고려한다는 원칙을 발표했고 UN PRI에는 국내 국민연금을 포함해 2020년 3월 말 기준 전 세계 3,038개의 투자사 및 투자기관이 가입되어있다. ESG와 관련된 또 하나의 중요한 정보공시 중 하나는 기후변화 관련 재무정보공개 태스크포스(TCFD)에서 2017년 발표한 권고안으로 기후변화와 관련된 리스크와 기회요인을 분석하고, 거버넌스, 전략, 리스크관리, 지표 및 목표의 4가지 측면에서 재무정보공개 권고안을 제시했다. 미국에서 가장 영향력 있는 기업 CEO들이 참여한 BRT(Business Roundtable)는 2019년 8월 기업의 주주우선원칙을 폐지하고 새로운 기업의 목적으로 고객, 직원, 공급자, 지역사회, 주주 등 모든 이해관계자의 가치를 고려해야 한다는 내용을 발표했다. 한국기업지배구조원에서 수행하고 있는 ESG평가의 지배구조분야는 크게 5대 항목으로 구분되며 각각 주주권리보호, 이사회, 공시, 감사기구, 배당으로 구성되어 있다. 조사결과 주주권리보호 영역에서는 대기업, 중견기업, 중소기업군 모두 거의 비슷하게 나타났고 경영과실 배분에서는 중견기업이 그 외 기업들보다 높았으며, 중소기업이 가장 열악한 것으로 조사되었다. 그러나 나머지 영역들, 즉 이사회공시, 감사기구영역들에서는 중소기업, 중견기업, 그 외 기업 순으로 나타나, 규모가 작을수록 이사회가 잘 운영되지 않고 공시활동도 상대적으로 부족하며 감사기구의 확충 및 활동이 열악한 것으로 나타났다. 특히 중소기업과 중견기업은 이사회운영에서는 대기업에 비해 상당히 뒤떨어지는 것으로 분석되었다. 더욱이 기업들의 비윤리적 행동에 따른 감점도 살펴보면, 중소기업군에서는 평균 2.7점의 감점이 이루어졌고, 중견기업군에서는 0.8점이, 그 외 기업들은 0.7점으로 조사되어 중소기업과 중견기업들의 분식회계, 횡령 등의 비윤리적 행동이 상대적으로 빈번하였기 때문이다.

2. ESG경영의 산업구조 대응방안

과거 많은 경영진과 투자자들은 ESG활동이 기업의 가치증대와 직접적인 상관관계가 있음을 입증할 구체적인 데이터를 확보하기 어려웠고 이로 인해 ESG활동을 자사의 핵심사업과 별개의 사업으로 인식해오는 경향이 있었다. 그런데도 기업들은 오랫동안 ESG활용의 중요성을 인식은 하고 있었지만, 적극적인 투자와 활동에는 주저하는 부분이 있었다. ESG활동에 대한 지속적이고 전략적인 투자를 뒷받침하기 위해 구체적이고 명확한 데이터를 수집하기는 쉽지 않은 일이다. 많은 기업은 자사만의 ESG운영지도, 사회적 지표 등을 개발하여 평가하기도 하지만, 이런 지표를 실질적인 재무적 성과나 기업의 가치제고와 연계하는 것에는 어려움을 느껴왔다. 한편에서는 ESG활동효과가 다양한 요인들과 복합적으로 얽혀있기 때문에 기업의 가치증대에 간접적인 영향만 주며, 심지어 이마저도 실질적인 정량적 측정은 불가능하다는 주장도 있다. 하지만 최근 많은 기업과 연구기관에서 ESG활동과 기업의 가치증대와의 상관관계를 찾아내기 위해 다양한 연구를 해왔고 실제로 최근 들어 이러한 연구는 구체적인 성과를 보여주고 있다. 대표적으로 뱅크오브아메리카가 발표한 「ESG from A to Z」 보고서(2019)에 따르면 MSCI EST 점수가 높은 기업(상위 20%)은 낮은 기업(하위 20%) 대비 밸류에이션 프리미엄(Valuation Premium)효과가 최근 들어 철강금속, 전기전자 산업 등 제조업은 물론 바이오헬스 등의 신성장산업에 이르기까지 전산업에서 ESG경영시스템 구축을 통한 기업, 기술가치를 제고하여 산업경쟁력을 높이는 노력을 진행하고 있으며 산업종사자는 물론 이해관계자의 참여와 지원을 통해 ESG경영혁신을 선제적으로 대응하는 노력이 요구된다. ESG경영의 선제적인 산업구조 대응을 통한 산업경쟁력 제고는 글로벌 시장 진출 및 스탠더드에 필수적인 요건으로 부상하고 있는바 글로벌 경쟁력의 이니셔티브를 확보하는 것이 필요하다.

3. 제4차 산업혁명 시대와 ESG경영의 전략적 대응

국내 중소기업의 ESG경영준비는 아직 미흡한 상황으로 전국경제인연합회에 따르면 중소기업 ESG대응수준은 10점 만점에 4점으로 나타났다. 중견기업 5점, 대기업 7점 대비 크게 낮은 수준이다. 대규모전환비용 및 장기적 투자가 필요한 ESG경영방식은 자금 운용제약을 크게 경험하는 중소기업들에 비현실적인 패러다임이 아닐 수 없다.

하지만 1년 후가 아닌 10년 후, 20년 후에도 살아남는 기업이 되기

원한다면, ESG경영은 선택사항이 아니다. 중소기업연구원은 최근 이러한 중소기업에 ESG경영을 활성화하기 위한 적용 방안으로 △중기 전용 ESG가이드라인 제정 △인증제도 도입 △혁신활동 지원 △ESG 참여주체 간 협업촉진 등을 제시했다. 먼저 중기연구원은 종업원규모, 제조·비제조업 등 업종 등을 고려한 중소기업 ESG평가지표를 개발해, 기업의 자가진단결과를 토대로 정부의 사후확인을 통해 인증을 부여하는 방안을 제안했다. 인증중소기업에는 정책자금 융자와 시중은행 대출금리 우대, 중기 지원사업 참여 시 가점부여 및 우선구매 등의 정부 지원을 제공할 수 있다. 중기 ESG생태계 조성을 위해서는 중소기업전용 친환경회복기금을 설치하고, 사회적 가치 추구 중소기업에 보조금을 확대해 혁신활동을 지원할 수 있다고 설명했다. ESG인프라 확대를 위한 중소기업진흥법을 개정해 ESG경영의 법적 근거를 마련하고, 중소기업 계약학과 또는 민간전문기관을 활용한 ESG전문인력 양성이 필요하다고 설명했다. 대-중소기업 협력을 활성화해, 수탁기업이 ESG경영설비 도입과 전략을 수립할 시 위탁기업이 기술과 인력을 지원하고, 정부는 위탁기업에 조세지원 및 동반성장지수 가점을 부여하는 방안도 제시했다. 해당 방안은 자산 2조 원 이상 코스피 상장사만 공시하던 기업지배구조보고서를 2026년까지 전체 상장사에 의무화하고, 환경과 사회보고서도 공시하도록 하는 내용을 담았다. 대기업뿐만 아니라 상장중소기업까지 ESG요소를 관리해야 하는 시대가 다가오는 셈이다. 상장 여부와 별개로 중소기업에도 ESG경영 도입에 대한 요구가 커지고 있으며 중소기업계는 이러한 상황에 공감하는 모습이다. 중소기업계의 ESG도입은 이젠 필수적인 상황이라고 할 수 있으며 현재 신종 코로나바이러스감염증(코로나19) 확산 등으로 국내 중소기업이 생존을 위해 애쓰는 상황에서 ESG가 새로운 규제로 작용할 가능성도 있어 우려와 기대감이 공존하는 상황이다.

환경분야의 경우 화학물질관리법이나 화학물질의 등록 및 평가 등에 관한 법률 등 규제가 더해지면서 더욱 부담되기도 하는데 최근 전국경제인연합회(전경련)가 발표한 글로벌 ESG확산추세가 국내 산업과 기업에 미치는 영향 관련 조사에 따르면 현재 국내 기업의 ESG대응수준은 선진국 10점을 기준으로 대기업이 7점이지만, 중소기업은 4점에 불과했다. 또한 중소벤처기업진흥공단(중진공)도 중소기업 10곳 중 8곳 이상이 탄소중립에 대응해야 한다고 생각하고 있지만, 정작 제대로 준비를 시작한 기업은 15.1%에 불과한 조사분석의 보고서를 발간하기도 했다. 중소기업의 ESG경영에 대한 요구가 늘어나고 있지만, 준비가 미흡한 데다 경영역량과 데이터도 모두 부족한 상황이다. 중소기업들이 ESG경영에 적극적으로 나서는 것은 현실적으로 봤을 때 이른 시간 내엔 어려워서 지배구조를 신경 쓸 수 없고, 매출이 나오지 않는 데 사회적 기여를 말할 수는 없다. 중소기업 ESG경영활성화 방안으로 △중소기업 ESG가이드라인 제정 △중소기업 ESG경영성과 확산 등이 필요하며 중소기업 ESG경영의 법적 근거를 마련하고, 관련 통계기반도 확충해야 한다. 전 세계적으로 ESG(환경·사회·지배구조)로의 경영패러다임 대전환이 가속화되고 있는 가운데, 국내 기업들이 ESG경영전략 수립과 정보공시에 필수적으로 대응해야 한다.

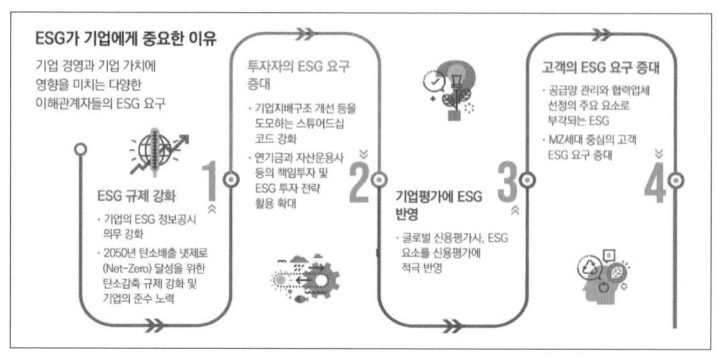

출처: 삼정KPMG경제연구원, 'ESG의 부상기업은 무엇을 준비해야 하는가?', 2021.02.23.

　삼정KPMG가 발간한 보고서에 의하면 'ESG의 부상, 기업은 무엇을 준비해야 하는가'를 통해 전 세계적으로 ESG규제강화와 투자자 및 고객의 ESG요구가 증대됨에 따라 ESG가 기업가치에 미치는 영향이 더욱 커질 것으로 전망했다. 현재 ESG공시를 의무화한 국가는 약 20개국으로, 유럽은 오는 3월부터 연기금을 시작으로 은행과 보험사, 자산운용사 등으로 공시의무를 확대하도록 계획했다. 영국은 모든 상장기업대상이 2025년까지 ESG정보공시를 의무화할 예정이다.

　한국은 2019년부터 자산총액 2조 원 이상의 코스피상장사를 중심으로 '기업지배구조보고서'를 투자자에게 의무적으로 공시하도록 개정했으며, 지난 1월 금융당국은 ESG책임투자 활성화를 위한 제도적 기반 마련차원에서 '지속가능경영보고서' 자율공시를 단계적으로 확대하여 2030년까지 전체 코스피상장사에 의무화하는 방안을 발표했다.

　보고서는 기관투자자의 ESG요구가 주주관여 및 투표권, 투자배제

형태로 다양화되고 있다고 전했는데 대표적으로 노르웨이 국부펀드인 GPFG는 2017년 환경오염과 관련이 있는 매출액이나 전력생산량의 30% 이상을 석탄에서 얻는 기업에 대한 투자를 완전히 배제하겠다고 밝혔다. 전 세계 최대규모 자산운용사인 블랙록은 매출액의 25%를 석탄발전으로 창출하는 일부 기업의 주식과 채권을 매도하고, 지속가능한 펀드를 현재 14개에서 150개 이상으로 늘리겠다고 발표했다. 우리나라의 국민연금도 2022년까지 운용기금의 50%를 ESG기반에 투자하겠다고 선언했고 무디스와 S&P 등 글로벌 신용평가기관들은 기업신용등급을 평가할 때 ESG역량을 신용평가에 본격적으로 반영하기 시작했다. 애플을 포함해 글로벌선도기업들은 ESG경영을 하지 않는 공급사와는 거래하지 않는 'ESG기반 SCM전략'을 강화하는 추세로 뱅크오브아메리카 연구에 따르면 MSCI ESG 점수가 높은 기업(상위 20%)과 낮은 기업(하위 20%)의 밸류에이션 프리미엄은 2014~2017년까지 약 1~2배의 차이를 보였으나, 2019년부터는 약 5배 이상의 차이까지 벌어지며 ESG활동이 기업의 실제적인 가치증대에 더욱 높은 영향력을 미치는 것으로 분석되었다. ESG성과가 우수한 기업의 제품과 서비스에 대한 수요가 증대되고, 기업에 대한 투자가 확대될 뿐만 아니라, 기업의 자본조달비용이 감소하고 기업이미지 등이 개선되어 기업가치가 올라가게 되는바 ESG경영전략 수립과 정보공시에 대응해야 한다. 보고서는 성공적인 ESG경영활동을 위해서는 ESG비전수립부터 이해관계자 커뮤니케이션 방안까지 ESG경영체계를 갖추고 단계별 액션플랜을 수립해야 한다고 강조했으며 이를 위해 먼저 공신력 있는 평가기관의 ESG정보를 활용해 자사가 시장에서 어떤 수준의 ESG평가를 받고 있는지 진단해야 한다. 전 세계적으로 가장 많이 활용되고 있는 MSCI(Morgan Stanley Capital International)는 30여 개 세부 ESG항목을 기반으로 기업의 성과를 평가하고 있다. 또, 최고경영진과 이사회가 주도하는 ESG거버넌스도 구축해야 하고 글로벌선도기업들은 이미 ESG를 새로운 성장동력의 기회로 적극적으로 활용하고 있는 만큼, 우리 기업들도 ESG경영을 리스크대응차원으로 보기보다는 기존비즈니스를 혁신적으로 전환할 새로운 기회로 인식하고 ESG비즈니스모델과 경영전략을 갖춰야 한다. 삼정KPMG ESG전담팀은 2008년 국내 자문사 최초로 설립되어 국내외선도기업 대상 400여 건의 ESG자문경험을 통해 ESG원스탑 자문서비스를 제공하고 있으며 국내 자문사 중 유일하게 글로벌 3,200개 기업 및 국내 400여 개 기업의 MSCI ESG평가데이터를 확보하여, 국내 기업의 MSCI ESG평가개선 자문을 수행하고 있다. 지금까지 유가증권시장 내 상장된 중소기업과 중견기업의 ESG점수와 실태를 비교·분석해보면 ESG를 전반적으로 보았을 때, 중소기업과 대기업 사이에 있는 중견기업은 점수와 실태에서도 가교역할을 하며 중간에 있다. 중견기업이 대체로 중소기업보다 상대적으로 우수한 면을 갖추고 있으며, 몇몇 측면 또는 사항에서는 중소기업보다도 부족한 모습을 보여 이에 대해서는 기업들의 적극적인 노력이 요구된다. ESG에 대한 성과 및 시스템은 기업의 규모가 클수록, 또는 기업의 수익이 클수록, 또는 기업의 수익성이 좋을수록 더 잘 갖추는 게 일반적이다. 따라서 중소기업에서 중견기업으로, 그리고 대기업으로 기업이 발전하면서 기업의 규모가 커지고, 수익이 늘어나며, 수익성이 좋아진다면 ESG 관련 시스템도 개선되어야 할 것이다. 기업이 이윤추구를 최고의 목표로 삼아야 하는 것은 당연한 이치이지만 어느 정도 기업이 성장하였다면 ESG에 투자하는 것이 기업의 수익성에 도움을 주고 수익의 증대에 가속해줄 수 있는 만큼 ESG에 대한 지속적인 관심을 가져야 할 필요가 있다. 마지막으로 정부는 중소기업 및 중견기업의 열악한 ESG성과 및 실태를 개선할 수 있는 정책을 마련해야 할 것이며 더욱 적극적인 지원을 통하여 기업들이 성장하면서 기업의 수익과 ESG를 동시에 추구한다면 더욱 나은 기업환경이 조성될 수 있을 것이다.

4. ESG경영활용을 통한 기업가치제고 전략

산업통상자원부의 ESG지표는 공신력을 갖춘 국내외 주요 13개 지표를 분석해 도출한 핵심공통문항을 중심으로 마련되었다. 정보공시와 환경, 사회, 지배구조항목에서 어느 한쪽에 치우치지 않도록 분야별로 문항비중을 균형 있게 구성한 것이 특징으로 산업부는 이를 바탕으로 의견수렴과 보완작업을 통해 올해 하반기 중 최종적인 지표를 발표할 계획이다. 이 같은 ESG평가 표준화를 통해 2021년을 ESG경영확산의 원년으로 삼아 '따뜻한 자본주의' 시대를 열어가겠다는 목표이며 ESG경영시대, 기업의 대응방안은 지금까지 ESG의 개념 및 부상배경과 함께 ESG가 기업에 왜 중요한지, ESG경영전략과 ESG정보공시가 어떠한 의미가 있는지 살펴보았다. 결국, ESG경영활동이란 'ESG경영전략'과 'ESG정보공시'를 통해 기업가치를 높이는 것을 의미하며 성공적인

ESG경영활동을 위해 기업은 'ESG비전수립'부터 '이해관계자 커뮤니케이션 방안'까지 ESG경영체계를 갖추고, 단계별 액션플랜(Action Plan)을 수립하여 이를 균일하게 추진해야 한다. ESG경영은 '회계, 재무적 숫자는 한곳에 모을 수 있는 기준과 조직이 있는데, 비재무적인 환경·사회·거버넌스(지배구조 또는 의사결정구조)에 해당하는 숫자가 아닌 경영활동 및 관련 지표는 어떤 기준으로 어떻게 모아서 관리하고 공시하며 커뮤니케이션에 활용할 것인가?'라는 질문에서 시작된다. 이는 보통 글로벌리포팅기준 GRI(Global Reporting Initiative)에서 출발하고, '그렇다면 우리 기업은 어떤 전략과 경영목표를 지니고 성과를 내어 고객과 투자자, 임직원 또는 사회로부터 신뢰가치를 형성해 나갈 것인가?'라는 근본적인 방향성을 찾는 단계로 나아간다. ESG경영을 제대로 정립하기 위해서는 먼저 대상과 관점에 대한 정의가 필요하다. 게다가 이러한 전사차원의 전략적 ESG활용과 대응에 대해 기획관리를 할 수 있는 조직이나, 연관부서 간의 역할과 책임이 명확하지 않은 상황에서는 효과 있는 전략적 추진을 기대하기는 어렵다. 이러한 관심과 '왜 ESG를 실행해야 하는가(Why ESG?)'에 대한 답을 찾기 위한 기업의 노력과 혼란의 시기를 겪는 것은 한국기업들이 지속가능경영 및 비재무(ESG)경영요소를 그들의 비즈니스특성과 조직상황에 맞춰 경쟁력 있는 비즈니스모델을 찾아가는 과정에서 비롯되는 것이다. 이와 관련하여 세계적인 컨설팅기업인 딜로이트에서는 최근 상장을 준비하고 있거나 M&A 단계에서 기업의 재무적인 가치를 높이고 있는 기업들에 비재무(ESG)경영에 대한 단계별 점검과 경영전략을 연계한 ESG활용전략을 제시하고 있다. 이는 기업가치라는 측면에서 비재무적 리스크관리의 체계적

이행과 지속가능한 수익을 창출할 수 있을 것인지에 대한 여부를 통합적으로 검토하고 준비하는 것이다. '재무적인 수익'에 대한 시장의 '믿음'을 유지할 수 있어야 기업의 가치는 보존될 수 있기 때문이다. 기업의 가치에 재무와 비재무를 통합하여 동시에 고려하는 것이 회계규범이나 리스크규제처럼 하나의 틀로 자리 잡기까지는 아주 오랜 시간이 걸릴 것이다. 어쩌면 경영환경과 정책, 사회적 요구가 끊임없이 변화하는 상황 속에서 ESG의 프레임이나 기준을 정하기는 불가능할지도 모른다. 그렇지만 우리는 살아 숨 쉬는 기업-법인(人)-법사람의 건강한 지속가능성을 위해 언제나 균형 있는 의사결정을 해나가야 할 것이다. 균형 있는 ESG경영이란, 기업의 가장 기본적인 경제적 가치창출과 사회적 가치창출에 대한 균형 있는 판단과 전략적인 통합관리가 아닐까 생각한다. 유행처럼 번져갈까, 또 다른 ESG워싱(Washing)이 되어버리진 않을까. 기업을 건강하게 만들 수 있는 '균형' 있는 눈들이 많이 필요한 시점이다. 처음 ESG단추를 끼워보고 있는 기업이나 재점검을 해야 하는 기업의 모든 의사결정자 및 실무자들에게 아래의 5가지 질문을 던져본다. 우리는 끊임없이 'Why ESG'를 놓치지 말아야 한다.

5. ESG경영이 우리에게 가져다주는 시사점

ESG경영전략 수립을 위해서는 먼저 기업이 시장에서 어떤 수준의 ESG평가를 받고 있는지 분석해야 한다. 또한, 왜 이와 같은 평가를 받고 있는지, 이를 통해 어디에 중점을 두고 ESG경영전략을 전개해야 하는지 판단해야 한다. 이를 위해서는 ESG진단이 선행되어야 하고 ESG진단을 위해서는 국내의 기업들의 ESG데이터가 필요하며, 세계적으로 공신력 있는 ESG평가기관의 평가지표 및 순위(Rating)를 활용하는 방법이 있다. 가령 MSCI(Morgan Stanley Capital Internaional)는 30여 개 세부ESG항목을 기반으로 기업의 ESG성과를 평가하고 있는데 실제로 글로벌 주요투자기관이나 핵심이해관계자들은 기업의 ESG수준을 판단할 때 MSCI ESG평가와 같은 글로벌 ESG평가기관의 결과에 대한 활용도가 높다. 현재 국내에는 400여 개 기업이 MSCI로부터 ESG평가를 받고 있지만, 국내 기업들의 ESG평가테이블을 보면 최상위 ESG등급을 받는 기업 수는 아직 미미하다. 이에 대한 근본원인으로 국내 기업들은 글로벌유수기업 대비 ESG경영에 대한 준비가 다소 늦었던 측면을 들 수 있다. ESG평가기관이 평가요소를 자세히 분석하여 벤치마킹하면 국내 기업들 또한 충분히 글로벌스탠더드의 ESG수준으로 도약할 수 있다. ESG경영은 전 세계적인 흐름으로 글로벌선도기업들은 이미 발 빠른 대응을 통해 ESG를 새로운 성장동력의 기회로 활용하고 있으므로 우리 기업들도 ESG경영을 리스크대응차원으로 보기보다는 기존비즈니스를 혁신적으로 전환할 새로운 기회로 인식하고 ESG비즈니스모델과 경영전략을 갖춰야 한다. ESG경영을 통한 중소벤처기업이 새로운 기회와 도약을 통한 글로벌 경쟁력을 제고하도록 ESG경영 기반의 선도적인 중소기업 글로벌 경쟁력 강화를 위한 산학연관전문가들의 적극적인 관심과 참여가 필요하다.

참고문헌

- 김영기 이승관 외, 『기업가정신과 창업가정신 그리고 창직가정신』, 브레인플랫폼, 2021.

- 김재필, 『ESG 혁명이 온다』, 한스미디어, 2021.

- 삼정KPMG 경제연구원, 「ESG 경영전략 수립과 정보공시 대응」, 통권 제74호, 『Samjong INSIGHT』, 2021.

- 글로벌 리더 선정자 15인, 『세계를 품다 2021』, 『매일경제』신문사, 2021.

- 이준희, 『한국기업들의 ESG 경영을 위한 변화-ESG 경영의 개념과 접근 방법』, 딜로이트 안진회계법인, 2016.

- ESG 용어정리, 매일경제신문사, 2021.

- 정보통신신문(www.koit.or.kr), 중소기업도 ESG '필수'… 초기 인센티브 필요, 2021.04.21.

- 헤럴드경제(news.heraldcorp.com), 'ESG경영으로 기업가치 제고해야', 2021.02.25.

저자소개

이승관 LEE SEUNG KWAN

학력

- 성균관대학교 경영학박사(Ph. D.)
- 성균관대학교 경영학석사(MBA)
- University of Hawaii, ICBP(Inter-Cultural Business Program) 수료
- KAIST-SeongNam ICT Leadership 수료
- 제4차 산업혁명최고위과정 1기 수료

경력

- 과학기술정보통신부, 한국청년기업가정신재단 K-ICT 창업멘토링센터 CEO 멘토
- 한국표준협회(KSA) 스마트팩토리 특화 중소기업훈련지원센터 운영위원회 위원
- (주)바이오세라 경영전문위원
- (주)김영귀 환원수 경영전문위원
- (주)진스랩 경영전문위원

- 한국산업카운슬러협회 전문위원
- 한국스마트의료기기산업진흥재단전문위원
- 강남노무법인 근로자카운슬링연구소장
- 경기중소벤처기업연합회 위원
- 성남산업단지관리공단 수석전문위원
- 성남시 정보통신위원회 위원
- 성남산업진흥원 부장, 전문위원
- 인천테크노파크, 울산테크노파크 책임, 실장
- (주)쌍용 차장

자격

- 경영지도사
- 산업카운슬러 1급, 커리어컨설턴트
- 경영진단사
- 기술평가사
- 창업지도사, 창업보육전문매니저
- National Director of IO-WGCA

저서

- 『IT융합전략』, 한성대학교 지식서비스컨설팅대학원, 2002. 공저
- 『기업가정신, 창업가정신 그리고 창직가정신』, 브레인플랫폼, 2021. 공저

수상

- 산업통상자원부 장관상
- 성남시장상

- 성남산업진흥원장상
- 한국의료기기공업협동조합 이사장상
- 한국스마트의료기기산업진흥재단 이사장상

SNS

- https://m.facebook.com/seunggwan.i

ESG management

05

유통업의 친환경경영

김세진

1. 유통기업의 뉴 패러다임

1) ESG의 쟁점이 된 기후변화

"저는 여기 위가 아니라, 바다 반대편 학교에 있어야 합니다.
당신들은 빈말로 내 어린 시절과 내 꿈을 앗아갔어요."
- 그레타 툰베리(2019, 유엔기후행동정상회의)

16살 어느 소녀의 이 한마디는 2019년에 단연 가장 큰 이슈였으며, 기후변화를 2020년 다보스포럼의 주요문제로 부상시킬 만큼 쟁점화하는 데 이바지하였다. 기후변화는 비단 오늘만의 문제는 아니었다. 그러면 왜 전 세계 사람들은 한 소녀가 제기한 기후변화문제에 갑자기 뜨거운 관심을 보인 것일까? 사람들이 기후변화를 비롯한 ESG쟁점에 관심을 두는 가장 큰 이유는 최근 들어 기업의 역할에 대한 가치관이 변했기 때문이다.

▲영화 「아이엠그레타」 (출처: 서울환경영화제, 「한겨레」)

ESG는 기업경영의 뉴 패러다임으로 부상하고 있으며 ESG경영은 더 이상 피할 수 없는 필수요소가 되어가고 있다. 기업은 안전하고 친환경적인 제품을 요구하는 고객, 공정한 거래관계를 요구하는 정부, 환경친화적 운영을 요구하는 지역사회와 자원사용감축을 통해 원가절감을 요구하는 주주 등 여러 이해관계자로부터 새로운 요구에 직면하고 있다.

2) ESG의 환경

세상의 관심을 반영하고 있다는 방증은 ESG를 다루는 언론기사를 통해서 충분히 보여줄 수 있다. 국내에서 발행되는 전국 54개 신문은 2020년 한 해 동안 ESG라는 키워드의 기사를 총 4,777건 다루었고 같은 기준으로 올해 들어서는 ESG기사가 지난 5월 말 1만 4,398건에 달할 정도에 이르렀다. 지난 5개월간 기사가 작년 전체의 3배를 넘어선 것이다. 궁금증을 반영하는 검색량 또한 관심사의 척도를 드러내는 지표로 볼 수 있는데 대표적인 검색사이트인 구글을 기준으로 ESG에 대한 검색추이가 올해 들어 폭발적인 급증세에 있다. 세계적인 추세에 비추어보더라도 우리나라의 증가세는 상당히 가파르다.

어느덧 ESG는 21세기 비즈니스의 향방을 가를 척도이자 세계적으로 통용되고 있는 시대적 요구가 되었다. 필자는 ESG(Environment, Social and Governance) 가운데 전 세계적인 공통이슈로 매우 중요해지고 있는 환경이슈를 중심으로 논의를 진행해보고자 한다. 기후위기가 매우 심각해지고 있기 때문이다.

ESG에서의 환경은 기후변화영향, 사업장 환경오염물질 저감, 친환경제품 개발과 같은 요소가 포함되며 이에 전 세계 첨단기업들도 앞다퉈 ESG경영을 서둘러 수용하는 중이다. 주요IT기업들은 '전기를 많이 사용하는 업계'라는 오명을 벗기 위해 환경분야사업에 적극적으로 나서고 있다.

2. 유통업계의 친환경성과

1) EU의 신산업전략

코로나19 팬데믹의 영향으로 일회용품 사용이 급증하면서 국제사회는 이로 인한 환경오염의 심각성에 공감하며 문제해결을 위해 협력을 도모하는 상황이다.

이 같은 사회적 분위기 속에 우리나라의 기업들도 ESG경영에 힘을 쏟는 추세다.

▲ 플라스틱 용기로 뒤덮인 쓰레기처리장 (출처: 셔터스톡)

2020년에 유럽연합(EU: European Union)은 기후중립화 및 디지털화

가속을 통해 EU의 산업경쟁력을 강화하고 글로벌역량을 확보하겠다는 신산업전략을 발표하였는데 여기에는 자원순환촉진을 위한 이니셔티브(initiative)인 '3R(Reduce, Reuse, Recycle)'을 성장전략으로 승화시킨 '순환경제(Circular Economy, 이하 CE)'가 그 중심에 놓여있다. CE는 채취, 생산, 소비, 폐기의 선형적(Linear) 경제구조를 벗어나 단계마다 관리 및 재생을 통해 자원을 재활용하는 지속적 경제구조를 의미한다.

EU는 CE가 더 깨끗하고 경쟁력 있는 방향으로 구현될 수 있도록 디자인에서부터 생산, 사용, 폐기과정에 이르기까지 탄소배출량과 폐기물을 줄이고 생산비용을 낮추는 데 주도적 역할을 할 수 있을 것을 강조하고 있다. 그뿐만 아니라 소비자가 제품에 대한 재사용, 내구성, 수리가능 여부에 관한 정보를 받아볼 수 있게 하는 등의 일련의 활동을 통해 2030년 무렵까지 EU 전역에 걸쳐 약 70만 개의 새로운 일자리를 창출할 수 있게 될 것으로 전망하고 있다.

▲ 죽은 돌고래로부터 비닐봉지를 제거하는 어린이 (출처: 셔터스톡)

2) 국내외유통업계의 친환경전략

소비자들과 특히 밀접한 관계에 있는 국내외유통업계는 친환경 소재 개발이나 배송수단개선으로 탄소배출저감에 동참하는 등 친환경의 중요성을 강조하는 다양한 캠페인을 펼쳐 나가고 있다.

아마존의 제프 베조스(Jeff Bezos) CEO는 주주서한을 통해 친환경기업으로 거듭나겠다는 강력한 의지를 표명하였으며 기후협약을 최초로 서명한 회사로서, 파리기후협약을 10년 앞당긴 2040년까지 탄소배출량을 0으로 만들겠다고 약속했다. 이후 약속이행을 위한 구체적 방안으로 2022년까지 배송용 차량 1만 대를 전기차로 전환하고, 2030년까지는 업무에 총 10만 대를 투입하겠다는 계획을 밝혔다. 아울러 재생에너지 사용률을 2024년까지 80%로, 2030년까지는 100%로 각각 달성하겠다는 목표를 제시하고, 포장재 낭비를 줄이기 위한 노력을 하겠다는 약속도 했다.

월마트는 기후변화목표 달성가속화를 위해 협력사와 공동프로그램을 운영 중으로 오는 2030년까지 글로벌공급망 내 10억 톤 규모의 온실가스배출량 저감목표를 세웠으며 약 50개국의 2,300여 개 협력사가 참여한다. 월마트는 혼자 진행하는 부분도 있지만 대부분 협력사와 함께하는데 이 부분이 가장 중요하다고 볼 수 있다. 협력사는 월마트가 거래하는 업체와 재생에너지 공급생산능력을 공유할 수 있고 월마트는 탄소배출 감축효과를 보고 있다.

국내 기업들도 활발히 움직이고 있으며 유통업계를 중심으로 다양한 업종의 기업들이 ESG위원회를 설치하고 있다. 홈플러스의 경우를 보면 최근 자사 ESG경영 최고의사결정기구인 ESG위원회를 신설했는데 위원회는 사업 전 분야에 걸친 ESG 중장기전략과제를 수립하고, 목표이행현황을 심의하며 각 부문의 ESG활동을 지원한다. 위원장은 사장이 맡고, 각 부분의 리더들이 이끌며 직원참여율을 높이기 위해 직원대의기구도 ESG분과위원으로 참여한다. 직원대의기구는 현장직원들의 의견을 전달하며 ESG경영 활동 제반을 지원한다. 위원회는 매월 정기회의에서 전사차원의 ESG전략을 논의하는 방식으로 운영할 예정이다. 기존에 진행해오던 사회공헌활동에서 한 발 더 나가 유통업의 특성과 연계한 제반분야로 ESG경영활동을 확대하려는 계획을 하고 있다. 핵심분야는 그린패키지, 착한 소비, 교육·캠페인, 탄소중립·나눔·상생 등이다.

롯데쇼핑은 친환경브랜드 론칭을 준비하고, 1,700억 원 규모의 ESG 채권을 발행해 중소협력사와 동반성장 프로젝트를 진행한다는 계획이다.

유한킴벌리 하기스는 기저귀 나눔사회공헌인 '2021 희망뱅크 지원사업'으로 취약계층을 위한 사회공헌 프로그램을 진행했다. '이른둥이 기저귀 나눔'을 비롯해 아기들의 건강한 성장을 돕기 위해 2012년부터 실천해오고 있는 사회공헌 프로그램으로 희망뱅크는 완제품을 폐기하지 않고 다시 나눔으로써 연평균 82톤에 달하는 폐기물의 가치재생산과 온실가스배출 저감효과를 창출하고 있으며 환경과 나눔활동을 함께 한다는 점에서 더욱 의미가 깊다.

3. 유통업계의 친환경패키지 혁명

1) 패키지개선사례

탄소중립실현이 산업계 공통과제로 떠오른 가운데 유통업계에서도 다양한 노력이 이어지고 있으며 국내 유통업계는 친환경 포장기술을 개발하고 에너지전환을 시도하는 등 환경행보를 이어가고 있다. 소비자와의 접점에 있는 식품제조사들의 패키지에 대한 친환경활동의 성과는 가히 눈부실 정도로 고무적이다.

가장 활발한 분야는 생수시장으로 시장조사업체 유로모니터의 자료에 의하면 2020년 국내 생수시장규모는 1조 7,217억 원이며 10년 전 대비 세 배 이상 성장했다. 환경부에 따르면 2019년 기준 국내 폐페트병 배출량은 30만 1,829톤에 달하며, 페트 관련 재활용제품시장 규모도 4천억 원대인 것으로 전망된다.

제주특별자치도개발공사의 '제주삼다수'를 비롯해, 롯데칠성음료의 '아이시스', 농심의 '백산수', 코카콜라의 '강원평창수' 등 시장상위권업체들이 줄줄이 라벨프리제품을 내놓고 있다. 이는 음용이 끝나면 바로 분리배출이 가능한 제품들로서 소비자가 알아야 할 제품정보는 묶음용 포장에만 표기하였다. 그동안 페트병은 플라스틱 쓰레기의 대표주자라고 할 수 있었지만 최근 들어 회수한 페트병은 재활용이나 새활용으로 재순환시킨다. 일례로 제주삼다수는 가정용 배송서비스로 전국에서 수거한 투명페트병을 리사이클제품으로 생산한다.

▲ ESG경영의 일환인 '페트' 마케팅 (출처:「디지털타임스」)

식품업계에서는 친환경소재를 적용한 제품을 경쟁적으로 출시하고 있는데 오뚜기는 포장규격개선, 포장재질변경, 친환경소재 적용을 통한 지속가능한 포장기술을 개발해 전 제품에 확대 적용해오고 있다. 스파게티 소스제품에 분리배출과 재활용이 용이한 리무버블 라벨을 적용하기도 했으며 병에 붙은 라벨을 떼어낼 때 접착제나 잔여물이 전혀 남지 않도록 깔끔하게 제거되어 친환경적이다.

SPC삼립도 친환경패키지 적용에 박차를 가하고 있으며 패키지에 사탕수수성분을 활용한 100% 재활용가능 플라스틱 '바이오페트(Bio-

PET)'를 적용하는 것을 준비하고 있다. 또한, 식물성 소재로 만든 친환경발포 PLA(Poly Lactic Acid)용기를 사용한 패키지도 선보이며 친환경 패키지제품을 적극적으로 확대한다는 계획이다.

제과업계는 소비자의 적극적인 요구에 따라 플라스틱 포장재가 친환경소재로 바뀌고 있는 사례이며 환경단체에서 홈런볼의 플라스틱 트레이가 환경에 위해된다고 문제를 제기한 것이 이런 분위기에 불을 댕겼다. 플라스틱 트레이를 쓰지 않으면 과자가 부스러진다며 품질이상을 호소했던 회사는 결국 친환경공장을 신축하기로 했다. 신축공장에는 태양광발전설비와 저녹스보일러를 사용하는 저탄소설비가 도입될 예정이고, 생산된 제품용기는 친환경소재로 바뀔 예정이다. 상황이 이렇게 되자 다른 기업들 역시 하나둘씩 친환경 포장변화에 소매를 걷어붙이고 있다.

롯데제과는 제품용기나 받침에 사용되는 플라스틱 사용량을 2025년까지 25% 절감하기로 했는데 여기서 눈에 띄는 포장재는 '카카오 판지'라는 것이다. 카카오 열매 성분을 활용해 플라스틱 트레이를 대체할 친환경 종이포장재를 한솔제지와 함께 개발했으며 롯데제과는 제품에 사용되는 플라스틱을 연내 순차적으로 없애려고 하고 있다.

오리온은 과대포장에 대한 소비자 의견을 반영하여 제품포장재 규격을 축소해왔고 지속해서 포장재의 디자인을 단순화하고 인쇄도수를 줄여나가는 중이다. 포장재에 들어가는 잉크사용량을 줄이기 위해 인쇄

설비에 적극적인 투자를 이어가고 있기도 하다.

매일유업 또한 회사로 접수된 소비자의 의견을 토대로 하여 멸균우유에 필수적으로 부착되어오던 빨대를 제거했다.

종이용기도입을 위한 기술개발은 화장품업계로도 확장되었으며 아모레퍼시픽은 알루미늄이나 플라스틱으로 만드는 화장품포장용 튜브를 대체하는 종이용기를 개발했다.

무라벨제품의 판매증가는 2020년 12월 투명페트병 분리배출 의무화 조치에 따른 영향이기도 하지만 소비자의 열띤 호응이 없었다면 지금처럼 확대되지는 않았을 것이다. 소비자의 친환경제품에 대한 호응도가 큰 실적으로 이어지고 있다는 대표적인 사례는 CU의 무라벨 PB생수로 지난 2월 출시 후 한 달 동안 이전 제품 대비 78.2% 판매가 늘었다. 같은 기간 생수의 전체매출이 20.4% 늘어난 것과 비교하면 친환경제품에 대한 소비자선호도가 결국 폭발적인 구매로 이어졌다는 분석이 나온다.

2) 지속가능한 친환경 유통혁명의 필요성

유통업계의 이러한 성과가 단발적인 이벤트로 그치지 않고 지속가능한 친환경 유통혁명으로 정착하도록 하기 위해서는 모든 관련자의 고민과 노력이 필요한데 그 방법론 중 하나로는 구독경제(Subscription

Economy)에서 공유경제(Sharing Economy)에 이르기까지 서비스기반 비즈니스모델을 제시하며 디지털무장을 통해 힘이 세진 시민과 소비자가 주역으로 나서야 한다는 것이 있다. 이들의 활발한 의견개진과 참여, 동조가 결국 기업들을 움직여 최근의 성과를 만들어냈다. 또한, 기업 입장에서는 제품설계단계부터 재활용을 고려한 순환식 공급망구성, 제조 시 설비공유 등 공동이용촉진을 통한 가동률 최대화, 기획단계부터 제품의 필요성을 검토해 제품판매 대신 서비스로 출시하는 방식 등 발상의 전환을 통한 다양한 시도들도 필요하다.

최근 나이키, 이케아, 룰루레몬 등이 직접 중고제품을 수거해서 재판매하는 사업에 나선 것은 지속가능한 소비트렌드에 부응하기 위해서지만 이보다 앞서 순환경제차원에서 전략적으로 중고비즈니스에 나선 기업들도 있다. 이들은 제품설계단계부터 중고활용을 염두에 두고, 전문기업과 제휴하고, 중고제품 회수과정에 고객을 참여시킴으로써 브랜드 평판과 수익, 새로운 성장동력이라는 세 마리 토끼를 모두 잡는 데 성공했다.

현대사회의 기업은 자사의 영향력에 걸맞은 사회적 책임을 수행하는 것이 필수적 요소가 되었으며 지속가능성을 위해 노력하는 기업이 장기적으로 이익도 창출한다는 공감대가 넓게 형성되고 있다. 이에 따라 기업 평가에서 ESG운영 및 경영성과의 중요성은 더욱 주목받고 있는데 현재 대다수의 다국적기업과 공기업, 민간기업들이 외부기관의 리포트와 평가기준에 의해 ESG에서의 성과를 평가받고 있다.

2020년 코로나19 팬데믹의 발생으로 인하여 전 세계적으로 친환경 기조가 이어지고 있으며 국내 대기업뿐만 아니라 중소기업의 사회적 가치창출 및 지속가능경영의 요체로 ESG기반경영이 주목받고 있다.

착한 소비를 겨냥한 친환경포장의 바람은 코로나19 유행지속과 ESG(환경·사회·지배구조)경영강화를 계기로 지속될 전망이다.

기업의 사회적 책임을 강조하는 사회 분위기와 소비자의 능동적인 구매행태가 맞물리면서 친환경제품 출시가 꾸준히 이어지고 있다.

최근 대한상공회의소가 국민 300명을 대상으로 'ESG경영과 기업의 역할에 대한 국민인식'을 조사한 결과에 따르면 기업의 ESG활동이 제품구매에 영향을 주는지를 묻는 질문에 전체의 63%는 '영향이 있다'고 응답한 것으로 나타났다.

CONE의 '2019 Z세대 퍼포스 스터디(Gen Z purpose study)' 조사에서도 Z세대 가운데 90%는 기업이 ESG이슈해결을 도와야 한다고 믿고 있었다. 또한, 75%는 기업이 그 약속을 정말 좇고 있는지 직접 확인하겠다고 응답했다.

이들 미래세대는 ESG를 아주 중요하게 생각하고 있으므로 불확실성이 큰 시대의 다른 측면으로 기업 입장에서의 미래는 가능성으로 가득 차 있다고도 볼 수 있다. 그리고 그 미래는 적극적으로 ESG어젠다를 선점하고 해결하는 기업에 기회로 다가올 것이다. 보여주기식 경영이 아닌 구체적 성과가 드러나도록 우리 소비자의 지속적인 관심과 개입이 필요하며 소비자주도의 ESG는 기업들이 새로운 미래의 ESG방향을 설정하는 데 있어서 시사점을 제공할 것이다.

"측정할 수 없으면 관리할 수 없다."

- 피터 드러커

참고문헌

- 강성진 외, 『ESG 제대로 이해하기』, 자유기업원, 2021.
- 『매일경제』 ESG팀, 『이것이 ESG다』, 매일경제신문사, 2021.
- 요시 셰피, 에드가 블랑코, 『밸런싱 그린』, 리스크 인텔리전스 경영연구원, 2021.
- 구혜경 외, 「한·중 유통기업의 ESG 경영에 대한 2030 소비자 인식 연구 : 쿠팡과 타오바오를 중심으로」, 『한국소비자정책교육학회 학술대회』, 2021.06.
- 유수현, 「소비자 관점에서 본 기업 ESG 경영의 미래」, 『소비자정책동향』, 통권 제113호, 2021.05.
- 조규연, 「ESG와 지속가능한 소매업」, 『융합경영리뷰』, 통권 제25호, 2021.07.
- 조인호, 「기업책임경영(RBC)과 ESG 관리를 통한 새로운 형태의 클레임 대응 : 이니셔티브를 중심으로」, 『The International Commerce & Law Review』, vol.89, 2021.02.

저자소개

김세진 KIM SE JIN

학력

- 경영학 박사

경력

- (사)한국유통과학회 부회장
- 국제융합경영학회 이사
- 한국웰빙융합학회 편집위원
- 서울시 서울기업지원센터 전문위원
- 서울산업진흥원 평가위원
- 경기도경제과학진흥원 평가위원
- 경기도농수산진흥원 평가위원
- 오산시 공유경제촉진위원회 위원
- 서울창업허브 창업멘토
- 소상공인시장진흥공단 심의위원
- 농촌진흥청 농촌융복합산업 평가위원

- 소상공인진흥원 자영업컨설팅 평가위원
- 한국서비스품질우수기업 인증평가위원
- 삼육대, 강원대, 숭의여대, 동서울대, 유한대, 우석대, 대전과학기술대 등 외래교수
- 지자체 중장기발전전략 컨설턴트
- MBN, tvN, 한국경제TV, 팍스경제TV, 한국직업방송 등 컨설턴트 패널
- 대형마트, 중소벤처기업부 공공기관 재직

자격

- 국제공인경영컨설턴트(CMC)

저서

- 『경영학원론』, 두남, 2017. 공저
- 『인생 2막 멘토들』, 렛츠북, 2020. 공저
- 『경영기술컨설팅의 미래』, 브레인플랫폼, 2020. 공저
- 『소상공인&중소기업컨설팅』, 브레인플랫폼, 2020. 공저
- 『언택트 시대 생존 방법』, 정보문화사, 2020. 공저
- 『미래 유망 기술과 경영』, 브레인플랫폼, 2021. 공저
- 『신중년, N잡러가 경쟁력이다』, 브레인플랫폼, 2021. 공저
- 『창직형 창업』, 브레인플랫폼, 2021. 공저

ESG management

06

사람과 ESG경영

박옥희

1. 프롤로그

　세계기업들은 ESG경영을 위한 환경변화에 촉각을 세우고 있다. 미국의 바이든 대통령은 취임연설에서 2050년까지 탄소중립 실현목표를 선언하였고, 문재인 대통령도 2021년을 ESG원년으로 삼겠다고 하였으며 경제계에서는 SK 최태원 회장을 필두로 ESG경영이 선택이 아닌 필수라고 피력하고 있다. 그뿐만 아니라 공공기관에서도 ESG, 금융계에서도 ESG, 정치계도 ESG, 언론도 ESG, 교수도 ESG, 중소기업 및 스타트업도 ESG….

　바야흐로 ESG경영 시대가 온 것이다.

　ESG가 무엇이기에 전 세계가 주목하면서 해야 한다, 되어야 한다, 따라가야 한다고들 할까?

　ESG경영은 우리가 살아가는 지구촌의 환경을 지키고, 더불어 사는 이해관계자들에게 사회적으로 책임을 다하며, 기업이 투명하게 경영할 수 있는 지배구조를 만들어가자는 것이다. 한마디로 환경(E), 사회(S), 지배구조(G)의 차원에서 지킬 것은 지키면서 모두가 함께 잘 사는 투명하고 깨끗한 기업이 되자는 것으로 이러한 경영이 완성될 때 기업의 재무적, 비재무적 리스크를 감소하고 지속가능경영이 가능하다는 것이다.

간단한 논리로 보면 단순할 수 있겠지만, ESG경영의 평가지표는 그리 단순한 것만은 아니다. 평가지표가 다양하고 복잡하기에 특히 중소기업에서는 접근방식을 어려워하는데 ESG가 무엇이며, 왜 필요하고, 어떻게 실천하는 것인지를 궁금해한다.

하지만 ESG경영은 그 본질을 생각하면 단순하고 쉽게 접근할 수도 있다. 본질은 나와 내 주위의 둘러싼 '사람'이 그 중심에 있다. 사람은 혼자 잘 먹고, 혼자 잘살 수 없는 사회적 동물이며 나의 행복과 내 가족의 행복, 우리 사회의 행복, 누구나 행복의 가치를 추구하며 살아간다.

'인간은 사회적인 동물이다.'라는 말은 2000년 전 아리스토텔레스의 저서 『정치학』에서 언급된 '인간은 정치적 동물'이라는 말에서 유래된 말이다. 인간의 궁극적인 목적은 '행복'이고 행복한 삶을 위해서는 독불장군이 아닌 공동체를 이루는 것이 필수적이라고 말하며 여기에서 공동체의 기본은 가족이고, 가족이 모여 도시를 이루며 도시를 통치하는 것이 국가라고 했다.

여기에서 우리는 공동체의 기본을 이루는 '가족'에 주목할 필요가 있다. 조부모, 부모, 형제자매, 배우자, 자녀, 손자녀 등을 일컫는 가족이 친화력을 가지고 '행복'과 '가치'를 추구할 때 우리 사회는 안정되고 발전해나갈 것이 틀림없다.

'행복한 삶'을 위해서는 어떻게 해야 할까? 우리는 그 고민을 하지 않을 수 없다. 인간은 의식주해결을 위해 일을 해야 하고 가치를 높이기 위해서도 일을 한다. 일을 위해서 기업이라는 조직에 들어가야 하며 행복을 위해 일을 선택하고 해야 한다.

그런데 우리는 일로 인한 행복보다 갈등이 깊어지는 경우도 있다.

조직에서는 정해진 근무시간을 지켜야 하고, 끊임없는 성과를 위한 경쟁과 스트레스, 상사·동료들 간 갈등, 장기간 근로로 인한 피로누적이 가정에서의 갈등으로 번지고 있다. 이를 해소하지 못하면 자존감이 낮아지고, 우울, 상실, 극단적 선택 등으로 이어진다.

행복을 누릴 권리가 있는 사람경영, ESG경영은 '사람중심'경영 바로 이곳에서부터 시작되어야 한다.

2. 주목해야 할 인권 이슈는?

우리 주변에는 거의 매일 뉴스에 도배되는 사업장 산재사고, 성희롱, 직장 내 갑질, 직장 내 괴롭힘, 세대 간의 갈등, 젠더갈등 등 우리 사회가 풀어나가야 할 문제가 산적해 있다.

ESG경영의 이슈는 '탄소중립', '기후변화', 'RE100' 등의 친환경경영, '사회', '인권경영', '안전한 제품' 등의 사회적 책임경영, '공정', '투명경영', '부정부패' 등의 '투명한 지배구조' 등이다.

그러나 기업에서 가장 핵심적인 이해관계자인 '근로자의 인권경영'은 아직 갈 길이 멀다.

1) 저출산·고령화 문제

우리나라는 1984년 처음 합계출산율이 1명대로 떨어지기 시작해서 2018년부터는 0명대로 하락하는 추세가 지속 중이며 2020년 이후로 0.84명으로 OECD 국가 중 최저출산율을 기록하고 있다.

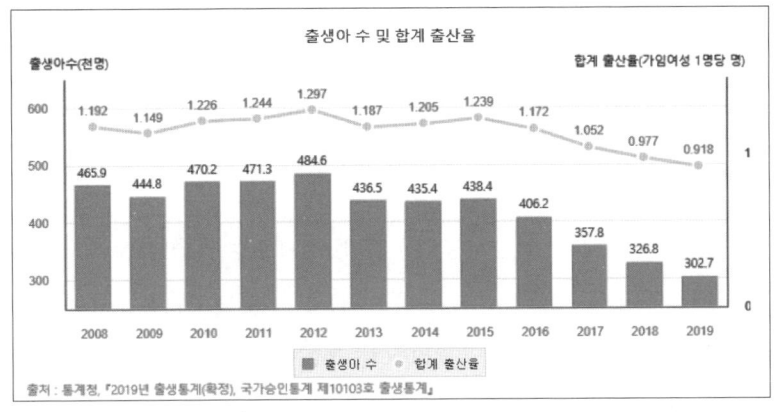

매년 아주 큰 금액의 예산을 저출산과 고령화 문제를 극복하기 위해 출산지원금, 보육수당 등에 사용하고 있지만, 위 그래프를 우상향하는

데는 번번이 실패하고 있다.

    저출산의 사회문제는 인구의 고령화 문제부터 인구절벽에 따른 학령인구 감소로, 학령인구 감소는 생산가능인구 감소로 이어진다. 이어서 생산가능인구 감소는 청년의 부양부담으로 이어지며, 농촌에서는 폐가가 증가하는 등 인구감소문제는 사회적, 경제적으로 다양한 영향을 미친다.

    해마다 맞벌이 부부는 증가추세에 있으며 이들의 자녀출산은 상당한 부담이 된다. 근로기준법과 남녀고용평등법에서 주어진 남녀근로자의 출산휴가, 육아휴직이 보장되지 않는 상황에서는 어떠한 출산지원금, 보육수당을 지원해줘도 그 정책의 실효성이 높지 않을 것이다. 이를 위한 기업의 지원정책, 근로자의 지원정책이 좀 더 피부에 와 닿는 정책이어야 함을 말해준다.

2) 청년실업문제

    청년실업률통계는 생산가능인구가 비경제활동인구(일할 의사가 없는 자)와 경제활동인구(일할 의사가 있는 자)로 구분되고, 경제활동인구는 취업자와 실업자(구직자)로 구분된다. 우리나라 전체실업자는 115만3천 명(경제활동인구의 4.1%)으로 이 중 청년실업자(15~29세)는 38만1천 명(9.0%)을 차지하는 것으로 나타났다. 이는 전체실업자 대비 청년실업자의 비중이 33%에 육박하는 수치이다.

청년구직자는 3포세대를 넘어 5포, 7포세대(연애, 혼인, 자녀출산, 집 매입, 사회적 관계, 희망직업, 꿈)라는 신조어를 낳을 만큼 구직난에 시달리고 있다. 구직의 희망을 잃어 장기간 실직이 소득감소와 생애소득의 감소로 이어져 최근 청년 니트(NEET: Not in Education, Employment or Training)문제가 심각해지고 있다.

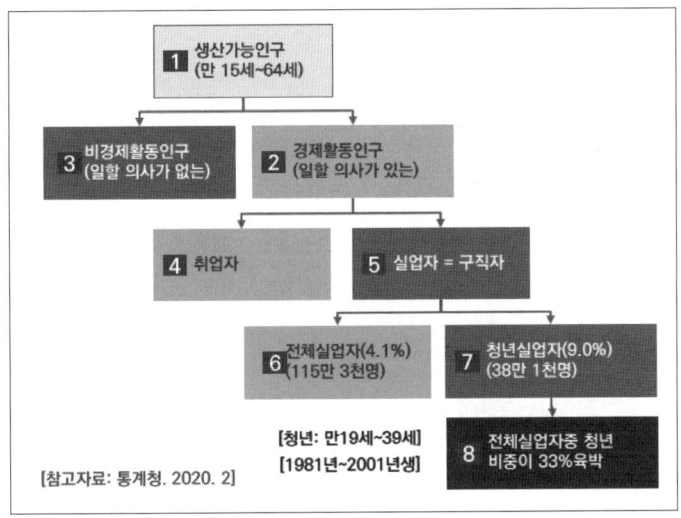

3) 여성인력의 경력단절문제

여성의 경력단절(Career Interrupted) 이유는 △육아(42.5%) △결혼(27.5%) △임신·출산(21.3%) △가족 돌봄(4.6%) △자녀교육(4.1%)이라고 한다.

여성의 경력단절은 통계에서 보듯이 기혼여성의 자녀출산과 보육문제 때문이라고 할 수 있다. 결국, 기업에서 여성이 일하다가 자녀출산 후 다시 복귀하지 못하는 상황이라고 할 수 있다.

이러한 여성근로자의 경력단절은 기업경쟁력과 국가경제에도 크나큰 영향을 미치고 있다. 기업과 정부는 어떠한 노력이 필요할까?

4) MZ세대의 가치관변화

MZ세대는 밀레니얼(Millennials)의 M과 제네레이션(Generation)의 Z가 합쳐진 말로, 이는 1980년부터 2004년생까지를 일컫는 밀레니얼세대와 1995년부터 2004년 출생자를 뜻하는 Z세대를 말한다.

MZ세대는 메타버스, 욜로, 온택트를 선호하고 회사보다는 자신의 삶과 가치를 더 중요하게 생각한다.

한 통계에서 'MZ세대가 회사에 원하는 것이 이전세대와 어떤 것이 다른가'에 대한 조사결과 MZ세대의 다른 점은 △WLB 중시(62.1%), △조직보다 개인의 이익을 우선시(59%), △개인의 개성존중(36.4%) 중요성 순으로 나타났다. 이에 따른 조직문화변화는 △초과근무지양 등의 워라밸(51.4%), △회식 및 워크숍 간소화(33.0%), △복장자율화(23.8%), △성과평가 투명화(21.4%) 등을 선호하는 것으로 나타났다.

기업의 문화가 어떻게 변화해야 하는지를 보여주는 통계라 할 수 있다.

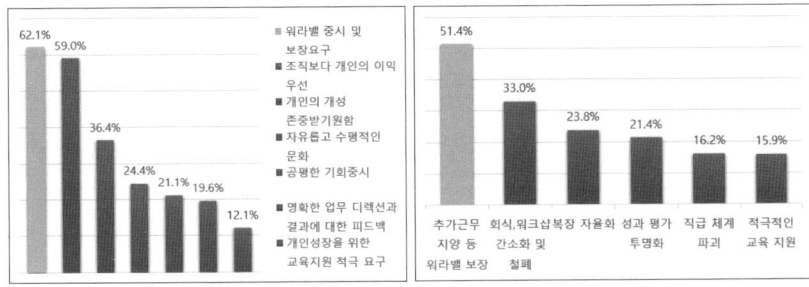

▲ MZ세대가 회사에 원하는 것과 조직문화상 변화

3. WLB 관련 법률 및 현 제도는?

1) WLB 관련 법률현황

우리나라는 「가족친화 사회환경의 조성 촉진에 관한 법률」과 「남녀고용평등과 일·가정 양립 지원에 관한 법률」을 통해 사회환경, 직장환경의 일·생활균형문화 조성을 지원하고 있다.

「가족친화 사회환경의 조성 촉진에 관한 법률 시행규칙」 제2조에서는 가족친화제도를 다음과 같이 정의하고 있다.

1. 가족관계 증진제도 : 자녀 방학 중 휴가제, 근로자가족 초청행사, 정시퇴근제, 육아데이, 가정의 날 등 운영 지원
2. 가족여가문화 촉진제도 : 가족단위 문화체험 지원
3. 가족진화 사회공헌제도 : 한부모가족, 조손가족(祖孫家族), 다문화가족, 독거노인, 장애인가족 등 소외계층 지원제도

한편, 「남녀고용평등과 일·가정 양립 지원에 관한 법률」 제2조에서는 아래와 같이 정의하고 있다(출처: 국가법령정보센터).

1. "차별"이란 사업주가 근로자에게 성별, 혼인, 가족 안에서의 지위, 임신 또는 출산 등의 사유로 합리적인 이유 없이 채용 또는 근로의 조건을 다르게 하거나 그 밖의 불리한 조치를 하는 경우[사업주가 채용조건이나 근로조건은 동일하게 적용하더라도 그 조건을 충족할 수 있는 남성 또는 여성이 다른 한 성(性)에 비하여 현저히 적고 그에 따라 특정 성에게 불리한 결과를 초래하며 그 조건이 정당한 것임을 증명할 수 없는 경우를 포함한다]를 말한다. 다만, 다음 각 목의 어느 하나에 해당하는 경우는 제외한다.
    가. 직무의 성격에 비추어 특정 성이 불가피하게 요구되는 경우
    나. 여성 근로자의 임신·출산·수유 등 모성보호를 위한 조치를 하는 경우
    다. 그 밖에 이 법 또는 다른 법률에 따라 적극적 고용개선조치를 하는 경우
2. "직장 내 성희롱"이란 사업주·상급자 또는 근로자가 직장 내의 지위를

이용하거나 업무와 관련하여 다른 근로자에게 성적 언동 등으로 성적 굴욕감 또는 혐오감을 느끼게 하거나 성적 언동 또는 그 밖의 요구 등에 따르지 아니하였다는 이유로 고용에서 불이익을 주는 것을 말한다.

3. "적극적 고용개선조치"란 현존하는 남녀 간의 고용차별을 없애거나 고용평등을 촉진하기 위하여 잠정적으로 특정 성을 우대하는 조치를 말한다.

4. "근로자"란 사업주에게 고용된 자와 취업할 의사를 가진 자를 말한다.

[전문개정 2007.12.21.]

또한, 근로기준법과 남녀고용평등법, 가족친화법 등에서 법규로, 때로는 지원으로 시행되고 있다. 법과 지원제도는 있지만, 기업은 이러한 법률이 잘 지켜지고 있는가? 기업의 문화로 조성되고 있는가?

2) WLB는 무엇인가?

WLB(Work-Life Balance, WLB)는 워라밸이라고 불리고 있으며, '일·생활균형' 즉, '가족친화(Family Friendly)'라는 용어로 사용된다.

WLB는 1960년대 유럽에서 사용된 용어로 근로자의 일·생활균형으로 일·가정갈등을 줄이고, 직무만족과 조직몰입으로 이어져 기업의 생산성 향상에도 영향을 미친다는 것이다.

WLB프로그램에는 대표적으로 △근로자의 육아휴직·출산휴가 보장

△리프레쉬를 위한 휴직 및 휴가 △정시퇴근을 통한 장시간 근로감소 △유연한 근무제도 △근로자상담제도 △가족지원제도 등이 있다.

궁극적으로 이러한 제도가 기업의 문화로 정립되어 '인간 삶의 질'을 높이자는 것이 목적이며 이러한 워라밸문화가 기업에 조성될 때 ESG 경영의 중심이 되는 인권경영이 가능하다.

3) WLB제도와 프로그램은?

기업의 인권경영을 위해 조성이 필요한 WLB제도와 프로그램은 어떠한 것이 있을까?

크게는 △유연근무제도 △자녀출산 및 양육지원제도 △부양가족 지원제도 △근로자 지원제도 △가족친화문화 조성 △업무혁신문화 조성 △업무혁신문화 조성 △리프레쉬 및 비혼 근로자의 지원으로 나눠볼 수 있다.

분야별 세부항목으로는 △유연근무제도에는 탄력적 근무제도, 선택적 근무제도, 재택근무제, 시간제 근무제, 시차출퇴근제, 자율출퇴근제 등, △자녀출산 및 양육지원제도에는 주택마련지원, 출산 전·후 휴가제, 육아휴직 및 육아기 근로시간 단축제, 직장어린이집 지원, 배우자 출산휴가, 미취학 및 취학자녀 양육지원 등, △부양가족 지원제도에는 가족돌봄휴직 및 휴가제, 가족간호 시 추가근무제한, 가족건강관리 지원, △근로자지원제도에는 근로자상담 프로그램(EAP: Employee Assistance Program), 멘토링 프로그램, 건강관리지원제도 등, △가족친화문화 조성에는 가족친화경영 관련 성과체계, 가족친화문화 조성지원, 정시퇴근제도 및 가족사랑의 날 지정 등, △업무혁신문화 조성에는 퇴근 후 업무연락 자제문화, 집중근무시간제, 똑똑한 회의와 보고문화, 명확한 업무지시문화, 연가사용 활성화제, 건전한 회식문화 등, △리프레쉬 및 청년근로자에 필요한 장기근속휴직 및 휴가지원, 대체휴일제, 징검다리 휴일제, 자기계발지원, 내일채움공제 및 청년내일채움공제 등이 있다. 워라밸을 지원하는 제도는 상기에 나열한 제도만 있는 것은 아니며 이외에도 무수히 많을 수 있다.

대분류	소분류	비고
유연근무제도	· 탄력적 근무제도 · 선택적 근무제도 · 재택근무제 · 시간제 근무제 · 시차출퇴근제 · 자율출퇴근제	틀에 박히지 않은 유연한 근무제도지원
자녀출산 및 양육 지원제도	· 주택마련지원 · 출산 전·후 휴가제 · 육아휴직 및 육아기 근로시간 단축제 · 직장어린이집 지원 · 배우자출산휴가 · 미취학 및 취학자녀 양육지원	자녀 출산과 양육을 위한 지원
부양가족 지원제도	· 가족돌봄휴직 및 휴가제 · 가족간호 시 추가근무제한 · 가족건강관리 지원	조부모, 부모, 배우자, 자녀, 손자녀를 위한 지원

근로자 지원제도	· 근로자상담 프로그램(EAP: Employee Assistance Program) · 멘토링프로그램 · 건강관리지원제도	근로자 본인을 위한 지원제도
가족친화 문화조성	· 가족친화경영 관련 성과체계 · 가족친화 문화조성지원 · 정시퇴근제도 및 가족사랑의 날 지정	기업의 워라밸문화 조성과 관련한 지원
업무혁신 문화조성	· 퇴근 후 업무연락 자제문화 · 집중근무시간제 · 똑똑한 회의와 보고문화 · 명확한 업무지시문화 · 연가사용 활성화제 · 건전한 회식문화	효율적인 업무를 통한 근로자 일·생활 균형 지원
리프레쉬 및 비혼 근로자 지원제도	· 장기근속휴직 및 휴가지원 · 대체휴일제 · 징검다리 휴일제 · 자기계발지원 · 내일채움공제 및 청년내일채움공제	장기근속자 및 비혼 근로자를 위한 지원

4. WLB의 정부지원과 노력

대기업과 정부기관 및 공공기관은 워라밸문화 조성이 잘 정립된 곳이 많지만, 문제는 중소기업이다. 중소기업은 근로인원이 많지 않고 자본력도 낮아 문화조성에 어려움을 호소하고 있다. 하지만 최고경영자의 의지와 관심에 따라 작은 규모의 회사도 워라밸문화 조성이 잘 정립된 기업도 많다.

이에 기업대표의 ESG경영을 위한 패러다임 전환이 필요하며 인권경영은 ESG경영의 기본이기에 피해갈 수 없다. 정부도 중소기업이 어려운 현실에서 워라밸문화 조성을 할 수 있도록 관심과 지원이 절실한 때이다.

청년구직자들이 대기업과 공공기관을 선호하며 중소기업을 꺼리는 것은 급여 차이도 있지만 워라밸제도의 자유로운 활용도 큰 몫을 차지한다는 것을 명심해야 한다.

현재 정부는 워라밸 관련 각종 인증제도를 마련하여 기업이 인증을 받으면 인센티브를 주는 형식으로 워라밸제도 정착을 지원하고 있으며 근로자에게는 출산 및 육아휴직급여 지원, 자녀양육지원, 내일채움공제, 근로자휴가 지원사업, 근로자상담제도 지원 등 다양한 지원이 있다. 하지만 이러한 인증제도를 활용하는 기업이 많지 않고 근로자들에게 실질적인 혜택이 돌아가지 않는 것이 현실이다.

지원사업명	지원사업목적	신청 홈페이지
가족친화인증	가족친화제도를 모범적으로 운영하는 기업 및 공공기관에 대하여 심사를 통해 인증을 부여하는 제도	가족친화지원사업 (https://www.ffsb.kr/)
여가친화기업 인증	근로자가 일과 여가생활을 조화롭게 병행할 수 있도록 모범적으로 지원·운영하는 기업·기관을 선정하여 인증하고 지원하는 제도	지역문화진흥원 (www.rcda.or.kr)
근무혁신 인센티브제	일·생활균형의 고용환경을 조성하기 위해 근무혁신 우수기업을 선정하고 인센티브를 부여하여, 기업의 자발적이고 적극적인 근무혁신 유도	노사발전재단 (https://www.nosa.or.kr)
청년친화 기업인증	우수 중소기업으로서 청년들이 희망하는 근로조건을 갖춘 청년친화 강소기업을 적극적으로 발굴하여 양질의 일자리정보를 제공하고자 선정함	한국고용정보원 (http://survey.re.kr/2020work)
일·생활균형 캠페인 참여	일하는 방식과 문화를 개선하여 근로자가 마음껏 능력을 발휘할 수 있도록 하고, 기업의 생산성과 경쟁력을 높이면서 일과 생활의 균형을 찾아가는 캠페인	신청기업 해당 지방고용노동청
서울형 강소기업 인증	공공기관 인증 중소기업 중 청년일자리창출 확대 및 일·생활균형 조직문화, 고용안정성, 복지혜택이 우수한 중소기업을 시가 '서울형 강소기업'으로 선정·지원하는 사업	서울형 강소기업 홈페이지 (www.seouljob-now.co.kr)
내일채움공제	중소(중견)기업 사업주와 핵심인력이 공동으로 적립한 공제금을 가입 기간에 따라 장기 재직한 핵심인력에게 성과보상금 형태로 지급하는 공제	중소벤처기업진흥공단(https://www.sbcplan.or.kr/main.do?introGb-n=01#none)
근로자휴가 지원사업	직장 내 자유로운 휴가문화 조성을 위해 정부와 기업이 함께 근로자의 국내 여행경비를 지원하는 중소기업 대표 복지제도(정부 10만 원+기업 10만 원+근로자 20만 원)	한국관광공사 (https://kto.visitkorea.or.kr/kor/biz/vacation.kto)

근로자지원 프로그램 (EAP)	300인 미만 중소기업과 소속근로자는 누구나 일상에서 경험할 수 있는 다양한 어려움이나 고민에 대해 전문가로부터 상담 및 코칭, 교육을 무상으로 제공	근로복지넷 (https://se-hub.net/archives/2062375)
유연근무제 간접노무비 지원	1인당 유연근무활용 횟수에 따라 주1~2일 사용 시 주당 5만 원, 3일 이상 사용 시 주당 10만 원이며, 근로자별 최초 지원시작일로부터 1년 범위 내에서 지원	고용보험(www.ei.go.kr) 홈페이지에서 온라인 접수
일·생활균형 인프라구축비 지원	재택근무 또는 원격근무를 도입·활용하는 중소중견기업에 정보시스템 등 인프라 구축비용 지원	고용보험(www.ei.go.kr) 홈페이지에서 온라인 접수
워라밸 일자리장려금 지원제도	가족돌봄, 건강, 학업, 퇴직준비 등 근로자의 필요에 따라 일정 기간 근로시간을 단축하여 근무(주 15~35시간)를 허용하는 사업주에게 지원	고용보험 홈페이지(www.ei.go.kr)
가족친화 컨설팅	근로자가 일과 생활을 조화롭게 병행할 수 있도록 다양한 프로그램, 제도, 교육을 통하여 새로운 기업문화조성을 지원하는 무료컨설팅	가족친화지원사업(https://www.ffsb.kr/)
일터혁신 컨설팅	기업의 경쟁력과 근로자의 삶의 질을 모두 향상할 수 있도록 사업장 내외부환경 및 인적자원관리 시스템 전반을 진단·분석하는 제도	노사발전재단 (https://www.nosa.or.kr)

5. 이젠 기업이 화답할 때

1) ESG경영의 중심은 사람이다

ESG경영은 우리가 살아가는 지구를 아끼고, 더불어 사는 사회에 책임을 지며, 이를 위한 기업의 투명하고 공정한 경영을 요구한다.

그리고 이를 위해서는 결국 '사람중심'경영이 되어야 한다. 기업을 이끌어가는 대표와 임원들은 앞으로 ESG경영이 되지 않으면 기업의 리스크가 증가하고 투자가 줄어들어 기업의 지속가능경영이 어려워진다고 호소한다.

그렇다면 어디서부터 어떻게 실천하는 것이 필요할까? 기업 안에서 성희롱 금지, 직장 내 갑질 금지, 안전한 근무환경, 유연한 근무형태, 가족과 함께할 수 있는 시간, 근무시간 외에 자유롭게 나를 개발하고 휴식을 취할 수 있는 시간이 근로자에게는 절실하다.

2) WLB경영, 어떻게 해야 하나?

인간은 궁극적으로 행복을 추구한다. 행복을 위해 조직에서 일하며 나의 가치를 드러내고 그러면서 나와 내 가족을 위해 살아간다.

일하는 근로자의 행복한 일터, 행복한 가정, 행복한 삶을 위해 기업은 ESG경영의 기초인 인간경영, 평등경영, 행복경영은 선택이 아닌 필수이다.

우리나라는 얼마 전 개도국을 벗어나 선진국 지위를 얻게 되었다고 한다. 선진국의 의미가 뭘까? 간단히 설명하면 국민의 경제적 기준과 삶의 질이 높은 국가라고 한다.

하지만 우리나라는 OECD 국가에서 자살률도 높고 워라밸지수도 매우 낮은 상황이다. 더 나은 삶의 질, 행복으로 나가기 위한 '사람중심경영'이 곧 ESG경영의 기본이다.

참고문헌

- 김영기 외 21인, 『안전기술과 미래경영』, 브레인플랫폼, 2021.
- 송대현, 「아리스토텔레스의 『정치학』 7-8권에서 여가(scholê) 개념」, 한국연구재단, 123-164, 2011.
- 박정택, 변양규, 「ESG 시대의 도래와 노동 법률의 중요성」, 『월간노동법률』, 2021.05.26.
- 박옥희, 「중소기업의 가족친화경영 수준 자가진단을 위한 방법론 및 프로토타입 제안 : 청년구직자의 선호도 정보에 기반하여」, 한성대학교 일반대학원 스마트융합컨설팅학과 박사학위논문, 2021.
- 통계청, 「2020년 상반기 지역별고용조사(부가항목) 경력단절여성 현황」, 2020.11.24.
- 정유미 기자, 「"MZ세대는 워라벨 보장, 개인중시 등 이전세대와 달라"」, 『경향비즈이코노미』, 2020.08.04.

저자소개

박옥희 PARK OK HEE

학력

- 경영학 학사, 석사
- 컨설팅학 박사

경력

- (주)경영지도법인 성장 상근이사
- 엔씨스마트 경영컨설팅 대표
- NCS 블라인드 채용 공공기관 전문 면접관
- 여성기업종합지원센터 여성기업 대사단
- 한국경영인증원 가족친화인증 심사위원
- 한국건강가정진흥원 가족친화 컨설턴트
- 서울시여성가족재단 일·생활균형 컨설턴트
- 중소벤처기업부 비즈니스지원단 전문위원
- 소상공인시장진흥공단 소상공인 역량 강화 컨설턴트
- 경기도 경제과학 진흥원 경기 스타트업 플랫폼 전문위원

- 한국산업인력관리공단 NCS 기업활용 컨설팅 컨설턴트
- 한국관광공사 관광두레 컨설턴트
- 한국인터넷진흥원 제안서 평가위원
- 인천도시공사 기술자문위원(관리운영부분)

자격

- 경영지도사
- 기업·기술가치평가사

저서

- 『경영지도사 인적자원관리분야 2차 조직행동론 실전모의고사(125문)』, e퍼플, 2018. 공저
- 『공공기관 채용의 모든 것』, 브레인플랫폼, 2021. 공저
- 『안전기술과 미래경영』, 브레인플랫폼, 2021. 공저
- 「중소기업의 가족친화경영 수준 자가진단을 위한 방법론 및 프로토타입 제안: 청년구직자의 선호도 정보에 기반하여」, 2021. 박사학위 논문

ESG management

07

ESG경영의 첫발은 ISO인증

전수진

1. 들어가며

"실적이 좋아도 ESG경영을 고려하지 않는 기업에
투자하지 않겠다."

21세기 현재 기업경영의 화두는 단언하건대 '지속가능경영(Sustainable Management)'일 것이다. 지속가능경영은 기업의 경영활동이 단기적 수익성만이 아니라, 경제적, 환경적, 사회적 이슈를 통합적으로 고려하여 장기적 기업가치제고를 추구하는 경영전략이다. 이에 범세계적으로 ESG경영성과로 기업의 지속가능경영 수준을 평가하기 시작했으며, 실제로 세계의 거대투자기업 중 하나인 모건 스탠리와 블랙록 등은 ESG경영의 중요성을 서두와 같이 언급하며 기업들을 긴장시켰다.

2. 기업경영 패러다임의 변화

ESG는 환경(Environment), 사회(Social), 지배구조(Governance)의 약어로, 기업의 모든 경영활동과정이 환경적(E) 건전성, 사회적(S) 책임성, 경제적(G) 수익성을 통합하여 운영되는 경영전략이자 투자방식이다. 즉, 기업은 친환경과 사회적 책임경영, 지배구조개선 등을 반영한 경영활동을 수행하고, 이러한 활동들을 통하여 기업의 투명성을 인정받음으로써 지속가능한 발전을 도모할 수 있다. 이 때문에 고도로 경쟁이 심화하는 세계 시장에서 더는 기업의 경영성과를 재무적 요소만이 아닌, 비재무적 요소까지 포함하여 평가하게 되었다. 이제 ESG는 경영자에게 의사결정의 판단기준으로 인식되기 시작했고, 기업에는 새로운 패러다임을 반영한 경영시스템의 도입이라는 과제를 안겼다.

기업의 가치가 재무적 요소에서 비재무적 요소까지 포함되는 새로운 패러다임 앞에서 기업은 '무엇을 해야 할까?'라는 것을 기업들이 '어떻게 벌 것인가?'보다 '어떻게 쓸 것인가?'로 고민의 방향을 전환하고, 행동해야 함을 의미한다. 결국, 기업의 지속가능한 성장을 보장받기 위해서는 그 기업이 사회에 미치는 영향까지 고려하는 경영전략이 수립되고, 실천되어야 할 것이다.

그러나 현실은 ESG경영전략을 수립하기가 쉽지 않음을 「매출 500대 기업 ESG 준비실태 및 인식조사」(전국경제인연합회, 2021) 결과에서 알 수 있다. ESG에 대한 최고경영자의 관심은 66.3%로 높지만, 관련 경영전략수립에서는 응답자의 29.7%가 'ESG의 모호한 범위와 개념'을 애로요인으로 선택했다. 또한, 자사사업과 낮은 연관성(19.8%), 기관마다 다른 ESG평가방식(17.8%), 추가비용초래(17.8%), 지나치게 빠른 ESG규제 도입속도(11.9%) 등이 뒤를 이었다. 따라서 많은 기업이 ESG를 인식하고 뭔가 대응해야 할 것 같지만, 경영활동의 어느 영역에 얼마만큼 투자 또는 분배해야 하는가에 대한 방향성을 갖는 일에는 여전히 어려움을 겪고 있다는 것으로 여겨진다.

본 장에서는 ESG경영을 준비하는 기업에 조금이나마 도움을 주고자 주요기관의 ESG평가방식을 비교하여 공통분모를 찾고, 이후에 ESG에 도움이 되는 ISO인증을 살펴보려 한다. ISO인증은 글로벌비즈니스 환경에서 조직에 요구되는 사항을 표준화하여 이를 평가하고 인증하는 국제인증제도이며 품질, 환경, 안전, 반부패 등 여러 측면에서 국제기준 대비 이해관계자의 요구를 얼마나 고려하는지를 평가하므로, 여러 기업이 인증규격을 유지한다. 따라서 ESG의 첫발로 ISO인증을 살펴보는 것도 도움이 될 것이다.

3. 국내 주요기관의 ESG평가방식

기업들은 ESG경영전략을 담은 지속가능보고서를 발간하여 ESG 관련 활동과 기업성과를 공개한다. 현재는 대기업이나 친환경기업 등 일부 기업들이 그 기업의 미래가치를 올리고 이해관계자와 소통하며 투자를 받는 수단으로 제공하지만 멀지 않은 시기에 다수의 기업이 ESG경영으로 기업성과를 평가받게 될 듯하다. 이미 글로벌투자기업이 ESG등급을 평가해서 공개하고 있으며, 국내도 2030년에는 상장기업의 ESG정보공시를 의무로 규정하였다. 기업은 ESG를 언제 도입하느냐의 시기적 문제만 고민해야 할 뿐, 지속가능경영을 위한 필수요건이 되었다.

지속가능성의 핵심기준은 '경제적(재무적) 책임', '사회적 책임', '환경에 대한 책임'의 3가지 관점(TBL: Triple Bottom Line)으로 살펴볼 수 있다. 순서대로 살펴보면 '경제적(재무적) 책임'은 수익을 기록해야 한다는 점에서 기업의 가장 원초적 책임으로 본다. '사회적 책임'은 다양한 사회적 관점에서의 책임을 수행해야 한다는 것으로, 종업원을 보호하고, 협력회사를 파트너로 인식하고 협업하며, 고객을 보호하고, 사회공헌활동을 하는 것이 그러한 예이다. '환경에 대한 책임'은 기업이 환경을 고려하는 생산과정과 다양한 활동들을 제대로 하는지를 살펴본다. 이에 따라 기업은 수익성과 성장성 중심의 경제적 요건, 사회책임경영 중심의 사회적 요건, 환경대응경영 중심의 환경적 요건에 대한 각각의 대응을 전략에 반영하여 사업목표를 달성하고, 장기적으로 주주가치를 향상함으로써 기업의 지속가능성을 높일 수 있다.

지속가능경영재단은 2016년 「2015년 국내 지속가능경영보고서 발간 현황」을 공개하였다. 2003년 4개 기업이 보고서를 발간한 이후, 2014년 117개, 2015년 102개로 조사되었고 2015년 기준으로 민간기업이 76%, 공공기관이 24%를 차지한다.

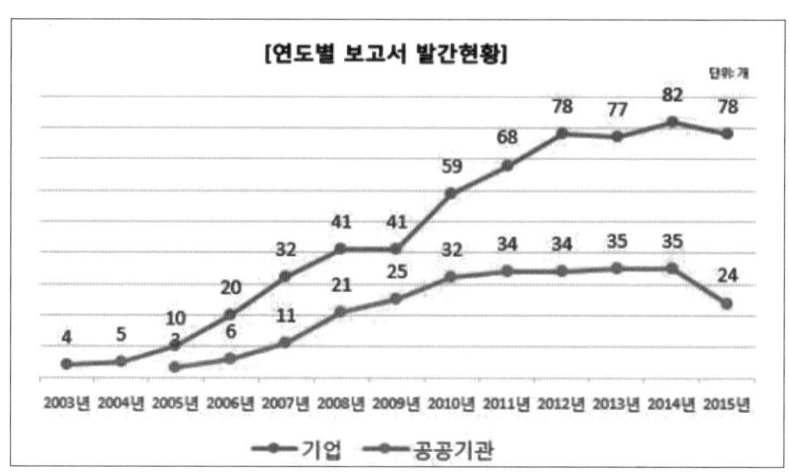

출처: 지속가능경영재단

　기업들이 지속가능경영보고서 작성 시 가장 많이 활용한 기준은 GRI(Global Reporting Initiative)가이드라인이다. GRI는 기업의 지속가능 보고서에 대한 기준을 제시하는 국제기구이다. GRI보고서는 조직의 중대한 경제적·환경적·사회적 영향을 다루거나, 이해관계자의 평가·결정에 영향을 미치는 주제를 반영해야 한다. 2016년에 150여 개 지표를 모듈식으로 구성한 GRI표준은 일반표준(GRI 100) 및 경제(GRI 200), 환경(GRI 300), 사회(GRI 400)영역의 3개 특정표준으로 구분하였으며, ESG평가지표와도 연결된다. 기업은 GRI지표 외 ISO26000, UNGC, BEST 등의 작성기준도 병행 활용하였다.

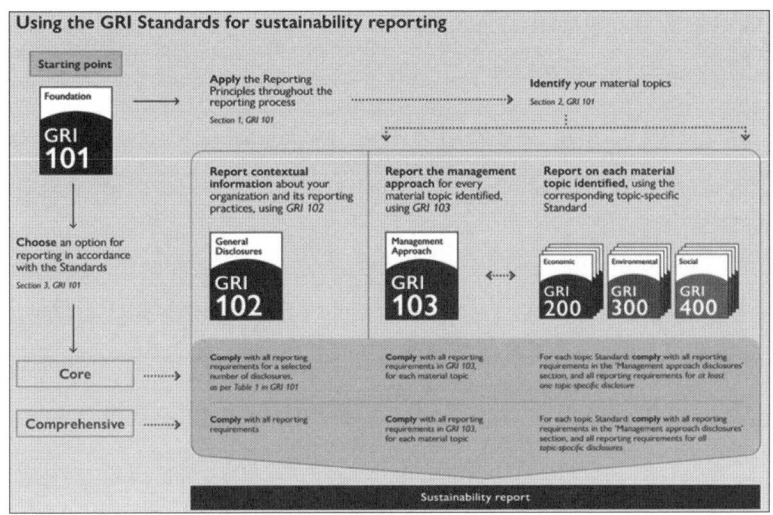

출처: GRI Standards

현재 ESG평가지표는 정부(산자부), 국민연금, 한국거래소, 한국기업지배구조원, 서스틴베스트 등 여러 기관에서 제시되고 있으며 최근에는 증권사도 ESG평가지표를 투자심사에 활용할 목적으로 그들만의 평가지표를 준비 중이다. 이어 소개될 ESG평가지표의 공통점을 살펴보면, 대체로 대기업중심의 지표들로 구성되었고, 법적·규제적 성격을 지닌 측정기준이 많고 유사한 성격의 지표들로 반복측정되는 느낌이 든다. 중소기업이 핵심으로 다뤄야 할 공통지표와 기업(산업)특성을 반영한 개별지표를 발굴해야 중소기업의 지속가능경영을 도울 수 있을 것이라 여겨진다.

1) 산업통상자원부(K-ESG지표)

정부는 민간주도로 최소한의 기준을 포함한 한국형지표(K-ESG지표)를 2021년 하반기 중에 발표할 예정이다. 중소·중견기업중심의 컨설팅 및 평가의 기준을 제공하고, 각종 포상과 연구개발 관련 인센티브부여도 검토 중이다. K-ESG지표는 기본지표(최소) 및 혁신지표(추가)로 나누며, 기업이 활용목적에 따라 두 지표 중 선택할 수 있다. 기본지표는 글로벌요구를 만족하는 최소의 평가기준(2021년)으로 글로벌수용성 확보를 위해 평가요소(E·S·G)를 균형 있게 포함하며, 혁신지표는 차별화된 지속가능경쟁력을 보여주는 추가기준(2022년)으로 디지털전환, 그린공급망 등 산업이슈별로 특화될 예정이다.

분류	문항수	주요 내용
정보공시	5	ESG 정보 대외 공개 방식은? ESG 정보공개 주기는?
환경(E)	14	재생에너지 사용량은? 온실가스 배출량 집약도는?
사회(S)	22	정규직 비율은? 최근 3년간 산업재해율은?
지배구조(G)	20	이사회 내 여성 인력의 수는? 내부 비위 발생현황, 공개 여부?
합계	61	

출처: 산업통상자원부, ESG평가지표 정리

2) 국민연금 ESG평가지표

국민연금은 2015년에 자체수립한 ESG평가체계를 2019년 개편하면서 기존의 지배구조(G)에 치중된 영역을 환경(E)과 사회(S)로 확대 적용하였다. 국민연금 ESG평가는 13개 이슈와 52개 지표로 구성되며, 매년 정기평가(2회)를 통해 평가등급이 낮은 기업은 추가투자를 제한하는 방안들도 고려 중이다. ESG이슈를 기업과 소통하여 개선 여부를 관리하며, 연금제도의 지속성 강화 및 가입자이익을 포함한 장기수익을 높이는 데 주안점을 두고 있다.

구분	ESG 이슈	평가 지표
환경 (E)	기후변화	온실가스관리시스템, 탄소배출량, 에너지소비량
	청정생산	청정생산관리시스템, 용수/화학물질사용량, 대기오염물질/폐기물배출량
	친환경 제품개발	친환경제품개발활동, 친환경특허, 친환경(제품)인증, 제품환경성개선
사회 (S)	인적자원관리	급여, 복리후생비, 고용, 조직문화, 근속연수, 인권, 노동 관행
	산업안전	보건안전시스템, 안전보건경영시스템 인증, 산재다발사업장지정
	하도급거래	거래대상선정프로세스, 공정거래자율준수프로그램, 협력업체지원활동, 하도급법준수
	제품안전	제품안전시스템, 제품안전경영시스템인증, 제품안전사고발생
	공정경쟁	내부거래위원회 설치, 공정경쟁저해행위, 정보보호시스템, 기부금
지배구조 (G)	주주의 권리	경영권 보호장치, 주주의견 수렴, 주주총회 공시
	이사회 구성과 활동	CEO/이사회의장 분리, 이사회구조의 독립성, 이사회 사외이사 구성, 이사회 활동, 보상위원회 설치 및 구성, 이사보수 정책
	감사제도	감사위원회 사외이사 비율, 장기재직 감사(감사위원) 비중, 감사용역 대비 비감사용역 비용
	관계사 위험	관계사 우발채무 비중, 관계사 매출(매입) 거래 비중
	배당	중간/분기배당 근거 마련, 총주주수익률(TSR), 최근 3년간 배당지급, 과소배당

출처: 국민연금관리공단, ESG평가지표 정리

3) 한국거래소 ESG평가지표

한국거래소(KRX)는 2021년 1월에 상장법인의 「ESG 정보공개 가이던스」를 제정하고, 관련 자료를 배포하였다. 가이던스에는 ESG 정보공개원칙과 중요성 평가, 보고서작성 및 공개절차, 글로벌표준의 공개지표와 자체권고지표 등이 구체적으로 제시되었다.

구분	항목	지표
환경 (E)	온실가스 배출	직접 배출량, 간접 배출량, 배출 집약도
	에너지 사용	직접 에너지 사용량, 간접 에너지 사용량, 에너지 사용 집약도
	물사용	물 사용 총량
	폐기물 배출	폐기물 배출 총량
	법규 위반/사고	환경 법규 위반 및 사고
사회 (S)	임직원 현황	평등 및 다양성, 신규 고용 및 이직, 청년인턴 채용, 육아휴직
	안전 및 보건	산업재해, 제품 안전, 표시 및 광고
	정보보안	개인정보 보호
	공정경쟁	공정경쟁 및 시장지배적 지위 남용
지배구조 (G)	ESG 대응	경영진의 역할
	ESG 평가	ESG 위험 및 기회
	이해관계자	이해관계자 참여

출처: 한국거래소(KRX), ESG평가지표 정리

4) 한국기업지배구조원 ESG평가모형

한국기업지배구조원(KCGS)은 한국거래소·예탁결제원·금융투자협회 공동출자로 2002년 설립된 의결권자문사이다. 투명성과 전문성을 토대로 2003년부터 기업지배구조평가를 시행하였고, 2011년 이후 매년 사회적 책임과 환경경영이 포함된 ESG평가를 통해 현재까지 900여

개 국내 상장사의 지속가능경영 수준을 평가했다.

KCGS의 ESG평가모형은 OECD 기업지배구조원칙, ISO26000 등 국제기준에 맞으며, 국내 법제 및 경영환경을 반영하여 개발되었다. 하지만 평가기관의 역량이 ESG요소 간 균형보다는 지배구조(G)에 집중되었고, 지배구조 관련 평가 시 금융업과 다른 산업 간의 평가항목을 달리 적용한다는 한계도 가진다.

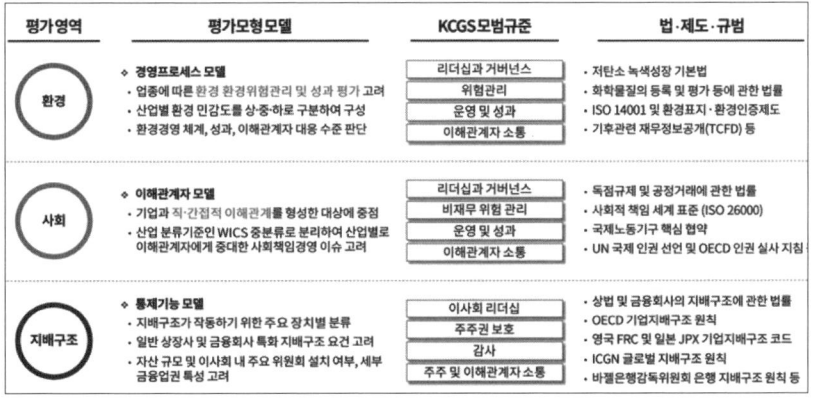

출처: 한국기업지배구조원

5) 서스틴베스트 ESG평가지표

서스틴베스트는 2006년부터 현재까지 1천여 개 기업을 대상으로 ESG평가를 진행한 평가전문기관으로, 연기금을 비롯한 기관 및 고객사에 ESG분석과 운용전략자문 역할도 수행하고 있다. 서스틴베스트의 평가는 '지속가능한 형태의 지배구조를 보유하고 있는지, 경영진에 대한 내·외부통제 수준이 높은지, 기업성과를 이해관계자들에게 적절한 수준으로 배분하고 있는지' 등을 종합평가하며, 평가결과는 7단계의 등급으로 구분 및 발표된다.

분류	카테고리	KPI
환경경영 (E)	혁신활동	친환경 혁신 역량, 환경성 개선성과, 환경경영시스템 인증
	생산공정	환경사고 예방 및 대응, 공정관리, 온실가스 관리
	공급망 관리	친환경 공급망 관리
	고객관리	그린마케팅
사회책임 경영 (S)	인적자원관리	근로 조건, 고용평등 및 다양성, 노사관계 관리, 근로자 보건 및 안전
	공급망 관리	공정거래, 상생협력, 공급사슬 관리
	고객관리	고객정보보호, 소비자 만족 경영, 품질관리
	사회공헌 및 지역사회	국제 이니셔티브 가입 및 활동, 사회공헌활동, 지역사회 관계
지배구조 (G)	주주의 권리	경영권 보호 장치, 주주총회, 주주가치 환원
	정보의 투명성	공정 공시, 공시 위반, 회계 투명성
	이사회의 구성과 활동	이사의 선임, 이사회의 구성, 이사회의 활동, 감사 및 감사위원회
	이사의 보수	이사 보수의 적정성, 보상위원회
	관계사 위험	관계사 우발채무, 관계사 거래, 내부거래 위반
	지속가능 경영 인프라	지속가능경영 거버넌스, 지속가능경영보고, 윤리경영

출처: 서스틴베스트, ESG평가지표 정리

4. ESG평가와 ISO인증

ISO(The International Organization for Standardization)는 국제표준화기구를 뜻하며, 제품(서비스)의 국제사회 간 교류촉진을 위해 국제표준을 제정 및 보급하는 비정부기관이다. ISO는 국제무역 내 거래장벽을 배제하고, 국가 간 무차별원칙 아래에 거래를 자유롭게 하도록 유도하기 위해 국제표준 인증제도를 운용하고 있으며, 이에 인증제도의 중요성이 커지고 있다.

ISO인증이 모든 ESG평가지표를 담을 순 없지만, 기관별 ESG평가지표에 인증이 포함되었다는 것은 인증제도가 최고경영자의 리더십 하에 관련 방침을 수립하고, 이를 달성하기 위한 추진계획(P), 지원·운용(D), 성과평가(C), 개선(A)의 전 과정을 체계적으로 관리할 수 있도록 지원하는 프로세스를 갖췄기 때문일 것이다. 또, 해당 분야의 위험성을 사전에 인지하고 대응할 수 있도록 조직 내의 위험성을 관리하는 것도 고려했을 것이다. 이에 ESG경영을 시작하는 기업은 ISO인증을 취득하는 것도 중요하지만, 다양한 이해관계자들의 기대치에 어떻게 부응할 것인가를 ISO요구사항과 연계하여 대응방안을 수립하면 체계적·효율적으로 ESG평가에 대비할 수 있을 듯하다.

1) E.(환경) 평가 vs ISO14001

인간과 환경을 대하는 윤리관은 인간중심주의 기계론적 환경관과 생명중심적 환경윤리관으로 나눌 수 있다. 전자는 인간이 환경파괴를 일으키는 원인으로 보는 견해가 지배적이며, 인간욕망을 충족시키기 위해 자연을 최대한 이용하는 것에 관대한 태도를 보인다. 반면에 후자는 환경에 대한 인간중심적 가치관을 비판하면서 나타났기에, 인간과 인간 이외의 모든 생명체에 대해 동등한 가치관을 부여하는 것에 의미를 둔다.

환경문제는 세대와 경계, 국가 간 구분 없이 전방위적으로 우리의 현재와 미래의 생활에 위협적으로 다가온다. 또한, 산업의 발전과 맥을 같이 하면서 파급효과도 지속해서 증가추세이다. 이에 기업의 의사결정과정에 환경은 중요하게 다뤄야 할 요인이 되었으며, 환경문제를 해결하려는 노력은 글로벌차원의 공동대응으로 해결방안을 제시하기 시작했다.

1972년, 스웨덴 스톡홀름에서 인류 최초의 '유엔인간환경회의'가 개최되었다. '하나뿐인 지구(Only one Earth)'를 위해 지구환경보전이 세계 공통과제임이 숙의되었고, 유엔인간환경선언 채택과 세계환경의 날(매년 6월 5일)이 지정되었다. 이후로 유엔환경계획회의(1982, 케냐), 유엔환경개발회의(1992, 브라질)를 거쳐 유엔기후변화위원회의(1997, 일본·2007, 워싱턴)에서 온실가스 배출규제가 본격 거론되었다. 2015년, 파리협정회의는 온실가스의 '감축' 자율이행과 변화되는 기후에 '적응'하는 것을 목표로 두고, 이를 달성하기 위한 수단으로 재원과 기술, 역량배양 측면에서 개발도상국을 지원할 것을 규정하고 있다. 국내에서도 대통령이 '2050년 탄소중립'을 천명한 가운데, 기후위기대응 및 탄소중립 이행법안이 발의되어 논의 중이며, 20조 원 규모의 뉴딜펀드도 조성했다. 국민연금은 2022년까지 전체자산의 절반을 ESG 관련 영역에 집중하겠다고 밝혔으며, 규모는 500조 원이다.

기업의 경영활동에서 환경이 중요해진 이유는 지구의 온난화 및 급격한 기후변화에 있다. 이산화탄소는 온실가스의 하나로 지구온난화의 주요원인이다. 코로나19로 세계경제가 셧다운이 되었음에도 대기 중 이산화탄소 농도는 사상 최고치를 기록했고, 북극의 빙하면적은 1979년부터 2019년까지 지속 감소하였다. 국민 1인당 이산화탄소 배출량은 선진국을 중심으로 지속 증가하며, 우리나라도 배출량 15% 이상에 속한다. 현재, 2030년까지 기후변화로 초래되는 비용은 약 17조 달러로 추산되며, 국제사회는 환경과 관련된 각종 규제도 강화하고 있다.

그 예로, EU는 전기·전자제품의 환경·인체 유해화학물질 규제인 RoHS(Restriction of the Use of Certain Hazardous Substances) 및 폐기물처리 지침인 WEEE(Waste Electrical & Electronic Equipment), 에너지사용제품의 친환경설계 요구사항 충족을 위한 EuP(Eco-design Requirements for Energy-using Products), 화학물질에 대한 등록, 평가, 허가, 제한 등 규제를 명시한 REACH(Registration, Evaluation, Authorization and Restriction of Chemicals) 등이 현재 발효된 상태이다.

기업들은 앞서 살펴본 환경규제에 대응하면서, 환경보전을 위한 실천으로 ISO14001(국제환경표준, Environmental Management System)을 고려할 수 있다. ISO14001은 환경경영시스템에 관한 국제규격으로 모든 산업분야에서 적용가능하며, 환경 측면을 체계적으로 식별, 평가, 관리 및 개선하여 환경위험성을 사전에 효율적으로 관리할 수 있도록 유도한다. 이는 기업이 해당 환경법규만 준수하는 것이 아니라, 환경방침, 추진계획, 실행 및 경영자의 의지 등을 갖추고 실천함을 의미한다.

이를 통하여 유해물질의 투입 감소, 폐기물 및 에너지소비 최소화를 통한 직접비를 절감할 수 있으며, 환경성과의 평가 및 개선을 통한 환경이슈해결, 생산손실 및 환경사고의 사전적 예방 등의 간접비 절감효과도 있다. 또한, 지역사회와 고객 등 다양한 이해관계자의 요구를 충족시켜주는 활동을 전개하여 기업이미지 개선과 시장점유율을 증가시킬 수 있다.

환경성과의 평가를 지원하는 수단으로 사용되는 전 과정평가(LCA, Life Cycle Assessment)는 제품의 수명기간 동안 단계별 환경에 미치는 영향도를 측정하여 정량화하는 방법이다. 제품의 전 과정은 통상적으로 원재료조달, 생산, 소비, 폐기단계로 나뉘며, 단계별 투입되는 원자재 사용량 및 산출되는 제품, 부산물, 오염물, 폐기물의 양을 측정하여 제품의 전 과정에서 발생하는 환경부하를 평가할 수 있다. 예를 들면, 투입단계에서 원재료가 얼마나 사용되었는지, 생산단계에서 전력과 용수는 얼마나 사용되었는지, 이산화탄소는 얼마나 배출되었는지 등을 모두 정량화하면 지구온난화, 토양산성화 등에 얼마나 영향을 미치는지 평가할 수 있다. 전 과정평가로 기업은 제품의 환경영향도를 평가하여 친환경경쟁력을 높일 수 있고, 소비자나 이해관계자의 환경 관련 의사결정에 유용한 정보를 제공할 수 있다.

2) S.(사회적책임) 평가 vs ISO26000

과거에는 기업의 사회적 활동이 비즈니스와 무관하게 진행되었는데,

기업이 경영활동으로 얻은 이익을 사회봉사와 기부형태로 진행하는 사회적 책임(CSR: Corporate Social Responsibility)활동을 주로 수행했기 때문이다. CSR의 개념은 시대와 국가가 처한 상황에 따라 다양하게 해석된다. 가장 널리 소개된 캐롤(Carrol)의 CSR 피라미드모형은 CSR활동을 '경제적 책임', '법적 책임', '윤리적 책임', '자선적 책임'의 4단계로 구성하였다.

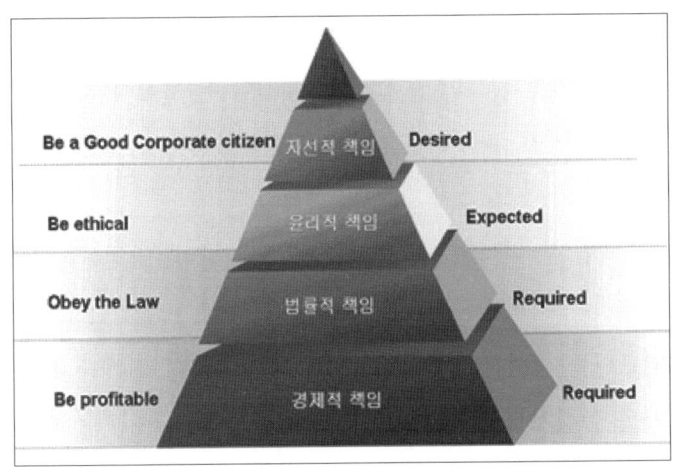

출처: 한국노동사회연구소

피라미드의 제일 아랫부분인 '경제적 책임'은 이윤창출로 기업의 영속성을 유지하는 것이 핵심이며, 사회적 기업에 필수적인 본질적 책임이다. 가장 중요시하는 가치는 이윤창출이며, 이익극대화, 점유율 확대, 혁신전략이 그 예시이다. 자기이익극대화와 적자생존의 원리를 적용하기 때문에 결국 윤리학적인 관점에서는 윤리적 이기주의와 자유방임주의를 초래한다.

'법적 책임'은 사회가 규정한 법규를 준수하는 것이 핵심이며, 이에 국가가 제시하는 최소한의 법률을 준수해야 한다는 사회적 기대가 요구된다. 공정거래, 법률 및 규정준수가 그 예시이다. '최대다수의 최대 행복' 원리를 적용하므로 공리주의를 초래한다.

'윤리적 책임'은 강제성은 없지만, 사회적으로 기업이 윤리적 책임을 질 것을 기대한다. 법적인 강요는 없어도, 사회 통념상의 윤리적 기준을 따르는 것이 핵심이다. 윤리적 조직이 중심가치이며, 투명거래, 법의 정신 존중, 인권 및 환경보호가 그 예시이다. 보편적 의무와 인권이라는 윤리원칙을 따르며, 의무론이라는 윤리학설을 지지한다.

'자선적 책임'은 피라미드의 꼭대기에 위치하며, 경영활동과 직접적인 관련이 없는 문화활동, 기부, 자원봉사 등이 포함된다. 사회적으로 요구되기보다는 자선적 책임을 졌을 때 바람직하다고 판단되고 선량한 기업시민을 중심가치로 삼으며, 기부, 자선사업, 지역공헌, 헌금, 자원봉사, 공연예술지원이 그 예시이다. 사회적 약자의 최대복지를 윤리원칙으로 삼고 있으며, 정의론이라는 윤리학설을 지지한다.

CSR피라미드는 기업이 지속해서 존속하기 위해서 경제적 책임을 완수하고, 법규를 준수하며, 기업의 이해관계자 요구에 적절히 대응함으로써 '사회가 기대하는 이상의 긍정적 영향력을 끼치는 책임'을 실천하도록 활동의 방향을 제시해준다는 의미가 있다.

최근에는 국가, 지역사회, 협력회사의 이익까지 고려하는 공유가치창출(CSV: Creating Shared Value)이 도입되었으나 의무사항은 아니므로, 일부 대기업 위주로 진행되었다. 공유가치창출은 마이클 포터와 마크 크레이머가 2011년 하버드비즈니스리뷰에서 처음 언급하였다. 이들은 기업이 사회, 환경, 경제문제의 주범으로 지목되고 있으며, 주변 공동체의 희생 아래 번영하고 있다는 평가를 받는다고 주장했다. CSV는 기업의 경제적 가치와 공동체의 사회적 가치를 조화롭게 만들어 공유하는 경영방식이다. 사회공헌활동이 단순히 돕는 차원에 머무른다는 인식의 변화는 사회적 약자와 함께 경제적 이윤과 사회적 가치를 함께 만들고 공유하는 공유가치창출 활동으로 진화되었다. 앞서 살펴본 CSR활동은 기업의 경영활동에 사회적, 환경적 이슈를 분석하고 수용하여 적용하는 과정에서 이해당사자들과 지속적인 상호작용을 이루는 것으로 기업의 이윤을 사회에 환원한다는 개념이지만 이는 기업의 이윤추구와 무관하다. 반면에, CSV활동은 기업의 사회적 기회와 지역사회의 필요가 만나는 곳에서 사회적 가치를 창출하여 경제적, 사회적 이익을 모두 추구한다.

기업의 사회적 책임준수를 위한 실천은 ISO26000(사회적 책임 국제표준, Social Responsibility System) 인증으로 살펴볼 수 있다. ISO26000은 사회의 모든 조직이나 기업이 의사결정 및 활동을 수행할 때, 소속사회에 이익이 되도록 하는 책임을 국제표준으로 규정하였으며, 다른 국제표준과 달리 기업 스스로 사회적 책임을 이행한다는 자발적이며 포괄적인 개념이다. 사회를 구성하는 7개 경제주체(산업, 정부, 기업, 소비자,

노동, 비정부기관, 연구기관)를 대상으로 사회적 책임에 대한 7대 원칙(설명책임, 투명성, 윤리적 행동, 이해관계자 존중, 법치주의 존중, 국제행동규범 존중, 인권존중)과 7대 주제(조직지배구조, 인권, 노동, 환경, 공정운행, 소비자, 지역사회참여와 발전)를 규정하며 7대 원칙 중에서 가장 중요한 '설명책임'은 기업에서는 통제기관, 법률 당국, 그리고 더욱 넓게는 조직의 이해관계자에게 의사결정 및 활동에 대해 답변할 수 있는 지위와 의무가 있음을 규정하고 있다. 우리나라를 포함한 90여 개국에서 국가표준으로 채택하였고, 해외의 여러 기관도 ISO26000을 활용하여 사회적 책임전략을 개선 중이다.

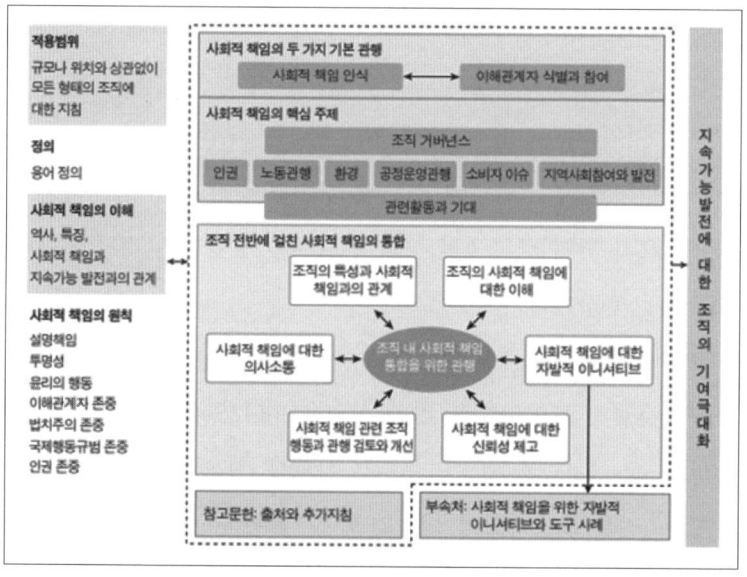

출처: 안연식, 『기업윤리』, 창명, 2020.

3) G.(지배구조) 평가 vs. ISO37001

대한항공의 아시아나항공 인수를 반대해서 언론의 주목을 받았던 '강성부펀드'의 강성부 대표는 우리나라의 기업들이 저평가를 받는 가장 큰 이유가 기업지배구조에 그 원인이 있다고 하였다. 기업지배구조란 기업의 경영 및 통제에 필요한 제반 정책과 절차로, 기관과 학자마다 다양한 정의를 가진다. OECD는 '경제적 효율성을 증진하는 중요한 요소로서 경영진, 이사회, 주주, 기타 이해관계자 사이의 모든 관계', 블레어(Blair)는 '소유가 분산된 기업에서 누가 기업을 통치하고 기업 활동에서 발생하는 수익과 위험을 어떻게 배분할 것인가를 규정하는 법적, 제도적, 문화적 메커니즘'으로 정의했다.

기업지배구조는 내부로 주주총회, 이사회, 내부감사, 노동조합이 경영활동을 감독하며, 외부로 금융기관, 자본시장, 사외이사, 외부감사 등이 각각의 통제장치역할을 통해 상호작용하며 경영활동을 감독 및 통제한다. 좋은 기업지배구조는 각각의 역할을 공식화하면서 이뤄진다. 즉, 의사결정기관의 역할을 주주총회가 하면서 경영감시 및 경영자와 이사의 선임 또는 해임을 결정하고, 업무집행기관으로 경영자와 이사회는 주주를 대신하여 주요정책을 결정할 수 있어야 하며 감독기관인 감사는 회사의 업무 및 회계감사를 제대로 수행해야 한다.

기업지배구조가 좋은 기업일수록 재무적 성과와 주가에 미치는 영향이 긍정적이라는 기사는 최근에 자주 접하는 뉴스 중 하나이다. 기업지배구조와 주주부의 배분에 관한 연구(박광우, 박래수, 황이석, 2005)는 기업지배구조가 건전하고 배당수익률이 높은 기업일수록 기업가치가 높게 평가되며, 기업지배구조가 좋을수록 배당수익률이 높게 나타남을 실증하였다. 또한, 윤리경영이 기업성과에 미치는 영향에 있어 기업지배구조가 조절자역할을 한다는 연구(한진환, 연경화, 2010)는 윤리경영과 기업지배구조의 중요성을 강조한다.

한국기업지배구조원이 조사한 기업지배구조 수준에 따른 주가등락률은 우수기업등락률(-6.07)이 취약기업등락률(-10.70) 대비 변동이 적었다. 한국거래소가 조사한 지배구조에 따라 다른 실적과 주가에서는 A+등급을 받은 기업의 영업이익률은 7.15% 상승했고, 주가상승률은 18.3% 상승했다. 반면에 같은 기간에 D등급을 받은 기업의 영업이익률은 6.61% 하락했고, 주가상승률은 11.0% 하락했다. 따라서 기업지배구조가 우수한 기업일수록 경영실적과 주가가 더 좋으며, 주가 방어 효과도 뛰어난 것을 알 수 있다.

한국거래소는 자산규모 2조 원 이상의 상장사가 매년 주주에게 기업지배구조보고서를 의무공시하도록 규정하였다. 한국기업지배구조센터는 2003년 이후로 기업지배구조를 평가하여 우수기업을 선정하고 있으며, 2011년부터 상장사를 대상으로 ESG평가로 확대운영 중이다. 이러한 관점에서 자산규모가 작고 비상장기업이 다수인 중소기업은 각 기관의 의무공시 또는 평가대상에서 제외되므로, 경영자방침에 따라 기업지배구조에 미치는 영향이 다르다. 또한, 기업의 경영과 승계가 모두 가족중심으로 이뤄지는 경우가 흔하므로, 최고경영자의 경영활동을 감시하는 내부감사 또는 이사회운영도 제 역할에 소홀할 뿐만 아니라 수행 자체도 어려울 수 있다.

중소기업의 경영활동 시에 기업지배구조와 관련된 시스템을 구축하자면, 기업의 내부통제시스템 구축, 컴플라이언스 프로그램(CP), ISO37001 인증을 생각할 수 있다. 내부통제는 기업운영의 효율성과 유효성 제고, 재무보고의 신뢰성 확보, 관련 법규의 준수 등을 위해 기업의 경영자와 구성원에 의해 실행되는 절차로서, 기업의 전체 구성원들에 의하여 지속 실행되는 일련의 통제과정이다. 컴플라이언스는 업무수행과 관련하여 제반규범상 명시된 요구나 금지를 준수하도록 사전에 상시 통제하고 감독하는 제도이다. 이는 법적으로 문제가 없는지를 다루므로, 법이나 규정에 근본을 둔 행동기준을 따른다.

기업은 조직의 부패방지를 위한 실천으로 ISO37001(반부패 경영시스템, Anti-bribery Management System) 인증을 고려할 수 있다. ISO37001은 모든 조직이나 기업이 반부패 경영시스템을 수립, 실행, 유지, 개선하기 위한 요구사항을 국제표준으로 규정하였다. 이는 반부패에 대한 조직원의 인식을 강화하여 뇌물수수로 인한 법규위반 위험성을 사전에 방비할 수 있으며, 그 결과로 조직경영의 투명성과 이해관계자들로부터의 신뢰를 얻을 수 있다. 부패와 관련하여 국내는 공직자 및 공공기관과 관련된 부패행위를 근절하고자 2001년 '부패방지법'을 제정하였다. 2016년에는 '김영란법(부정 청탁 및 금품수수 등의 금지에 관한 법률)'을 제정하여 대상범위를 확대하고, 종업원과 사업주를 동시에 처벌하는 양벌규정을 포함하였다. 이는 부패에 대한 문제점을 인식하고 개선하려는 노력에서 시행되었지만, 사후처리의 법적 메커니즘이다. 따라서 조직의 활동에 ISO37001 요구사항을 적용하여 조직 스스로 부패방지를 위해 노력해야 할 것이다.

ESG는 세계시장에서 중요한 키워드가 되었다. 국내외상황이 탄소배출을 규제하고 친환경 및 재생에너지를 독려하기 시작하면서 환경적 요인은 기업의 주요투자지표가 되고 있다. 소비자의 윤리적 소비와 기업의 사회적 책임요구를 지속되면서 공익성이 강한 사업에는 정부가 투자하기 시작했고, 투자기관의 사회적 책임투자도 이어지고 있다. 기업경영의 투명성과 종업원, 주주, 지역사회 등 이해관계자의 권리보호가 윤리경영으로 강화되면서 기업지배구조 개선의 중요성도 높아지고 있다. ESG경영은 최고경영자의 의지가 무엇보다 먼저 고려되어야 하며, 경영자 스스로 글로벌기준의 ESG프레임을 파악하고 대응해야 조직의 지속가능한 성장을 영위할 수 있을 것이다.

참고문헌

- 안연식, 『기업윤리』, 창명, 2020.
- 유재욱, 이근철, 선정훈, 『현대사회와 지속가능경영』, 박영사, 2014.
- 후지이 다케시, 『CSV 이노베이션』, 한언, 2016.
- 박광우, 박래수, 황이석, 「기업지배구조와 주주부의 배분에 관한 연구」, 『증권학회지』, 제34호, 제4권, 2005.
- 한진환, 연경화, 「윤리경영과 기업성과 간 기업지배구조의 조절효과」, 『디지털정책연구』, 제10호, 제2권, 2012.
- 국민권익위원회 홈페이지(www.acrc.go.kr)
- 국민연금관리공단 홈페이지(www.nps.or.kr)
- 산업통상자원부 홈페이지(www.motie.go.kr)
- 서스틴베스트 홈페이지(www.sustinvest.com)
- 전국경제인연합회 홈페이지(www.fki.or.kr)
- 지속가능경영재단 홈페이지(www.sefund.myweb21.com)
- 한국기업지배구조원 홈페이지(www.cgs.kr)
- 한국노동사회연구소 홈페이지(www.klsi.org)
- 환경부 홈페이지(me.go.kr)
- ISO 홈페이지(www.iso.org)

저자소개

전수진 JEON SOO JIN

학력

- 이학 학사(화학)
- 공학 석사(기술경영학)
- 경영학 박사

경력

- (현)국립부경대학교, 동아대학교 강사
- 한국윤리경영학회 간사
- 두산인프라코어 근무
- 대우그룹 공채 입사, 대우중공업 근무

자격

- ISO 9001, 14001, 37001 심사원
- NCS 교육, 공공기관 전문면접관 교육 수료

저서

- 『미래 유망 기술과 경영』, 브레인플랫폼, 2021. 공저

수상

- 한국중소기업학회 2016년 추계학술대회 발표우수상(2016)

08

가스화재폭발 사고예방과 ESG 안전경영

이장우

1. 가스안전 ESG안전경영의 필요성

　1995년 4월 28일 7시 50분 대구 지하철공사장으로부터 70m 떨어진 곳에서 지반공사를 위해 보링작업을 하던 중 지하에 매설된 도시가스배관을 손상해 누출된 가스가 우수관로를 통해 지하철공사장으로 확산하여 대형폭발사고가 발생하였다. 인명피해는 사망 101명, 부상 201명, 그리고 재산피해는 가옥 195채, 차량 152대, 지하철 복강판 400m 비산 및 붕괴 등 엄청난 사고로서 지금도 회자되고 있다. 사고가 발생하여 사회적으로 가스폭발에 불안을 느낀 국민들은 가스 냄새 등을 신고하면서 577건, 2020년은 98건이 발생하였다.

　현재는 어떤가? 과연 가스사고가 발생하지 않은 것인가 아니면 국민의 안전의식이 높아져 가스사고 건수가 줄어든 것인가 하는 의심이 들기도 한다. 가스사용량의 증가와 더불어 안전관리의 규제와 안전장치 강화가 더욱 필요하게 되는 시점에서 경영자, 공급자 및 사용자의 안전문화정착을 위한 ESG안전문화가 요구된다.

2. 가스안전과 ESG안전경영 실천

ESG(Environment, Social and Governance)란 비재무적 요소인 환경(Environment), 사회(Social), 지배구조(Governance)를 말한다. 가스는 전기와 마찬가지로 에너지로서 없어서는 안 될 중요한 자원으로 가스관계법령은 목적에서 "가스안전에 관한 기본적인 사항을 정함으로써 가스 등으로 인한 위해(危害)를 방지하고 공공의 안전을 확보함을 목적으로 한다."라고 하고 있다. 가스관계법령에서는 사업자의 안전기준인 시설기준과 기술기준을 준수하게 하고 가스사용자에게도 시설기준과 기술기준을 준수토록 하고 있다. 가스사고예방은 연쇄반응이론에 부합하여, 가스를 제조하는 사업자, 기기 또는 용품을 제조하는 사업자, 가스를 공급하는 공급자 또는 가스를 사용하는 자로 연결된다. 예를 들어 사용자가 아무리 안전하게 사용하더라고 가스를 사용하지 않은 시간대에 갑자기 가스누출의 문제가 발생하면 사고로 이어질 것이므로 가스안전관리는 모두의 참여가 요구된다.

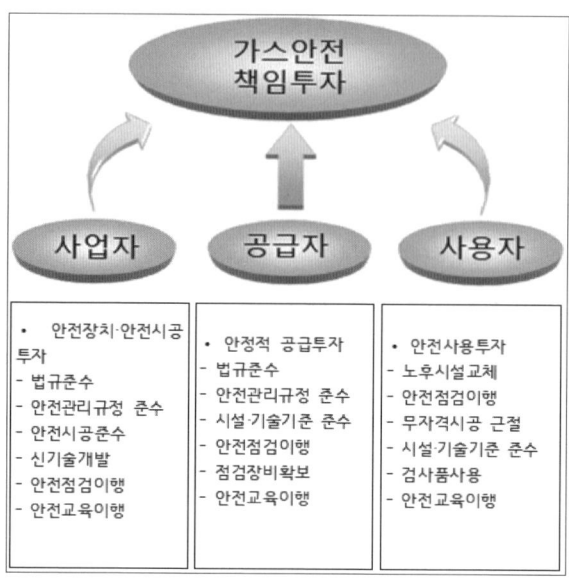

출처: 집필자 그림 작성

안전(安全, Safety)이란 단어는 참 많이 말하고 듣는다. 왜(Why) 매일매일 안전을 부르짖고 할까? 이를 생각하면 결국 나를 위한 가르침이다. 기업의 책임자는 기업기술자의 존엄한 생명을 보장하여 건강하고 신명나는 직장생활을 할 수 있게 함으로써 안정적으로 기업을 운영하며 사고로부터 발생하는 경영손실을 예방하고 사회적으로 안전한 직장임을 널리 공표하여 보이지 않는 기업의 가치를 높이고자 할 것이다.

ISO22301 기업재난관리표준에서 언급하고 있는 기업의 재해경감활동체계에서 ESG안전경영을 고려하면 안전실천을 위한 수립과 운영 및 실행, 기업경영자와 근로자의 안전을 위한 안전교육과 훈련, 경영자 또는 근로자의 안전감시 및 검토, 그리고 마지막으로 유지관리 및 지속적 개선 등을 위한 프로세스 근접방법으로 P(Plan)-D(Do)-C(Check)-A(Act) 모델의 상호관계는 근로자에게만 안전을 요구하는 것이 아니라 기업의 책임자도 안전경영에 참여하고 실천하는 것이다(『재해경감활동계획 실무과정』, 재난안전원).

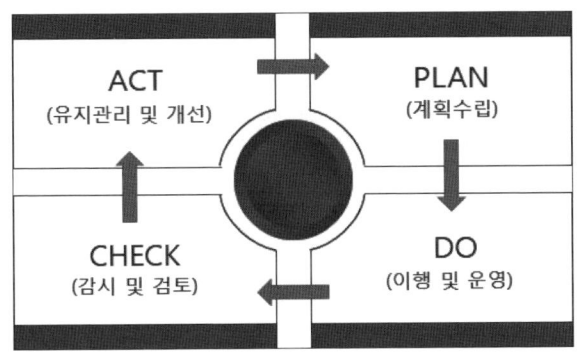

출처: 집필자 그림 작성, 재난안전원, 『재해경감활동계획 실무과정』

가스안전의 ESG실천 전략화를 위해서 가스사고통계의 원인을 심층 분석·세분화한 내용을 중심으로 가스사고의 경향과 가스안전의 ESG 안전관리 활동을 적용하였다.

3. 가스사고 통계분석과 ESG안전경영 실천

1) 가스사고 통계분석

최근 5년간 가스사고 통계분석을 살펴보면 가스사고는 가스별, 형태별, 원인별, 사용처별, 인명피해별 등으로 분류하고, 목적은 안전정책이나 홍보, 법령의 제·개정, 검사·점검 등 가스사고로부터 예방을 위한 기초자료로 활용되고 유사·동일종류의 사고를 예방한다.

구분	건수	점유율(%)
계	519건	100.0
사용자취급 부주의	140	27.0
공급자취급 부주의	15	2.9
타공사(배관손상사고)	46	8.9
시설미비	145	27.9
제품노후·고장	90	17.3
교통사고	5	1.0
기타(작업 부주의, 원인 미상, 기타)	78	15.0

출처: 집필자 그림 작성, 한국가스안전공사, 『2020 가스사고연감』, 2021.

산업현장의 재해 및 가정 등에서 발생하는 사고원인조사는 분야마다 많은 양의 데이터가 수집되고 불안전한 상태와 행동에 대하여 상세한 원인과 조사가 필요하다. 아래에서는 가스누출·화재·폭발·중독·질식사고에 대한 주요사고원인을 6가지로 구분하여 ESG안전경영 실천에 대하여 논하고자 한다.

2) 가스사고예방 및 ESG안전경영 실천

(1) 사용자의 불안전행동 제로화

인적실수에 의한 불안전한 행동으로 사고를 발생시키는 사용자 취급부주의는 단어 그 자체로 가스제품이나 기기 등을 취급하는 사용자의 실수로 인해 발생하는 사고를 의미한다. 가스시설이 완벽하게 법령 및 코드에서 정한 기준대로 시공되었다고 할지라도 밸브의 개방순서를 잘못한다든지, 가스연소기 개폐콕을 잠그지 않는 경우, 사용자가 용기를 교체하는 과정, 연소기가 철거되고 배관말단부가 막혀있지 않은 상태에서 중간밸브를 개방하는 등 다양한 원인으로 발생하고 최근 5년간 가스사고 통계분석을 통해 사용자 취급부주의는 140건으로 주요사고 원인과 분포는 아래 표와 같다.

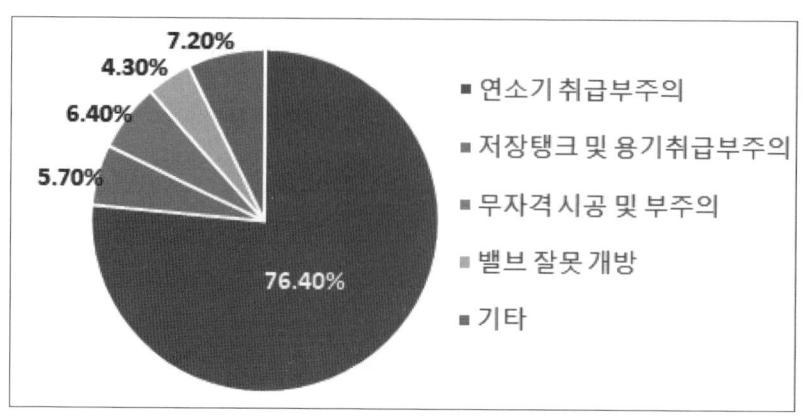

출처: 집필자 그림 작성, 한국가스안전공사, 「2020 가스사고연감」, 2021.

　이들의 원인을 분석하면, 가스연소기를 사용할 때가 가장 많은 사고 원인으로 분석되었다. 사용자의 취급에 대한 안전만을 강조하는 것도 중요하지만, 안전장치의 개발 역시 필요한데 안전장치의 부착은 불안전한 상태로서 결국 제조사로부터 사회적 책임을 다하는 상황에 해당하며 인적오류에 의한, 즉 불안전한 행동에 의한 사고유형으로서 안전교육, 안전홍보, 안전표지판 설치 등이 부족한 경우라고 분석된다. 취급부주의를 예방하기 위해서는 가스누출 시 자동으로 차단하는 안전장치의 설치가 필요하고, 가스사용시설에 대한 안전점검이 철저히 이루어지고 세부적인 안전점검표 작성 등이 실질적 실천과제로 요구된다. 제3의 새로운 도미노이론을 제안한 웨버(D. A. Weaver)는 사고의 위험징후가 있었다는 것을 말하고 있으며 사용자는 취급부주의가 발생하지 않도록 사전에 점검(Check)하고 개선하여 실수로부터 사고를 예방하여야 한다(「산업안전관리론」, 김병석, 2019).

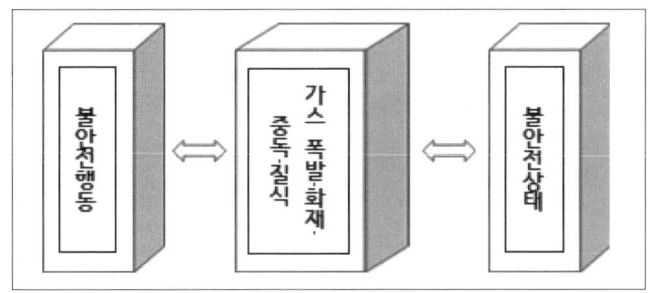

출처: 집필자 그림 작성, 김병석, 「산업안전관리론」, 형설출판사, 2019.

가스 누출의 원인으로 폭발·화재 등 사고가 발생하는 것은 불안전한 상태와 행동 때문이므로 ESG안전경영 실천은 가스안전에 대한 기본계획을 수립한 다음 시행에 필요한 예산을 확보하여 시행하고 지속적인 지원이 필요하다.

(2) 가스공급자의 불안전행동 제로화

가스공급자는 시·도지사, 시장·군수·구청장으로부터 허가를 받은 자를 말한다. 공급자의 불안전행동에 의한 사고는 가스의 제조·충전·저장·판매사업장에서 발생하는 경우와 가스의 운송, 이·충전 및 용기를 교체하거나 연결하는 과정에서 발생하는 사고이다. 공급자 취급부주의사고란 가스공급 또는 시공 관련 법령 및 작업규칙을 준수하지 않아 발생한 사고를 말한다. 최근 5년간 가스사고 통계분석을 통해 공급자 취급부주의는 15건으로 주요사고원인과 분포는 아래 표와 같다.

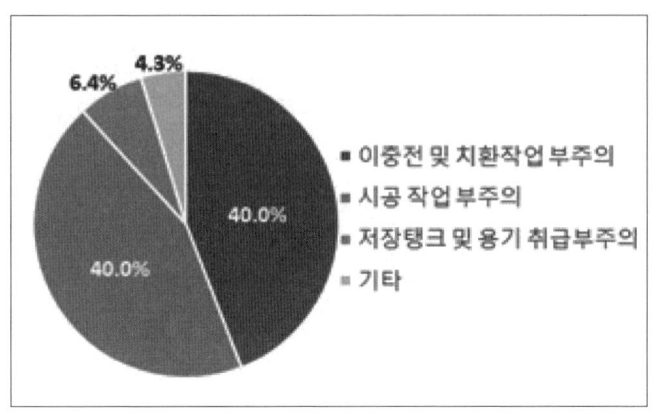

출처: 집필자 그림 작성, 한국가스안전공사, 『2020 가스사고연감』, 2021.

사업장에 설치된 가스저장탱크에 가스를 충전하거나 용기로부터 공급받는 경우 공급자는 관계법령 등을 준수하고 이행할 것이다. 현재 사업장의 안전관리자는 어떻게 하고 있을까? 사실 의문이다. 사고는 대부분 안전수칙을 지키는 않는 불안전한 행동에 기인한다. 안전관리자가 공급자에 맡기고 확인을 하지 않는다면 잠재된 불안전한 행동이 공급과정에서 발생하여 안전사고를 유발할 수 있으므로 경영자가 사고가 발생하지 않도록 각종 규정을 준수하고 확인하는 것은 빼놓을 수 없는 명제이다. 안전관리자가 선임되어있지 않은 가정세대 및 소규모용량으로 사용하는 사용자시설에서 공급자의 행동은 어떠할까? 가스공급자는 정기적인 안전교육을 통해 많은 요소의 위험한 점과 안전하게 하는 방법을 인지하고 있다. 하지만 앞에서의 원인이 반복적인 사고로 연계될까? 경영자는 불안전한 행동이 잠재적 행동에 기인하지 않도록 안전교육과 훈련 등으로 불안전한 행동을 제거하는 것이 필요하며 공급자는 다음 사항을 주지하여 ESG안전경영에 참여하고 실천하여야 한다.

- 관계법령 및 안전관리규정 준수
- 공급자 및 사용자시설의 안전장치류 작동 여부 확인
- 사용자에 대한 안전점검이행 및 기록관리
- 언전검사장비 확보 및 유지관리

(3) 시설미비 제로화

시설미비라 함은 가스관계법령에서 정한 기준 및 제조사의 설치기준에 부합하지 않는 것이며 노후 및 부식·균열하여 가스시설의 기능이 정상적이지 못한 불안전한 상태의 사고를 말한다. 최근 5년간 가스사고 통계분석을 통해 시설미비의 사고건수는 146건으로 주요사고원인과 분포는 아래 표와 같다. 시설미비사고는 막음조치미비, 시설기준 미준수, 연결부불량, 기타로 구분된다.

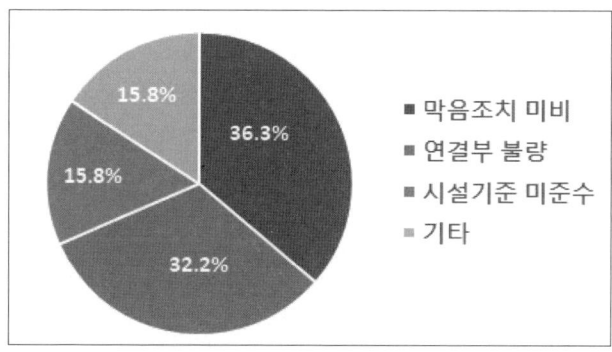

출처: 집필자 그림 작성, 한국가스안전공사, 『2020 가스사고연감』, 2021.

가스시설은 폐회로(Closed Circuit)시설이라고 하며 가스가 저장된 탱

크나 용기로부터 연소 등 사용하는 제품까지 연결되어 가스의 누출이 없도록 함으로써 사고는 예방된다. 앞의 사고분석통계에서 시설비미사고는 전체사고의 29.9%로 불안전한 상태가 노출되어있다는 것이 과장된 표현은 아닐 것이다. 현장에서는 SMS(Safety Management System), PSM(Process Safety Management System), 위험성평가, 정기검사 및 점검 등 다양하게 하고 있다. 불안전한 상태는 방심하면 수시로 만들어지고 위험한 상태로 되는데 과연 위험한 상태는 적기적시에 체크가 될까? 유사사고가 발생하면 안전불감증을 말한다. 시스템이 문제가 있는 것은 아니지만, 국한적인 진단으로 거대한 진단, 보기 좋은 진단을 추구하면 대형사고는 예방된다. 하지만 인명 또는 재산상 손실이 없는 사고(니어 미스, Near Miss)가 결국 대형사고로 이어진다는 버드의 이론에서 중상 또는 폐질 1회, 경상(물적 또는 인적 손실)이 10회, 무상해(물적 손실)가 30회, 무상해 및 무사고고장(위험순간)이 600회의 비율로 사고가 발생한다고 한다. 현장에서 발견되는 각종 불안전한 상태는 결국 사고가 일어난다는 것을 설명하고 있다(『산업안전관리론』, 김병석, 2019). 큰 구조물의 저장탱크, 관경이 큰 배관, 대형가스장치 등은 안전관리에 집중하지만, 소규모시설은 안전관리를 소홀히 하는 경향이 있으므로 작은 규모의 시설에서 불안전한 상태 즉 위험한 지점을 찾아내는 것은 비트코인발굴의 방식이 필요하다. 특히 시공은 가스시설에서 가장 중요하다고 하며 시공이 잘못된 상태로 은폐되거나 묻히는 경우 엄청난 재해가 발생할 수 있다.

시공업등록을 한 경영자는 시공자의 안전교육 및 훈련 그리고 숙련 등에 대하여 철저한 관리가 요구되고, 사고발생 시 책임이 따르게 된다. 시공은 가스를 사용하기 위해 최초 또는 변경하는 경우 하게 되는데 가스관계법령 및 타 법령에서 요구하는 사항을 명확히 숙지하고 사고유형에 나타난 다음 사항을 주지하여 ESG 안전경영에 참여하고 실천하여야 한다.

- 관계법령 숙지 및 이행(https://www.law.go.kr/)
- KGS코드 이행(https://www.law.go.kr/)
- 공인검사기관의 검사를 받은 가스기기 및 용품 사용,
- 무자격시공 근절
- 안전교육과 훈련 및 시공을 한 후 감리평가

(4) 제품노후·고장 제로화

제품노후·고장사고는 저장탱크, 용기, 기기, 용품 등의 노후 및 제조상의 결함 등으로 인하여 발생한 사고이다. 여러 가지 진단이나 점검 등을 진행하는 동안 불안전한 상태를 발굴하지 못하고 은폐되거나 개선을 방치하는 경우 각종 안전장치의 결함으로 사고가 발생하고 은폐된 부식은 가스누출, 폭발, 화재 및 중독이나 질식 등의 사고로부터 결정적인 인적 및 물적 피해를 발생시킨다. 아래 표와 같이 최근 5년간 가스사고 통계분석을 통한 결과에서 사고위험도가 가장 높은 것은 연소기였다.

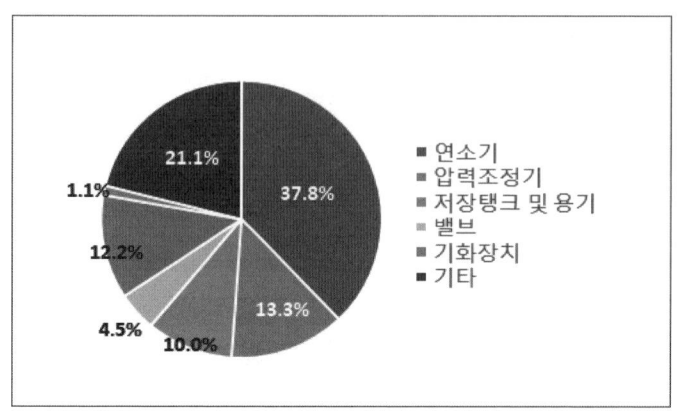

출처: 집필자 그림 작성, 한국가스안전공사, 「2020 가스사고연감」, 2021.

제품노후·고장사고는 처음부터 제품의 결함이 발생할 수도 있겠지만 대부분 노후화되거나 긴급성격의 반복적인 수리 등은 잦은 고장의 원인으로 기인하고 결국 안전장치의 동작을 멈추게 하여 자동에서 수동으로 전환함으로써 불안전한 상태가 정상인 것으로 착각하게 된다. 가스시설의 노후·부식(석유화학플랜트 및 지하매설관 등)은 가스관계법령에서는 사업자의 책임에 근접한다. 가스시설의 안정도 유지와 설비의 노후 및 부식방지를 위해 어떠한 노력을 하였는지, 시스템은 갖추어져 있는지, 대비는 하고 있었는지 등이 해당할 것이다. 노후 및 부식으로부터 발생하는 사고는 대형사고로 발전하는 경우가 종종 있으므로 가스시설의 노후·부식 및 피로영향으로 나타나는 현상은 사업자의 체계적인 안전점검이나 컨설팅 등 지속적인 관심과 투자를 통해 예방되어야 한다.

(5) 타공사사고 제로화

배관손상사고는 매설된 가스시설물이 굴착공사 등 타공사로 인하여 손상이 발생한 사고를 말한다. 가스관계법령에서는 굴착공사로 인한 배관손상사고를 예방하기 위해 1995년 8월 도로굴착을 대상으로 도입하여 2007년 12월 굴착공사정보지원제도가 도입되었다. 그리고 이를 수행하는 굴착공사정보지원센터(EOCS, Excavation One Call Center)는 도시가스사업법 제30조의2, 고압가스안전관리법 제23조의2, 액화석유가스의안전관리및사업법 제49조의2에 의거해 굴착정보지원업무를 효율적으로 수행하기 위하여 한국가스안전공사에서 운영하는 조직이다(www.eocs.or.kr).

타공사로 인한 사고예방법령은 현재 완벽한 사고예방체제로 자리매김하였지만, 아직도 사고는 지속해서 발생하고 있다. 아래 표와 같이 최근 5년간 가스사고 통계분석을 통해 분석한 타공사사고는 46건으로서 건축공사, 상하수도공사, 철도공사, 전기공사, 기타(울타리공사, 가스배관 공사, 공업용배관공사, 나무제거공사 등) 등에서 발생하였다.

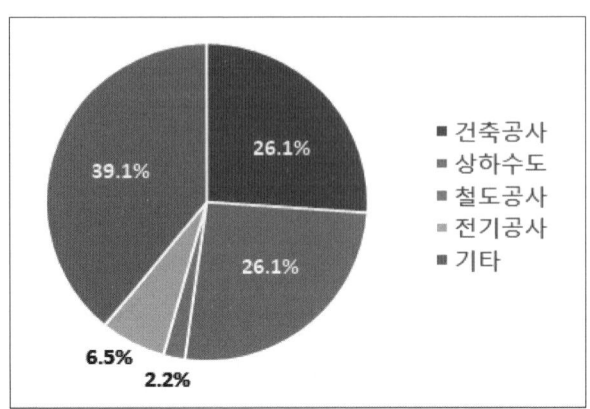

출처: 집필자 그림 작성, 한국가스안전공사, 「2020 가스사고연감」, 2021.

배관손상사고는 지하매설배관에서 발생하며 굴착공사 전에 지하매설물에 대한 사전파악은 굴착을 하고자 하는 자가 굴착공사정보지원센터에 신고하고 매설물관리업체와 굴착공사협의를 하게 되어있지만, 아직 이러한 내용을 인지하지 못하고 있다. 불안전한 행동과 상태가 동시에 포함하는 안전사고로 불안전한 행동은 굴착공사자가 배관의 여부 조회 없이 굴착하는 경우에 발생하게 된다. 굴착공사신청 및 이용절차는 아래와 같이 하며, 신청은 굴착공사자가 하도록 한다.

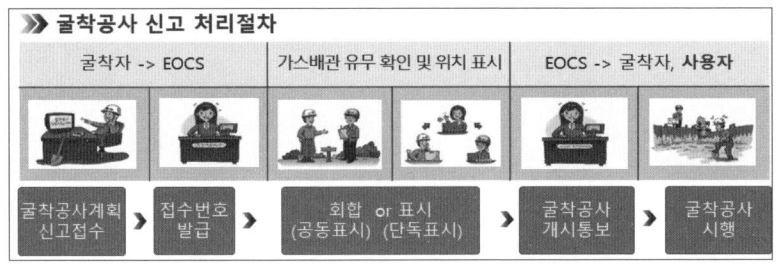

출처: 한국가스안전공사 굴착공사정보지원센터(https://www.eocs.or.kr)

굴착공사는 사업자의 사회적 책임이 높은데 지하에 매설된 배관을 손상해 대형가스누출로 폭발화재가 발생하는 경우 사회적으로 엄청난 피해를 가져온다. 굴착공사는 혼자서 예방할 수 없는 체계로 가스공급사업자, 굴착공사자, 건설기계조종자, 발주자, 하도급자 등이 예방과정에 다양하게 포함되어있다. 굴착은 시작 전부터 많은 정보를 수집하고 굴착지점에 대한 정보를 확인하여 입회절차와 안전교육의 절차 등이 필요하다. 가스배관이 매설된 지점에서의 사고유형은 굴착공사 미신고 상태에서의 공사, 굴착공사 신고 처리절차 모름, 굴착공사 신고 대상제외 지역의 공사, 굴착공사 입회자 없이 공사 진행 등이다.

(6) 가스운반차량 교통사고 제로화

가스운반차량 교통사고란 고압가스운반차량의 이동 중 차량의 전복, 추돌 등으로 가스관계법령에 정의하는 가스 관련 설비·시설·제품의 손상 등 가스누출, 가스화재 및 가스폭발이 발생한 사고이다. 최근 5년간 가스사고 통계분석을 통해 분석한 건수는 519건 중 5건이 발생한 1%이지만 대형사고로 이어진다. 경영자는 가스탱크로리에 대한 안전관리와 안전장치에 대한 투자 즉 노후차량이 운행되지 않도록 하고 가스운반을 책임지는 운반책임자 및 운반차량운전자에 대한 안전교육과 건강상태 등을 기본적인 불안전한 상태를 제거하여야 하며 가스운반차량을 운전하는 자는 소비처에 도착하여 저장탱크에 충전을 완료할 때까지 고압가스안전관리법에서 규정하고 있는 안전기준을 준수하여야 한다. 2021년 4월 3일 LPG 충전소에서 가스를 이송하는 작업 중에 일어난 대형폭발사고는 경영자·안전관리자·운전자 모두가 안전관리규정을 지키지 않은 불안전한 상태에서 발생한 폭발사고로서 사회적 책임의 ESG실천이 중요한 사례였다.

4. 가스안전 ESG안전경영의 기대효과

제4차 산업혁명과 AI 시대에서 가스 관련 사고유형이 바뀌지 않고 지속적으로 발생한다면 이는 매우 안타까운 일이다. 사용자와 공급자의 불안전한 행동 및 시설미비 등 앞에서 언급한 바와 같이 가스는 폐회로상태에서 공급·사용하는데 가스의 공급과정에서는 많은 설비가 이용되고 크게 분류하면 생산 → 공급 → 저장 → 연소기 등 및 저장탱크(용기) → 압력조정 → 배관 → 연소기 등으로 연결·사용한다. 정부, 공공기관 및 경영자(가스관계법령에서는 사업자)는 기업뿐만 아니라 사용자가 안전하게 사용할 수 있도록 최적의 가스안전관리를 함으로써 ESG안전경영의 환경(Environment), 사회(Social), 지배구조(Governance)로부터의 사회적 책임투자와 지속가능투자로 가스사고 제로화에 기여할 수 있다.

마지막으로, 가스안전의 ESG안전경영에 대한 4가지 제안을 제시하면서 마무리를 짓고자 한다. 첫째, 사업자는 새로운 안전문화를 창출하고 향상된 안전기법으로 가스산업의 안전성을 확보하고 제공하여야 한다. 안전기술경영의 투자가 결국 국가와 사용자에 대한 사회적 가치창출일 것이다. 둘째, 시공자는 시공업등록을 한 자로서 가스시설에서 가장 중요한 관계자다. 가스시설에 사용되는 다양한 설비가 현장에 적합성이 있는 제품인지, 검사품인지 등을 확인하고 관계법령 및 코드 등에 적합하게 시공하는 등 사고로부터의 예방은 사회적 책임투자로서 관계되는 이해당사자 모두에게 이익이 될 것이다. 셋째, 가스를 공급하는 공급자는 공급시설의 안전에 대하여 안전점검과 안전관리 등 공급자의무를 준수하여야 한다. 안전점검 및 계도 등이 지속해서 이행될 때 안전의식은 높아지고 결국 사고는 예방되며 그 비용은 공급자의 이익에 영향을 줄 것이다. 넷째, 가스를 사용하는 사용자는 자신이 사용하는 시설에 대하여 인지하고 최소한의 안전점검을 할 수 있어야 한다. 사용자는 안전의식을 높이는 데 참여하고 안전을 책임을 다한다는 것은 사회적 책임투자로서 곧 나와 이웃 그리고 국가의 이익에 영향을 줄 것이다.

참고문헌

- 국가화재정보센터(https://www.nfds.go.kr)
- 한국가스안전공사 홈페이지(https://cyber.kgs.or.kr/kgscode.Index.do)
- 한국가스안전공사, 『2020 가스사고연감』, 2021.
- KGS Code 가스기술기준정보시스템(https://cyber.kgs.or.kr/kgscode.Index.do)
- 김영기 등 22인, 『안전기술과 미래경영』, 브레인플랫폼, 2021.04.30.
- 김병석, 『산업안전관리론』, 형설출판사, 2019.
- 송지태, 이준원, 『위험성평가 및 분석기법』, 성안당, 2019.08.30.
- 한석희 등 7인, 『4차 산업혁명 어떻게 시작할 것인가』, 페이퍼로드, 2016.11.28.
- 재난안전원, 『재해경감활동계획 실무과정』
- 한국가스안전공사 굴착공사정보지원센터(https://www.eocs.or.kr)

저자소개

이장우 LEE JANG WOO

학력

- 서울과학기술대학교 안전공학 학사·석사
- 전주대학교 소방안전공학 박사(산업안전 & 폭발안전)

경력

- 화재폭발감정 및 안전 컨설턴트 & 강사
- 한국가스안전공사 근무(31년 5개월)
- 한국가스감정연구원 대표이사
- 동국대학교 경찰사법대학원 겸임교수
- 세종사이버대학교 재난관리학부 외래교수
- 가스안전교육원 외래교수
- 경찰청, 해양경찰청 과학수사 자문위원
- 한국가스안전공사 사고조사전문위원 및 외래교수
- 한국가스안전공사 기술기준위원회 분과 위원
- (사)한국화재조사학회 부회장, 학술이사

- (사)법안전융합연구소 이사
- 소방청 중앙특별조사단 위원
- 서울특별시 구조·구급정책협의회 위원
- 경기도 특수재난대응자문위원
- 경기도, 전라북도 소방 화재조사 위원
- 미국 NAFI 화재폭발조사 협회 정회원
- 경찰수사연수원 화재폭발 외래강사
- 한국화재보험협회 화재폭발 외래강사
- 중앙소방학교 등 6개 화재폭발 외래강사

자격

- 산업안전기사 1급, 화재감식평가산업기사
- NAFI-CFEI, CVFI, CFII(미국) 화재폭발조사관
- IAAI-CFI(미국) 방화조사관
- ISO14001 환경경영체제 국제인증심사원
- KCA 브레인플렛폼 면접위원
- 3D 프린팅 안전교육 전문 강사
- 과학기술정보통신부 연구실 인증 심사원

저서

- 『독성가스 이론과 실무』, ㈜유비온, 2014. 공저
- 『2020 NCS기반학습 모듈개발 화재감식평가』, 2020. 공저
- 『안전기술과 미래경영』, 브레인플렛폼, 2021. 공저

수상

- (사)한국법과학회장 상장, 우수논문상(2017)
- (사)한국화재조사학회장 상장, 우수포스터(2018)
- 행정안전부장관 표창, 재난원인조사 유공(2018)
- 경찰청장 상장, 화재감식포스터공모 대상(2019)
- 해양수산부장관 감사장, 업무발전 기여(2020)

09

CSR에서 ESG로

조재익

1. 들어가며

최근 CSR과 ESG에 대한 언론매체의 경쟁적인 보도와 기업들의 언론홍보(PR)가 유행처럼 번지고 있고 이에 뒤질세라 현명한 투자자와 소비자들의 관심도 폭발적으로 증가하고 있다. 사실 10년 전 탄소배출 감소나 사회적으로 대응하는 회사정책 또는 윤리적 공급망과 같은 기업의 사회적 책임(CSR)문제는 글로벌기업(대기업)을 제외한 대부분의 우리나라 중소기업에서는 큰 관심의 대상이 아니었고 비즈니스목표도 아니었다.

그러나 10년이 지난 지금은 놀라운 변화를 실감하게 된다. 급격한 사회적 변화, 기술발전 및 ROI입증능력은 환경, 사회 및 거버넌스(ESG)문제까지 폭넓게 적용되고 있다. 이러한 변화는 대기업을 포함한 중소기업에 이르기까지 핫이슈가 되었고, 더 나아가 투자자, 직원, 고객의 요구사항에 필수적으로 포함되었다.

CSR ⇨ ESG

2. CSR의 이해

1) CSR의 정의

CSR(Corporate Social Responsibility)이란 기업의 사회적 책임을 뜻하는 말로 간단하게 착한 기업의 이미지로 생각하면 된다. CSR이란 기업의 이익을 창출하는 데 책임감을 느끼는 범위를 넘어 이해관계자(고객)를 포함한 사회와 환경 등에 대한 책임감을 느끼고 실천하는 행위를 의미한다.

구체적으로 CSR이란 기업활동에 의해 영향을 주고받는 직·간접적 이해관계자들에 대하여 발생 가능한 제반이슈들에 대한 법적, 경제적, 윤리적 책임을 감당할 뿐 아니라, 기업의 리스크를 줄이고 기회를 포착하여 중장기적 기업가치를 높일 수 있도록 추진하는 일련의 이해관계자(고객) 기반의 경영활동이다.

2) CSR의 필요성

현대적 의미의 CSR개념을 정립한 사람은 미국의 경제학자 하워드 보웬으로 그는 1950년대부터 기업이 이윤추구 외에 사회적 책임을 다해야 한다고 강조했다. CSR이 일반인에게 익숙해진 것은 1980년대 후반으로 노동운동가 제프 밸린저가 인도네시아 나이키 공장의 열악한 노동환경을 고발하면서 CSR을 기업평가의 기준으로 삼아야 한다는 목소리가 높아졌다.

CSR은 윤리적 혹은 도덕적 책임이라는 의미로 사용될 뿐, 법적 책임과 이행강제력은 크게 존재하지 않는다. 그러나 최근에는 CSR이 윤리적 책임인 동시에 소비자, 노동자, 국가사회복지, 환경과 공해방지, 지역사회 등의 다양한 이익을 충족하도록 하는 책임으로 확대되고 있을 뿐만 아니라 기업을 평가하는 글로벌기준으로 인식되어가고 있으며 이에 따라 CSR을 기업의 전략수단으로 활용하는 기업들이 증가하고 있다.

기업이 윤리적이고 정직하며 환경친화적인지 혹은 소비자의 요구에 잘 반응하는지에 대한 소비자의 인식이 CSR을 잘 이용하는 기업에는 강력한 경쟁력이 되지만, 상업적인 이익만을 추구하여 이를 무시하는 기업에는 약점으로 작용하게 된다. 이처럼 CSR은 기업이미지 제고, 고객충성도 향상 등의 마케팅전략으로 인식되었다.

3) CSR표준

2010년 국제표준화기구(ISO)가 공표한 ISO26000은 사회적 책임(CSR)에 대한 표준 가이드라인으로, 많은 전문가는 이것이 국제적인 규약으로 발전하여 해외무역에서 비관세무역장벽으로 작용할 것으로 전망하고 있고 국제적인 규약과 각종 사회적 책임경영 가이드라인이 증가하는 추세이다.

GRI(Global Reporting Initiative)는 GRI표준을 바탕으로 기업의 경제적, 환경적, 사회적 성과를 지속가능성의 관점에서 기술하고 있으며, 기업의 CSR경영성과 공개를 유도하고 있다. GRI표준은 기업을 둘러싼 각종 이해관계자가 기업의 정보공개를 요구하는 시대에 기업의 지속가능경영보고서 발간에 있어 필수적인 지침이 되고 있다.

OECD는 다국적기업에 대한 OECD가이드라인(OECD Guidelines for Multinational Enterprises)을 제정(2000년 전면개정)하여 환경, 고용, 반부패, 소비자권익, 정보공개 등에 대한 기업행동원칙을 제시하고 동 원칙의 준수를 권고하고 있으며, 또한 국제거래 시 외국 공무원의 뇌물방지 협약, 기업지배구조에 관한 원칙의 제정(1999년 제정, 2004년 개정) 등 기업활동 관련 규범을 제정하고 있다.

유엔(UN) 또한 글로벌콤팩트(The Global Compact)를 제정하여 기업들이 인권, 노동, 환경, 반부패영역 등에서 10개의 원칙을 준수하고 실천토록 권고하는 등 기업의 공적 책임(Public Accountability)과 투명성 강화를 촉구하고 있고 사회적 책임투자원칙(SRI)을 제정(2006년 4월)하여 각국 정부 및 금융기관의 연기금운용 시 CSR활동에 충실한 기업을 선별하여 투자할 것을 권고하고 있다.

3. ESG의 이해

CSR을 기업사회공헌으로 이해하는 사람에게는 CSR과 ESG는 당연히 다른 개념이다. 그런데 CSR을 기업의 사회적 책임, 즉, 기업의 비즈니스 가치사슬 상의 이해관계자와의 관계에서 발생하는 사회, 환경문제에 대해 기업이 책임 있는 행동을 하는 것으로 이해하면 CSR과 ESG는 같은 선상에 있는 개념이라고 할 수 있다.

즉, 기업이 비즈니스 가치사슬 상에서 발생할 수 있는 사회, 환경적 문제를 예방하는 동시에 발생한 문제에 대해 책임지는 활동인 CSR을 잘하면 ESG경영에도 영향을 주어 ESG평가도 잘 받을 수 있게 되는 것이다.

1) ESG의 필요성

기업의 CSR행위가 기업이미지 제고나 평판을 높이는 데는 도움이 되지만, 정작 그것이 중장기적 기업가치와 연결될 만큼 효과적이고 전략적이었는가에 대한 회의적 시각도 자리 잡고 있다. 투자자들은 기업이 보고하는 지속가능보고서와 ESG평가업체의 평가결과를 참고하여 투자하기를 원하지만, 기존의 재무제표를 아무리 들여다봐도 날로 중요해지는 탄소배출량, 인적자본 및 혁신역량수준, 이해관계자 관리 등 ESG요소들은 알 수가 없다. 따라서 이러한 투자자들의 갈증과 니즈가

ESG평가 프레임워크를 자연스럽게 등장시켰고 이제는 이것이 고객과 투자자들의 핵심관심사로 떠오르게 된 것이다.

2) CSR과 ESG의 차이

전 세계적 기후변화위기와 코로나19 팬데믹에 직면한 최근에는 ESG와 같은 비재무적 가치의 중요성이 더욱 증가하고 있는데 ESG와 밀접한 연관을 맺고 있는 용어인 지속가능성에 나타나 있듯이, ESG는 기업가치에 중장기적인 영향을 미친다.

ESG경영은 기업이 보여주기식 CSR, 포장된 CSR에서 벗어나 기업의 전사전략, 혁신전략 내에 ESG요소를 통합해 제4차 산업혁명, 탄소중립, MZ세대의 등장이라는 메가트렌드에 편승해 중장기적 기업가치를 제고시켜야 할 것이다. 기업ESG경영의 출발점은 ESG장기투자자들과의 유기적 소통에서부터 시작되어야 할 것이며 그들의 요구와 니즈를 경영현장에 반영하고 그 결과를 투명하게 공개함으로써 ESG요소의 자기규율수준을 높여 기업의 가치를 제고시켜나가는 것이 ESG경영의 핵심이라고 할 수 있다.

3) CSR와 ESG의 사례

국내 사례로 신세계그룹은 이마트, SSG닷컴 등 다양한 계열사 및 유통채널을 통해 친환경경영에 공을 들이고 있다. 전통시장에서의 CSR

활동뿐 아니라 전통시장의 활성화를 위해 '노브랜드 상생스토어'를 운영하는 등 중소기업도우미 역할을 톡톡히 해내고 있으며 노브랜드전문점을 전통시장 안에 열고, 고객유입을 늘리는 이마트의 대표적 CSR활동이라 할 수 있다.

출처: 신세계그룹 뉴스룸

해외사례로 한국사람들이 자주 신는 탐스(TOMS)슈즈가 있다. TOMS브랜드의 창시자 블레이크 마이코스키(Blake Mycoskie)는 2006년 여름 아르헨티나를 여행하던 중에 많은 아이가 맨발로 걸어 다녀 물집이 잡히고 상처가 나 있는 모습을 목격하게 되었고 이들에게 도움을 줄 방법을 구상하다 한 켤레가 팔릴 때마다 신발이 없는 어린이들에게 새 신발을 기부하는 새로운 브랜드 탐스를 출시하게 되었다.

▲ 기부천사 탐스(TOMS)
(출처: 네이브 블로그_수경의 일기_빌려쓰는 지구스쿨 글로벌 기업의 사회공헌(CSR) 사례 :
내가 좋아하는 탐스(TOMS)도 사회공헌 이라구요?)'

올해 초 전경련의 조사결과에 따르면, 국내 기업의 ESG경영수준은 선진국의 70% 정도로 나타났으며 이 중에서 삼성전자, SK그룹, LG화학, KB금융이 ESG경영을 잘하는 기업으로 조사되었다.

점차 친환경경영, 이해관계자와의 소통, 투명한 경영을 골자로 하는 ESG는 전 세계적으로 확산하는 분위기며 기업들한테 ESG는 '하면 좋은 것'에서 '반드시 해야 하는 것'이자 비즈니스 모델이 되었고, 3,000여 개의 글로벌기업들이 참여하고 있다. 기업들이 ESG를 새로운 성장의 기회로 인식하게 된 이유이다. 이러한 변화의 배경에는 투자자의 요구, 금융기관의 압박, 국내외정부규제, 신용평가에 반영, 다국적대기업의 요구, 소비자의식변화 등을 들 수 있다.

4) ESG표준

GRI표준(GRI Standards)은 경제, 환경, 사회부문으로 나누어 기업이나 기관의 지속가능성을 평가하기 위한 지표를 설정하고 있다. 현재 GRI 표준은 전 세계의 기업과 기관이 지속가능보고서나 ESG보고서를 발간하는 데 참고하는 기본적인 프레임워크 중 하나로 활용되고 있다.

유엔책임투자원칙(UN PRI, Principles for Responsible Investment)은 환경, 사회, 지배구조와 관련된 이슈를 투자정책수립 및 의사결정, 자산운용 등에 고려한다는 원칙을 발표했다. 유엔책임투자원칙에는 국내 국민연금을 포함해 2020년 3월 말 기준 전 세계 3,038개의 투자사 및 투자기관이 가입되어있는데 금융투자원칙으로 ESG를 강조했다는 점에서 현재 기업경영에서 강조되는 ESG프레임워크의 초석을 제시한 것으로 볼 수 있다.

ESG와 관련된 또 하나의 중요한 정보공시 중 하나는 기후변화 관련 재무정보공개 태스크포스(TCFD)에서 2017년 발표한 권고안이다. TCFD는 기후변화와 관련된 리스크와 기회요인을 분석하고, 거버넌스, 전략, 리스크관리, 지표 및 목표의 4가지 측면에서 재무정보공개 권고안을 제시했다.

BRT(Business Roundtable)는 2019년 8월 연례회의에서 기업의 주주우선원칙을 폐지하고 모든 이해관계자의 가치가 통합된 새로운 '기업의 목적(Purpose of a Corporation)'을 선언했다. 181명의 글로벌기업 CEO가 서명한 선언에는 과거 주주(Shareholder)를 최우선시했던 기업들이 이제는 고객, 직원, 공급자, 지역사회, 주주 등 모든 이해관계자(Stakeholder)의 가치를 고려해야 한다는 내용이 담겨 있다.

2020년 1월 스위스 다보스에서 개최된 세계경제포럼(WEF)에서는 지속가능성과 이해관계자가 핵심주제로 다뤄졌으며, 이어 9월에는 '이해관계자 자본주의측정(Measuring Stakeholder Capitalism)'이라는 제목의 지속가능한 가치측정 가이드라인백서를 발간했다. 이 보고서는 KPMG 등 글로벌 빅4 회계법인이 참여해 작성되었으며, 거버넌스, 지구, 사람, 번영을 4대 축으로 하여 지속가능성을 측정하기 위한 지표가 제시되었다.

4. ESG의 미래

ESG개념이 나온 것은 2000년대 초반이다. 코피 아난 전 유엔사무총장은 2004년 세계 각국의 금융회사에 지속가능한 투자를 위한 가이드라인의 개발에 동참해달라고 요청했으며 금융회사들은 ESG라는 요소를 활용해 투자대상기업을 평가할 수 있다는 결론을 내렸고, 이 내용이 2006년 '유엔책임투자원칙'에 반영되었다. 이는 기업의 행동이 환경과 사회에 미치는 영향 등을 지표화한 것이 핵심으로 CSR의 일부 개념을 확장해 정량적 평가가 가능하도록 변형시켰다고 볼 수 있다.

　ESG는 기업가치의 '뉴 패러다임' 전환을 이끌 것으로 전망된다. 기존 재무적 관점의 경영전략에서는 재무성과를 창출하는 데 주력하며 재무제표공시를 통해 성과를 외부에 공표해왔다. 이에 반해 ESG는 대표적인 비재무성과로서 지속가능경영보고서 공시와 ESG콘텐츠를 통해 그 성과를 외부에 알리게 된다. 이후에는 이러한 재무 및 비재무성과가 기업의 경영전략과 공시보고서에 통합되는 방향으로 패러다임이 변화할 것이다.

　ESG경영을 바탕으로 기업은 효율성, 비용절감, 위험관리 등을 통해 비즈니스연속성 계획 및 공급망관리가 가능하게 될 것이다. 이는 기업이 리더십과 관련한 사회적 인식과 이사회구성의 다양성과 같은 가치에 따라 행동하고 사회정의문제에 대한 대중의 대응을 준비하고 기후변화의 영향을 완화하고 준비하는 데 도움이 될 것이다.

　또한, 투자자는 투자의사결정에 ESG경영을 평가하고 있으며 단기 재무적 측면의 수익성만으로 투자를 판단하지 않고, 기업성장의 장기 지속가능성을 평가하고 있다. 그리고 현명한 소비자는 구매하는 제품의 프로세스, 재료 및 구성요소에 대해 더 많이 알고자 할 것이므로 기업은 사회적 책임을 넘어 지속해서 성장하고, 장기적으로 이익을 늘려 기업가치를 높여야 하는 경영전략이 필요하게 되었다. 이런 환경에서 기업은 환경, 사회, 지배구조의 관점을 전체사업과 조직상황에 적용하여 새로운 사업모델을 찾아야만 한다. 기업은 급변하는 경제환경에 맞춰 경영방식도 바꾸어야 할 것이고 단기적 생존전략에서 지속적 성장전략을 추구해야 할 것이다.

5. 나가며

유럽과 미국이 주도하는 기후정책강화로 인해 탄소를 많이 배출하는 기업은 불리하게, 탈 탄소에 이바지하는 기업은 유리하도록 글로벌시장이 빠르게 재편되고 있으며 이러한 국제적 추세를 무시하거나 따라잡지 못하는 기업은 글로벌경쟁의 무대에서 밀리고, 최악에는 시장에서 퇴출이 될 수 있다. 이렇듯 기업이 기후문제를 포함한 ESG이슈에 진지하게 대처하는 것이 글로벌경제환경에 발맞춰 나가는 것이며, 소비자의 신뢰를 받을 수 있고, 최종적으로 생존의 필수요소임을 인식해야 한다.

이러한 ESG이슈에는 위험과 기회요인이 남아있으며, 기업의 사업모델과 사업전략에 중대한 영향을 미치게 된다. 예를 들어 사회적 책임과 환경문제 등 새로운 규제 때문에 회사의 제품과 서비스를 제공할 수 없게 되고, 동시에 ESG과제에 적극적으로 대처하면서 신기술을 개발하여 새로운 시장영역을 개척할 수도 있다. 이러한 노력이 그 기업의 가치를 높일 수 있고 더 나아가 고객의 관심과 투자로 이어지게 될 것이다.

ESG경영이 실현되면 기업은 거래기업과 소비자 등 다양한 이해관계자들과 좋은 관계를 유지할 수 있다. 기업은 예전과 다른 높은 윤리성을 유지해야 할 의무가 생기지만, 사회적 투명성 제고에 이바지할 수 있고, 회사에 대한 직원의 자부심증대에도 도움이 될 것이다.

참고문헌

- 삼정KPMG 경제연구원, 「ESG의 부상, 기업은 무엇을 준비해야 하는가?」, 통권 제74호, 『Samjong INSIGHT』, 2021.
- 이형종, 송양민, 『ESG 경영과 자본주의 혁신』, 21세기북스, 2021.

저자소개

조재익 James Cho

학력

- 재료공학 학사, 심리학 학사
- 한양대 대학원 신소재공학 석사 수료
- BIOLA University 교육학 석사
- USWA 심리상담학 박사 과정

경력

- (현)(사)한국중장년고용협회 수석연구원
- (현)브레인플랫폼(주) 기획관리 이사
- 青岛侍友建设有限公司(中国) 经营支援 室長
- (주)다솜알엠에스 마케팅관리 이사

자격

- 공정채용 우수기관 인증 심사위원
- 노사관계 우수기업 인증 평가위원

- 경영지도사
- 국제공인 경영컨설턴트(CMC)
- 서비스경영컨설턴트(SMAT 1급)
- 국제공인 프로젝트관리 전문가(PMP)
- 평생교육사 2급
- 창업지도사 1급
- 창직지도사 1급
- 금융기관 및 공공기관 전문면접관
- 한국코치협회 전문코치(KAC)
- 연세대 비즈니스 전문코치
- ISO 9001/14001 심사원

저서

- 『브레인경영 비즈니스모델』, 렛츠북, 2019. 공저
- 『공공기관 합격 로드맵』, 렛츠북, 2019. 공저
- 『공공기관·대기업 면접의 정석』, 브레인플랫폼, 2020. 공저
- 『창업과 창직』, 브레인플랫폼, 2020. 공저
- 『경영기술컨설팅의 미래』, 브레인플랫폼, 2020. 공저

10

떠오르는 ESG, 비즈니스 기회로 활용하라!

박상문

1. 들어가며

언제부터인지 우리 앞에 갑자기 나타난 것처럼 ESG는 그렇게 기업인은 물론 일반국민들 사이에서도 일상에서 듣는 말이 되어버렸다.

ESG가 세상에 나온 것은 20여 년 전으로 영국을 시작으로 스웨덴, 독일, 캐나다, 벨기에, 프랑스 등 유럽의 여러 나라에서 연기금을 중심으로 'ESG정보 공시의무제도'를 도입한 것이 출발이며 뒤이어 2006년에 유엔(UN)에서도 유엔책임투자원칙(UN PRI)을 통해 'ESG이슈'를 고려한 사회책임투자를 장려해오고 있다.

이러한 세계의 흐름에 크게 관심을 기울이지 않고 있던 우리나라는 올해 초 우리나라 금융위원회가 단계적으로 ESG정보공시를 의무화하는 가이드라인을 발표하면서 기업들이 다급해진 모습이다. 즉 기업들의 ESG정보공개가 초기단계임을 고려하여 거래소자율공시를 우선 활성화하고, 코스피상장사를 대상으로 25년까지(1단계)는 ESG정보공개 자율공시를 활성화하면서 25년부터 30년까지(2단계)는 자산총액 2조 원 이상의 유가증권시장 상장사를 대상으로 ESG공시를 의무화하고, 마지막으로 3단계인 2030년부터는 전체 코스피상장사를 대상으로 ESG정보공시를 단계적으로 의무화하는 방안을 추진 중이라고 밝혔다.

주식시장에서도 ESG 관련주가 대세를 이루고 있고, ESG리더십,

ESG채권, ESG컨설팅 등등 맛깔나는 음식을 만들 때 쓰이던 MSG처럼 기업과 정부 그리고 사회에 온통 ESG라는 용어가 널리 쓰이고 있다. 이처럼 지금까지 우리나라와는 무관한 먼 나라의 일이라 여겨졌던 ESG가 우리 곁에 바싹 다가온 것이다.

2. 우리 앞에 훅 다가온 ESG

필자는 1년 전에 '돌이킬 수 없는 미래(Irreversible Future), 준비만이 답이다.'라는 내용의 『4차 산업혁명 시대 및 포스트 코로나 시대 미래 비전』이라는 책을 공저한 바 있다(2020년, 브레인플랫폼). 필자는 이 책에서 코로나19 바이러스의 출현이 우연이 아닌 것처럼, ESG 또한 지금까지 우리 인류의 누적된 환경파괴의 결과물이라고 해도 과언이 아니라는 점을 밝혔었다.

재무적 지표로 특징되는 이윤추구를 기본으로 하는 기업에 이제는 환경을 필두로 사회적 가치와 시민기업으로의 기업지배구조(Governance)에 일대 혁명적 변화가 불가피해졌다. 다시 말하면 기업이 재무적 목표추구 못지않게 비재무적이고 친환경적인 사회적 책임활동이 기업의 가치를 평가하는 주요지표로 자리매김하게 되었다는 의미이다.

우리는 흔히 기업이나 산업환경을 분석할 때 마이클 포터(Micheal

Porter)의 5 Forces모델분석이나 PESTEL분석, ERRC기법, PEST분석기법을 활용하곤 한다. 그러나 지금까지 분석의 대상이 되었던 그 어떤 것보다도 ESG는 정부는 물론 기업에 다가온 거대한 메가톤급 환경변화가 아닐 수 없다.

그렇다면 우리가 초대하지 않았지만, 우리 앞에 성큼 다가온 ESG를 어떻게 맞이해야 할 것인가?

1) ESG경영을 앞서서 실천한 기업들의 사례

금융기관은 금융상품을 파는 곳, 예금을 유치하고 대출고객을 발굴하는 곳이라는 전통적인 개념을 깨는 파격적인 광고가 등장했다. 바로 금융기관의 ESG광고이다.

하나은행은 '이 별을 위한 이별'이라는 독특한 주제의 노래로 ESG경영을 표방하는 광고를 TV와 유튜브, 페이스북 등 디지털플랫폼에 공개했는데, 그 내용과 방법이 매우 신선했다.

출처: 하나금융그룹 누리집

하나은행은 더 나아가 ESG경영성과를 '지속가능보고서'로 발간하고, ESG경영을 사회적 가치로 측정해서 발표하기도 했다.

특히 작년 한 해 하나은행그룹이 창출한 사회적 가치가 2,700억이 넘고, 그룹의 임직원들과 외부이해관계자들을 대상으로 ESG운영실태에 관한 설문조사를 시행한 결과를 발표했는데, 은행내부인들의 인식과 외부인들의 인식에 20%p 차이가 난다는 내용을 발표했다.

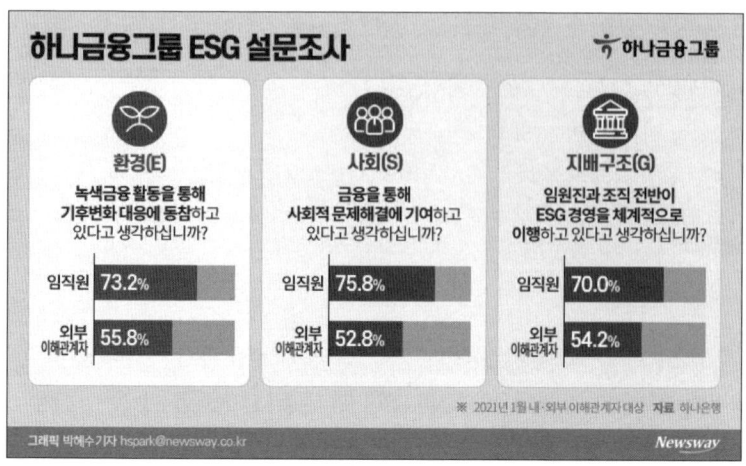

출처: 하나금융그룹 누리집

　기업의 사회적 책임, 사회적 기업 육성 등 기업의 사회적 가치와 역할에 대해 항상 선두에 서 있는 SK그룹의 ESG경영사례는 매우 희망적이다.

　SK는 ESG경영을 통해 2025년까지 시가총액 140조 원을 창출하겠다는 발표를 하고, ESG를 포트폴리오 관리의 기본철학으로 삼으며 자회사사업 조정의 최우선기준으로 활용하겠다는 명확한 방침을 정했다.

　친환경투자를 가속하는 한편 경제적 가치 못지않게 사회적 가치를 추구하는 SK그룹의 ESG경영은 지속가능경영과 지속성장시스템을 접목한 투자철학을 표방하고 있다.

　지주회사인 SK홀딩스를 중심으로 에너지·화학·ICT·반도체·제약 바이오산업에서 10조 원 이상의 기업가치를 인정받은 기업 위주의 안정적 캐시 플로우(Cash Flows)와 배당에 초점을 두는 '핵심(Core)비즈니스', CMO·소재·차세대 에너지분야의 밸류에이션 멀티플(Valuation Multiple)이 높은 산업군으로 기술과 BM혁신기업을 중심으로 한 '성장(Growth)비즈니스', 그리고 모빌리티(Mobility)·패션(Fashion)분야 미래유망영역에 선제투자하는 개념의 포트폴리오로 구성하겠다는 '시딩(Seeding)비즈니스'로 3분할하는 SK의 투자철학의 근저에는 ESG가 자리하고 있다.

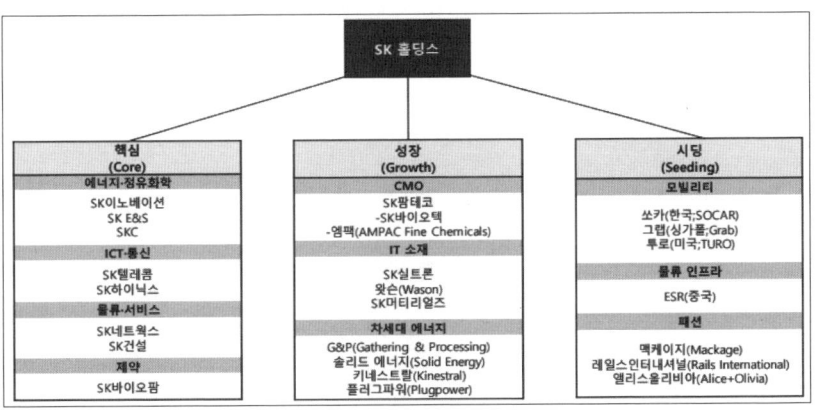

출처: 유안타증권, SK(주)의 투자철학

2) SK와 확연히 대비되는 쿠팡

2021년 6월 17일 쿠팡 이천물류센터에서 대형화재가 발생했다. 공교롭게 화재가 일어난 당일 창업자인 김범석 의장이 국내 법인의장과 등기이사직에서 사임하자 쿠팡의 ESG경영이슈를 둘러싼 논란이 재점화된 적이 있다.

출처: 『연합뉴스』

물류센터 화재진압 도중 119 구조대장이 순직하자 SNS에선 쿠팡을 탈퇴하고 쿠팡 앱을 삭제했다는 글들이 많이 올라왔으며 SNS를 중심으로 쿠팡 탈퇴와 불매운동이 벌어졌다.

이번 화재원인과 책임소재에 대한 조사가 끝나지 않았지만, 쿠팡에 대한 탈퇴와 불매운동이 거센 데에는 MZ세대를 중심으로 인권·노동 문제에 관해서 '가치소비'성향이 뚜렷해졌기 때문이라는 분석이 나오고 있다.

지난 5월 영국의 파이낸셜타임스는 포스코와 쿠팡에서 잇따라 일어나고 있는 노동자사망사고를 예로 들면서 "한국과 해외기관투자자들이 ESG의 중요성을 강조할 뿐 위험한 노동환경개선 요구에 침묵하는 위선적 태도를 보인다."고 비판한 적이 있다.

최근 전 세계적으로 대두하는 ESG, 즉 환경, 사회, 지배구조 등을 고려한 기업의 사회적 책임에 대한 관심과 중요성이 커지고 있지만, 쿠팡은 사회적 책임을 다하기는커녕 반대로 경시하는 듯한 모습을 보이기 때문이다.

쿠팡의 홈페이지에는 쿠팡 뉴스와 보도자료, 미국 증권거래위원회(SEC) 제출보고서 등이 있지만, ESG 관련 내용은 없다. 쿠팡이 빠르게 성장해가는 과정에서 ESG에 대해 신경을 쓰지 못했을 수 있으나 국내 이커머스시장에서 지난해 13%의 점유율로 2위를 차지했고, 2030년에 47%의 시장점유율 달성을 목표로 하는 회사라고 한다면 이제는 분명히 달라져야 한다.

만약 쿠팡이 ESG를 중시하는 경영을 추구했었더라면 노동자들의 과로사나 물류센터화재가 없었을지도 모르고 쿠팡 탈퇴와 불매운동도 일어나지 않았을 것이다. 쿠팡은 스타트업에서 출발한 회사라도 성장추이에 따라 왜 ESG경영이 필요한지, 얼마나 ESG에 신경을 써야 하는지를 보여주는 아주 좋은 선례로 남을 것이다.

기업들이 과거에 도입했던 인증규격국제표준화기구(ISO), 기업의 사회적 책임(CSR) 등이 자발적인 참여가 일반적이었다면 이번 ESG는 선택이 아니라 어쩌면 의무에 해당한다. 그리고 조직 모든 구성원이 다

같이 참여하고 이해해야 한다.

3) 기업에 맞는 ESG비즈니스 모델을 만들어가야

오랜 역사를 가지고 있는 SK와 신생기업이나 마찬가지인 쿠팡을 직접 비교하는 것은 무리일 수 있으나, 이제 모든 기업이 각자의 비즈니스에 적힌 ESG경영모델을 만들어가야 한다는 점을 시사해주고 있다.

앞으로 ESG경영을 해야 할 것이라는 점을 쉽게 이해하기 위해 사단법인 한국사회투자 공식블로그에서 아래의 표와 같이 2021년 6월 한 달 동인 정리한 우리나라와 해외에서 일어나고 있는 ESG이슈(Issues)를 보면 앞으로 우리 기업들이 무엇을 해야 하는지 알 수 있다.

E	· 이산화탄소 포집비용 2050년까지 3분의 1로 줄인다 · ESG 강화하는 SK이노베이션, 폐플라스틱 재활용행사 개최 · GS칼텍스, 국내 첫 '탄소중립油' 도입 · SK E&S, 탄소포집기술 국산화한다 · SK에코플랜트, 300억대 새 벤처캐피탈 펀드 조성 · 일본, 탈탄소사회실현 '수소스테이션' 2030년까지 1,000대 설치 · 인도네시아, "2050년부터 신차는 전기차만 판매 허용" · 로알더치쉘, 미국 텍사스 유전 지분 100억 달러에 매각 고려 · "영국, 삼성·LG 등 6개사와 전기차 배터리 공장 설립 협상" · G7 '2050년 탄소중립' 선언했지만… "반쪽짜리" 비판 · 국제해사기구, 탄소 규제 추가… 조선은 '기대' 해운은 '걱정'

S	· 경총·상장협·코스닥협 'ESG 정책 발굴' · 구글, 안면인식·심박측정 적용 새 피부색 분류기준 찾는다 · 전경련 "일본 ESG 우수기업은 'E·T·H·I·C'···벤치마킹해야"
G	· SK하이닉스, 이사회가 CEO 평가한다 · 한일시멘트, 삼정KPMG와 손잡고 '글로벌 ESG' 체계 꾸며 · 30대 그룹 첫 여성 ESG 위원장 나와
투자/ Risk	· NH농협은행, 'NH농식품그린성장론' 대출 1조원 달성 · '쿠팡탈퇴' 움직임 확산···"사고대응방식 부적절" 문제 제기도 · 미국 메인주 '공공펀드 화석연료 투자 철회' 의무화 · 싱가포르 최대 은행 회장 "ESG에 막대한 투자금 몰려" · 구글, '독점적 지위' 남용··· '포토·유튜브·앱스토어' 줄줄이 유료화 · "네이버·카카오 독재 못 참아"···구글·애플·페북 주도 IT 단체 결성

▲ 국내외 ESG 이슈 (2021년 6월) (출처: (사)한국사회투자 공식블로그)

3. 더는 미룰 수 없는 환경 (Environment)

오늘날 우리 인류가 직면하고 있는 가장 큰 장애는 바로 코로나19로 경제적인 차이, 종교와 사회체제, 인종, 지역을 가리지 않고 전 지구적인 대유행 즉 팬데믹이 초래되었다. 코로나가 끝나고 난 후에 어떻게 할 것인가를 의미하는 포스트(Post)코로나라는 말을 이제는 버려야 할 때가 되었고 오히려 코로나와 함께 살아가야 한다는 위드코로나(With Covid)로 살아가야 한다고도 한다.

그리고 또 다른 하나가 지구환경문제이다. 세계적인 기상이변은 어제오늘의 일이 아니며 남극과 북극의 빙하가 녹아내리고 이산화탄소배출로 오존층이 파괴되고 지구가 점점 뜨거워지고 있다. 홍수, 폭염 그리고 가뭄 등 지구촌 곳곳에 기후재난이 끊이질 않고 있다.

지금까지 기업을 운영하면서 환경에 관심을 가져야 한다는 경종을 울리는 다양한 시도들이 있었는데 환경경영시스템, 환경감사, 환경표지(Eco-Label), 환경영향평가, 제품전과정평가(LCA: Life Cycle Assessment) 등이 포함된 ISO14000 등이 그것이다. 사업계획을 세울 때부터 환경 관련 투자액을 정해놓고 사후 실제로 얼마나 투자했는지를 확인할 수 있도록 하는 환경회계제도, 친환경적이며 품질과 성능이 우수한 제품에 대해 환경마크를 표시토록 하는 환경마트제도(Eco Labelling), 대상사업의 사업계획을 수립하려고 할 때 그 사업의 시행이 환경에 미치는 영향을 미리 조사·예측·평가하여 해로운 환경영향을 피하거나 줄이는 방안을 마련하는 환경영향 평가제도 등등 많은 법과 제도들이 시도되었지만, 해가 갈수록 지역을 불문하고 지구환경은 점점 더 나빠졌고, 지구는 더는 살기 좋은 환경이 아닌 별이 되었다는 것은 이러한 제도들이 실질적인 효과를 거두지 못하였다는 것을 방증한다.

지구의 상태를 알려주는 하나의 지표가 바로 환경시계라는 것이다. 환경시계는 지구환경파괴가 가속화됨에 따라 경각심을 일깨우기 위해 인류생존의 위기감을 시각적으로 표현한 것으로, 환경재단이 일본 아사히글라스재단과 함께 1992년부터 매년 발표하고 있다.

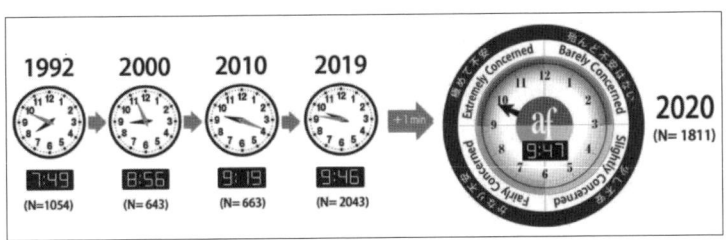

출처: 환경재단 [greenfund.org]

전 세계 기후위기시계를 보면 30년 전에는 7시 49분을 가리켰으나 2020년에는 9시 47분으로 2시간이 늦어졌다. 즉 나빠진 것이다. 이 시계가 가리키는 눈금이 9시 이후부터는 매우 불안하다는 의미이고, 12시가 되면 더는 '인류생존이 불가능한 마지막 시간' 즉 '인류의 멸망시각'을 의미한다고 한다. 지금까지의 환경시계는 해가 갈수록 나빠져 인류가 생존하기 어려운 상황으로 전개되어오고 있다.

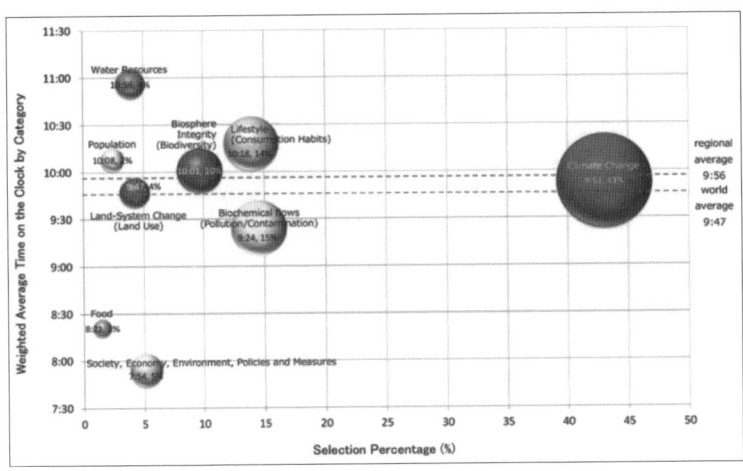

출처: The Asahi Glass foundation

우리나라의 경우를 보자. 2020년 대한민국 환경위기시계는 9시 56분으로 세계 평균(9시 47분)보다 9분이나 늦어졌고, 작년에는 9시 46분보다도 10분이나 늦어졌다. 분야별로 보면 물(Water) 10시 56분, 소비행태(Consumption Habits) 10시 18분, 인구 10시 08분, 생물다양성 10시 1분으로 환경시계의 평균보다 늦어져 있다.

한편 세계지역별 환경시계를 보자. 북미, 오세아니아지역은 10시를 넘어섰고 아프리카지역은 8시대에 머물러있다. 아시아지역은 9시 44분을 가리키고 있는데, 중국 10시 1분, 한국 9시 56분, 일본 9시 46분, 인도 9시 14분, 대만 8시 52분 순으로 나타났다.

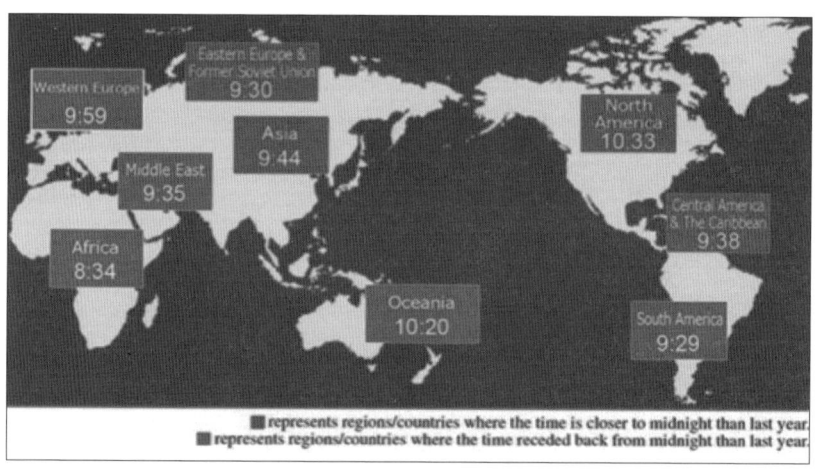

출처: 환경재단[greenfund.org]

필자가 다소 장황하게 지구환경시계를 설명한 이유는 ESG 가운데에서도 가장 중요한 부분이 바로 환경이기 때문이다.

그렇다면 무엇을 어떻게 할 것인가? 더는 지구환경이 나빠지지 않도록 모든 국가와 기업 그리고 개인과 사회가 실천하는 것 외에는 없다. 특히 기업의 경우 지속가능경영을 추구하지 않으면 안 되는 상황이 되었다. 지속가능경영이란 기업이 '지속가능한 기업(Sustainable Corporation)'으로 성장하겠다는 목표를 설정하고, 기업과 이해관계자와의 의사소통을 증진하고 구성원의 경제적, 사회적, 환경적 지속가능성을 추구해 가치를 높이는 경영활동을 의미한다. 무분별한 산업화로 생태계가 파괴되고 지구온난화 같은 이슈가 등장하면서 미래세대가 지속 번영할 수 있는 환경친화적 개발을 주장하며 등장한 개념인데, 유엔(UN)은 지속가능한 발전을 위한 목표 즉 SDGs(Sustainable Development Goals)로서 다음과 같은 17가지를 제시하면서 많은 기업이 지속가능경영을 최우선실천과제로 삼고 있다.

- 모든 곳에서 모든 형태의 빈곤종식
- 기아종식, 식량 안보달성, 개선된 영양상태의 달성, 지속가능한 농업강화
- 모든 연령층의 모든 사람을 위한 건강한 삶 보장 및 복지증진
- 포용적이고 공평한 양질의 교육보장 및 모두를 위한 평생학습기회 증진
- 성평등 달성 및 모든 여성과 소녀의 권익신장
- 모두를 위한 물과 위생의 이용가능성 및 지속가능한 관리 보장
- 모두를 위한 저렴하고 신뢰성 있으며 지속가능한 현대적인 에너지에 대한 접근보장

- 모두를 위한 지속적이고 포용적이며 지속가능한 경제성장 및 완전하고 생산적인 고용과 양질의 일자리증진
- 회복력 있는 사회기반시설 구축, 포용적이고 지속가능한 산업화증진 및 혁신촉진
- 국가 내 및 국가 간 불평등완화
- 포용적이고 안전하며 회복력 있고 지속가능한 도시와 정주지 조성
- 지속가능한 소비 및 생산양식보장
- 기후변화와 그 영향을 방지하기 위한 긴급한 행동의 실시
- 지속가능한 개발을 위한 대양, 바다 및 해양자원보존 및 지속가능한 사용
- 육상생태계의 보호, 복원 및 지속가능한 이용증진, 산림의 지속가능한 관리, 사막화 방지, 토지황폐화 중지, 역전 및 생물다양성 손실 중지
- 모든 수준에서 지속가능한 개발을 위한 평화롭고 포용적인 사회 증진, 모두에게 정의에 대한 접근제공 및 효과적이고 책임 있으며 포용적인 제도구축
- 이행수단강화 및 지속가능한 개발을 위한 글로벌파트너십 활성화

이처럼 기업이 지속가능성(Sustainability)을 확보하고 투자자와 고객 등 이해관계자로부터 인정받기 위해서는 ESG경영을 반드시 추구해야만 하고, 그 중의 핵심내용인 환경(Environment)에 대해서는 더는 물러설 수 없다는 결의를 단단히 해야 한다.

4. CSR에서 더욱 진화한 사회(Social)

한동안 우리 기업들이 자주 들어왔던 것이 기업의 사회적 책임 즉 CSR(Corporate Social Responsibility)이다. CSR이란 기업의 이해당사자들이 기업에 기대하고 요구하는 사회적 의무들을 충족시키기 위해 수행하는 활동으로, 기업이 자발적으로 사업영역에서 이해관계자들의 사회적 그리고 환경적 관심사들을 분석하고 수용하여 기업의 경영활동에 적극적으로 적용하는 과정을 통해 이해당사자들과 지속적인 상호작용을 이루는 것이라고 할 수 있다.

기업이 이 사회의 구성원으로서 어떤 역할을 하여야 하는지를 표현한 것으로 ESG 중에서도 사회분야에 해당한다. 특히 코로나19가 일으킨 시장과 사회변화는 이 분야의 중요성을 더 높였다. 이해관계자들이 노동권, 젠더이슈 등 공급망을 포함한 조직 내외에서 광범위하게 신경 쓰고 있는지 예의주시하기 시작했다.

기업이 사회와 얼마나 적절한 관계를 구축하고 있는지가 핵심평가 기준이 되었고, 코로나19 팬데믹이 일상이 된 이후에는 주로 종업원의 감염리스크를 포함한 구성원건강에 얼마나 마음을 쓰는지, 종업원 입장에서 해고나 수익감소를 어떻게 보살피는지 등 노동환경에 대한 기업철학이 이 분야의 관심사례가 되고 있다.

기존의 CSR이 구호차원의 기업의 사회적 책임이라고 한다면, ESG의 사회적 영역은 좀 더 범위가 넓고 그 책임의 영향이 실질적이다.

가령 인적자본은 근무환경의 건강 및 안전, 개선기회, 근로자참여, 다양성 및 포용, 노동 관행(임금, 근로여건)에 해당하고 생산책임은 생산품 안전 및 품질, 고객신분보호 및 데이터보안, 상품접근성, 판매원칙 및 상품표기에 해당하며 관계는 지역사회와 정부에 해당한다.

이처럼 기업이 이윤추구만이 아니라 사회적 책임까지 생각해야 하는 까닭은 기업이 혼자 힘으로 존재하는 것이 아니라는 인식에서 출발한다. 직접적으로는 기업에서 일하는 노동자와 기업에서 생산하는 제품을 구매해주는 소비자 덕분에 존재할 수 있다는 것이기 때문에 노동자에게 좋은 노동환경을 제공하고, 소비자에게 좋은 제품으로 보답하는 것은 기업의 가장 기본적인 사회적 책임이다. 더 나아가 기업은 지역공동체의 세금으로 만들어진 도로나 발전소 등 여러 사회기반시설을 이용하고 있고, 기업에서 일하는 근로자들도 세금으로 운영되는 학교에서 교육받은 사람들이다. 또한, 기업은 지구의 자원을 사용하면서 생산 활동을 하고 있으므로 기업에 공동체와 지구환경에 대한 책임이 있는 것이다.

단순히 준법경영의 차원을 넘어 훌륭한 원칙들을 지키면서 기업활동을 하기도 한다. 우리나라 국민들이 가장 존경하는 기업인으로 유한양행의 창업주인 유일한 선생을 기억하는 이유는 생전에 모은 재산을 자녀들에게 물려주지 않고 사회에 환원하는 기업가의 사회적 책임을 보여주었기 때문이다. 지금까지 많은 기업이 홍보차원, 보여주기식의 사회적 책임, 윤리경영, 도덕경영을 추구해왔다면 지금이야말로 진정한 의미의 사회의 구성원으로서의 기업의 역할로 자리매김할 때가 된 것이다.

5. 기업의 품격을 높일 수 있는 지배구조(Governance)

기업을 구성하는 하나의 축인 기업가의 입장에서 가장 예민하게 반응을 보이는 것이 바로 지배구조로 표현되는 지배구조(Governance)이다. 거버넌스는 사실 한 기업의 지배구조가 얼마나 투명한지를 평가하는 것으로 그다지 심각한 것은 아니다.

불과 몇 년 사이에 사회적 이슈로 등장한 롯데, 한진 그리고 아워홈 등의 일부 기업들에서 나타나고 있는 지배구조 분할과정 또는 경영권 다툼의 과정에서 벌어졌던 싸움들은 지배구조를 보다 투명하게 해야 한다는 이유가 된다.

그렇다면 우리가 지금까지 기업을 사회와 동떨어진 개인의 소유물로 인식하고 불미스러운 일이 종종 발생해왔던 관행에 비추어 보면, ESG를 통한 기업지배구조 개선은 우리나라 기업의 품격을 한 단계 높일 수 있는 절호의 기회로 삼을 수 있을 것이다.

미국 실리콘밸리의 패션기업인 '에버레인(Everlane)'은 제품제작과정에서 드는 비용이 비밀인 다른 기업과 달리 원료·운송비 등 세부단가와 공장에서 일하는 모습까지 모든 걸 공개한다. 에버레인의 비전인 '극단적 투명성(Radical Transparency)'은 합리적인 가격과 윤리적 공정으로 제품을 생산할 수밖에 없게 했고, 고객들의 신뢰는 저절로 따라왔다. 아베크롬비·갭 등 미국의 기존 패션브랜드는 고전하고 있지만 에버레인은 매년 급성장세를 이어가고 있는 이유이다.

6. ESG, 우리 기업에 또 다른 기회

필자는 ESG를 단순한 흐름에 그치지 않는다고 보고 있다. 거의 혁명에 가깝다. ESG는 일시적인 패션이 아닌 글로벌 메가트렌드(Megatrends)이며, 4차 산업혁명과 비슷한 'ESG혁명'이라고 불릴만한 변화로 돌이킬 수 없는 미래(Irreversible Future)가 되어버린 지금, 우리 기업들은 ESG혁명의 기회에 잘 올라타야 한다.

ESG경영을 위해서는 외부에서 요구하는 수백까지의 요인(Factor)을 점검해야 하는 현실적 어려움이 있다. 그런 점에서 국제금융센터(KCIF)가 제시한 ESG경영에서 고려해야 할 핵심포인트 7가지는 시사하는 바가 있다. 바로 투자자, 거래처, 고객, 신용평가, 기업내부, 규제, 외부인 증이 그것이다.

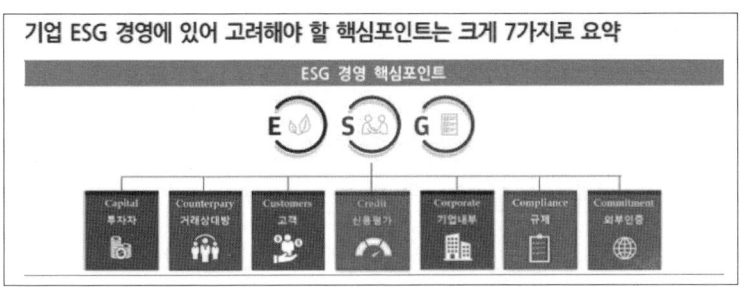

출처: 국제금융센터, 「뜨거워진 ESG 경영 열풍, 핵심 포인트 7가지에 주목」

주목할 것은 투자자들이다. 투자자(Capital)들이 자본조달 시 ESG기준을 강화하고 나섬에 따라 기업들도 이에 맞춰야 하는 부담을 안게 된 것이다. 자산운용사들은 돈줄을 쥐고 ESG경영 여부에 점수를 매겨 투자하고, 적극적인 주주권행사를 통해 ESG경영을 압박하는 추세다.

우리나라 국민연금의 자산(약 600조 원)의 10배가 넘는 6,100조 원의 자산을 보유한 세계 최대의 자산운용사인 블랙록(BlackRock)은 작년 운용자산 모두에 ESG기준을 반영, 투자기업에도 공시강화를 압박했다.

거래상대방(Counterparty)에게도 ESG요구와 체크가 일반화되었다. EU는 2023년부터 EU 역내로 수입되는 제품 중 자국제품보다 탄소배출이 많은 전기, 시멘트, 비료, 철강, 알루미늄 등 품목에 CBAM(Carbon Border Adjustment Mechanism)을 시범시행한 뒤 2025년부터는 탄소국

경세를 본격적으로 시행한다고 발표했다.

2020년 바이든 정부의 출범과 전 세계를 강타한 코로나19는 미국에서 ESG도입을 가속하는 데 중대한 영향을 미쳤다. 코로나19로 미국은 사업장폐쇄, 공급망붕괴, 임직원감염 위험, 고객가치의 본질적 변화 등을 경험했고 이로 인해 ESG로의 경영패러다임 전환이 가속화되고 있다. 특히 인적자본관리, 다양성, 포용, 근로자안전 및 복지, 공급망탄력성과 관련된 S(Social: 노동·인권)부문은 상당한 주목을 받았다.

앞으로 기업은 ESG정보공시를 통해 자사의 위험요인을 파악하고, 자사의 경제·환경·사회적 영향을 종합적으로 진단해 새로운 기회요인을 찾아 나가야 한다.

ESG정보공시에서 기업의 선행과제는 먼저 기업의 핵심ESG요소를 파악하는 것이다. 지속가능보고서 작성을 새롭게 시작하는 기업의 경우, 기업 내·외부의 다양한 이해관계자와 커뮤니케이션을 통해 기업의 ESG핵심요소 파악, 통일된 ESG측정기준과 보고기준확립, 이사회차원에서 ESG이슈관리, ESG정보에 대한 이해관계자와의 소통을 강화하는 것이다.

투자자를 포함한 이해관계자들의 ESG정보요구는 세계적인 추세이다. 글로벌선도기업들은 이미 발 빠른 대응을 통해 ESG를 새로운 성장동력의 기회로 적극적으로 활용하고 있다.

우리 기업들도 ESG정보 의무공시를 또 하나의 규제나 기업경영의 장벽으로 보기보다는 기존 비즈니스를 새롭게 전환할 수 있는 혁신의 기회로 인식하고, 자사의 핵심사업과 연계한 ESG비즈니스 모델을 발굴해나가야 한다.

혁명에 가까운 ESG메가트렌드를 넘어 새로운 비즈니스기회로 활용하고 성공하는 비즈니스로 이끌어 갈 것인가의 여부는 어떻게 ESG를 인식하고 긍정적인 대응전략을 수립하고 시행하는가에 달려있다.

참고문헌

- 유안타증권(www.myasset.com)
- ESG경제 누리집(www.esgeconomy.com)
- (재)한국사회투자 공식블로그(www.social-investment.kr)
- IMPACT ON(임팩트온, www.impacton.net)
- 파이낸셜타임즈(www.ft.com)
- 주간한국(weekly.hankooki.com)
- 환경재단(greenfund.org)
- 미국 증권거래위원회, 미국 노동부, 미국 환경부 등

저자소개

박상문 PARK SANG MOON

학력

- 경영학 학사
- 경영학 석사
- 경영컨설팅학 박사

경력

- (현)에스엠C&C 대표 컨설턴트
- 중소기업중앙회(K-BIZ) 경영지원단 자문위원
- 소상공인시장진흥공단 역량강화, 희망리턴 컨설턴트
- 공공기관 채용 평가위원 및 면접관(KCA & KBS)
- 전라북도 사회적경제연대회의 Pro-bono, 컨설턴트
- 전북창조경제혁신센터 혁신코디(멘토)
- 전북과미래 포럼, 연구소 부소장
- 전라매일신문 독자권익위원, 칼럼니스트
- 경기도경제과학진흥원(GBSA) 평가위원

- 대한경영정보학회 이사, 한국유통경영학회 이사
- 경기도 성남시 행복마을만들기 초대회장
- 삼성, 한라그룹, 외자기업 고문 및 참프레, 경영기획실장 이사

자격

- 경영지도사
- 사회복지사
- 직업능력개발훈련교사
- 평생교육사
- 기술경영사
- 기술창업지도사(TSC)
- BM컨설턴트
- 특허경영지도사

저서 및 논문

- 「프로젝트 아웃소싱에서 공정성이 고객사의 경영성과에 미치는 영향에 관한 연구」 외 2편, 2019. 한국기술혁신학회 외
- 『창업과 창직』, 브레인플랫폼, 2020. 공저
- 『경영기술컨설팅의 미래』, 브레인플랫폼, 2020. 공저
- 『신중년 도전과 열정』, 브레인플랫폼, 2020. 공저
- 『4차 산업혁명 시대 및 포스트 코로나 시대 미래 비전』, 브레인플랫폼, 2020. 공저
- 『소상공인&중소기업 컨설팅』, 브레인플랫폼, 2020. 공저
- 『미래 유망 기술과 경영』, 브레인플랫폼, 2021. 공저
- 『신중년, N잡러가 경쟁력이다』, 브레인플랫폼, 2021. 공저

- 『기업가정신_앙뜨레프러너십』, 2021. 공저
- 「고등학교 학생의 자아효능감과 부모의 대화가 진로성숙도에 미치는 영향 : 학교생활 만족 집단과 불만족 집단 간 비교연구」, 2021. 한국산학기술학회
- 「소득수준에 따른 베이비부머의 근로기대감, 삶의 만족도 차이 분석」, 2021. 한국산학기술학회

수상

- 국가보훈처장표창(2011)
- 전라남도지사표창(2011)
- 전라북도지사 표창(2018)
- 전라북도의회의장 표창(2019) 외

11

ESG경영, 탄소배출, 지배구조, ESG금융 사례

이성몽

1. ESG경영 vs ESG금융

1) ESG경영

ESG(Environment, Social, Governance)는 기업의 비재무적 요소인 환경(Environment), 사회(Social), 지배구조(Governance)의 머리말을 따서 만든 용어이다.

환경(Environment)은 기업경영 또는 기업활동에서 친환경을 고려해야 한다는 의미이고, 사회(Social)는 기업경영 또는 기업활동에서 사회적 책임을 고려해야 한다는 의미이며, 지배구조(Governance)는 기업경영 또는 기업활동에서 기업지배구조 개선을 고려해야 한다는 의미이다.

ESG라는 용어의 태생과 의미는 기업경영과 밀접한 관계가 있으므로, 애초에는 ESG를 ESG경영과 동일한 의미로 사용했는데, 지금의 사회적으로 활용되는 추세를 보면 기업경영을 넘어 국가경영에도 적용되는 큰 범위로 확장되기도 하고, 중견기업이 아닌 소상공인과 개인마저도 친환경과 사회적 책임 측면을 고려하는 등 모든 사람과 단체, 기업, 국가, 세계로까지 확장되어 적용되고 있다.

기업투자에 대한 의사결정 시 재무적 요소만을 고려했던 전통방식과 다르게 기업행동이 사회적 이익이 되도록 비재무적 요소까지 의사결정에 반영되는 영향을 주고 있으므로 ESG(환경·사회·지배구조)항목을 기업투자와 기업경영의 추진항목으로 선정하고 있다.

2) 기업의 사회적 책임(CSR)에서 ESG로 중심이동

사회적 책임(Social Responsibility)은 국제표준화기구(ISO: International Organization for Standardization)에서 2010년 환경, 인권, 노동 관행, 조직 지배구조, 공정한 운영 관행, 소비자, 지역사회참여, 사회개발 등 7가지를 지정한 바 있는데, 기업이 사회의 일원으로 사회와 환경에 미치는 영향에 대해 책임의식을 갖고 투명경영과 봉사활동 등에 앞장서줄 것을 의미하는 기업의 사회적 책임(CSR: Corporate Social Responsibility)이 강조되기도 했다.

이는 기업뿐만 아니라 기관이나 단체에까지 광범위하게 적용되고 있으며, 근로자가 참여하고 있는 노동조합에서는 노동조합의 사회적 책임(USR: Union Social Responsibility)이라고 하여 봉사활동과 위문품 전달 등의 활동을 하고 있다.

사회적 책임활동은 2000년 영국을 시작으로 스웨덴, 독일, 캐나다, 벨기에, 프랑스 등 여러 나라에서 연기금(연금을 지급하는 원천의 기금으로 정부기관에서 관리)을 중심으로 ESG정보공시 의무제도를 도입했고, 유엔(UN)도 2006년 유엔책임투자원칙을 통해 ESG이슈를 고려한 사회책임투자를 장려하고 있다.

우리나라도 2021년 금융위원회에서 20025년부터 자산 2조 원 이상의 상장사에 ESG공시 의무화를 도입하기로 했고, 2030년부터는 모든 코스피상장사로 확대된다고 발표했다.

이와 같은 사회적 흐름과 제도적 변화로 기업의 사회적 책임활동이 지속하고 있는 가운데, ESG(환경·사회·지배구조)활동이 기업의 주요추진 사항으로 변천되면서 자연스럽게 ESG경영이 중요해지고 있다.

3) ESG금융

KB금융그룹, 신한금융그룹, 하나금융그룹, 우리금융그룹 등은 ESG금융 전략에 구체적 행동을 하고 있다.

금융그룹들은 사회적 역할에 추가하여 금융상품, 금융서비스, 금융투자활동뿐만 아니라 탄소배출 줄이기 등을 포함해서 ESG를 적극적으로 도입하고 있다.

금융회사도 자산 2조 원 이상의 상장사에 해당하기 때문에 2025년부터 ESG공시 의무화에 해당하기도 하며, ESG금융이 금융회사를 평가하는 데 반영되기 때문이다.

KB금융그룹은 2030년까지 ESG상품, ESG투자, ESG대출, ESG금융지원을 50조 원으로 확대하는 중장기대책을 ESG위원회를 통해 발표하기도 했다.

ESG투자와 ESG금융지원은 지구온난화, 무분별한 개발과 환경파괴 등에 대응하여 친환경사업에 투자를 지원하는 것이 포함된다. 예를 들어 전기자동차와 친환경모터를 생산하는 회사와 업종에 투자와 금융지원을 하는 것이다.

ESG금융은 금융회사가 ESG활동을 직접 수행하는 것을 포함하여 ESG활동기업에 대한 투자와 금융지원, ESG활동을 촉진하는 ESG펀드 및 ESG금융상품 개발, ESG활동기업에 대한 대출 등을 통해 ESG경영을 확장하고 주도할 수 있는 핵심사항이다.

2. 탄소배출 in ESG(환경·사회·지배구조)

1) 환경(Environment)

환경(Environment)은 자연환경이 무분별한 개발과 파괴로 망가지고 있고, 지구온난화 등 우리에게 직접 영향을 주고 있는 전반적인 환경개선 관련 제도, 정책, 시스템 등을 통틀어서 말하고 있으며, 탄소배출, 환경정책 등과 관련이 있는데, 핵심은 탄소배출이다.

지구온난화로 폭염, 폭설, 태풍, 산불 등 이상기후 현상이 세계 곳곳에서 발생하고 있고 우리나라도 예외는 아니다. 이에 국제사회는 기후변화문제의 심각성을 깨닫고 1997년 일본에서 선진국중심의 37개국이 교토의정서를 채택하였고, 2015년에 선진국과 개도국이 모두 참여하는 파리협정을 채택하였다.

교토의정서는 온실가스 감축목표치를 규정하였는데, 미국, 캐나다, 일본, 유럽연합(EU) 등 37개 선진국이 대상이 되었으며 한국은 당시 개발도상국으로 분류되었으나, 자발적으로 선진국과 마찬가지로 온실가스를 감축하기로 하였다. 반면 미국은 전 세계 이산화탄소 배출량의 28%를 차지하고 있지만, 자국의 산업보호를 위해 2001년 3월 탈퇴하였다.

2015년 파리협정의 목표는 산업화 이전 대비 지구평균온도 상승을 2℃보다 훨씬 아래(Well Below)로 유지하고, 나아가 1.5℃로 억제하기 위해 노력해야 한다는 것이다. 지구온도가 2도 이상 상승할 경우 인간이 감당할 수 없는 자연재해가 발생하고 상승온도를 1.5도로 제한해야 생물다양성, 건강, 생계, 식량 안보, 인간 안보, 경제성장에 대한 위험이 2℃보다 대폭 감소한다.

2) 탄소중립=탄소배출 0(Zero)

탄소중립이란, 인간활동에 의한 온실가스배출을 최대한 줄이고, 남은 온실가스는 흡수(산림 등), 제거(CCUS: 이산화탄소 포집, 저장, 활용)해서 실질적인 배출량이 0(Zero)이 되는 개념이다. 즉 배출되는 탄소와 흡수되는 탄소량을 같게 해 탄소 '순 배출이 0'이 되게 하는 것으로, 이에 탄소중립을 '넷-제로(Net-Zero)'라 부르며 온실가스의 가장 많은 양을 차지하는 것이 이산화탄소(화석에너지의 연소로 발생)이다.

우리나라 인천 송도에서 2018년 개최된 제48차 IPCC(Intergovernmental Panel on Climate Change, 기후변화에 관한 정부 간 협의체)총회에서 「지구온난화 1.5℃ 특별보고서」를 승인하고 파리협정채택 시 합의된 1.5℃ 목표의 과학적 근거를 마련했다.

IPCC는 2100년까지 지구 평균온도 상승 폭을 1.5℃ 이내로 제한하기 위해서는 전 지구적으로 2030년까지 이산화탄소 배출량을 2010년 대비 최소 45% 이상 감축하여야 하고, 2050년경에는 탄소중립(Net-Zero)을 달성하여야 한다는 경로를 제시했다. 한편, 2℃ 목표달성 경로의 경우, 2030년까지 이산화탄소 배출량을 2010년 대비 약 25% 감축하여야 하며, 2070년경에는 탄소중립(Net-zero)을 달성해야 한다고 제시하기도 했다.

우리나라는 지구온도상승을 1.5℃ 이내로 억제하기 위해서 2050년까지 탄소 순 배출량이 0이 되는 탄소중립사회로의 전환에 동참하기로 했다.

구분	1.5℃	2℃
생태계 및 인간계	높은 위험	매우 높은 위험
중위도 폭염일 온도	3℃ 상승	4℃ 상승
고위도 한파일 온도	4.5℃ 상승	6℃ 상승
산호소멸	70~90%	99% 이상
기후영향·빈곤 취약인구	2℃에서 2050년까지 최대 수억 명 증가	
물부족 인구	2℃에서 최대 50% 증가	
대규모 기상이변위험	중간 위험	중간~높은 위험
해수면상승	0.26~0.77m	0.3~0.93m
북극 해빙 완전소멸빈도	100년에 한 번	10년에 한 번

▲ 전 지구온도상승 1.5℃ vs 2℃ 주요영향비교 (출처: 대한민국 2050 탄소중립전략)

2021년 5월에는 우리나라 서울에서 '2021 P4G 서울 녹색미래 정상회의'가 개최되었고, 2021년 서울선언문이 채택되었다.

서울선언문은 정상회의 참가국가 및 국제기구들이 기후위기의 심각성을 인식하고, 이를 극복하기 위한 국제사회의 실천방안에 대해 이틀간 진행된 정상회의 논의결과를 담았는데, △녹색회복을 통한 코로나19 극복, △지구온도상승 1.5℃ 이내 억제지향, △탈석탄을 향한 에너지전환 가속화, △해양플라스틱 대응 등이 담겼다.

P4G라는 명칭은 'Partnering for Green Growth and the Global Goals 2030'의 약자로, '녹색성장 및 글로벌목표 2030을 위한 연대'라는 의미이며, P4G 회원국은 대륙별 중견국가 12개국(덴마크·네덜란드·에티오

피아·케냐·한국·인도네시아·멕시코·칠레 등)이며, 회원기구 민간파트너로는 약 140개의 기업과 약 100개의 시민단체가 참여하고 있다.

3) 해외국가별 탄소중립추진 현황

탄소중립에서는 이산화탄소배출 축소도 중요하고, 이산화탄소를 배출한 만큼, 숲 조성, 재생에너지투자, 탄소배출권구매 등 이산화탄소를 흡수하는 대책도 함께 세워 순 배출량이 0이 되게 해야 한다.

2017년에는 스웨덴, 2019년에는 영국, 프랑스, 덴마크, 뉴질랜드, 2020년에는 헝가리 등 6개국이 '탄소중립'을 이미 법제화하였다.

조 바이든 미국 대통령도 취임 직후 파리협정에 재가입하고 2050년까지 탄소중립을 이루겠다고 약속한 바 있다.

EU(유럽연합)는 2019년 12월 그린딜을 통해 2050년 탄소중립목표 발표했고, 중국은 2020년 9월 유엔(UN)총회에서 시진핑 주석이 2060년 이전까지 탄소중립달성 선언했다. 일본은 2020년 10월 스가 총리가 의회연설에서 2050 탄소중립목표를 선언했다.

4) 우리나라의 탄소중립추진 현황

우리나라는 2020년 10월 문재인 대통령이 국회시정연설에서 2050

탄소중립계획을 처음 발표했고 추가로 11월 국무회의 모두발언을 통해 "우리도 국제사회의 책임 있는 일원으로서 세계적 흐름에 적극적으로 동참해야 한다."며 "기후위기대응은 선택이 아닌 필수"라고 강조했다.

대외적으로는 2020년 11월 G20 정상회의에서 문재인 대통령이 "2050 탄소중립은 산업과 에너지구조를 바꾸는 담대한 도전이며, 한국은 탄소중립을 향해 나아가는 국제사회와 보조를 맞추고자 한다."고 밝혔다.

내부적으로는 2020년 12월 7일 홍남기 경제부총리 겸 기획재정부 장관 주재 '제22차 비상경제 중앙대책본부회의'를 개최하여 '2050 탄소중립 추진전략'을 확정·발표했고, 2020년 12월 15일 국무회의에서 '2050 장기저탄소발전전략(LEDS)'과 '2030 국가온실가스감축목표(NDC)' 정부 안이 확정되었다.

우리나라는 코로나19 위기 속에서도 2020년 2월 2050 탄소중립을 위해 15개 부처의 범정부협의체를 출범시켰고, 2020년 7월 한국판 뉴딜(그린뉴딜)발표에서 80여 개 광역·기초지자체가 2050 탄소중립선언을 했고, 2020년 9월 국회에서 '기후위기 대응 비상결의안'을 의결하고 서울, 광주, 충남, 제주 등 지자체가 자체 탄소중립목표를 선언했다.

3. 사회적 책임 in ESG (환경·사회·지배구조)

1) 사회(Social)

최근 기업들이 사회에 미치는 영향을 꼼꼼하게 살피기 시작했는데 비용절감과 이익극대화에서 사회문제와 함께할 때 기업이 지속가능경영으로 롱런하게 된다는 사실을 인식했기 때문이다. 기업도 사회의 일원임을 강조하고 있는 사회 분위기도 한몫했다. 사회(Social)는 근로자 권리, 복지 등도 해당하며, 노사관리, 보건, 안전도 포함된다.

2) 사회적 책임

기업이 사회에 공헌하는지가 투자결정요소로 추가되었으며 소비자가 제품의 값어치만 따지지 않고 얼마나 사회에 이바지하는지 판단하게 된 것이다.

잘 나가던 기업이 '갑질문화', '협력업체에 과도한 계약', '악질노사관계' 등의 문제로 한순간 주가가 급락하고, 업계에서 퇴출당하는 사례까지 가끔 볼 수 있다.

앞에서 언급한 기업의 사회적 책임(CSR)으로 사회공헌활동이 눈에 띄게 늘어나고 있고 소외계층, 청소년, 사회적 약자의 지원이 체계화되고 있으며, 근로환경, 노동환경, 직원배려, 고객만족, 양성평등, 개인정보보호, 지역사회관계까지 다양한 요소에 관심을 기울이고 있다.

또한, 최근 코로나19 확진자급증의 위험상황 속에서 종업원 감염리스크 최소화, 근무환경개선, 근로조건개선도 함께 고려되고 있다.

4. 지배구조 in ESG (환경·사회·지배구조)

1) 지배구조(Governance)

지배구조(Governance)는 '거버넌스'라고 불리기도 하고, 기업경영, 감독관리, 조직이 수행하는 공공활동, 국정운영에 참여하는 통치방식, 상황에 따라 국가경영, 공공경영, 행정방식으로 해석되기도 하는데, ESG에서는 이사회, 주주권리 등에 관한 지배구조 부분이 더 강조된다.

기업지배구조는 기업 내부의 의사결정시스템은 물론 시장에 대한 규제, 금융감독체계, 관행 및 의식 등이 망라되며 우리나라의 경우 기업지배구조 개선작업은 사외이사제도 도입, 감사의 독립성 제고, 회계제도의 선진화, 주주권리의 강화, 금융감독체계 강화 등을 기본골격으로 진행되고 있다.

그동안 미국을 중심으로 하는 선진국에서는 우수한 기업지배구조가 기업경쟁력의 원천이며 각국 경제의 장기적 안정성장의 기본요건이라는 인식이 퍼져왔다. 이러한 인식은 경제와 자본시장의 국제화가 가속화되면서 기업지배구조에 대한 국제규범을 만들어야 한다는 견해로 발전되기도 했다.

2) 손자까지 세습, 3연임 회장-지배구조는 좋지 않아

우리나라 기업 지배구조는 개선할 점이 많고, 좋지 않다고 보는 견해도 있다.

삼성, 현대, LG 등 주요 대기업의 경영권은 아들까지 세습은 당연시되었고, 사실상 손자 이후까지 세습되고 있는 경우가 있다.

재산을 물려주는 상속은 가능하지만, 대기업의 소유권과 경영권을 가족에게 물려주는 것은 사회적 영향력이 크기 때문에 기업지배구조 측면에서 잘 살펴보아야 한다.

세습의 문제는 경영권후계자로 더 잘할 수 있는 사람이 있었는데, 선발되지 못하는 기회권침해, 경쟁의 평등권침해 등이 있으며, 확률적으로도 창업주인 경영자는 이미 자신의 능력으로 회사를 성장시켰기 때문에 검증이 되었지만, 가족후계자가 잘할지는 알 수 없는 일이다. 실제로 가족후계자가 경영에서 손을 뗀다는 소식만으로 해당 기업의 주가가 대폭 상승하는 경우가 종종 있었다.

대기업에서 연임에 추가하여 3연임도 자주 볼 수 있다. 대기업그룹 회장 3연임, 금융그룹 회장 3연임, 추가로 왕자의 난, 가족 간 분쟁 등이 최근 논란이 되었을 때 논란의 핵심은 연임에 문제가 있다는데도, 의혹해소 없이 회장추천위원회에서 공정하게 진행되었다는 발표만으로 연임의 브레이크가 제대로 작동되지 않았다는 지적이 있다.

3) 사외이사, 스튜어드십코드, 국민연금주장 확대해야

사외이사제도는 우리나라의 경우 1988년부터 도입되었다. 이사회가 주주를 대신해 경영진을 제대로 감독할 수 있도록 사외이사를 의무화하였고, 자신의 판단착오로 경영실패를 초래했을 경우 마찬가지로 그에 상응한 책임도 부과되며 자산규모가 2조 원을 넘는 기업의 경우 최소한 이사의 2분의 1을 사외이사로 올리도록 하고 있다.

이러한 사외이수구성에도 불구하고 거수기 사외이사라는 오명을 듣는 경우도 있는데 사외이사임명을 현재 경영진이 하다 보니 경영진 눈치를 보게 되며, 소신 있는 사외이사활동을 하는 것에 제약이 있게 되는 것이다.

이에 노동이사제와 노조추천이사제가 대안으로 제시되고 있다. 노동이사제는 근로자대표가 이사회멤버로서 발언권과 의결권을 갖고 기관의 의사결정과정에 참여하는 방식이자 독일을 비롯한 유럽 대부분의 나라에서 보편화한 제도로, 독일의 경우 기업규모에 따라 이사회의 최고 절반까지를 노동자대표로 채우도록 법제화하고 있다. 노조추천이사제는 노조에서 추천한 외부인물이 사외이사가 되는 것이다.

한편, 우리나라에서는 노동이사제가 문재인 대통령의 공약사항이기도 했으며, 문재인 정부에서는 2018년부터 이를 도입하겠다고 했다. 현재 서울시, 일부 공공기관에서 시행하고 있으나 금융기관 및 민간으로의 확대시행에는 진통을 겪고 있다.

또한, 주주제안 사외이사후보 추천도 시도되고 있다. 주주제안제도는 발행주식의 일정 수량을 보유한 소액주주에게도 주주총회에서 의제 또는 의안제안권을 주는 것이고, 사외이사추천도 할 수 있다.

스튜어드십코드(Stewardship Code, 수탁자책임원칙)는 연기금과 자산운용사 등 주요기관투자가가 주인의 재산을 관리하는 집사(Steward)처럼 기업의 의사결정에 적극적으로 참여해 주주로서 해야 할 역할을 충실히 수행하는 것이며, 주주와 기업의 이익을 추구하고, 지속가능한 성장과 투명한 경영을 끌어내는 것이 목적이다.

국내에서는 2016년 시행되었으며, 최대투자기관인 국민연금이 2018년 스튜어드십코드를 도입해 투자기업의 주주가치제고, 대주주의 전횡저지 등을 위해 주주권을 행사할 수 있고, 재벌기업의 지배구조를 바

꿀 수 있다.

　실제로 국민연금은 2019년 3월 27일 열린 대한항공 주주총회에서 스튜어드십코드를 발동, 조양호 한진그룹 대한항공 사내이사 연임에 반대표를 던져 연임을 저지했으며 이는 주주권행사를 통한 대기업 총수의 경영권을 박탈한 첫 사례로 기록됐다. 조양호 회장일가는 갑질파문으로 논란이 된 바 있다.

　한편, 국민연금의 스튜어드십코드 발동이 연금사회주의의 부작용을 가져올 수 있다는 지적과 국민의 노후자금인 국민연금을 통해 과도한 경영개입이 발생할 수 있다는 우려가 상존하고 있기는 하지만, 기업지배구조 개선을 위해 더 적극적으로 국민연금의 주장을 확대해야 한다는 의견도 많다.

5. ESG금융사례

　ESG확산에는 금융의 역할이 중요해지고 있는데 금융회사의 정책에서 ESG경영동참 여부에 따라 대출승인과 금리인상을 반영한다면, 금융을 이용하는 기업들의 ESG전략도 자연스럽게 변경될 수밖에 없기 때문이다. 국내 주요금융그룹의 현황을 살펴본다.

1) KB금융그룹의 ESG추진사례

전략	환경 사회 책임 경영과 좋은 지배구조 확산을 통한 지속가능한 가치 및 고객 신뢰 제고
추진	· 탄소중립 달성: 그룹 내부(2040년) · ESG 상품, 투자, 대출: 50조원 달성(2030년)
E	· 환경을 위한 기후 변화 전략 고도화 – 탄소배출 저감 관리, 친환경 투자 대출 강화 – 친환경 금융 생태계 선도
S	· 사회를 위한 책임 경영 내재화 – 사회공헌 확대, 인권 및 다양성 존중 – 포용적 금융상품 확대
G	· 투명한 기업지배구조 확산 – 스튜어드십 코드 강화, 기업지배구조 투명성 제고

▲ **KB금융그룹의 ESG경영** (출처: **KB금융그룹 홈페이지**)

KB금융그룹은 ESG위원회를 구성하여, 그룹차원의 ESG전략 및 정책을 수립하고 있다. 이를 통해 ESG상품·투자·대출 및 탄소배출감축 활동성과를 모니터링하며, 연간 기부금운영한도의 설정기능도 한다.

2) 신한금융그룹의 ESG추진사례

신한금융그룹도 지주회사차원에서 ESG전략위원회를 구성하여 운영하고 있다. 신한 ESG전략위원회에서는 이미 생태계는 너무 파괴되었으며, 지구적 재앙이 속출하고 있고 인류는 기존의 시스템과 행태로는 계속 생존 할 수 없다는 경고 속에서 금융부문의 역할과 책임은 막중하다고 했다.

금융부문은 스스로 과감하게 혁신해야 함은 물론, 금융의 기능과 역량을 활용하여 다른 부문의 변화를 유도하고 견인해야 하는데, 신한금융그룹은 ESG개선노력을 강화하고 이사회와 경영진이 그룹의 ESG개선활동을 주도하겠다고 했다.

전략	금융의 선한 영향력, 'FINANCE for IMPACT'
추진	· 3대 전략방향(친환경, 상생, 신뢰)과 5대 IMPACT 과제를 선정 · 기후변화대응원칙 수립(2019), UN 책임은행원칙 서명(2019)
E	· 그룹자산 포토폴리오의 탄소배출량 감축, Zero Cabon Drive - 신한 투자/대여 자금으로 발생하는 탄소에도 책임을 지고 저탄소 경제로의 변화, 부분별 탈탄소 접근법(SBTi SDA)
S	· 금융의 힘으로 사회적 약자들의 재정적 안정 지원 - 신한꿈도담터(돌봄 사각지대 초등생, 저소득 가정 육아 지원) - 신한카드 아름인 도서관 508개, 결식아동, 의료용품 지원
G	· ESG 거버넌스, ESG 전략위원회 - 'F.R.E.S.H 2020s': 지속가능한 신한의 차별적 성장 방법론

▲ 신한금융그룹의 ESG경영 (출처: 신한금융그룹 홈페이지 (https://www.shinhangroup.com)

3) 하나금융그룹의 ESG추진사례

하나금융그룹도 ESG경영활동을 지속하고 있으며 매년 발간되는 지속가능경영보고서를 통해 ESG경영전략과 ESG추진목표를 밝히고 있다.

그 추진목표로 2030년까지 녹색 및 지속가능부문 60조 원(채권 25

조 원, 여신 25조 원, 투자 10조 원)의 투자 및 자금조달목표와 2050년까지 사업장 탄소배출 ZERO 달성, 석탄 프로젝트 금융(P/F) ZERO 목표를 세웠다.

전략	저탄소 경제체제 이행 촉진, 금융을 통한 사회적 기여, 투명성과 책임경영 기반의 의사결정 실행을 위해 9대 핵심과제 이행
추진	석탄 P/F 제한, ESG 채권 발행 확대, 사회 문제 해결 등
E	· 저탄소 경영체제 이행 촉진 – 2050년 까지 석탄 프로젝트 파이낸싱 잔액을 0으로 감소 – 2030년까지 ESG 채권 발행 25조원 달성, ESG 투자 35조원
S	· 금융을 통한 사회적 기여 – 2030년까지 사회공헌 1.5조원 이행 – 2030년까지 사회적 문제해결을 위한 펀드 1,000억원 조성
G	· 투명성·책임경영 기반 의사결정 – 비재무정보(기후재무) 공시 투명성 확대

▲ 하나금융그룹의 **ESG경영** (출처: 하나금융그룹 홈페이지(https://www.hanafn.com)

4) 우리금융그룹의 ESG추진사례

우리금융그룹도 ESG경영위원회를 통해 ESG 경영을 추진하고 있다. 우리금융그룹 ESG경영원칙 선언문에는 '유엔(UN)지속가능발전목표', '파리기후협약'에 명시된 바와 같이 사업전략이 사회의 목표에 부합하도록 이바지하고, 상품과 서비스활동을 통해 사회에 긍정적 영향을 지속하며, 현재와 미래세대의 공동번영을 위한 경제활동이 가능할 수 있도록 고객과 함께 책임감을 느끼고 협업하여, 지배구조의 원칙을 정착시켜 경영에 반영할 것을 약속한다고 했다.

전략	Plan Zero 100
추진	· 2050년까지 자산포트폴리오 탄소배출 ZERO 달성 · 2030년까지 ESG금융 100조원 지원
E	· 친환경 경영 확대 - 녹색금융 활성화 - 기후변화 대응체계 구축 - 환경경영 관리체계 강화
S	· 사회적 가치 창출 - 사회적 금융 확대 - 금융 소비자 권익 증대 - 인권 및 다양성 존중 문화 확립
G	· 투명경영 강화 - ESG금융 관리체계 강화 - 투명한 ESG 정보 고시 - ESG 거버넌스 고도화

▲ 우리금융그룹의 **ESG경영** (출처: 우리금융그룹 홈페이지)

지금까지 ESG경영에서 환경(Environment), 사회(Social), 지배구조(Governance)의 각각의 의미를 알아보았으며 환경분야에서는 탄소배출과 탄소중립에 대한 내용을 비중 있게 다루었다. 탄소배출 제로(Zero)는 기업만 추진할 것이 아니라 모든 개인이 동참해야 한다.

또한, 기업지배구조의 개선도 상당한 분량으로 알아보았다. 최대한 공정한 시각을 유지하려고 해서 많은 의견이 축약되었지만, 기업의 지배구조는 더 적극적인 변화가 요구된다.

마지막으로 이와 같은 ESG금융사례를 참고하여 더 많은 산업구조에서 다양한 동참이 필요하다.

참고문헌

- 대한민국 정책브리핑(https://www.korea.kr), 2050 탄소중립
- KB금융그룹 ESG 보고서(https://www.kbfg.com)
- 신한금융그룹 ESG 보고서(https://www.shinhangroup.com)
- 하나금융그룹 ESG 보고서(https://www.hanafn.com)
- 우리금융그룹 ESG 보고서(https://www.woorifg.com)
- 네이버 지식백과(https://terms.naver.com)

저자소개

이성몽 LEE SEONG MONG 이메일: 01048607100@paran.com
핸드폰: 010-4860-7100

학력

- 국민대 경영정보·경영학 학사
- 서강대 정보통신대학원 석사
- 국민대 경영학 박사

경력

- (현)KB국민은행 조사역
- (현)한국정보통신기술사협회 홍보위원장
- 국민대 겸임교수
- 공공기관 전문위원, 평가위원, 심의위원
- 대한민국 명강사, 강의, 컨설팅, 봉사활동

자격

- 정보관리 기술사
- 대한민국산업현장교수

- 정보시스템 수석감리원

저서

- 『대학교재 경영정보시스템』, 인포드림, 2013.
- 『대학교재 정보시스템보안』, 인포드림, 2013.
- 『명강사 명강의』, 성공시대, 2014. 공저
- 『박사학위(논문) 가이드 & 기술사 합격 방법서』, 인포드림, 2013.
- 『4차 산업혁명 시대 AI 블록체인과 브레인경영 2021』, 브레인플랫폼, 2021. 공저
- 『신중년 도전과 열정 2021』, 브레인플랫폼, 2021. 공저

수상

- 과학기술정보통신부장관 표창(2019)
- 한국정보기술응용학회 최우수논문상(2012)

12

ESG경영의 대두와 이론적 고찰

장승환

1. ESG의 주요 개념

환경(Environment), 사회(Social), 지배구조(Governance)의 앞글자를 조합하여 만든 용어인 ESG는 언론을 통하여 사람들에게 많이 알려지면서 친숙한 개념이 되고 있다. ESG는 환경, 사회, 지배구조를 고려하여 기업운영에 전반적인 영향을 주고, 지속가능한 발전을 이룩하기 위한 전략으로 유엔글로벌콤팩트(UNGC: UN Global Compact)에서 처음 언급되었다.

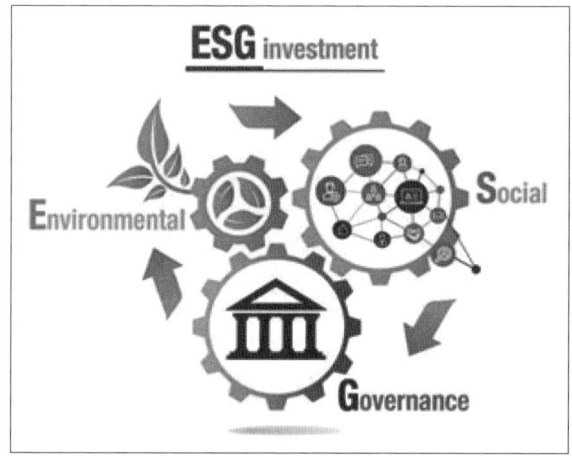

출처: The Korea Times

유엔환경계획금융이니셔티브(UNEPFI: United Nations Environment Programme Finance Initiative)는 기업에 대한 투자결정을 할 때 이해관계자들이 재무적 성과뿐만이 아니라 친환경, 사회적 기여, 투명한 지배구조를 고려해야 하는 비재무적 성과로 제안하였다. 제안된 비재무적 성과의 핵심적인 요소는 이후 유엔책임투자원칙(UN PRI: UN Principles for Responsible Investment)로 발전하면서 이에 대한 중요성은 전 세계적으로 강조되었다(민재형 외, 2019).

UN PRI는 2006년에 새롭게 출범한 이니셔티브(Initiative)로 사회책임투자(SRI, Socially Responsible Investment)에 대한 6가지의 원칙으로 구성되어있는데, 이 원칙들은 투자의사를 결정할 때 ESG와 연관된 사항들에 대하여 적극적으로 반영하는 것으로 6대 투자원칙은 다음과 같다(이상수, 2019).

- ESG이슈를 투자분석 및 의사결정과정에 포함한다.
- 적극적인 주주권리를 행사하며, 그 과정에 ESG이슈를 관련 정책과 실행에 반영한다.
- 투자기업 등의 ESG이슈를 적절한 방법으로 공시한다.
- 자산운용법에서 ESG투자도입 및 실행을 적극적으로 독려한다.
- 투자원칙실행의 효율성제고를 위해 함께 노력한다.
- 투자원칙실행과 활동현황 및 진도에 대해서 보고한다.

ESG는 이전까지 대체로 기관의 투자자들이 기업에 투자하면서 고려를 해야 하는 요소로 판단되었으나, 최근 들어 기업의 경영목표와 그에 따른 활동에까지 영역이 확장되어가고 있으며, 비재무적 성과와 연관하여 기업의 사회적 책임(CSR: Corporate Social Responsibility)이나 지속가능한 발전(SDGs: Sustainable Development Goals), 인권경영 등과 같은 여러 형태를 가진 개념들의 흐름이 이어져 존재하고 있다. 이는 기업의 역사가 쌓이고 기업운영의 안정화 단계 속에서 단순한 기업들의 이윤 추구를 넘어서는 사회의 일원으로의 기업의 존속을 생각하면서 나타난, 고민의 흐름일 것이다.

ESG는 윤리적인 영역만으로 더는 머무르지 않고 다양한 세계 국가에서 국내법으로 채택되고 있으며(안건형, 2020) 기업의 비재무적인 책임의 향상으로 인한 기업의 건전한 생태계 조성은 지속가능한 경영을 위한 필수적인 요소일 뿐만 아니라 최종적으로 기업의 재무성과에 긍정적인 효과를 만들어낼 것이다(민재형 외, 2019).

ESG가 등장한 이유는 오늘날까지 인류가 행한 경제활동으로 기후변화가 발생하고, 성장의 결과로 나타난 사회의 불균형이라는 격차 속에서 성숙해진 경제 및 사회, 그에 따른 시장의 확장이 어려워졌기 때문이다. 그러면서 사람들의 인식은 '성장을 어떻게 이룰 것인가?'에서 '성장을 어떻게 지속할 것인가?'로 변하게 되었다. 이에, 기업들이 ESG경영을 선포하거나 상생, 인권, 저탄소, 친환경 등을 지향하는 여러 가지 이미지 광고들을 제시하고 있으며, 기업들에 자문을 시행해주는 국내의 대형로펌들도 ESG에 연관된 전담팀을 구성하고 신속하게 대응하고 있다(홍수정, 2021).

한국기업지배구조원(KCGS: Korea Corporate Governance Service)는 2003

년부터 지배구조평가를 실시하였다. 여기에 ESG확산에 대응하여 환경 및 사회적인 책임을 추가하면서, 2011년부터 OECD 기업지배구조 원칙 및 ISO26000 등 국제적인 기준에 충족하는 ESG평가모형을 자체적으로 개발하고 상장법인 전체의 ESG수준을 평가하였다. 평가결과는 ESG부문별 등급 및 ESG통합등급 등으로 발표하고 있다.

이 등급에서 환경(E)은 이해관계자 대응, 환경경영, 환경성과를 포함하고, 사회(S)는 경쟁사, 근로자, 소비자, 지역사회대응, 협력사를 포함하며, 지배구조(G)는 감사기구, 이사회, 주주권리보호 공시와 관련한 평가항목을 포함한다.

예를 들어, 금융회사의 지배구조의 경우에는 산업의 특성을 반영하기 위하여 감사기구 및 내부통제, 보수, 이사회, 위험관리, 주주권리보호, 최고경영자 공시와 연관한 평가항목을 포함하고 있다.

등급	의미
S	지배구조, 환경, 사회 모범규준이 제시한 지속가능경영 체계를 매우 충실히 갖추고 있으며, 비재무적 리스크로 인한 주주가치 훼손의 여지가 매우 적음
A+	지배구조, 환경, 사회 모범규준이 제시한 지속가능경영 체계를 충실히 갖추고 있으며, 비재무적 리스크로 인한 주주가치 훼손의 여지가 상당히 적음
A	지배구조, 환경, 사회 모범규준이 제시한 지속가능경영 체계를 적절히 갖추고 있으며, 비재무적 리스크로 인한 주주가치 훼손의 여지가 적음
B+	지배구조, 환경, 사회 모범규준이 제시한 지속가능경영 체계를 갖추기 위한 노력이 다소 필요하며, 비재무적 리스크로 인한 주주가치 훼손의 여지가 다소 있음
B	지배구조, 환경, 사회 모범규준이 제시한 지속가능경영 체계를 갖추기 위한 노력이 다소 필요하며, 비재무적 리스크로 인한 주주가치 훼손의 여지가 있음
C	지배구조, 환경, 사회 모범규준이 제시한 지속가능경영 체계를 갖추기 위한 노력이 절대적으로 필요하며, 비재무적 리스크로 인한 주주가치 훼손의 여지가 큼
D	지배구조, 환경, 사회 모범규준이 제시한 지속가능경영 체계를 거의 갖추지 못하여 비재무적 리스크로 인한 주주가치 훼손이 우려됨

출처: 한국기업지배구조원

기업이 지속가능경영을 가능하게 하려고 ESG를 어떻게 활용하는지에 대한 경향을 알아보기 위한 선행연구들을 살펴본 결과는 다음과 같다. 장승욱 외(2013)는 ESG활동이 장기적 활동으로 기업의 가치 및 기업의 지속가능성에 상당한 영향을 미치는 요소라고 하였으며, 김한얼(2017)은 지속가능한 책임투자를 위한 요소로 인식된다고 하였다. 또한, 손지연(2017)은 ESG활동이 투자에 대한 의사를 결정할 때, 고려하도록 하는 핵심적인 요소로서 기업의 장기적이고 지속가능한 성장을 이루도록 하는 것이라고 하였으며, 강원(2020)은 ESG활동은 기업이 환경 및 사회에 일으킬 수 있는 손해의 최소화 및 지배구조의 효용성을 최대화하여 기업의 장기적인 가치와 지속가능성에 상당한 영향을 미치는 요소로 인식된다고 하였다.

살펴본 몇 가지 선행연구에서 확인할 수 있듯이 ESG는 기업의 지속가능성, 지속가능한 책임투자, 지속가능한 성장 등의 용어들과 함께 또는 혼용하여 쓰이는 경우를 알 수 있다. 다만 ESG는 기업의 가치에 영향을 주거나, 책임투자를 시행하기 위하여 고려되어야 하는 요소로 받아들이거나 이를 위한 활동으로 받아들이는 경우를 보면 기존에 사용되었던 지속가능성이라는 용어에 대하여 상대적으로 구체적인 개념으로 사용되고 있다고 볼 수 있다.

ESG에 대하여 다룬 최초의 보고서 중의 하나인, 『누가 이기는가(Who Cares Wins)』는 2004년 코피 아난(Kofi Annan) 전임 유엔사무총장이 55개의 투자기관에 ESG의 이슈에 합류하도록 발언하면서 시작되었다.

해당 보고서에 의하면 ESG이슈를 잘 다룰 수 있는 기업은 사회의 지속가능한 발전을 위한 이바지를 할 수 있으며, 위험관리 및 규제에 대한 대비가 가능하고, 새로운 시장을 개척하여 주주가치를 발전시킬 수 있다고 하였다. 또한, ESG이슈는 매우 중요한 기업가치인 평판 및 브랜드에도 상당한 영향을 미치는데, 그 결과 더욱 좋은 투자시장을 이루고 지속가능한 사회를 만들 수 있다고 하였다.

이러한 ESG는 투자기관들이나 관련된 이해관계자들인 재무분석가,

기업 등에 처음에 바라던 바대로의 역할을 할 것을 강조하고 있다. 투자기관들의 경우에는 ESG이슈를 투자하는 과정에서보다 더욱 효율적으로 활용하고, 상위의 경영진 또는 이사회에서 ESG이슈에 대한 관심을 가지고, 장기적인 목표 및 알맞은 교육제공, 보상시스템을 마련하도록 하는 것이 필요하다고 강조한다. 재무분석가의 경우에는 ESG이슈를 고려하여 투자기법 또는 모델과 도구를 개발하고, 이에 대한 범위를 산업과 다른 영역 및 자산분야로까지 확장하며, 구체적인 상황에서도 해당하는 기준을 적용하는 것이 필요하다고 강조한다. 그리고 기업들의 경우에는 ESG원칙 및 정책의 수용, 연관된 활동에 대하여 표준화된 양식을 활용한 보고, 정보의 제공에서 주도적으로 역할을 해야 한다고 강조한다.

2. ESG선행연구

ESG에서 첫째, 환경은 기업의 자원보존, 자원소비, 폐기물배출 감소, 친환경 생산활동 등으로 환경을 보호하기 위한 노력이며, 둘째, 사회는 기업의 인권, 지역사회와의 관계존중, 제품에 대한 책임 등을 포함한 노력을 말한다. 셋째, 지배구조는 기업의 경영권책임, 주주권보호 등과 같은 노력과 연관이 있다(Yoon et al., 2018). ESG는 기업의 사회적 책임활동과 경제적으로 추구하는 이윤의 균형을 통하여 경쟁우위 구현이 지속가능하다고 제안한다. 즉, 높은 ESG등급인 기업과 낮은 ESG

등급인 기업을 비교할 경우에 인적자원관리, 효율적인 자원활용, 혁신 관리개선 등의 다양한 측면에서 높은 ESG등급인 기업이 높은 경쟁력을 가지고 있을 수 있는 것으로 해석이 가능할 수 있다. 기업은 이러한 우위적 경쟁요소를 바탕으로 수익을 창출하기에 좋은 기업을 선택하기 위한 중요한 지표로 ESG가 평가되고 있다(Giese et al., 2019). ESG를 더 자세히 이해하기 위하여 실무적인 측면뿐만이 아닌 학문적인 측면으로 다양한 선행연구자들의 연구내용을 살펴볼 필요가 있을 것이다. ESG에 대한 다양한 국내 및 국외 선행연구자들의 일부 내용은 다음과 같다.

나영 외(2011)는 ESG정보의 가치관련성과 공시효과에 대하여 분석을 시행하여 ESG와 Tobin's Q(재무성과) 사이에 유의적으로 정적(+)인 관계가 있으며, 단기적으로는 ESG정보가 재무성과에 부적(-)인 영향을 줄 수 있다고 하였다. 하지만 장기적인 관점으로는 기업의 자금조달에서 유리할 것이며 최종적으로 재무성과에 정적(+)인 영향을 준다고 연구를 하였다.

민재형 외(2014)는 ESG정보가 초기에 발생하는 투자비용으로 인하여 일반투자자들의 경우에 기업의 비재무적 성과보다 재무적 성과에 더욱더 민감하다고 하였다. 그리하여, 단기적 기업가치인 주식수익률에 부정적 영향을 받지만, 장기적인 기업가치에는 정적(+)인 영향을 나타내며, ESG가 장기적인 기업가치에 주는 각각의 영향은 S $\rangle$ G $\rangle$ E의 순서라고 연구를 하였다.

손호철 외(2015)는 ESG지수가 뛰어난 기업의 재무성과가 뛰어나지 않은 기업에 비하여 좋을 것이라는 가설을 세우고 연구를 진행하였다. 그 결과 ESG통합지수와 사회활동, 지배구조, 환경경영지수가 뛰어난 기업이 뛰어나지 않은 기업에 비하여 총자산순이익률(ROA: Return On Assets)과 자기자본이익률(ROE: Return On Equity)이 뛰어나다고 하였다.

김한얼(2017)은 2011~2015년 동안 거래소에 상장된 기업 600여 개를 표본으로 기업의 사회적인 기여도 및 재무성과의 관계를 검증하기 위하여 ESG 중 사회책임경영(S)과 기업가치 사이의 실증적인 관계를 연구하였다. 분석을 시행한 결과, 기업의 사회적인 책임경영과 재무적인 성과 사이에는 정적(+)인 관계가 있으며, 기업의 재무적인 성과도 기업의 사회적인 책임경영에 정적(+)인 관계가 있다고 하였다. 또한, 건설업과 제조업의 경우에 기업의 사회적인 책임경영이 정적(+)인 관계로 나왔으며, 기업복지 및 기업의 이미지에 많은 영향을 주어 정적(+)인 관계가 있다고 하였다.

Surroca et al.(2010)은 세계적 ESG컨설팅 및 분석회사인 네덜란드의 서스테이널리틱스(Sustainalytics) 자료를 활용하여 28개 국가의 559개 기업을 대상으로 연구한 결과, 무형자산의 형성을 매개효과로 하는 사회적인 책임 및 재무성과는 서로 정적(+)인 관계가 있다고 하였다. 또한, 기업이 사회적인 책임을 실행함으로써 문화, 명성, 인적자본, 혁신 등의 무형자산이 형성되고 재무성과에 정적(+)인 영향을 주며, 반대의 경우도 발생 가능하다고 하였다. 이 결과를 통하여 ESG에 대한 정책과 투자는 재무제표로 확인할 수 없는 기업의 특성과 자산이 반영되는 것을 알 수 있다.

Hanson(2013)은 가치투자를 진행하면서 중요한 양질의 수익력(Earning Power)을 평가하기 위하여 기업의 지속가능경쟁력 분석이 되어야 한다고 하였다. 세부적으로 살펴보면, 고객, 경쟁력, 기업문화, 거래처와의 관계, 지배구조, 종업원 등과 같은 비재무적인 무형자산에 대한 분석이 필요하며, 이들은 미래의 수익성 및 가격경쟁력을 결정하는 요소라고 하였다.

Friede et al.(2015)은 ESG와 연관되어 게재된 1970년대 이후 2,000건 이상의 연구논문을 분석한 결과, 약 90% 정도의 연구결과들이 지속가능투자 실행을 검증하는 지표인 ESG와 기업의 재무성과 사이에 있어서 부정적이지 않은 관련성이 있다고 하였다. 또한, 많은 연구결과의 재무성과에 ESG가 안정적이고 지속해서 긍정적인 효과로 나타나고 있어 전반적으로 ESG투자성과가 양호한 것으로 분석결과를 도출하였다.

Rezaee(2016)는 기업가치의 극대화는 비재무적인 ESG성과를 달성해야 하는 제약조건상황에서 경제적인 성과를 창출함으로써 그 목적이 달성될 수 있다고 하였다. 또한, 기업이 지속가능성을 향상하고 그 가치를 증진하기 위해서는 비재무적인 가치뿐만이 아니라 재무적인 가치도 고려해야 한다고 하였다.

Mervelskemper et al.(2017)는 톰슨 로이터 데이터베이스(Thomson Reuters Database)를 활용하여 2010~2014년 동안 852개의 다국적 기업을 분석한 결과, 기업이 비재무적인 보고서와 재무보고서를 통합하여 공시하는 것은 투자자들에게 제공하는 정보에 대한 질을 높일 수 있고, ESG 활동에서 경제적인 효용에 관한 투명성을 향상할 수 있으므로, ESG활동만 보고하는 단순한 공시보다 글로벌기준의 통합적인 공시를 시행하는 경우, 기업가치에 ESG점수가 주는 영향이 더욱 긍정적이라고 하였다.

Starks et al.(2017)은 기업의 ESG정보에 관한 투자자의 선호도에서 투자기간은 커다란 영향을 준다고 하였으며, 장기적인 투자성향을 가지고 있는 투자자는 단기적인 투자성향을 가지고 있는 투자자보다 높은 ESG평가등급을 가지고 있는 기업을 대상으로 투자를 선호한다고 하였다. 또한, 장기적인 투자성향을 가지고 있는 투자자는 투자포트폴리오 중에서 높은 ESG평가등급을 가지고 있는 기업에 주식의 급락 또는 실적 쇼크 후에도 매도의 거래행위가 감소한다고 하였다.

Eliwa et al.(2019)은 블룸버그(Bloomberg) ESG공시등급과 톰슨 로이터(Thomson Reuters) ESG평가등급을 활용한 평균부채대비 이자비용비율과 세계 3대 신용평가기관으로 인정받는 국제신용평가기관인 피치(Fitch)의 신용등급과 관련한 유럽연합(EU: European Union) 15개 국가의 기업을 대상으로 분석을 시행하였다. 그 결과 ESG평가등급이 높은 기업들은 타인자본비용이 낮고, ESG공시등급에 있어서도 타인자본비용에 같은 영향을 준다고 하였다. 또한, 사회적인 공동체로의 역할이 더욱 일반적이며, 이해관계자들이 시장에서 우선시되어지는 국가들에서는 더욱 지배적인 관련성이 있다고 하였다.

3. ESG경영사례

세계적인 신용평가사인 무디스(Moodys)는 2021년 1월 국가신용평가 및 기업활동평가에서 새롭게 기준으로 활용되고 있는 ESG 국가별 평가에서 대한민국을 미국, 영국, 일본 등 다른 국가들보다 높은 1등급의 최고등급으로 발표하였다.

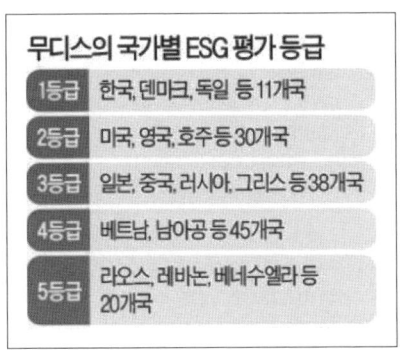

출처: 무디스, 기획재정부

이러한 결과는 대한민국 정부와 함께 국내의 많은 기업이 ESG를 바탕으로 하는 환경, 지역사회공헌, 노동환경 등의 비재무적인 요소들을 고려하여 윤리적이고 건전한 기업 및 지속가능한 경영에 대한 노력일 것이다. 이러한 상황 속에서 국내의 다양한 기업들의 ESG경영현황을 살펴볼 필요성이 있다.

1) 삼성전자 및 계열사의 ESG경영

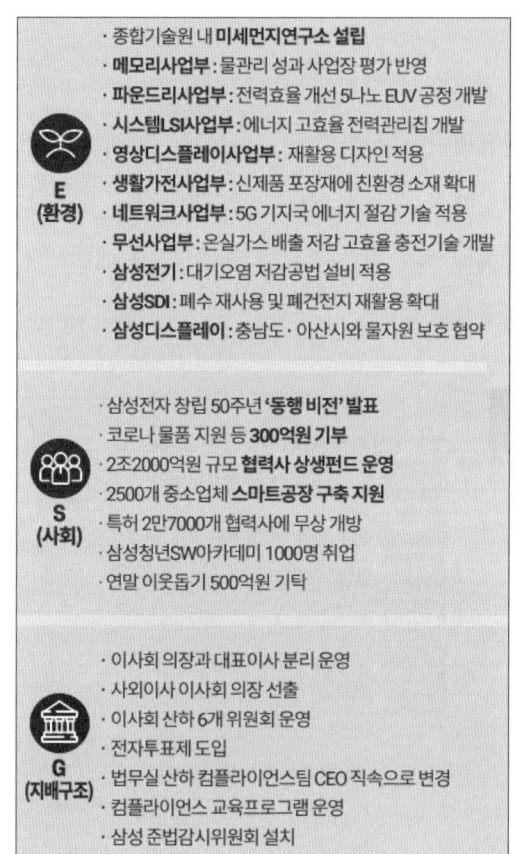

출처: 뉴스웨이 (http://www.newsway.co.kr/news/view?tp=1&ud=2021010717432450723)

2) SK그룹의 ESG경영

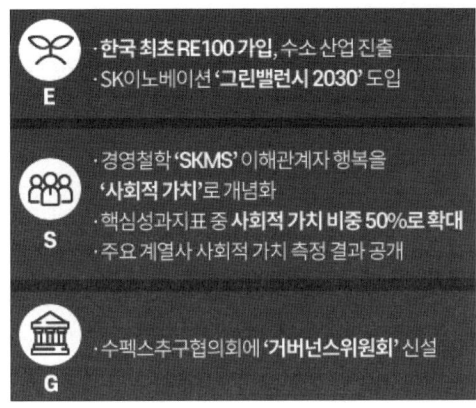

출처: 뉴스웨이(http://www.newsway.co.kr/news/view?tp=1&ud=2021010616303543502)

3) 한화그룹의 ESG경영

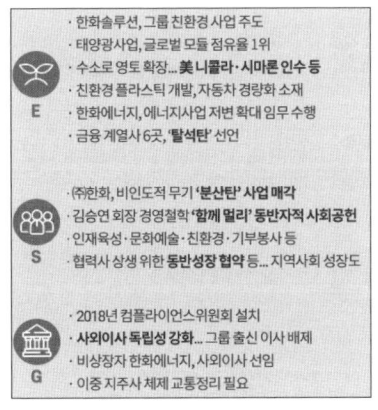

출처: 뉴스웨이(http://www.newsway.co.kr/news/view?ud=2021010814543302398)

4) LG그룹의 ESG경영

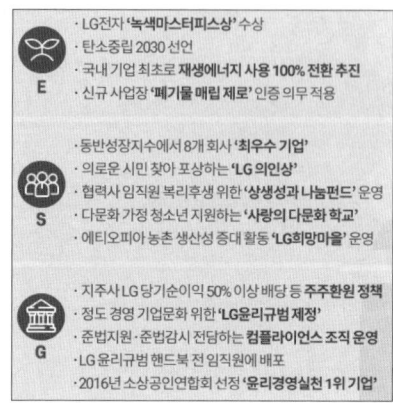

출처: 뉴스웨이 (http://www.newsway.co.kr/news/view?tp=1&ud=20210112152337300089)

5) KT그룹의 ESG경영

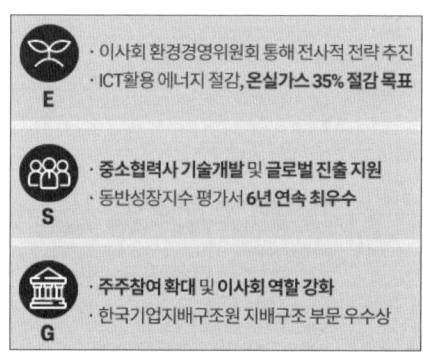

출처: 뉴스웨이 (http://www.newsway.co.kr/news/view?ud=20210113112954492771)

6) 효성그룹의 ESG경영

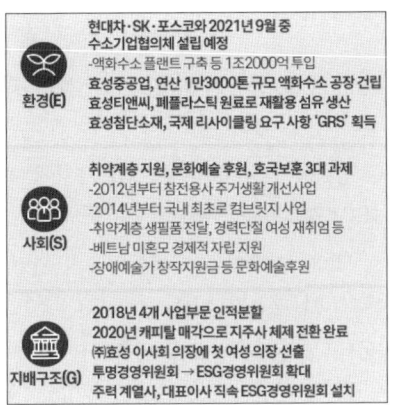

출처: 뉴스웨이(http://www.newsway.co.kr/news/view?ud=2021062207502043620)

위에 소개된 국내 대기업들의 ESG경영현황을 살펴보면, ESG는 기업이 자율적으로 ESG활동을 하도록 권고하던 단계를 넘어선 현실에서 이미 벌어지고 있는 활동임을 알 수 있다. 이러한 ESG는 기업의 지속가능성을 평가하는 중요한 트렌드로 활용되고 있기에, 성공적으로 ESG경영을 도입한 기업들의 사례를 보고 인사이트(Insight)를 얻어 성공적인 기업의 미래를 만들어나가야 할 것이다.

참고문헌

- 강원, 정무권, 「ESG 활동의 효과와 기업의 재무적 특성」, 『한국증권학회지』, 제49권, 제5호, 2020.10.
- 김한얼, 「기업의 ESG 성과가 재무성과 및 기업 가치에 미치는 영향에 대한 인과성 연구」, 한국외국어대학교 석사학위논문, 2017.12.
- 나영, 임욱빈, 김명서, 「ESG 정보와 타인자본비용의 관련성에 대한 실증연구」, 『회계정보연구』, 제31권, 제1호, 2013.03.
- 민재형, 김범석, 하승인, 「지속가능경영을 위한 기업의 환경적, 사회적, 지배구조적 요인이 주가수익률 및 기업가치에 미치는 영향」, 『한국경영과학회지』, 제39권, 제4호, 2014.11.
- 민재형, 김범석, 「기업의 ESG 노력은 지속가능경영의 당위적 명제인가? 기업의 재무상태에 따른 비재무적 책임 향상 노력의 차별적 효과」, 『경영과학』, 제36권, 제1호, 2019.03.
- 손지연, 「ESG 등급이 기업의 장, 단기 경영성과에 미치는 영향」, 세명대학교 석사학위논문, 2018.02.
- 손호철, 박성규, 「환경, 사회책임, 가버넌스 통합지수(ESG)가 재무성과에 미치는 영향」, 『경영경제』, 제48권, 제2호, 2015.
- 안건형, 오지헌, 「다국적기업의 무역·투자에서 발생하는 기업책임경영(RBC) 및 기업인권(BHR) 관련 분쟁사례와 시사점」, 『무역상무연구』, 제88권, 2020.12.
- 이상수, 「국민연금의 사회책임투자 정책에 대한 비판적 고찰 : 사회책임투자(SRI)와 기업과 인권(BHR)의 수렴」, 『법과기업연구』, 제9권, 제2호, 2019.08.
- 장승욱, 김용현, 「기업의 ESG와 재무성과」, 『재무관리연구』, 제30권, 제1호, 2013.03.
- 홍수정 기자, 「기업 새 화두 ESG… 로펌도 새로운 '場' 준비 잰걸음」, 『법률신문』, 2021.01.18.
- Baron, R., Shane, S., 『Entrepreneurship : A Process perspective』, South-Western

Publishing, 2005.

- Covin, J. G., Slevin, D. P., 「A conceptual model of entrepreneurship as firm behavior」, 『Entrepreneurship Theory and Practice』, 16(1), 1991.
- Drucker, P. F., 『Innovation and Entrepreneurship: Practice and principles』, Harper and Row, 1985.
- Gartner, W. B., Baker, T. 「A Plausible History and Exploration of Stevenson's Definition of Entrepreneurship」, 『Frontiers of Entrepreneurship Research』, 30(4), 2010.
- Kraus, S., Rigtering, J. C., Hughes, M., Hosman, V., 「Entrepreneurial orientation and the business performance of SMEs: a quantitative study from the Netherlands」, 『Review of Managerial Science』, 6(2), 2012.
- Krueger Jr, N. F., Brazeal, D. V., 「Entrepreneurial potential and potential entrepreneurs」, 『Entrepreneurship Theory and Practice』, 18(3), 1994.
- Kuratko, D. F., Hodgetts, R. M., 『Entrepreneurship : A contemporary approach(5th ed.)』, South-Western, 2001.
- Schumpeter, J. A., 『The Theory of Economic Development』, Harvard University Press : Cambridge MA, 1934.
- Stevenson H., 「A Perspective on Entrepreneurship」, 『Harvard Business School Working Paper』, 9, 1983.
- Timmons, J. A., 『New Venture Creation : Entrepreneurship for the 21st Century(4th eds)』, Irwin/McGraw-Hill, 1994.
- Eliwa, Y., Aboud, A., Saleh, A., 「ESG practices and the cost of debt : Evidence from EU countries」, 『Critical Perspectives on Accounting』, 2019.
- Friede, G., Busch, T., Bassen. A., 「ESG and Financial Performance : Aggregated Evidence from More than 2000 Empirical Studies」, 『Journal of Sustainable Finance & Investment』, 5, 2015.
- Giese, G., Lee, L. E., Melas, D., Nagy, Z., Nishikawa, L.,「Foundations of ESG Investing : How ESG Affects Equity Valuation, Risk, and Performance」, 『The Journal of Portfolio Management』, 45(5), 2019.

- Hanson, D., 「ESG Investing in Graham and Doddsville」, 『Journal of Applied Corporate Finance』, 25(3), 2013.12.23.

- Mervelskemper, L., Streit, D., 「Enhancing Market Valuation of ESG Performance : Is Integrated Reporting Keeping its Promise?」, 『Business Strategy and the Environment』, 26(4), 2017.

- Rezaee, Z., 「Business sustainability research : A theoretical and integrated perspective」, 『Journal of Accounting Literature』, 36, 2016.

- Starks, L. T., Venkat, P., Zhu, Q., 『Corporate ESG proles and investor horizons』, Unpublished working paper, 2019.

- Surroca, J., Tribó, J., Waddock, S., 「Corporate Responsibility and Financial Performance : The Role of Intangible Resources」, 『Strategic Management Journal』, 31, 2010.

- Yoon, B., Lee, J. H., Byun, R., 「Does ESG Performance Enhance Firm Value? Evidence from Korea」, 『Sustainability』, 10(10), 2018.

저자소개

장승환 JANG SEUNG HWAN

학력

- 경희대학교 체육학, 영어학 학사 졸업
- 연세대학교 경영학 석사 졸업
- 서울대학교 정책학 석사 졸업
- 성균관대학교 기술경영학 박사 졸업
- 서울대학교 산업인력개발학 박사 과정

경력

- (현)덕성여자대학교 조교수
- (현)한국취업진로학회 이사
- (현)한국체육정책학회 이사
- (현)수산해양교육학회 이사
- (현)미래융합기술연구학회 학술이사
- (현)한국체육학회 학교체육위원회 위원
- (현)중소기업기술정보진흥원 평가위원

- (현)중랑구시설관리공단 협치경영파트너
- (현)안양창조산업진흥원 전문위원
- 한국폴리텍대학 조교수
- 안양대학교 조교수
- 부산대학교 기술창업대학원 연구교수
- 한국도로공사 연구기획팀 선임연구원
- LS산전 기술경영실 대리
- 일간스포츠 경영지원팀 사원
- 대한민국 육군 포병 대위
- 연세대학교 총동문회 이사
- 한국품질경영학회 산학이사

자격

- 평생교육사 2급(교육부)

연구실적

- HR 분야, 기술경영(R&D 기획, 기술사업화 등) 분야, 진로·취업·창업 분야 SSCI급, SCOPUS, 한국연구재단 등재지 (KCI) 연구논문 다수

ESG management

13

지속가능발전목표 (SDGs)와 ESG 경영

임진혁

1. 지속가능발전목표(SDGs)

1) 지속가능발전목표의 의미

지속가능발전목표(Sustainable Development Goals, SDGs)는 모든 UN 회원국이 약속한 경제·사회·환경적 측면을 포괄적으로 추진하면서 2030년까지 모든 형태의 빈곤을 종식하겠다는 '범지구적 사회계약'이다. 20세기에 들어 인류는 급격한 기후변화를 겪고 있으며, 빈부격차는 해소되지 않고 있으며, 분쟁은 증가하면서 난민의 수는 제2차 세계대전 이후 최고 수준에 달했다. 이에 따라 인류의 생존을 낙관할 수 없는 상황이 되었고, 이대로 가다가는 아름다운 지구를 후손들에게 물려주지 못할 수 있다는 위기감에서 지속가능발전목표(이하 SDGs)가 탄생했다.

SDGs는 선진국부터 개발도상국, 저개발국까지 모든 국가가 보편적으로 참여하는 세계 공통의 기준으로, 목표달성을 위한 활동을 이 기준에 의해 평가하고, 그 내용을 세상에 널리 알려 공유하고 목표 달성을 위해 노력할 수 있는 시스템이기도 하다.

2) 지속가능발전목표의 탄생 배경

(1) 『침묵의 봄』

미국의 해양생물학자이자 작가인 레이첼 카슨(Rachel Louise Carson, 1907~1964)은 1962년 『침묵의 봄(Silent Spring)』이라는 책을 출간했다. 이 책은 이후 20세기에 가장 큰 영향력을 미친 책으로 일컬어진다. 레이첼 카슨은 이 책에서 DDT와 같은 살충제와 우리가 쓰는 농약이 새, 물고기, 야생동물 그리고 인간에게 미치는 치명적인 영향을 고발하였다.

책이 발간된 이후 언론의 비난과 화학업계의 반발에도 불구하고, 레이첼 카슨은 환경문제에 대한 문제를 제기하였으며, 정부의 정책 변화를 불러일으켰다. 1963년 미국의 케네디 대통령은 환경 문제를 다룰 자문위원회를 구성했다. 1969년 미국 의회는 국가환경정책법안을 통과시켰으며, 암연구소는 DDT의 암 유발 증거를 제시함으로써 미국 각 주의 DDT 사용 금지를 이끌었고, 『침묵의 봄』은 이후 환경문제에 관한 관심을 불러일으켰을 뿐만 아니라, 전 세계적인 환경운동의 확산에 중요한 역할을 했다.

(2) 성장의 한계 보고서와 유엔 인간환경회의(UNCHE)

환경에 대한 관심과 논의가 전면적으로 확산된 계기는 1972년 로마 클럽이 『성장의 한계(The Limits to Growth)』를 발표하면서 출발한다. 이 보고서는 앞으로 인구폭발과 경제성장이 지속된다면 100년 안에 지구의 자원, 식량, 환경은 파괴적인 사태에 직면할 것이라고 경고했다. 그리고 '환경보호'와 '지속적인 경제성장'이 양립할 수 있는가 하는 논의에서 지속가능한 발전이라는 개념이 처음으로 등장했다.

인류의 미래에 대한 우려의 목소리가 높아지는 가운데 1972년 6월 유엔은 스웨덴의 스톡홀름에서 'UN 인간환경회의(UNCHE: UN Conference on the Human Environment)'를 개최했다. 환경문제를 국제적 어젠다로 다룬 최초의 범세계적 회의로 그 의미가 있으며, 여기서 '인간환경선언(스톡홀름선언)'을 선포했다. 인간환경선언은 환경위기에 처한 지구를 보전하는데 전 지구인이 다 함께 협력하고 노력하자는 선언적 규정이다. 12월에는 유엔에서 환경문제를 전담하는 기구인 '유엔환경계획(UNEP: UN Environmental Programme)'이 발족되었다.

(3) 브룬트란트 보고서 『우리 공동의 미래』

이후 유엔환경계획(UNEP)의 세계환경개발위원회(WCED)가 『우리 공동의 미래(Our Common Future)』라는 이름의 보고서를 출간하면서 21세기 인류의 미래를 담보할 해법으로 제시한 지속가능한 발전이라는 개념이 더욱 광범위하게 논의되었다. 당시 위원장을 맡고 있던 노르웨이 브룬트란트 수상의 이름을 따 브룬트란트 보고서(Brundtland Report)라고도 부르는 이 보고서는 환경정책과 개발전략을 통합시키기 위한 토대를 제공했다.

(4) 리우회의(UNCED)와 '리우선언', '의제21(Agenda21)'

UN 인간환경회의 20주년을 기념하여 1992년 6월 브라질 리우데자네이루에서 리우회의(Rio Summit)가 개최되었다. 지구정상회의(Earth Summit)라고도 불리는 유엔환경개발회의(UNCED)에서 전 세계 대표들은 지구의 환경문제와 지속가능한 발전을 위한 '리우선언'과 세부적 행동강령을 담은 '의제21(Agenda21)'을 채택했다.

리우선언의 원칙은 국제환경법의 주요 원칙이 되었고 의제21은 지속가능발전을 추구하기 위한 국제사회의 지침이 되었다. 비록 국제협약과 같은 구속력은 없으나, 각국 스스로 환경보전과 개발을 조화시킬 수 있는 방향을 제시하고 있다. 리우회의의 후속 조치로서 의제21의 이행을 평가하고 감시하기 위하여 유엔지속가능발전위원회(UNCSD: UN Commission on Sustainable Development)를 발족하였다. 해당 기간 동안 리우데자네이루에서는 정상급회의와는 별개로 전 세계 NGO들이 모여 지구환경회의(Global Form 92)를 개최하였고 '지구헌장'을 비롯해 '세계민간단체 환경협약'을 채택했다.

(5) '새천년개발목표(MDGs)'와 '지속가능발전목표(SDGs)'

2000년을 맞이하여 UN은 '새천년선언(Millennium Declaration)'을 발표했다. 새천년선언은 인권에 기반을 둔 국제사회의 새로운 미래에 대한 다짐을 담고 있으며, 이를 계기로 UN은 전 세계공동의 개발목표를 수립하여 이행하기로 결정했다. 이러한 계획을 바탕으로 다음 해인 2001년 '새천년개발목표(MDGs: Millennium Development Goals)'를 수립하고, 같은 해 9월 UN 총회에서 회원국들이 MDGs 달성 노력에 참여할 것을 촉구하였다. MDGs는 최초의 글로벌 공동목표로서 2015년까지 빈곤의 감소, 보건, 교육의 개선, 환경보호와 관련하여 지정된 8가지 목표를 달성하도록 합의되었다.

1992년 이후 20년이 지나 2012년 6월 열린 리우+20 정상회의에서는 「우리가 원하는 미래(The Future We Want)」라는 제목의 선언문을 채택하였다. 경제 위기, 사회적 불안정, 기후변화, 빈곤 퇴치 등과 같은 범지구적 문제에 대한 유일한 해결책이 지속가능한 발전임을 다시 한번 천명하고 각국의 행동을 촉구했다.

이후 MDGs 달성 기한인 2015년 UN 총회에서는 MDGs를 계승하는 새로운 글로벌 목표인 'Post-2015 지속가능개발목표(Sustainable Development Goals, 이후 SDGs)'가 채택되고, 이로써 SDGs는 MDGs를 이어 또 다른 15년을 이끌어갈 이정표가 되었다.

'2030 지속가능발전 의제'라고도 하는 지속가능발전목표(SDGs)는 '단 한 사람도 소외되지 않는 것(Leave no one behind)'이라는 슬로건과 함께 UN이 지향하는 5대 가치(5Ps)인 ①사람(People), ②지구(Planet), ③경제 발전(Prosperity), ④평화(Peace), ⑤파트너십(Partnership) 이라는 5개 영역에서 인류가 나아가야 할 방향성을 17개 목표와 169개 세부 목표로 제시한다. 또한, 새천년개발목표가 추구하던 빈곤퇴치에서 한 걸음 더 나아가 사회적 불평등, 사회발전, 경제발전, 환경, 이행수단 등을 포함하고 있다.

출처: http://lusaka.sites.unicnetwork.org

3) 지속가능발전목표의 주요 내용

목표 1. 모든 형태의 빈곤을 모든 지역에서 종식시킨다.
→ 이 목표에는 절대빈곤의 퇴치와 모든 사람을 위한 사회보장제도

를 확립하는 내용이 포함된다.

목표 2. 기아를 종식하고, 식량안보 및 영양개선과 지속가능한 농업을 증진한다.

→ 이를 달성하기 위해서는 빈곤층과 영유아 등 취약계층에게 충분한 영양을 공급하며, 지속가능한 식량생산 시스템을 통해서 식량안보를 달성해야 한다.

목표 3. 건강한 삶을 보장하고 모든 세대의 복지를 증진한다.

→ 예방 가능한 질병으로 사망하는 어린이의 수를 줄이는 것을 포함하여, 필수적인 보건서비스를 모두에게 공급하는 것, 그리고 보편적인 의료보장시스템을 만드는 내용이 포함되어 있다.

목표 4. 모두를 위한 포용적이고 공평한 양질의 교육 보장 및 평생학습 기회를 증진한다.

→ 남녀, 장애인 등 모든 사람들이 보편적인 교육을 받고 대학, 기술훈련, 직업훈련 등 자신에게 필요한 교육을 받을 수 있도록 하는 것이 목표이다.

목표 5. 양성평등 달성 및 모든 여성과 여아의 역량을 강화한다.

→ 여성에 대한 차별을 철폐하고 정치·경제·공공 등 모든 부문에서 여성의 동등한 참여를 보장하는 것이다. 또한, 조혼, 강제결혼, 인신매매 등 여성에 대한 폭력과 나쁜 관행을 근절하는 것도 포함한다.

목표 6. 모두를 위한 식수 및 위생시설의 접근성을 확보하고 지속가능한 관리를 보장한다.

→ 모든 사람들이 안전한 식수와 위생시설을 보장받는 것을 포함하여, 수질오염 감소, 수자원 관리 등의 세부 목표가 포함되어있다.

목표 7. 모두를 위한 적정가격의 신뢰성 있고 지속가능한 현대적인 에너지의 접근을 보장한다.

→ 모두를 위한 지속가능한 에너지를 공급하는 것으로, 적당한 가격의 신뢰할 수 있으며 현대적인 에너지를 보편적으로 보급해야 한다.

목표 8. 지속적, 포괄적, 지속가능한 경제성장을 촉진하며, 완전하고 생산적인 고용 및 모두를 위한 양질의 일자리를 증진한다.

→ 모든 사람들에게 양질의 일자리를 제공하기 위해서는 소규모 창업지원, 노동자 권리 보호, 지속가능한 관광 등의 세부 목표를 달성해야 한다.

목표 9. 복원력 있는 인프라 시설을 구축하고 포용적이고 지속가능한 산업화를 촉진시키며 혁신을 장려한다.

→ 사회기반시설과 산업화에 관련된 내용으로, 이는 안전한 사회기반시설 구축, 환경친화적 공정을 적용한 산업의 확대, 과학기술연구 강화 및 투자 등을 통해 달성할 수 있다.

목표 10. 국가 내, 국가 간 불평등을 감소시킨다.

→ 이를 위해서는 모든 사람에 대한 차별을 철폐하고 기회를 평등하게 제공하며, 결과의 불평등을 완화해야 한다. 또한, 국제사회에서도 개발도상국의 영향력이 확대될 수 있도록 배려해야 한다.

목표 11. 포용적이고 안전하고 복원력이 있으며 지속가능한 도시와 인간 거주지를 조성한다.

→ 지속가능한 도시와 공동체를 구축하는 것으로, 이 목표에는 충분하고 적당한 가격의 주택공급, 취약계층에게 편리한 대중교통의 확산, 세계 문화와 자연 유산에 대한 보존 등의 세부 목표가 포함되어있다.

목표 12. 지속가능한 소비 및 생산 양식을 보장한다.

→ 여기에는 선진국이 우선적으로 지속가능 생산과 소비가 가능하도록 음식쓰레기를 절반으로 줄이고 폐기물 발생을 대폭 줄여야 한다는 내용이 포함된다.

목표 13. 기후변화와 그 영향에 대처하는 긴급행동을 시행한다.

→ 기후변화에 대응하자는 목표로 이를 위해서는 기후변화로 인한 자연재해, 특히 개발도상국에서 자연재해의 피해를 입은 후 복원할 수 있는 능력을 강화해야 한다.

목표 14. 지속가능한 발전을 위한 대양, 바다, 해양자원을 보호하고 지속가능하게 이용한다.

→ 해양오염을 막고, 지나치게 많은 양의 어류 수확을 근절하며, 지속가능한 어업 및 양식업이 가능하도록 하는 목표이다.

목표 15. 육상생태계를 보호, 복원 및 지속가능하게 이용하고, 산림을 지속가능하게 관리하며, 사막화와 토지 황폐화를 방지 및 복원하고, 생물 다양성의 손실을 방지한다.

→ 육상생태계 보호를 위한 목표로, 이 목표에는 산림, 습지, 산악지역 등 모든 육상 생태계를 보호하고 생물 다양성을 보존하며, 사막화를 방지해야 하는 내용이 포함된다.

목표 16. 지속가능한 발전을 위해 평화롭고 포용적인 사회를 촉진하고, 모두를 위한 사법 접근성을 확보하며, 모든 차원에서 효과적이고 신뢰할 수 있는 포용적 제도를 구축한다.

→ 정의, 평화, 효과적인 제도를 구축한다는 목표이다. 부정부패가 없으며, 폭력과 차별이 사라진 사회, 그리고 깨끗하고 투명한 정부를 구축하기 위한 내용이 담겨있다.

목표 17. 이행수단 강화 및 지속가능발전을 위한 글로벌 파트너십을 확대한다.

→ 지구촌 협력을 위한 것으로, SDGs의 달성을 위한 재원마련, 선진국과 개발도상국의 기술협력, 평등한 무역, 시민사회를 포함한 다양한 파트너십과 데이터를 통한 모니터링의 중요성을 강조하고 있다.

출처: www.un.org/sustainabledevelopment

2. 지속가능경영

기업이 '지속가능한 기업(Sustainable Corporation)'으로 성장하겠다는 목표를 설정, 기업과 이해관계자와의 의사소통을 증진하고 구성원의 경제적, 사회적, 환경적 지속가능성을 추구해 가치를 제고하는 경영활동을 지속가능경영이라고 한다.

무분별한 산업화로 생태계가 파괴되고 지구온난화 같은 이슈가 등장하면서 미래 세대가 지속 번영할 수 있는 환경친화적 개발을 주장하며 등장한 개념인데, UN이 지속가능발전목표인 'SDGs(Sustainable Development Goals)'에서 17가지 목표를 제시하면서 많은 기업이 지속가능경영을 최우선 실천 과제로 삼고 있다.

특히 지난 2020년부터 코로나19 확산으로 국내 기업과 글로벌 기업들의 위기감이 고조되면서 '지속가능경영'에 대해 생각하지 않을 수 없게 되었다. 만약 사회가 지속가능하지 않다면 기업 역시 존속할 수 없다는 것을 몸소 깨닫게 된 것이다.

1) CSR(기업의 사회적 책임)

CSR(Corporate Social Responsibility, 기업의 사회적 책임)이란 기업들이 자발적으로 사회적, 환경적 관심을 영업활동과 그들의 이해관계자들과의 상호작용에 통합시키는 개념으로 정의되고 있다. 다시 말해서 기업활동에 의해 영향을 받거나 영향을 주는 직·간접적 이해관계자들에 대하여 발생 가능한 제반 이슈들에 대한 법적, 경제적, 윤리적 책임을 감당할 뿐 아니라, 기업의 리스크를 줄이고 기회를 포착하여 중장기적 기업가치를 제고할 수 있도록 추진하는 일련의 '이해관계자 기반 경영활동'이다.

CSR은 윤리적 책임이라는 의미로 사용되기 때문에 법적 책임은 없으나 다양한 이해관계자를 위한 다양한 이익을 충족하도록 책임으로 확대되었다. 또한, ISO 26000은 사회적 책임에 대한 표준 가이드라인으로 이것이 국제적인 규약으로 발전하여 기업 외 자치단체, 정부기관, NGO, 병원, 대학 등을 대상으로 하고 있으므로 영향이 미치는 범위는 넓다. 그러나 막대한 비용을 투자하여 CSR을 실행해왔으나, 기업을 둘러싼 환경은 급격히 변화하였으며, 양극화 문제, 실업 문제, 빈곤 문제 등 위험 요소는 줄어들지 않았다. 동시에 기업이 이러한 문제해결에 동참할 것을 요구하는 목소리도 커지게 되었다.

2) CSV(공유가치창출)

이러한 흐름 가운데 'CSR 3.0', '인클루시브 비즈니스(Inclusive Business)', '사회적 혁신(Social Innovation)' 등 다양한 개념이 화두로 떠올랐으며, '공유가치창출(Creating Shared Value, 이하 CSV)' 또한 기존 CSR의 한계를 극복하기 위한 새로운 경영 패러다임으로 제시되었다. 공유가치창출은 경제·사회적 조건을 개선하면서 동시에 비즈니스 경쟁력을 강화하는 기업의 경영활동을 의미한다.

기업이 이상적인 공유가치를 창출하기 위해서는 다음과 같은 세 가지 조건을 충족해야 한다. 첫째, 제품과 시장에 대한 재구상이다. 기업은 시장에 더 나은 서비스를 제공하거나 새로운 시장을 창출하거나 혁신을 통해 비용을 낮춤으로써 사회적 요구를 충족시킬 수 있다.

둘째, 가치사슬의 생산성 재정의이다. 기업은 필수 천연 자원에 대한 감시인으로서 활동하고, 경제와 사회 발전을 촉진시키면서 자원 투입과 분배의 양과 질, 비용 및 신뢰 등을 개선할 수 있다.

셋째, 지역 클러스터 구축이다. 기업은 사회와 동떨어져 혼자 영업 활동을 하지 않는다. 기업이 경쟁력을 확보하고 사회와 함께 성장하기 위해서 기업은 믿을 만한 지역 공급업체, 도로와 통신과 같은 인프라, 재능 있는 인력, 효과적이고 예측 가능한 제도 등과 함께 클러스터를 구축해야 한다.

결국, CSV의 핵심은 자선과 기부 등의 형태로 이루어지던 사회공헌과 달리 기업 본연의 비즈니스를 활용하여 사회문제에 대한 해결책을 제시하는 데 있다. 따라서 CSV는 비용이 아닌 투자의 관점에서 이해되어야 하며 창조적이고 혁신적인 방식으로 접근하는 것이 필요하다.

3) ESG

ESG는 환경(Environment), 사회(Social), 지배구조(Governance)의 앞글자를 조합하여 만든 용어로 기업의 비재무적 성과를 측정하는 지표이다. 투자 대상 기업을 선택할 때 재무제표나 수익률 이외에 기업의 지속가능성과 사회적으로 미치는 영향까지 고려하겠다는 것이며, 그 기준이 바로 ESG이다.

ESG는 환경, 사회, 지배구조를 고려하여 기업 운영에 전반적인 영향을 주고, 지속가능한 발전을 이룩하기 위한 전략이지만, 최근 언론을 통하여 사람들에게 많이 알려지면서 친숙한 개념이 되고 있다.

출처: https://earlymetrics.com/esg-ratings-how-can-a-business-environmental-and-social-impact-be-measured

3. ESG경영을 위한 기업의 행동지침

앞서 설명하였듯이 지속가능발전목표 SDGs는 '단 한 사람도 소외되지 않는 것(Leave no one behind)'이라는 슬로건과 함께 인간, 지구, 번영, 평화, 파트너십이라는 5개 영역에서 인류가 나아가야 할 방향을 17개 목표와 169개 세부과제로 제시한 바 있다. 그런데 SDGs의 17개 목표 중 성 평등(목표 5), 지속가능성(목표 12), 기후변화 대응(목표 13)은 ESG와 연관성이 매우 높다.

SDGs를 목표라고 한다면, ESG는 그 목표를 달성하기 위해 기업이 실행하는 활동에 해당한다. 예를 들면 글로벌 커피 기업인 스타벅스가 해양생태계 보호(목표 14)에 도움이 되며, 동시에 기후변화(목표 13)의 달성에 기여하게 된다.

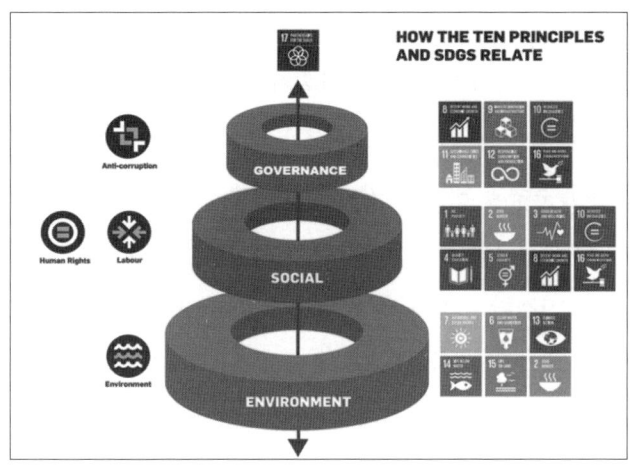

▲ UNGC-ESG-SDGs 연계표 (출처: UNGC 한국협회)

주목할 만한 점은 SDGs 달성을 위해서는 기업의 ESG 경영이 필수불가결하다는 사실이다. 지난 15년 이상 ESG는 기업의 사회적 책임(CSR) 및 사회책임투자 강화를 위해 중요한 키워드로 사용됐다. 그러나 지난 몇 년간 블랙록과 같은 글로벌 기관투자자들이 빠른 속도로 지속가능성과 ESG를 투자의 새로운 기준으로 삼으면서 ESG 논의에 불을 지폈다.

ESG 측면에서 투자자, 소비자, 지역사회 등 이해관계자의 요구사항은 점점 증가하고 있다. 많은 국가가 이미 기업과 사회의 지속가능성 증대를 위해 기업의 사회적 책임을 요구하고 있다. SDGs는 각국 정부에게 국제사회의 지속가능발전목표 달성을 위해 노력하라고 요청하고 있으며, 각국 정부는 이러한 문제 해결을 위해 기업에게 혁신을 요구하고 있다.

따라서 기업은 사람과 지구의 지속가능한 발전을 위한 주도적 역할을 해야 한다. 따라서 기업은 UNGC원칙(인권, 노동, 환경과 반부패에 관한 10가지 원칙)준수와 ESG 경영이 SDGs 달성을 위해 필수불가결하다. 이에 대해 국제기구들은 SDGs가 기업에 미치는 영향에 대해 설명하고, 기업의 경영전략과 활동에 지속가능성을 내재화할 수 있는 지침인 'SDG Compass(지속가능발전목표에 관한 기업행동지침)'를 개발하였다. 따라서 성공적인 ESG경영을 위하여 다음과 같은 다섯 단계를 적극적으로 활용할 필요가 있다.

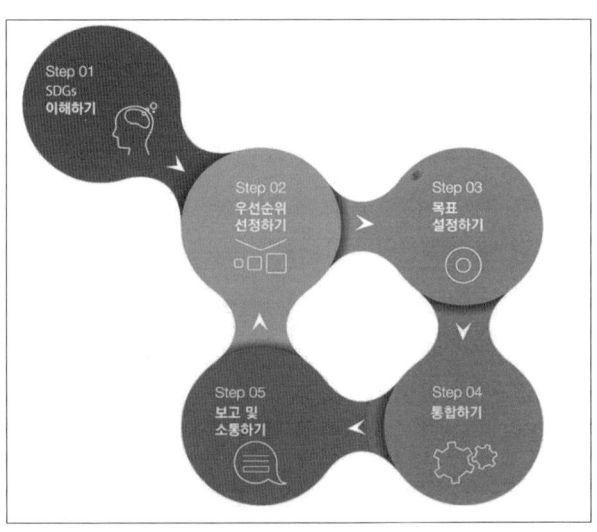

▲ SDS Compass (출처: UNGC 한국협회)

Step 01. SDGs 이해하기

기업은 SDGs를 통해 급변하는 경영환경 변화를 인식하고 이해관계자와 시장의 요구에 맞게 대응할 수 있으므로, 새로운 성장기회를 발견할 수 있다.

Step 02. 우선순위 정하기

앞에서 파악한 SDGs에 기업활동이 미치는 영향의 규모, 심각성과 가능성, 이해관계자들에게 미칠 영향의 중요성을 고려하여 자사가 집중하여 다룰 SDGs 목표의 우선순위를 정할 수 있다.

Step 03. 목표 설정하기

이제 기업은 목표를 SDGs와 연계함으로써 지속가능발전 방안을 모색해야 한다. 이를 위해서 ESG 측면에서 명확한 KPI를 설정하고, 목표의 기준치 설정을 위한 특정시점과 기간을 고려해야 한다. 예를 들면, 2020년 말에 설정된 기준치에 대비하여 2030년 말까지 이사진 중 여성의 비율을 40%까지 늘리는 목표가 있을 수 있다.

Step 04. 통합하기

명확한 목표를 설정했다면 모든 직무에 목표를 내재화할 필요가 있다. 모든 직무와 사업장에 세부목표를 설정하도록 해야 하는데, 여기서 CEO와 경영진의 리더십이 매우 중요한 역할을 하게 된다.

Step 05. 보고 및 소통하기

SDGs 목표를 중심으로 한 지속가능성을 통합, 내재화하여 긍정적인 가치를 창출했다면 이를 이해관계자에게 보고하고 소통하는 것이 중요하다. 효과적 공시와 소통을 위해서는 국제적으로 공인된 지속가능성 보고 표준(GRI 표준, 탄소공개 프로젝트 등과 같은 특정 이슈별 보고매커니즘, UN 이행원칙 프레임워크 등)을 사용하는 것이 필요하다.

이상에서 보았듯이 ESG, SDGs, CSR, CSV 등 비록 용어는 달라도 전 지구적인 문제를 해결하고 기업이 지속적인 성장을 이루려는 노력임을 간과해서는 안 된다. 특히 앞으로 요구되는 강력한 ESG 트렌드로 인해 기업이 해결해야 할 과제는 산적해 있다. 따라서 각 기업은 보유한 핵심역량과 기술로 인류의 문제해결을 위한 산업체, 학계, 연구기관 등과의 다각적인 협력체제 구축을 해나갈 필요가 있다.

참고문헌

- 김민주, 『글로벌 기업의 지속가능경영』, 교보문고, 2007.
- 김병완 외, 『지속가능발전 정책과 거버넌스형 문제해결』, 대영문화사, 2019.
- 김홍탁, 문나래, 이상진, 장현주, 임지성, 이주열, 박성재, 『지속가능은 가능한가?』, 휴먼큐브, 2019.
- 김재필, 『ESG 혁명이 온다』, 한스미디어, 2021.
- 딜로이트컨설팅, 『지속가능발전목표란 무엇인가?』, 진성북스, 2020.
- 레이첼 칼슨, 『침묵의 봄』, 에코리브로, 2011.
- 리베카 헨더슨, 『자본주의 대전환』, 어크로스, 2021.
- 임현묵, 박환보, 『한국사회와 지속가능발전목표 4: 지속가능한 사회를 꿈꾸는 교육』, 유네스코한국위원회, 2018.
- 최인석, 『사회적 가치 비즈니스』, 지형, 2020.
- 민재형, 김범석, 「기업의 ESG 노력은 지속가능경영의 당위적 명제인가? 기업의 재무상태에 따른 비재무적 책임 향상 노력의 차별적 효과」, 『경영과학』, 36(1), 2019.03.
- GRI, UNGC, WBCSD, 『SDG Compass 지속가능발전목표에 관한 기업행동지침』, 유엔글로벌콤팩트 한국협회 & 지속가능발전기업협의회, 2016.
- Eliwa, Y., Aboud, A., Saleh, A., 「ESG practices and the cost of debt: Evidence from EU countries」, 『Critical Perspectives on Accounting』, 2019.
- Friede, G., Busch, T., Bassen. A., 「ESG and Financial Performance: Aggregated Evidence from More than 2000 Empirical Studies」, 『Journal of Sustainable Finance & Investment』, 5, 2015.
- Giese, G., Lee, L. E., Melas, D., Nagy, Z., Nishikawa, L.,「Foundations of ESG Investing: How ESG Affects Equity Valuation, Risk, and Performance」, 『The Journal of Portfolio Management』, 45(5), 2019.

- Mervelskemper, L., Streit, D., 「Enhancing Market Valuation of ESG Performance: Is Integrated Reporting Keeping its Promise?」, 『Business Strategy and the Environment』, 26(4), 2017.

- Rezaee, Z., 「Business sustainability research: A theoretical and integrated perspective」, 『Journal of Accounting Literature』, 36, 2016.

- Starks, L. T., Venkat, P., Zhu, Q., 「Corporate ESG proles and investor horizons」, Unpublished working paper, 2019.

- Yoon, B., Lee, J. H., Byun, R., 「Does ESG Performance Enhance Firm Value? Evidence from Korea」, 『Sustainability』, 10(10), 2018.

저자소개

임진혁 RHIM JIN HYUK

학력

- 숭실대학교 법학과 학사
- 핀란드 Aalto University 석사(Global Management)
- 미국 Midwest University 박사(Leadership)

경력

- 고려대학교 부교수
- 한양여자대학교 조교수
- 강원대학교 산학협력중점교수
- 인덱스루트코리아 선임컨설턴트
- Drake Beam Morin Korea 컨설턴트
- EXR Korea 팀장
- Nichimen Agro Korea 과장
- 한진그룹 정석기업 사원
- 한국기업경영학회 이사

- 한국행정학회 운영이사
- 서울중랑구시설관리공단 임원추천위원
- 서울지방노동청 재취업촉진위원회 위원
- 세종지속가능발전협의회 위원
- 한국산업인력공단 NCS 개발위원
- 한국직업능력개발원 NCS 학습모듈 집필위원
- 한국연구재단 LINC+ 사업 수주 및 수행
- 한국산업기술진흥원 자율주행빅데이터 오픈랩 구축 및 실증지원을 통한 전방위 자율주행산업 생태계 구축사업 수주 및 수행

자격

- 중등학교 정교사 2급, 교육부
- 직업능력개발훈련교사 2급, 고용노동부
- ISO 14001 인증심사원, ICC
- ISO 9001 인증심사원, ICC

저서

- 『NCS기반 학습모듈-사무행정』, 한국직업능력개발원, 2015. 공저
- 『의사소통능력』, 부크크, 2019.

수상

- 모범봉사상, 한양여자대학교

ESG management

14

ESG의 핵심은 브레인

임은조

1. ESG의 이해

1) ESG의 개념

EGS는 '환경(Environment), 사회(Social), 지배구조(Governance)'와 같은 비재무정보를 국제회계기준에 반영하면서 등장한 개념으로 투자의사결정 시 '사회책임투자(SRI)' 혹은 '지속가능투자'의 관점에서 기업의 재무적 요소들과 함께 고려한다. 이중 사회책임투자란 사회적·윤리적 가치를 반영하는 기업에 투자하는 방식으로 기업의 재무적 성과만을 판단하던 전통적 방식과 달리, 장기적 관점에서 기업가치와 지속가능성에 영향을 주는 ESG(환경·사회·지배구조) 등의 비재무적 요소를 충분히 반영해 평가한다. 기업의 ESG성과를 활용한 투자방식은 투자자들의 장기적 수익을 추구하는 한편, 기업 행동이 사회에 이익이 되도록 영향을 줄 수 있다(출처: http://www.doopedia.co.kr).

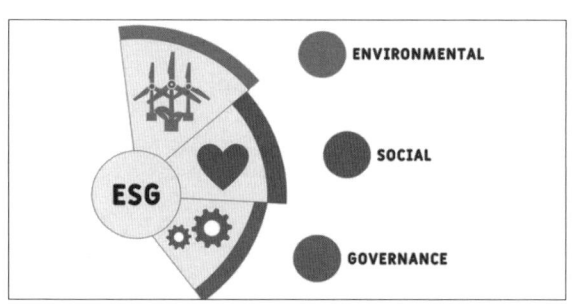

출처: 팍스넷 뉴스

여기에서 말하는 환경과 사회, 지배구조의 의미를 구체적으로 살펴보면 다음과 같다. 먼저 환경(Environment)은 탄소배출, 폐기물, 자원고갈, 매연 등 생산, 소비, 폐기의 과정에서 발생 가능한 다양한 환경보건상 문제를 해결하고, 자연환경을 보호 회복하기 위한 노력과 활동을 의미한다. 사회(Social)는 근로자, 협력업체, 고객, 지역사회 등 기업경영활동에 포함되거나 영향을 받는 개인 또는 단체의 권리와 이익보호, 갈등해소, 상생을 위한 노력과 활동에서 더 나아가 사회 공헌 활동 등을 포함한다. 마지막으로 지배구조(Governance)는 이해관계자 관계, 소유지배구조, 의사결정시스템, 이사회와 감사의 역할 및 기능 등 기업윤리를 지키며 수익을 강화한다는 목적을 달성하기 위한 규정과 체계를 의미하고 있다.

2) ESG의 배경 및 역사

경영활동의 범위는 18세기 산업혁명 이후 성장과 발전을 거치며 공장관리의 개념에서 근로환경·인력관리·고객관리로 확대되었으며, 다양한 사회적 이슈의 발생과 함께 지역사회, 협력업체, 기업지배구조, 자연환경, 성 평등 이슈를 관리해야 하는 개념으로 확대되었다(한국에너지기술평가원, 2021). ESG는 산업의 성장과 발전과정에서 발생한 다양한 문제에 대한 책임을 기업이 함께 해결해야 한다는 시대적 요구가 반영된 개념이라고 볼 수 있다.

ESG에 대한 학술적 개념은 1994년 존 엘킹톤(John Elkington)의 저서에 나타났으며, 유럽의 경제적 이니셔티브를 중심으로 책임투자의 관점에서 발전되었다. 1994년 영국의 작가이자 언론인 존 엘킹톤(John Elkington)이 지속가능경영의 3대 기본 축으로 경제, 사회, 환경의 TBL(Triple Bottom Line)을 제시한 이후 2002년 지속가능한 발전을 위한 실행보고서 가이드라인 연구결과로 경제, 환경, 사회 지표로 구성된 GRI 1.0을 발표하고, 이후 몇 차례 개정을 거쳐 2016년 GRI표준(GRI Standards)을 발표하였으며 2004년 유엔환경계획 금융이니셔티브(UNEP FI)에서 발간한 『사회적, 환경적, 기업지배구조 이슈의 중요성』에서 지속가능투자 관점의 고려사항으로 기업의 '비재무적 요소'를 환경, 사회, 지배구조의 세 가지로 분류였다. 2006년 UN책임투자원칙(UN PRI)이 지속가능한 책임투자이행을 위한 중요한 기준으로 환경, 사회, 지배구조를 'ESG'로 요약해서 제시하면서 본격적으로 ESG라는 약어식 표현이 퍼지기 시작하였다.

2020년 1월 제50회 다보스경제포럼에서 '이해관계자 자본주의'를 주제로 지속가능한 발전에 관한 토론 이후, 세계경제포럼(WEF)에서 기업의 ESG 및 SDGs성과를 비교 측정하려는 방법으로 다양한 지속가능성 글로벌표준 및 프레임워크를 도입, 활용하여 지배구조원칙(Principles of Governance), 행성(Planet), 사람(People), 번영(Prosperity) 4개의 기본 축, 55개 지표로 구성된 「이해관계자 자본주의 공통지표(Measuring Stakeholder Capitalism)」를 발표하였다(한국에너지기술평가원, 2021).

3) ESG기업평가 및 투자

지속가능한 발전을 위한 기업과 투자자의 사회적 책임이 중요해지면서 ESG평가정보는 세계적으로 많은 금융기관이 활용하고 있으며 2000년 영국을 시작으로 스웨덴, 독일, 캐나다, 벨기에, 프랑스 등 여러 나라에서 연기금을 중심으로 ESG정보공시 의무제도를 도입했다. 유엔(UN)은 2006년 출범한 유엔책임투자원칙(UN PRI)을 통해 ESG이슈를 고려한 사회책임투자를 장려하고 있다.

국내의 경우 2021년 1월 14일 금융위원회는 우리나라도 오는 2025년부터 자산총액 2조 원 이상의 유가증권시장 상장사의 ESG공시 의무화가 도입되며, 2030년부터는 모든 코스피상장사로 확대된다고 발표하였다. 이로써 비재무적이고 친환경인 사회적 책임활동이 기업가치를 평가하고 투자하는 주요지표로 자리매김하게 될 것으로 여겨진다.

밀레니얼세대가 바라보는 ESG경영투자를 위한 기업평가로 90년대생인 밀레니얼세대의 소비트렌드가 시장을 지배하고 밀레니얼(2030세대)이 투자의 흐름을 주도하기 시작하자, 기업이나 금융투자업계에서도 이들의 횡보에 관심이 쏠리고 있다. 밀레니얼세대는 나만을 위한 투자가 아닌 사회를 위한 투자를 선택하는데 그들은 사회문제나 환경문제, 소득 불평등에 대처하고 자신의 목소리를 내는 것을 매우 중요하게 생각하기 때문이다. 기성세대라고 일컬어지는 50~60대와는 다른 관점으로 기업을 바라보고 사회문제나 환경문제, 소득 불평등에 관한 경제·사회적 문제를 한 개인의 문제로 바라보지 않는다.

그들은 기업에 투자하기 위해서 투자하려는 회사가 지속할 수 있고 윤리적인지, 사회에 긍정적인 영향을 끼치는지를 깊게 살피고 고려한다. 이러한 투자분위기는 밀레니얼세대의 선택뿐만 아니라 미국의 경우도 담배제조기업에 대한 투자를 제한하고 있으며 캐나다는 대인지뢰, 집속탄을 생산하거나 사용하는 기업에 대한 투자를 제한하고 있다. 네덜란드는 담배제조기업에 대한 제한, 노르웨이는 대량살상무기, 담배, 석탄채굴 등에 대한 투자를 제한하고 있다.

2. ESG경영철학을 가진 기업가

이제부터는 『현대경영』의 「리더&피플」에 실린 「500대 기업가 정신」 중에서 ESG경영철학을 가진 기업가라고 여겨지는 5명의 기업가를 저자가 선정하여 살펴보고자 한다.

첫 번째 기업가인 승명호 동화그룹 회장·한국일보·코리아타임스 회장의 모토는 행복기업이다. 1948년 동화기업을 모태로 설립된 동화그룹은 목재산업을 주력으로 현재 보드, 화학, 건장재, 오토라이프, 미디어 등 '복합' 컨글로머리트(Conglomerate)로 성장하고 있다. 화통한 '행복경영' 전도사로 유명한 승명호 회장은 "동화인이 함께 꾸는 꿈, 그 꿈을 현실로 만들어가는 힘이 바로 동화의 핵심가치"라고 당부하고 있다. 승 회장은 "회사를 나 혼자 이끌어간다는 생각은 하지 않는다."며, "회사만 잘 먹고 살고, 직원들이 보람을 느끼지 못하면 우량회사가 될 수 없다."고 강조하였다. 동화그룹은 재계에서 직원, 가족까지 챙기는 '가족친화경영', '일과 인생의 균형'을 뜻하는 워라밸(Work and Life Balance)의 선구적 기업으로 유명하다. 그와 관련된 주요프로그램으로는 '자녀와 함께하는 해외탐방', '열린 광장', '행복 일터 만들기', '글로벌 동화 페스티벌', '화목한 직장 Day' 등이 선구적, 선진적으로 운영되고 있다. 2015년 한국일보 인수에 즈음하여 승 회장은 "창업 이래 직원과 고객의 행복한 삶을 모토로 삼아온 동화그룹은 한국일보경영에서도 행복철학을 실현하겠다."고 약속, 뉴미디어진출을 통해 지속가능한 성장동력을 확보, 동화그룹의 위상과 신뢰도에 막강한 전후방효과를 획득하게 되었다.

두 번째 기업가는 이순형 세아그룹 회장이다. 이 회장은 화향천리행 인덕만년훈(花香千里行 人德萬年薰). 꽃향기는 천 리 가고, 인덕은 만년 간다며 고 이운형 회장을 잊기에는 시간이 부족하다고 말할 만큼 형제애가 두텁다. '세상을 아름답게' 하는 기업이라는 모토를 가진 세아는 정직, 열정, 실력을 핵심가치로 삼고 올바른 사람, 올바른 일터, 올바른 제품을 통해 사람을 소중히 하고 풍요로운 삶에 이바지해오고 있다. 이순형 회장은 1960년 강관사업으로 출범, 지난 58년 동안 한국산업사의 부침을 딛고 견실한 중견그룹으로 성장한 비결은 세아를 믿고 사랑해준 고객의 힘이라고 말하고 있다. 이 회장의 기업철학은 "1등 기업에는 불황이 없다."는 것으로 2015년 포스코특수강을 인수하면서 자신의 지론인 특수강분야 1등 기업으로 등극했다. 경영 반세기를 넘어 환갑나이에 도달한 세아는 이제 100년 기업을 준비하고 있다. 치열한 경쟁시장에서 감사, 겸허, 정직의 가치로 세계 최고의 기업으로 거듭나고 세계 철강업계의 어려움 속에서 지속가능성장을 이어가기 위해 시장지배자적 지위구축, 시장변동성 대응, 애사심과 협업 등 3가지에 핵심역량을 집중하고 있다.

세 번째 기업가는 '존경받는 기업'을 모토로 하는 이재현 CJ그룹 회장이다. 삼성그룹의 모태기업으로 자리했던 CJ는 창립기, 도약기를 거쳐 이젠 세계적 종합식품회사로 성장하고 이를 발판으로 첨단기술개발과 글로벌경영에 본격착수했다. CJ그룹은 1990년대 중반 삼성그룹에서 독립한 후 독자적인 사업다각화를 통해 식품과 식품 서비스, 바이오, 엔터테인먼트와 미디어, 신유통 등 4대 핵심사업군의 리딩컴퍼니로 성장했다. CJ그룹은 우리나라의 기업문화를 혁신하는 데 선구적 기업으로 꼽히는데 2000년대 초반부터 '사장님, 부장님' 대신 '홍길동 님' 등으로 부르는 수평적 기업문화를 주도했고 나아가서 CJ 임직원들이 공식 석상에서 회장님을 부를 때 '이재현 님'이라고 불러 충격을 주기도 했으며 최근에는 '일과 가정의 양립', '유연한 근무환경' 등을 연구하고 있다. 한국 최고의 기업을 창업한 이병철 삼성 회장의 장손과 종손답게 이재현 회장은 "나의 꿈은 함께 일하는 사람들이 성장하는 것."이라고 했다. 또한, 이 회장은 CJ블로썸파크 개관식에서 "CJ를 국민이 사랑하고 신뢰하는 존경받는 기업, 국민이 자랑으로 여기는 세계적인 기업으로 만들어가자."고 당부하기도 했다.

네 번째 기업가는 구자균 LS산전 회장이다. 1974년 설립되었고, 2003년 LG그룹에서 LS그룹으로 분리되면서 닻을 올린 LS산전의 새 함장(艦長) 구자균 회장은 글로벌산전의 '스테이츠맨(Statesman)'으로 평가받고 있다. 세계 에너지산업의 리더 격인 LS산전은 2018년 서울 코엑스에서 열린 '한국스마트그리드엑스포(KSGE)'에 참가, LS의 첨단 기술을 선보여 주목받았으며 구 회장은 'Let's Make Green with LSIS!'라는 캠페인으로 LS산전의 '그린가치'를 창출하기 위해 LS산전 본사와 사업장인 안양천, 무심천에서 친환경미생물(EM) '흙공'의 투하이벤트를 전개하기도 했다. 경영학 교수를 하다가 CEO가 된 구자균 회장은 '포용적 경영자'로 유명하다. 구 회장은 회사(Company)란 단어를 '함께(com), 빵(Pany)을 먹는 조직'이라고 하였다. 또한, '생산적 경영자'보다 '포용적 경영자'로 유명한 구자균 회장은 "CEO란 업적을 평가하기보다, 업적을 올릴 수 있는 환경을 만드는 사람이다."라고 하였다.

다섯 번째 기업가는 이상훈 한솔제지 사장이다. 글로벌 종이소재기업 한솔제지는 국내 1위 종합제지회사다. '몰입, 투명, 스피드'라는 더

 나은 방식으로 국내 1등을 넘어선 차별적 경쟁우위의 글로벌기업이자 국내 제지업계 1위 한솔제지는 1965년 고 이병철 삼성그룹 회장이 설립한 신문용지 제조업체인 새한제지에서 출발, 1992년 분리독립 후 2015년 지주사체제로 전환했다. 1993년 한솔환경헌장을 선포한 후, '푸른 지구 실현으로 세계적 환경기업달성'을 비전으로 삼고 한솔기업의 기업활동 전 영역에서 환경과의 조화를 강조하며 제4차 산업혁명 관련 정보통신기술(ICT)의 발달과 전자신문, 전자책 등으로 인한 종이수요감소로 제지산업의 위기론에 한솔제지의 이상훈 사장은 "위기를 기회로 삼자."라고 설파했다. 이 모토 아래 매출증대를 위한 제품포트폴리오를 새로 짜고 친환경경영으로 그동안 4천600만 그루의 나무 심기 등의 조림활동을 계속해오고 있는 한솔제지는 '녹색경영 비전 2020 전략'에서 3단계 마스터플랜을 수립하여 기후변화대응을 전사적으로 추진하여 친환경제품 등 그린신제품개발에 박차를 가하고 있다. 그뿐만 아니라 기업의 사회적 가치실현이라는 대명제를 실천하기 위해 전 임직원이 월급의 1%를 기부하는 '1% 사랑나눔운동'도 전개하고 있다. 이상훈 사장은 '열린 경영'으로, 인터넷방송을 통해 전 임직원들에게 회사의 경영방침과 경영실적 등을 알려주는 등 정보공유를 통해 임직원들의 참여의식을 높이고 있다. 이사장의 신경영전략이 현재의 인쇄용지수요 감퇴에 따른 위기를 극복하고 한솔제지를 세계 유수의 제지회사로 발전시킬 것으로 기대된다.

더 많은 유수그룹의 기업가들이 ESG경영철학을 가지고 있고 실천하

고 있겠지만, 저자는 유독 위의 5명의 기업가가 마음에 다가와 ESG기업가 정신을 가진 기업가로 소개하였다. 푸른 지구를 위한 환경에 투자하고 다 함께 행복한 삶을 꿈꾸는 것을 기업의 가치로 여기며 지배구조의 문화를 바꾸어가는 기업가야말로 진정한 ESG경영자라고 본다.

3. ESG경영과 뇌

산업혁명 이후 화석문명에 의존해온 글로벌 자본주의체제는 현재 대전환점을 맞이하고 있다. 화석연료에 기반을 둔 산업기반을 변화하지 않고 그대로 지속한다면 지구환경과 인류의 사회는 매우 심각한 상황에 직면할 것이라는 위기의식을 대부분 느끼고 있다. 지구온난화로 인한 이상기후와 직면하고 있는 코로나19 등은 우리에게 위기감을 더욱 실감하게 하고 있다. 국제사회는 이러한 위기의식 속에서 인류공동체가 계속해서 번영할 수 있는 지속가능성 혁명을 위해 기업의 주도적이고 새로운 경영패러다임으로 ESG경영을 기대하고 있으며 국제적인 환경단체들은 기업들에 압력을 가하기도 한다. 2021년 7월 25일 『디지털타임스』에 의하면 "호주의 한 환경단체가 친환경차를 생산하면서 화력발전소를 짓는다며 글로벌유력경제지 영국 파이낸셜타임스에 전면광고를 내고 현대자동차그룹을 공격했다."는 기사가 있었다. 현대차그룹 계열인 현대건설이 베트남 '꽝짝1' 석탄화력발전소 건설공사를 수주하자 환경단체가 이를 중단할 것을 요구한 것이다. 과거 기업의 사회적 이미지제고차원에서 강조되던 '기업의 사회적 책임(CSR: Corporate Social Responsibility)과 달리 글로벌경제에서 ESG경영이 강조되면서 ESG에 조금만 의구심이 들어도 국제환경단체와 소비자단체의 공격대상이 되는 것이다.

지금까지 우리 인류는 산업혁명의 자연발생적인 기술혁신을 이루어왔다. 그러나 지금부터는 지속가능성 혁명으로 인류가 과감하고 자발적인 의지로 미래의 우리의 모습을 바꾸어 나아가는 혁명을 하여야 한다.

세계가 지향하는 ESG경영으로 투자자는 환경과 사회를 배려하며 장기적으로 기업가치를 높이는 경영을 실천해 나아가야 한다. 코로나 팬데믹사태 이후 소비자는 환경과 공생하려는 의식이 커지고 있으며 고객은 더욱 친환경제품과 서비스를 원하고, 기업의 종업원은 더 일하기 편하고 유연한 근로환경을 요구하고 있다. 어느 한 개인의 행복을 위한 것이 아니라 우리 모두 건강하고 행복한 평화로운 지구에서 살아가기 위해 기업가는 기업가대로 우리가 모두 의지적으로 선택하고 바꾸어 나아가야 한다.

1차, 2차, 3차 산업혁명을 통해 인간의 생산능력은 급속도로 성장하였고 지구 역사상 그 어느 때보다 물질적으로 풍요롭고 편안한 삶을 살아가고 있다. 그러나 이러한 물질만능으로 인해 인간성은 상실되고 개인과 집단기업의 이기주의는 인류의 삶의 터전인 지구환경을 심각하게 파괴해왔으며 인류가 지속가능성 혁명을 일으키지 않는다면 인류도 지구도 모두 공멸하고 말 것이다. 특별한 사람이 아니어도 대부분 우리는 모두 이러한 위기의식을 느끼고 있을 것이며 코로나 팬데믹사태를 겪으면서 전 세계는 하나의 공동체로 공생하고 있음을 자각하였을 것이다. 인류와 지구가 이러한 위기를 잘 극복하고 지속가능성장을 하기 위해서 더는 물질중심의 기업경영이 아니라 인류와 지구의 환경을 중심으로 지속성장이 가능한 기업의 ESG경영이 요구된다. 우리가 모두 건강하고 행복한 삶을 위해서는 환경과 사회를 배려하며 장기적으로 기업가치를 높이는 경영방식이 요구되는데 이를 행할 수 있는 답은 인간의 뇌에 있다. 우리 인간이 뇌를 어떻게 쓰느냐에 따라 우리 인류는 공멸할 수도 있고 공생할 수도 있다.

참고문헌

- 기업경영의 새로운 패러다임 ESG, 한국에너지기술평가원, 2020.
- 경영매거진 CHIEF EXECUTIVE, 한국능률협회컨설팅, 2020.09.
- 류정선, 「최근 글로벌 ESG 투자 및 정책 동향」, 금융투자협회, 2020.06.17.
- 채영희 기자, 윤근창, 「리더&피플-기업가정신 500」, 『현대경영』, 2018.11.16.
- 송양민, 이형종, 『ESG경영과 자본주의 혁신』, 21세기북스, 2021.
- 차박 주식연구소 카페, EGS 관련 주식 정보(https://cafe.naver.com/chartartist30/7845)
- 디지털타임스, 임직원 사회공헌 강화… KTB ESG위원회 출범(http://www.dt.co.kr)
- KCGS 홈페이지, WHY ESG?(http://www.cgs.kr/business/esg_tab01.jsp)

저자소개

임은조 LIM EUN JO

학력

- 국제뇌교육종합대학원 뇌교육학 석사
- 국제뇌교육종합대학원 뇌교육학(생체신호) 박사

경력

- (현)미국 Caroline University 뇌인지융합전공교수
- (현)인체항노화표준연구원 수석연구원
- (현)중부대학교 고양캠퍼스 평생교육원강사
- (현)국가공인 브레인트레인자격과정 강의교수
- 국가공인 브레인트레인자격과정 출제위원
- 브레인헬스융합연구소 소장
- 국제뇌교육종합대학원 겸임교수

자격

- 브레인코칭지도사 전문가

- 실버브레인건강지도사
- 학교폭력, 성폭력상담사
- 사회복지사

저서

- 『미래 유망 기술과 경영』, 브레인플랫폼, 2021. 공저
- 『신중년, N잡러가 경쟁력이다』, 브레인플랫폼, 2021. 공저

ESG management

15

중소기업 ESG경영 어떻게 접근할까?

양석균

1. 들어가며

  기업의 수명은 얼마나 될까? 그리고 영속하는 기업의 트렌드는 무엇일까? 우리 인간의 평균수명은 오늘날 '100세 인생'의 시대라고 한다. 그러면, 기업의 평균수명은 얼마나 될까?. 기업은 한번 창업하면 영속하기를 바라지만 그러하지는 못한다.

  일반적으로 기업은 창업 후 3년 이내에 10개 중 6개가 문을 닫으며 5년이 되면 30%만이 살아남는다는 통계치가 있다. 이러하듯, 창업기업의 경우 소위 우리가 말하는 '죽음의 계곡(Death Valley)'에서 좌절하고 사라지는 경우를 흔히 보아오고 있는데 이는 세계시장이 초경쟁(Hyper-Competition)시대로 접어들었으며 대기업 위주로 한 양적 성장의 사회 분위기와 대기업제품을 선호하는 소비자들의 인식으로 인한 영향이 요인으로 또한 자리 잡고 있기 때문이라고 한다.

  스탠더드앤드푸어스(S&P)에 따르면 기업의 평균존속기간은 1935년도에는 90년 정도였지만 1955년도 『포춘』지 500대 기업 중 현재까지 살아남은 기업은 71개에 불과하며(Jim Collins), 기업의 평균수명도 점점 단축되고 있어서 1990년대에는 50년에서, 2011년도에는 18년으로 단축되었고 2020년에는 다시 10년까지 낮아질 것으로 전망하고 있다(액센추어, 2010).

이들 생존한 기업들을 살펴보면 창업자 개인의 특성, 경험 및 내부적인 역량 측면에서 사업역량과 사업아이템의 시장성·수익성·차별성, 명확한 비전과 목표 및 차별화를 통한 기술개발과 마케팅전략이 다른 기업들과는 차별점이 있었다고 말하고 있다.

그러나 필자는 다른 기업들과의 차별점 중에 가장 중요한 부분의 하나인 또 다른 중요한 부분이 있음을 지적하고자 한다.

기업은 두 사람 이상이 공동의 목표를 달성하기 위하여, 사회 속에 존재하는 조직으로서, 사회를 생각하지 않고는 존재할 수가 없다.

결국, 오늘날 영속하는 기업의 조건 또는 방향은 사회의 다양한 환경변화에 적극적으로 적응하고 동참하여 지역 및 인류사회와 지속해서 소통하며 사회가 필요로 하는 관심분야에 이바지하는 기업으로 변화와 혁신을 하며 미래를 준비하여야 하고(사회, Social), 그에 더하여 최근의 코로나19로 인해 기후위기 등 환경에 대한 관심이 대두하면서 친 환경 분야에 적극적으로 동참하고 이바지하는 정책을 함께 추진하여야 하며(환경, Environment), 오늘날과 같은 지식기반사회에서는 다양한 전문가 집단들의 목소리에 귀 기울이며 상호 윈윈(win-win)하는 협치의 네트워크(지배구조, 윤리경영, Governance)를 통하여 시너지를 창출하여야 한다.

이러하듯, 오늘날 기업이 계속기업으로 영속하기 위해서는 ESG경영을 하여야 함을 말하고 있다.

그러나 지금까지는 ESG경영이 중견 이상의 조직에서 주로 추진되고 있으며, 이를 평가하는 지표들도 아직 통일되어 정립되지 않고 있다.

그런데도 중소기업들도 중견기업 이상의 지속가능기업으로 성장 발전하기 위하여서는 ESG경영은 이제 필수요건이 되어가고 있다.

그러하다면 중소기업은 ESG경영을 무엇부터 어떻게 준비하고 실행할 것인지에 대하여 고민해보지 않을 수가 없다. 이를 위하여 우선 ESG와 그 개념부터 명확하게 알고 가야 할 필요성이 있다.

2. ESG, ESG경영이란 무엇인가?

일반적으로 환경(Environment), 사회(Social), 윤리경영 내지는 지배구조(Governance)의 영어 첫 글자에서 따온 말로써 활용되고 있으며, 이는 다시 말하여 기업이 환경보호에 앞장서고, 사회적으로 약자에 대한 지원, 안전한 제품의 생산, 판매 및 사회공헌활동을 활발히 하며, 법과 윤리를 철저히 준수하는 투명하고 공정한 윤리경영을 실천하는 것을 말한다.

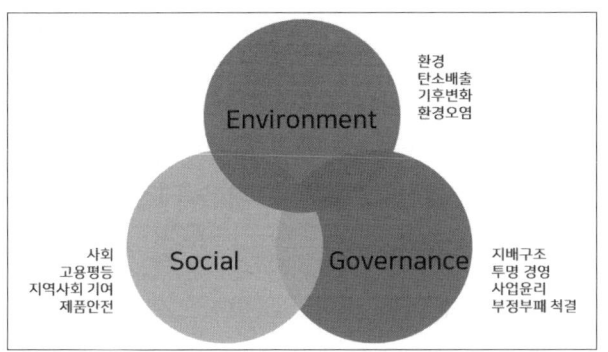

유럽연합(EU)이나 미국 등에서는 이미 기업을 평가할 때 ESG가 중요한 기준으로 자리 잡고 있다.

그러하므로 오늘날 기업이 지속성장을 위해서는 ESG경영은 선택이 아닌 필수라는 데 세계적으로 공감대가 형성되었다.

결국, 오늘날의 기업은 ESG경영을 경영이념 내지는 경영철학으로 대내외에 공표하고 추진하여야 할 필요성이 있음을 감지할 수가 있다.

그동안 기업을 평가할 때에 재무적인 측면에서의 성과 위주로 판단했다면, 이제는 기업의 가치와 지속가능성에 영향을 주는 비재무적인 환경(Environment), 사회(Social), 지배구조(Governance)의 요건들을 충분히 반영하고 실행하고 있는지가 기업판단의 중요한 요소가 되었다.

결국, 기업의 ESG성과를 중요시하는 것은 장기적으로 기업에는 수익을 추구하는 한편, 그러한 기업행동으로 인하여 사회에도 이익이 되도록 영향을 줄 수 있도록 하는 데 있다.

이처럼 기업의 지속가능한 발전을 위해서 기업과 기업가의 사회적 책임이 중요해지면서 세계적으로 많은 기관이 ESG평가정보를 활용하고 있다. 영국(2000년)을 시작으로 스웨덴, 독일, 캐나다, 벨기에, 프랑스 등 여러 나라에서는 이미 연기금을 중심으로 ESG정보공시 의무제도를 도입했다.

유엔(UN)은 2006년 출범한 유엔책임투자원칙(UN PRI)을 통해 ESG 이슈를 고려한 사회적 책임을 주요시하고 있으나 아직 ESG경영의 기준이 되는 평가지표는 표준화된 것이 없어, 관련 기관들에 따라서 다르게 관리하는 실정이다.

이러한 상황에서 주목할 일은 코로나19의 확산이 뜻하지 않게 ESG의 중요성을 일깨워 준 측면이 크다는 점으로 코로나19의 영향으로 ESG투자가 급격히 증가하고 있음은 물론 안전이슈가 두드러지면서 기업의 직원안전보호 등 '사회'영역에 대한 관심이 확대되고 있다.

전 세계가 악화되는 기후위기와 미증유의 팬데믹에 직면하면서 ESG의 중요성에 대한 관심이 폭발적으로 증가하는 추세에 적극적으로 대처하며 이끌어 나아갈 필요가 있고 이제 기업은 좋든 싫든 ESG에 관심을 두고 신경 쓰지 않을 수 없는 글로벌패러다임이 형성되고 있다(『한국경제』 기사 중 일부 발췌).

그러나 아직 ESG경영에 대한 평가기준이 정립되지 않은 관계로 일부 기관에서 나름대로 관리하는 ESG평가기준을 알아봄으로써 ESG경영실천을 위한 이해에 도움을 얻을 수 있다.

ESG에 대한 관심이 급격히 높아지면서, 전 세계적으로 ESG평가기관이 600개가 넘는다는 조사결과가 있을 정도로 평가기관이 급증하고 있다. 이에 따라, 이들 기관의 각기 다른 평가기준문제, 동일기업에 대한 전혀 다른 평가 등 여러 비판이 제기되고 있지만, 기업 입장에서는 주요 평가기관의 움직임에 민감할 수밖에 없는 것이 현실이다. ESG평가는 ESG지수산출은 물론 기관투자자들의 투자결정 시 기업의 잠재적 리스크판단을 위한 중요한 자료로 활용되고 있기 때문으로 전 세계적으로 통일된 ESG평가기준이 나올 때까지는 이러한 상황이 지속될 것이다.

이러한 ESG평가기준에 대한 일부 예시를 소개하자면 환경(Environment)의 핵심지표는 환경경영인증, 환경정보고객, 환경경영조직, 환경교육, 온실가스배출량, 에너지사용량이고 사회(Social)의 핵심지표는 인권보호프로그램 운영, 여성근로자비중, 협력사지원, 공정거래프로그램, 사회공헌지출액이며 지배기준(Governance)의 핵심지표는 기업지배구조 공시, 감사기구, 배당, 이사회독립성 등이다(『한국경제』 기사 중 일부 발췌).

그러나 이와 같은 기준으로 중소기업의 ESG경영을 평가하기에는 그 한계가 있는 것이 현실이다.

3. ESG경영 추진사례

지금까지 공개되고 있는 ESG경영은 주로 대기업으로, 다양한 홍보매체에 공개된 이들 기업의 ESG경영 추진사례와 주요키워드(Key Word)를 간략히 모아보면서 중소기업의 ESG경영실천을 위한 방향에 대한 이해를 돕고자 한다.

1) SK그룹-녹색요금제, 재생에너지 등

SK그룹 8개 계열사는 우선 한국전력에 도입할 녹색요금제, 제3자 전력구매계약(PPA)체결, 재생에너지 발전사업지분 투자 등을 통해 재생에너지사용 비율을 단계적으로 늘려간다는 계획이다

2) 삼성그룹-탈석탄, 지구 온난화 등

삼성금융 계열사가 기후변화위기의 선제대응을 위해 '탈석탄금융'을 선언했는데 석탄채굴 등에 대한 투자를 중단하고 ESG투자 가이드라인이 수립한다는 방침이다. 2020년 11월 12일 금융권에 따르면 삼성생명, 삼성화재 등 금융관계사들은 지구온난화 등 기후변화위기의 선제대응을 위한 '탈석탄'정책을 강화하겠다고 밝혔으며 삼성의 경우 삼성전자와 삼성물산이 '탈석탄'방침을 결정하고 "ESG경영 선도기업으로 위상을 강화하겠다."고 선언했다.

3) 풀무원-소비자의 안전, 건강, 사회적 책임 및 서비스 등

풀무원은 식품기업 중 유일하게 통합 A+등급을 획득하고, ESG부문 최우수기업 수상하였으며 소비자의 안전 및 건강, 사회적 책임을 고려한 제품 및 서비스를 제공하여 지속가능한 성장의 기반을 마련하는 데 노력하고 있다고 하였다.

4) 신한투자금융-탄소배출감소 등

신한금융투자는 본사사옥에 전기차충전시설 설치 등 탄소배출감소 노력 등으로 지난해 국제표준화기구(ISO)에서 ISO14001 인증을 받았다. 이에 은행권보다 관심이 적었던 증권사들도 ESG 관련 투자에 본격적으로 참여하는 분위기가 역력하다.

5) 현대차그룹-시장과 사회로부터 사랑받는 기업 등

현대차와 기아차, 현대모비스 등 현대차그룹이 이사회 내 '투명경영위원회'를 '지속가능경영위원회'로 확대 및 개편하고 위원회에서 ESG(환경·사회·지배구조)경영체계를 가속한다. 현대차그룹의 관계자는 "ESG경영체계 확립을 통해 인류에 이바지하고 지속가능한 미래가치를 창출해 나갈 것"이라며 "이사회를 중심으로 모든 임직원이 다 함께 노력해 시장과 사회로부터 사랑받는 기업이 되도록 노력하겠다."고 말했다.

6) 법무법인 지평-소셜벤처의 탈탄소, 자원순환 법률지원 등

법무법인 지평과 사단법인 두루가 공동으로 소셜벤처의 탈(脫)탄소 및 자원순환분야에 선도적인 소셜벤처들과 업무협약을 맺고 이들에 대한 법률지원을 통해 환경분야의 사회적 가치를 이끌어가고 공익사업을 강화할 계획이다.

참여하는 기업은 국내 최초 도시형 에너지자립마을인 성대골에서 주택에너지 효율화사업 등 전환운동을 수행하는 마을닷살림협동조합, 100% 재생에너지전환을 위해 시민이 참여하는 커뮤니티 펀딩서비스를 제공하는 루트에너지, 채식이 편한 사회를 위한 애플리케이션 채식한끼를 개발한 비욘드넥스트, 아동교육 및 전력보급증진에 이바지하는 솔라카우 태양광시스템을 통해 2019년 『타임』지에서 '올해 최고발명품'에 선정된 요크(YOLK), 세계 최초로 휴대용 수력발전기를 개발한 이노마드, 버려지는 자원과 버리는 마음을 터치하는 사회적 기업 터치포굿, 친환경 플라스틱원료 전문기업 테코플러스, 기후위기문제를 해결하고 지속가능한 지역사회를 만드는 에너지전환해유 사회적 협동조합 등 8곳이다.

7) 롯데월드-'그린(Green)', '투게더(Together)', '페어(Fair)' 등

롯데월드는 ESG경영전략의 핵심슬로건을 '어 베터 월드(A Better World)'로 정했다. '더 좋은 세상을 위하여'라는 전체적인 방향성 아래 친환경가치 창출을 위한 환경(E)분야는 '그린(Green)', 기업의 사회적 책임을 위한 사회(S)분야는 '투게더(Together)', 투명하고 공정한 지속가능경영을 위한 경영체제(G)는 '페어(Fair)'로 키워드를 정했다.

구체적인 추진과제로 환경분야에서는 지구촌 불 끄기, 지구의 날, 에너지의 날 등 환경보전캠페인 동참, 업사이클링상품 판매 및 자전거출퇴근 캠페인, 전기차이용손님 프로모션 등의 활동을, 사회분야에서는 지역사회 및 파트너사와의 상생, 직원들의 다양성 존중, 취약계층의 꿈을 응원하는 '드림업(Dream Up)'캠페인, 나눔활동과 취약계층대상 CSR 프로그램인 '드림티켓'으로 연간 약 1만 5,000명을 테마파크, 아쿠아리움, 전망대로 초청하여, '드림잡(Job)'을 통해 현재까지 2,000여 명의 청소년에게 직업체험기회를 주었다.

마지막으로 투명하고 공정한 지속가능경영을 위한 경영체제(G)는 '페어(Fair)'로 이러한 내부경영체제 확립을 위해 'ESG경영추진TFT'를 신설, 분야별로 전사적인 ESG전략수립 및 실행을 총괄하여 연 1회 지속가능경영보고서 발간을 통해 ESG활동현황 및 성과를 주기적으로 평가해 실질적인 활동을 지속하고 발전시켜나간다는 계획이다.

8) ESG경영 우등생 日 기업 '임직원 비만도'까지 챙긴다

전국경제인연합회는 「일본 ESG 등급 우수기업 모범사례」보고서를 발표해서 2020년도 일본매출 100대 기업 중 모건스탠리캐피털인터내셔널(MSCI)로부터 'AAA' ESG등급을 받은 소니, 후지쓰, 이토추상사, KD야, 스미토모화학 등의 사례를 분석했다.

기업윤리분야에서는 소니가 우수기업으로 소니는 '기업윤리 핫라인'이란 신고센터를 개설해 24시간 365일 운영되며 27개국어로 통화가 가능하다. 일본뿐 아니라 해외지사에서도 신고센터에 자유롭게 전화할 수 있으며 모든 통화는 법이 허용하는 한도까지 익명으로 보안처리되고 녹음되거나 추적되지 않는다. 소니는 2019년 기업윤리 핫라인을 통해 440건의 신고를 접수했고 조사에 착수해 적절한 조치까지 이뤄진 사례가 170건이 넘는다.

후지쓰는 환경오염 저감기술의 개발과 도입을 장려하는 기업으로 유명하며 매년 우수조직을 찾아내 인센티브를 주고 있다. 2019년엔 후지쓰 산하 쿠마가야시 서비스솔루션센터가 '환경기여상'을 수상했는데 고체산화물연료전지(SOFC)를 활용한 친환경 발전시스템을 도입, 이산화탄소 배출량을 2018년 대비 35%가량 줄였다.

전경련 관계자는 "일본기업들은 2015년부터 유엔지속가능개발목표(SDGs)를 이행하는 등 ESG경영이 일상화되어있다."며 "한국기업들이 참고할만한 벤치마킹사례가 적지 않다."고 말했다.

9) 당근마켓-자원재사용, 이웃과 더불어 사는 사회

환경과 사회적 가치를 실현하며 성장하는 스타트업 당근마켓은 ESG 경영 트렌드의 화두로 주목받고 있다.

대한민국 전역에 중고거래신드롬을 일으킨 당근마켓은 전 국민의 소비행태까지 변화시키며 자원재사용에 대한 인식을 고쳐시키는 데 크게 이바지했고 그 결과 2020년도 1억2천만 건의 이웃 간 거래와 나눔이 연결되었으며, 한 해 동안 재사용된 자원가치는 2,770만 그루의 나무를 심은 것과 같은 효과를 거뒀다. 최근에는 GS리테일과 손잡고 동네 편의점과 슈퍼마켓에서 버려지는 유통기한 임박상품 할인정보를 지역주민에게 알리고 있다.

당근마켓은 지역소상공인은 물론, 지자체와 동네주민을 연결하는 '내 근처' 서비스를 통해 일자리, 교육, 부동산, 중고차, 지역업체소개 등 지역생활에 필요한 각종 유용한 정보와 편의를 제공하며, 커뮤니티 소통과 경제활성화를 돕고 있다.

특히 코로나19 장기화로 어려움을 겪는 골목상권에 활력과 소상공인의 날 캠페인, 수재민 구호활동 등 다양한 참여형 캠페인을 통해 이용자들과 함께 더불어 사는 따뜻한 지역사회를 만들기에 일조하고 있다.

이 외에도 상호존중의 수평커뮤니케이션으로 건강한 조직문화경영을 실현하고 있다.

10) 카카오, 네이버-공존, 상생, IT생태계 선순환구조 구축 등 사회적 가치창출

카카오의 ESG위원회는 '지속가능보고서'를 통해 그동안 더 나은 사회를 만들기 위한 '카카오프로젝트 100', '카카오같이가치' 등의 다양한 플랫폼을 운영하며 아동-청소년문제, 인공지능(AI)기술 개발 및 윤리문제, 이용자의 정보보호 등 현시대에 중요한 사회문제들을 해결하기 위한 장을 마련해왔다. 한편, 카카오는 저탄소 경제전환에 이바지하기 위해 2023년 준공목표로 친환경 데이터센터를 준비하고 있다.

네이버는 ESG경영강화로 공존, 상생, IT생태계 선순환구조 구축 등 사회적 가치창출을 통해 기업가치를 더욱 높여나갈 계획이며 중소상공인들의 성장을 돕기 위한 창업지원 프로그램을 운영계획 중이다.

11) 우아한형제들, 11번가-포장 및 배달플라스틱 사용량 감량

배달의민족을 운영하는 우아한형제들은 배달플랫폼 최초로 '2020 유엔 지속가능개발목표경영지수(SDGBI)' 상위그룹에 선정됐다고 전했다. 우아한형제들은 2019년부터 배달의민족 앱에 '일회용품 덜 쓰기' 기능을 도입했으며, 1,000만 명 이상이 참여해 나무 185만 그루를 심은 효과를 본 것으로 알려졌다. 또한, 환경부, 한국플라스틱용기협회, 한국프랜차이즈협회, 자원순환사회연대 등과 '포장 및 배달플라스틱 사용량 감량을 위한 자발적 협약'을 맺은 데 이어 친환경 포장용기 등 일부

품목을 할인된 가격에 공급하기도 했다.

12) 동구밭-사회적 약자에 대한 배려

전형적인 사회적 기업이지만 실적 측면에서는 동종기업을 훨씬 능가하는 동구밭은 2019년에는 20억 원이었던 매출이 2020년 기준 약 60억 원으로 증가했으며 고체화장품업계 1위로, 시중에 나오는 고체설거지세제의 80%, 고체샴푸, 린스의 60~70%를 제조한다.

동구밭은 직원 절반이 발달장애인으로 구성되어있고, 전체 직원의 최소 50%는 발달장애인으로 고용한다는 원칙을 고수한다. 노순호 동구밭 대표는 여성동아 인터뷰 중, "동구밭이 망하는 때란 제품을 더는 만들지 못할 때가 아니라 발달장애인을 고용하지 않는 순간, 혹은 발달장애인 고용에 대한 고민을 하지 않는 시점이다."라며 회사경영에 대한 뚜렷한 목적의식을 나타냈다.

4. ESG경영 실정사례

최근 사회적으로 물의를 일으키면서 회사의 사주가 바뀐 사례를 비롯한 이들 기업의 사례는 ESG경영의 잘못에 따른 회사비즈니스 전체에 큰 타격을 준 예이다.

1) 남양유업 사례-ESG 중에서 S(Social) 부분의 실정으로 회사 몰락

기업이 사회와 공존하며 사회를 생각하고 사회에 이바지하는 기업으로서의 이미지가 필요한 오늘날에 이러한 근본원칙을 무시한 사례로 소비자들이 이에 항의하며 접근하면 얼마나 무서운지 보여준 사례가 바로 남양유업 사례이다.

남양유업은 2013년 대리점강매 갑질사태와 창업주 외손녀의 마약투약혐의 등으로 오랜 기간 구설에 올랐는데 특히 지난 2021년 5월 코로나19 예방효과를 내세운 '불가리스 논란'이 결정타가 되어 SNS 등에서는 소비자들의 남양유업제품 불매운동이 이어졌으며 이는 결국 기업을 포기하는 매각에까지 이르게 되었다.

이러하듯 이제는 대리점 갑질, 오너일가의 부족한 윤리의식, 불가리스 사건 등으로 잇달아 물의를 일으켰던 남양유업은 지분 일체와 57년을 이어오던 경영권을 포기할 만큼 사태가 심각하다고 판단한 것이다.

2) 아워홈-ESG 중에서 G(Governance) 부분 실정

'아무리 높은 수익률이 보장된다고 해도 윤리경영 내지는 지배구조에 문제가 있거나 사회적 물의를 빚은 경영진이 운영하는 기업은 살아남을 수 없음을 인지한 결과'를 잘 보여주는 사례가 바로 아워홈 사례이다. 이는 구 부회장의 '보복운전'이 결정타였는데 그는 2020년도 보복성 운전을 해 특수재물손괴, 특수상해 등의 혐의로 기소되었고 징역 6개월에 집행유예 2년을 선고받았다. 이에 결국 대표이사직을 박탈당하였으며, 신임대표는 이날 입장문을 통해 "최근 몇 년 동안 아워홈은 과거의 좋은 전통과 철학을 무시하는 경영을 해왔다."며 "신임대표로서 아워홈 구성원들이 마음껏 역량을 펼칠 수 있는 좋은 회사를 만들겠다."고 밝혔다.

그는 이어 "과거 공정하고 투명했던 전통을 빠르게 되살리고 미래 성장동력을 발굴해 세계적인 기업으로 성장시키겠다."는 포부도 덧붙였다.

5. 중소기업 ESG경영의 필요성

오늘날 4차 산업혁명 시대의 조직 대내외산업 및 경영내외부 환경변화에서 과거에 겪어보지도 상상해보지도 못하였던 사례들이 현실로 일어나고 있는 사례를 접하고 있다.

특히, 코로나19사태를 겪으면서 사회적 거리두기, 온택트(On tact) 등 우리 사회는 많은 변화를 겪고 있다.

그러한 상황변화 중 주요키워드(Key Word) 중 하나가 ESG에 대한 관심이다. 즉, 환경친화적인 정책(Environment), 지역사회, 국가사회 및 관련 이해관계자들에게 이바지하는 기업으로의 이미지 업(Social) 그리고 윤리경영, 공정경쟁 등 내외부 지배구조(Governance) 관련일 것이다,

이처럼 ESG는 기업의 지속가능성을 측정하는 비재무적 지표로서, 기업에 발생 가능한 위험요인은 환경, 사회, 기업지배구조 측면에서 점검하는 수단으로 자리매김하고 있다.

특히, 코로나19라는 상황에서의 ESG관리 필요성이 강조되고 있는데 국내 기업들의 경우 사내 관련 TFT구성, 관련 위원회구성 등을 통하여 ESG요소들을 점검·관리하는가 하면, 기후변화에 대응하기 위해 원료구매부터 제품생산 전 과정에서 친환경을 위한 개선책을 마련하고 있다.

그러나 이러한 노력이 국내에서 아직은 주로 중견기업 이상의 대기업중심으로 이뤄지고 있으며 중소기업에서는 기업의 사회적 책임이행이나 ESG개선 필요성을 체감하고 실행하기까지는 넘어야 할 산이 많

이 도사리고 있는 것이 사실이다.

중소기업이 ESG경영을 실현하기에는 경영에 부담이 가는 것이 사실이지만, 영속기업으로 성장 발전하여 중견기업 이상의 대기업으로 성장 발전하기를 원한다면 선택이 아닌 필수의 조건이 되었다.

2021년 1월 금융위원회는 한국형 그린뉴딜정책의 목적을 위해 2030년까지 전체 코스피상장사를 대상으로 '지속가능경영보고서' 발간을 의무화하는 정책을 발표하면서 국내 중소기업의 ESG정보공시 부담은 가중될 것으로 보인다.

한편 은행권에서도 친환경기업에 대한 대출심사요건으로 기업의 ESG수준을 고려하겠다는 계획을 발표하면서 자본조달의 용이성 측면에서 기업경영의 ESG요소들을 관리해야 할 필요성이 높아지고 있다.

이처럼 ESG와 관련한 다양한 시장환경의 변화는 중소기업경영에 부담으로 작용할 수 있지만, 어차피 하여야 할 것이라면 오히려 위기는 기회라는 관점에서 오늘날 새로운 성장동력이자 경쟁우위요소로서 인식하고 추진함이 더욱 현명할 것이다.

일례로 공급망에 대한 CSR관리의 필요성이 커지면서 LG전자나 아모레퍼시픽과 같은 국내 일부 대기업에서는 협력사선정 시 제품안전, 노동, 환경 등의 측면에서 협력사의 지속가능경영 수준을 평가하고 이를 선정 여부에 반영하고 있다. 이처럼 CSR 관점에서의 공급망관리 중요성이 커질수록 ESG를 기업경영에 선제로 도입한 중소기업일수록 새로운 기회요인이 될 수 있다(『한국경제』 신문 일부 발췌).

6. 중소기업의 ESG경영, 어떻게 준비하여야 하나?

1) 중소기업의 ESG경영실천을 위한 접근방법논의

중소기업의 ESG경영실천을 위한 접근방법에 대하여 다양한 전문가들의 견해들이 있는데 우선 이들 전문가의 견해를 먼저 종합하여보고 그동안 필자가 약 600개가 넘는 다양한 중소, 중견기업 컨설팅과 700회 이상의 출강을 하며 체감한 부분을 고려하여 중소기업의 ESG경영실천방안을 제시하고자 한다

우선 대한상공회의소는 산업통상자원부와 공동으로 2021년 4월 '제3차 대한상의 ESG경영 포럼'을 개최하고 중소기업 ESG경영의 필요성과 전략에 대해 논의했는데 여기에서 'ESG전략과 중소기업 준법경영'을 주제로 이광욱 법무법인 화우 변호사는 "국내 기업의 ESG대응 수준에 대한 전문가조사 결과 선진국 10점을 기준으로 대기업은 7점, 중견기업이 5점, 중소기업은 4점에 그쳤다."며 "중소기업은 자원과 역량이 한정된 만큼 선택과 집중이 필요하다."고 강조하면서, "비용부담

이 큰 환경(Environment)이나 개별기업특성에 따라 영향을 받는 지배구조(Governance)보다는 상대적으로 실행에 부담이 적은 사회책임(Social)에 집중해 접근하는 것이 유리하다."며 "중소기업진흥법상 '사회적 책임경영'이 명시되어있는 만큼 향후 중소기업 ESG법규나 가이드라인도 사회책임을 중요한 요소로 삼을 가능성이 크다."고 설명했다.

이어진 자유토론에서 참석자들은 중소기업의 ESG경영 필요성에 대해 공감하는 한편 중소기업의 ESG대응역량을 높이는 방안을 모색했다.

이날 대한상의는 "대기업들이 공급망을 중심으로 중소기업의 ESG경영을 지원하면 중소기업의 ESG역량도 키우고 대기업의 ESG리스크도 줄일 수 있다."면서 "상공회의소에서도 교육이나 컨설팅 등 중소기업 ESG지원 프로그램을 준비해 제공할 계획이다."라고 밝혔다. 또한, 정부의 산업통상자원부에서는 "국내 중소기업들의 ESG경영확산과 방향제시를 위한 K-ESG 가이드라인을 정립할 예정이다."라며 "대·중소기업의 ESG협력을 강화할 수 있도록 '네트워크구성 지원, 역량제고 프로그램' 운영 등 지원방안마련에 노력하겠다."고 말했다.

또한, 나종호 한국강소기업협회 상임부회장은 2021년 5월 한경닷컴 「The Lifeist」에서 '중소기업의 ESG경영성공을 위한 준비와 주요선결과제'는 "비용만을 발생시키는 환경보호, 사회공헌, 윤리경영이 되면 실패한다. ESG경영이 궁극적으로 중소기업이미지와 브랜드가치를 높여 이익창출과 기업성장에 도움이 되도록 하는 전략적 접근이 선행되어야 한다."라고 하였다. 기업이 환경보호에 앞장서고, 사회적 약자에 대한 배려와 사회공헌활동을 하며, 법과 윤리를 준수하는 윤리경영을 실천해야 지속적인 성장이 가능하다는 것이다. 중견·중소기업은 친환경뿐만 아니라 ESG의 'S'에도 관심을 가져야 하며 사회적 가치란 노사관계, 산업재해, 협력업체와의 상생 등 기업을 둘러싼 이해관계자들을 배려하는 경영을 측정하는 지표다.

특히, 우리나라 중소제조기업의 절반 이상이 대기업의 협력사라는 점을 고려하면 기업 간 협력과 성과공유는 사회적 가치를 높여주는 아주 중요한 요소가 되고 있다. 그런 점에서 기업 간 상생협력을 주요사업목적으로 활동하는 '한국강소기업협회' 같은 단체의 역할과 중요성은 갈수록 주목받을 것이다.

그렇다면 중소기업은 앞으로 어떻게 대응해야 할까? 우선 친환경포장재를 사용하거나 상품배송에 폐기물이 배출되지 않는 100% 재활용 종이포장재를 도입하고, 친환경 보냉패키지, 종이 행거박스, 에코백 등을 사용하는 것부터 실천해나갈 필요가 있으며 제조단계부터 플라스틱을 줄이는 것도 필요하다. 또한, 사회적 가치를 높여주는 사회공헌활동이나 투명경영도 단계별로 실천해나가야 한다고 말하고 있다.

한편, 정부차원에서는 글로벌기준에 부합하는 일관되고 투명한 평가체계를 확립하고, 한국형 ESG평가지표도 개발해야 하는데 현재는 평가기관마다 평가항목이 다르고, 그 평가항목도 대기업기준이어서 중소기업은 평가조차 할 수 없는 항목이 너무 많다.

특히, 평가기관을 정부기관으로 일원화해서 평가기준이나 평가항목을 표준화하지 않으면 ESG경영은 많은 부작용과 문제점만 남기고 실패할 것으로 판단한다.

실제 현장에서는 ESG개념과 범위조차 모호하고, 평가기준이나 정량적 평가점수산정도 애매한 부분이 많아 특정평가기관에서 ESG경영 최고등급을 받은 기업이 다른 기관에서는 낮은 평가를 받는 경우도 생기고 있다. 또한, 기업의 ESG개선과 사회적 가치를 높이는 데 사용할 목적으로 ESG채권을 발행, 자금을 조달하고 나서 실제는 다른 용도로 자금을 사용하는 부작용도 발생하고 있는데 환경, 사회적 가치 등에 대한 평가기준이 모호하기 때문이다.

또한, 중소기업의 ESG경영이 보여주기식 경영이 아니라 궁극적으로 기업의 이미지와 브랜드가치를 높여 이익창출에 도움이 되도록 하는 전략적 접근이 중요하다.

최근 유럽 최대식품회사 중 하나는 지역사회공헌과 환경보호만을 강조하다가 회사매출이 급감하고 주가가 크게 떨어지는 사례도 있었다.

결론적으로 ESG경영은 이제 중소·중견기업도 반드시 실천해야 하는 과제가 되었지만, 자칫 기업의 새로운 비용만 발생시키거나 정부의 또 다른 기업규제수단으로 사용되는 일이 없도록 해야 한다. 또한, 중소기업을 위한 'ESG펀드'를 조성해 중소기업들이 실질적으로 ESG 관련 사업에 집중할 수 있도록 지원해주어야 한다.

끝으로 평가기관선정은 물론, 글로벌기준에 부합하는 ESG평가체계의 확립과 중소기업의 실정에 맞는 평가기준마련으로 평가오류에 따른 부작용이 발생하지 않도록 하고, ESG경영이 비용만을 발생시키는 경영이 아니라 이익창출과 기업성장에 도움이 되도록 기업과 정부의 철저한 사전준비와 대응이 선행되어야만 성공할 수 있다.

2) 중소기업의 ESG경영실천을 위한 선행분석

그동안 약 600개 이상의 다양한 중소, 중견조직을 진단하고 컨설팅 및 임직원들의 교육을 해오면서 느낀 중소기업의 ESG경영실천을 위해 선행적으로 분석하여야 할 사항에 대하여 중소기업의 입장에서 제시하고자 한다.

첫째는 회사의 핵심사업과 관련이 있는 ESG 관련 당면이슈가 무엇인지를 도출하여야 한다.

이를 위해서는 주요 이해관계자의 니즈가 무엇인지 구체적으로 파악함이 필요하다.

즉, 다양한 대내외고객 또는 이해관계자의 요구사항을 회사의 핵심사업과 연계하여 ESG이슈를 발굴하고, 그 가운데 고객사에서 중대하게 고려하는 이슈를 파악하여 이를 개선한 다음 혁신하여야 할 부분을 도출해내는 것이 우선이다. 그리하여 이 도출해낸 고객 니즈를 회사의 ESG와 어떻게 연계시킬 것인가를 고민해볼 필요가 있다.

둘째로는 이들 도출된 과제들이 회사의 가치체계와 연계되도록 검토과정이 필요하다.

회사의 존재 이유인 미션, 비전과의 연계성과 모든 임직원이 공유하고 행동하여야 할 가치기준 및 신념 등의 공유가치로서 함께 녹아들어 갈 수 있도록 함이 중요하다. 이를 위하여 회사의 설립이념, 창업자의 경영방침 내지는 창업가 정신 등의 가치기준 등을 선행적으로 분석할 필요가 있다.

셋째로는 회사의 핵심사업에 대한 3~5년의 미래비전의 구체적 목표나 방향성이 무엇인지를 도출하기 위한 시장 및 고객트렌드에 대한 조사분석이 선행되어 향후 ESG경영의 전략방향에 함께 반영되어 질 수 있도록 하여야 한다.

이러한 선행분석을 통하여 핵심사업과 연계된 ESG경영과제들이 회사의 가치체계와 연계되어 다양한 고객 및 이해관계자들과의 소통을 수단으로 대내외에 공표하고 지속해서 업그레이드를 시켜나가야 하고 대내적으로는 이를 시스템경영체계와 연계하여 실행할 수 있는 체계를 구축한 다음 실질적인 성과로 창출될 수 있도록 하여야 한다.

이러한 일련의 체계화를 위하여 먼저 조직 내부에 경영이념체계(가치체계 또는 전략경영체계라고 함)를 구축하는 일부터 시작하라고 권고한다.

3) 경영이념체계의 정립부터 시작하라

(1) 경영이념체계란 무엇인가?

조직관리기능 중에 가장 우선이고 중요한 것이 계획기능인데, 이때 조직의 관리기능을 넘어서 경영자는 핵심인원들과 함께 조직이 나아가야 할 목표와 방향을 명확히 제시할 수 있어야 한다. 그리고 전 임직원공유를 통하여 조직의 '정력과 집중' 효과를 거둘 수 있도록 하여야 한다.

특히, 오늘날과 같이 기술문명의 급속한 변화와 발전, 고객의 요구조건이 까다로운 상황, 기업 및 개인의 사회적 책임과 환경에 이바지함이 강조되는 상황에서 관련 비즈니스를 통하여 사회 및 환경에 이바지하는 기업으로 이미지 업을 해야 한다.

즉, 가장 중요한 것이 경영자는 왜 이 사업을 하고자 하는지, 이 사업을 통하여 무엇을 얻고자 하며, 이해관계자들에게 무엇을 어떻게 이바지하고자 하는지, 더 나아가서 지역사회, 국가 및 인류사회에 남기고자 하는 것이 무엇인지에 대한 자문자답을 구하고 그 답을 도출해내어 문서로 만듦이 중요하다(미션). 그리고 이 사업을 실행하면서 임직원들은 어떠한 가치기준, 신념, 행동기준 및 준칙으로 행동할 것인지에 대한 공유가치(핵심가치)와 더불어 3~5년 후의 꿈과 희망을 담은 구체적인 비전, 전략을 함께 반드시 문서로서 작성하고 시작하라고 필자는 권고한다.

이를 '경영이념체계, 가치체계 또는 전략경영체계'라고 한다. 이러한 경영이념체계 속에 ESG경영이 스며들게 하며, 전 임직원이 공유하고 대내외에 공표함으로써, 고객 및 이해관계자들과의 지속적인 소통을 통하여 회사의 이미지 업은 물론이고 계속기업으로 기반을 다지게 된다.

즉, 이는 조직이 나아가야 할 목표와 방향의 명확화에 대한 공유로서 '정렬과 집중' 효과를 이루어 성과극대화와 더불어 내부직원은 물론이고 대내외에 공표와 실천을 통하여 이해관계자 만족도 극대화 그리고 조직이미지 업 등을 이룰 수가 있고 계속기업으로 성장 발전할 수 있을 것이다.

대외적으로는 기업의 사회적 책임(CSR)을 실현하는 기업으로 이미지 업을 통하여 ESG경영으로 승화시켜 지속가능한 기업으로 브랜드마케팅을 연계시킬 수 있다.

기업의 경영이념체계(전략경영체계)의 개념도는 아래의 표와 같다.

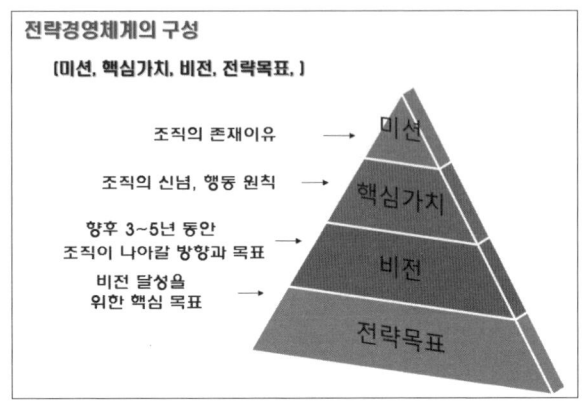

출처: 양석균, 목표와 방향의 명확화를 위한 경영이념체계 구축 컨설팅 및 강의교재

(2) 미션, 핵심가치, 비전의 의미, 중요성

미션(Mission)은 사명, 역할과 임무 등으로 표현하며, 50~100년 정도의 목적을 가지고 달성하기 위한 존재가치를 의미한다. 이해관계자, 고객 측면의 임무와 역할이 무엇인지, 회사의 임무를 잘 달성하기 위해 회사의 역량을 어떻게 향상할 수 있는가를 생각하며 도출한다.

미션선언문은 마치 나침반과 같은 것으로 회사가 가고자 하는 방향성과 같으며 나침반 없이 망망대해를 항해하는 배를 생각하면 미션이 얼마나 중요한지를 생각할 수 있을 것이다. 여러 번 바뀌는 특정목표나 사업전략과 혼동되어서는 안 되며, 많은 고민, 자발적인 조직원의 공감대, 브레인스토밍을 통하여 도출하여야 한다, 여기서는 동기부여 등의 요소가 필요하다.

핵심가치는 조직을 인도하는 영원한 원칙이자 모든 임직원의 행동기준, 준칙으로, 임직원들 마음속 깊숙하게 간직되고 있으며 업무수행, 고객응대 등의 기준이 되는 가치이다. 주변의 경영환경변화에 대응하기 위한 조직의 지침서이자 최고경영자나 창업자의 강한 개인적인 신념으로, 조직원이 반드시 행동의 기준으로 삼고 해야 한다.

미션과 핵심가치의 중요성에 대하여 세 사람의 석공에 비유하여 설명하기도 한다.

어느 대성당 신축공사장에서 성당의 주춧돌을 쌓는 석공 세 사람에게 "당신은 지금 무슨 일을 하고 있소?"라고 질문을 하였다. 이에 첫 번째 석공이 답하기를 "나는 딸린 식구가 세 사람이라서 밥벌이하고 있소!"라고 하였으며, 두 번째 석공은 "이 지방에서 돌을 깎는 솜씨는 내가 최고요. 난 그것을 보여주고 있소."라며 연신 망치질을 해댔다. 그리고 세 번째 석공은 희망과 꿈이 번뜩이는 눈빛으로 보면서 "나는 지금 비록 돌을 깎고 있지만, 하나님의 전당을 짓는 중이오."라고 말하고 있다. 이 세 사람이 어떠한 생각과 마음가짐을 가지고 일에 임하고 있느냐에 따라서 그 성과는 너무나도 큰 차이가 날 것이 분명하다.

바로 이처럼 그 조직의 목표와 방향을 명확히 제시하고 모든 임직원이 공유하여 그렇게 실행할 경우 '정렬과 집중'의 효과로 시너지가 발휘됨은 물론이고 그 조직의 대외이미지 업에 영향을 미쳐 결국 브랜드 마케팅화할 수 있는 것이다.

비전은 3년, 5년, 10년 후 미래에 되고자 하는 것. 언제까지 어떻게 되고자 하는 목표를 정하는 것, 미래의 기회와 도전을 잘 표현한 꿈이나 환상을 구체적 목표로 가시화시킨 것, 슬로건이 될 수 있고, 역량을 하나로 묶어주는 힘이 된다.

미션, 핵심가치, 비전의 공유는 조직원 상호 간에 신뢰가 형성되고 이를 통하여 진정한 팀워크를 이루게 함으로써 조직원은 주인의식과 목표의식을 갖고 스스로 자기 일에 몰입하게 되며 이를 통하여 조직의 효율과 시너지를 발휘하게 된다.

궁극적으로는 개인에게는 자아실현의 욕구충만과 함께 조직은 성과 극대화를 기할 수 있는 2마리 토끼를 모두 잡을 수 있게 된다.

(3) 경영이념체계의 사례

일부 조직의 경영이념체계 사례를 보면서 더욱더 경영이념체계의 개념, 중요성 및 그 의미를 한 번 더 느껴보게 하도록 아래에 몇 개 조직의 사례를 제시한다.

① 미션사례

가. 고객에게 항상 더 높은 가치의 제공: 삼성 홈 플러스

나. 인류복지와 진보를 위해 기술 측면에서 이바지하자: HP

다. 미해결된 문제를 혁신적으로 해결하자: 3M

라. 인류의 생활을 보호하고 향상하자: Merck&Company

마. 고객과 상인이 하나가 되는 행복한 시장을 만들자!: 원종고강제일시장

바. 사람을 행복하게 만들자!: 월트디즈니

사. 부자들이 사는 물건을 보통 사람들도 살 수 있게 하자!: 월마트

② 핵심가치사례

가. 기어드모터제조회사: 아름다운 하나의 팀이 되어 일한다, 창조적인 사고로 미래에 도전한다, 품질은 우리의 자존심이다.

나. 지방 농소재 생명연구소(자치단체의 비영리재단): 창의연구, 소통신뢰, 주인의식, 정도경영

다. 지방문화원 사례: 주인의식, 고객감동, 변화와 혁신, 소통

라. 필자의 (주)CE경영컨설팅 사례: 고객신뢰, 창조적 혁신, 열정과 도전

위의 핵심가치들은 모두 당사에서 도출한 조직들의 사례들이다.

그동안 당사에서는 다양한 조직의 경영이념체계(미션, 핵심가치, 비전, 전략 맵 등)를 약 50곳 이상의 해당 조직컨설팅을 통하여 도출한 실적

을 보유하고 있다.

물론 이들 핵심가치는 더욱 구체적인 행동지표를 도출하여 평가 및 관리되어 실행되도록 하여야 한다.

이와 같이 중소기업에서의 ESG경영의 첫 접근은 경영이념체계의 구축 및 이를 대내외에 공표하며 실행에 옮기도록 실행체계를 구축할 것을 권고한다.

그렇게 함으로써, 기업의 사회적 책임과 함께 조직 대내외의 산업 및 경영환경지향의 환경적응형 전략실행력과 더불어 조직 내외에서의 공정하고 신뢰성 있는 시스템경영체계 구축 및 실행력강화의 초석이 됨으로써, ESG경영에서 강조하고 있는 부분에서 모두 그 기초체계를 구축하게 된다.

이들 경영이념체계가 구축되고 대내적으로는 실행할 수 있도록 실행체계가 되도록 하기 위해서는 다시 관리지표가 도출되고 평가를 통하여 보상체계와 연계되도록 하여 실행력강화를 위한 임직원들 동기부여의 성과관리체계로 연계되도록 하여야 한다.

그리고 이러한 경영이념체계를 대외적으로는 고객접점(MOT: Mont of Truth)에서 사회적 가치로 승화시키도록 할 것을 권고한다.

4) 고객접점에서 사회적 가치로 승화시켜라

(1) 고객접점(MOT: Mont of Truth)이란 무엇인가?

고객이 서비스를 제공하는 기업의 종업원이나 특정자원(절차, 시스템 등)과 접촉하는 순간을 의미하는 것으로, 서비스기업의 직원, 물리적 시설 등 상호작용하게 되는 서비스의 모든 양상을 포함하고 있다. 서비스접점은 인적 상호작용이 없이도 발생하고, 고객이 서비스를 이용하고자 결정하는 결정적 순간이며, 기업이 고객과 접점마다 만나는 최초의 순간을 말한다. 서비스접점의 용어는 투우사와 투우와의 생과 사의 결정적인 순간에서 유래되었다고 한다

(2) 고객접점에서 사회적 가치로 승화시킨 사례

① 스타벅스의 고객접점(MOT)-진실의 순간

어떻게 진실의 순간을 찾을까. 고객여정 맵은 고객이 서비스를 경험하게 되는 과정에서 생기는 고객체험을 시각화하기 위해 사용되는 방법이다.

스타벅스의 고객여정 맵을 보면 스타벅스 매장에서 고객이 느끼는 가장 큰 만족은 처음 매장에 들어갔을 때 만나는 친절한 직원, 커피를 받아 처음 마셨을 때, 그리고 매장을 떠날 때까지 고객의 만족도가 가장 높은 순간을 '스타벅스의 진실의 순간(MOT)'으로 정의할 수 있다.

스타벅스는 이 진실의 순간에 어떻게 초 감동을 전달하느냐를 고민해왔다. 2000년 하워드 슐츠 회장이 떠나고 바리스타 대부분이 단골손님의 이름을 기억하지 못했다. 점포관리자는 메뉴 종류와 인테리어에 집착해 실적을 내는 데에만 급급하면서 '평범해져 버린 스타벅스 경험'에 대한 얘기들이 많았다.

② 하워드 슐츠(스타벅스 회장)가 모든 매장의 문을 닫은 이유

2007년 말이 되자 주가가 42% 하락하면서 슐츠 회장은 위기상황을 타개하기 위해 2008년 스타벅스 최고경영자(CEO)로 복귀했다. 그리고 슐츠 회장은 미 전역 7,100개의 모든 스타벅스 매장을 닫기로 한다. 이유는 커피 맛과 직원의 정체성에 대한 교육을 통해 진실의 순간에 초 감동을 전달하기 위해서였다.

그날 하루 매장을 닫음으로써 70억 원의 손실이 발생했지만, 그 이후 스타벅스는 창사 이후 최대의 실적을 구현하였다. 진실의 순간에서 고객 초 감동과 함께 불편함의 해소를 위해 MOT청사진을 도출하면서 '기다리는 긴 줄', '종이쿠폰제공', '커피를 받을 때까지의 기다림', '인터넷을 할 수 없음'과 같은 불편함을 해소하려는 조치들을 취했다.

그 목적으로 마이 스타벅스 애플리케이션(앱)의 '사이렌 오더' 론칭을 통해 매장에서 기다리지 않고 음료를 주문하고 받을 수 있게 함으로써 앱 상의 구매기록을 종이쿠폰으로 적립하는 불편함을 해결했고 와이파이를 매장에 설치함으로써 고객들이 매장에서 인터넷을 할 수 있도록 했다.

이런 불편함의 해소와 초 감동의 매크로밸류 마케팅이 2008년 슐츠 회장의 복귀 이후 스타벅스의 역사적 성장을 이끌고 있다.

③ 시애틀 사운더스 축구팀의 고객접점(MOT)-진실의 순간

발상의 전환으로 성공한 '시애틀 사운더스'라는 축구팀의 이야기이다. 이 팀은 축구의 불모지라고 할 수 있는 미국 시애틀을 연고로 하는 팀으로 대부분 축구클럽이 놓치고 있던 고객들의 마이크로밸류를 발견하고 실천에 옮겼다. 선수들의 은밀한 공간인 라커룸을 일반에 공개한 것이다. 더 나아가 경기 전 선발출전선수와 그라운드에서 촬영할 기회를 제공했다.

시애틀 사운더스는 특히 대부분 축구클럽이 놓치고 있던 부분을 개선해 고객에게 감동을 선사했다. VIP석을 관중석 상단 대신 하단으로 내려 배치한 것이다. VIP고객을 위한 좌석을 필드 바로 옆에 설치해 선수들의 땀 냄새와 열기를 가까이에서 느끼게 함으로써 진실의 순간에 초 감동을 전달하고 있다.

시애틀 사운더스는 고객감동의 필요조건으로 고객의 불편함 해소에도 탁월함을 보이는데 축구관람의 고객여정 맵을 그려보면 가장 큰 불편함으로 입장 시 고객이 한꺼번에 몰리면서 생기는 '혼잡' 등을 꼽을 수 있다.

시애틀 사운더스는 경기 시작 몇 시간 전에 시내에서 거리응원을 펼쳐 팬들을 미리 입장시키고 동시에 스타디움 안에 유명 레스토랑과 갤러리 등 볼거리와 먹거리를 제공함으로써 경기 30분 전 조기 도착률을 12% 증가시켰으며 조기도착에 따른 소비율도 38% 높였다.

이와 같은 사례의 기업들은 모두 기업의 정체성을 고객접점(MOT)에서의 고객 초 감동으로 연계시켜 브랜드 마케팅화함으로써 지속성장의 발판을 마련한 사례들이다.

이와 같은 사례들과 같이 고객 및 이해관계자들 내지는 사회와의 지속적인 소통 및 불편함의 해소 등으로 ESG경영에서의 각 부분을 함께 실현할 수 있고 결국은 회사의 이미지 업으로 연계되어 브랜드 마케팅화할 수 있게 된다.

5) 관련 기관과 윈-윈 네트워크하기

미래학자 드러커 교수는 오늘날 사회를 지식기반사회라고 했다. 또한, 지식기반사회가 되면 될수록 전문가사회가 된다고 하였다. 그리고 전문가들은 혼자서 무엇을 하여 성과를 내기보다는 전문가들의 집단을 통하여 상호 윈-윈을 하는 네트워크를 통하여 상호시너지와 효율을 극대화할 수 있다고 하였다.

오늘날의 분야별 전문가는 전문분야별로도 세분되어있는 관계로 이를 혼자 다 포함하여 조직화할 수 있지는 못하다. 그러하므로 이들은 상호 관련 기관과 네트워크를 통하여 함께 윈-윈을 할 때 효율과 시너지를 발휘할 수가 있게 되는 것이다. 회사의 핵심사업과 연계된 관련 기관(또는 단체, 기업 등)과 상호 윈-윈을 함으로써 ESG경영에서의 G를 실현할 수가 있을 것이다.

특히, 중소기업의 경우 다양한 분야에서 독자적으로 ESG경영에 초점을 맞추어 추진하기에는 경영자원의 한계로 그 실현이 매우 불투명한 것이 사실이다. 이러한 부분의 해소를 위하여 대·중소기업 간, 관련 중소기업 간, 중소기업과 사회의 다양한 조직 관련 관계기관(영리, 비영리단체 등)과의 상생프로그램 개발로서 추진할 것을 권고한다.

이러한 부분들을 추진할 때에 다양한 정부지원제도가 있으므로 이를 활용하면 자기부담을 완화하면서 추진할 수 있을 것이다.

7. 영속기업으로 가기 위한 출발점으로 ESG경영

이제 ESG경영은 기업이 성장 발전하며 영속기업으로 가기 위한 필수요건이 되었다.

그 조직이 영리조직이든, 비영리조직이든, 크든 작든 관계없이 모든 조직의 목표와 방향에 해당 조직이 코로나19 이후 더욱 급격히 요구되고 있는 환경친화적 기업(E)으로 대내외 경영환경변화에 적극적으로 동참하고, 지역사회, 국가 및 인류사회에 이바지하는 기업(S)으로서의 이미지 업과 더불어 조직 대내외적으로 관련 기업(또는 기관, 단체 등)과의 상호네트워크를 통한 상생관계를 유지하고 투명하고 공정한 경영관계를 유지하며 대내적으로는 신뢰와 공평한 관리체계혁신(G)을 통하여 조직의 성과와 임직원만족도 극대화는 물론 대외적인 이미지 업을 통한 브랜드 마케팅을 추구할 수 있다.

이를 통하여 중소기업이 단기성과의 차원을 넘어 영속기업으로 성장 발전할 수 있는 기반이 마련되어 글로벌강소기업으로 발전할 것이라 필자는 확신한다.

또한, 상기와 같은 부분들은 조직뿐만 아니라 개인에게서도 필요한 요소이다. 즉, 개인도 지역사회, 국가 및 인류사회에 이바지하는 부분과 환경을 생각하며 행동하는 부분 그리고 상호 윈-윈의 상생 및 공정한 관계 등등 오늘날을 살아가는 우리 모두에게 필요한 부분들이다.

그러므로 회사와 조직원 모두가 함께 이러한 경영이념체계 실행, 고객접점(MOT)에서의 고객 초 감동 실현, 상호 윈-윈 네트워크하기를 실현하는 데에서부터 중소기업의 ESG경영을 실현하도록 필자는 권고하고 싶다.

참고문헌

- 양석균, 목표와 방향의 명확화를 위한 경영이념체계 구축 컨설팅 및 강의 교재
- 한국경제 기사 일부 발췌, 다음 기사 일부 발췌 등
- 양석균, 고객접점(MOT)별 CS전략 구축 컨설팅 및 강의 교재

저자소개

양석균 YANG SUK KYOON

학력

- 고려대학교 경영학 석사
- 가톨릭대학교 경영학 박사
- 미 하와이대학교 최고경영자과정(AMP) 수료

경력

- (주)CE경영컨설팅 대표이사
- 약 600개의 다양한 조직 컨설팅 실적 보유
- 약 700회 이상 출강실적보유
- 쌍용그룹 연수원, 감사실, 기획 등 약 24년 근무
- 중소기업 및 소상공인 전문 컨설턴트
- 가톨릭대학교 외래교수
- 경기TP, 인천TP, 경기도 경제과학진흥원 등 전문위원, 컨설턴트 외
- (사)부천벤처협회외 자문위원장
- (사)부천강소기업협의회, (사)원미경영인 협의회 등 약 6여 곳 자문위원 등

- 대한민국 산업현장교수
- 창업멘토위원(중소벤처기업부)
- 인적자원개발 우수기관 인증 심사위원, 평가위원
- 한신대, 성결대, 경기과학기술대등 외래강사 역임
- 국세공무원 교육원 초빙교수 역임
- 경기중소벤처기업청 상담 전문위원 역임
- 동두천고교 교사 역임(상업 및 부기)
- 중소기업 CEO 혁신 코치 역임
- 하이서울브랜드기업경영자문위원 역임

자격

- 경영지도사(인적자원관리)
- 인간행동유형분석사(LIFO)
- 중등학교 정교사 자격·

저서

- 『고객유형별 맞춤이 경쟁력이다』, BG북갤러리, 2007. 공저
- 『빠르고 쉬운 HRD수행분석 핸드북』, 학이시습, 2009. 번역

수상

- 대통령 표창(2007, 대한민국 최우수 컨설턴트)
- 부천시장 표창(2008, 2017, 중소기업혁신 공로, 부천시 문화발전 공로)
- 대한민국 최우수 컨설팅 사례 선정(2011, 소상공인 시장진흥공단)

- 국무총리 표창(2012, 소상공인 컨설팅 및 교육기여)
- 중소벤처기업부 장관표창(2015, 2018, 컨설팅산업발전 공로, 국가경제발전 공로)
- 기획재정부장관 표창(2019, 우수인재양성공로)
- 중소기업 중앙회장 표창(2017, 2020, 중소기업 육성공로)

ESG management

16

누구나 쉽게
따라 하는
ESG투자

강미영

1. 금융시장의 이해

1) 2021년 금융시장

> 나는 큰돈을 벌기 위해서는 시장의 큰 흐름을 따라야 한다는 사실을 점차 깨닫기 시작했다. 시장이 큰 움직임을 나타내는 충격의 발단이 무엇이든 간에, 시장의 지속적인 움직임은 세력들의 주가조작이나 재정전문가들에 의한 인위적인 시장 개입에 의해서가 아니라 경제 전반의 기본적인 상황으로 인해 발생하기 때문이다.
> - 『어느 주식투자자의 회상』 中, 에드윈 르페브르(Edwin Lefevre), 이레미디어, 2007.

2021년. 어느 순간부터 사람들이 모이기만 하면 대화의 주제는 온통 부동산투자와 주식, 코인이 되었다. 근로 또는 직업을 통한 노동의 대가보다 투자이익을 거둔 이들을 부러워하는 소위 '주린이', '영끌', '파이어족', '벼락거지' 등의 2021년 신조어는 온통 투자의 열풍을 명백하게 나타내기에 충분한 듯했다.

증권, 펀드자격증과 보험, 변액보험, 부동산펀드 등 많은 금융상품을 접해보고 공부하지만, 금융시장은 늘 어렵다. 그 이유는 정답이 없기 때문이다. 돈이라는 것은 추상적이고 복잡하므로 모든 현상이 항상 명확하게 정리되기 어려울 뿐 아니라, 금융시장은 계속 진화하고 발전하기 때문에 이 안에서 일어나는 모든 현상과 사회적 진화는 범위가 넓은 것도 모자라 예측할 수 없는 변수들의 등장으로 복잡한 양상을 보이면서 항상 우리 머릿속을 뛰어넘는 해프닝이 벌어지곤 한다. 예금이나 채권 등 일반적 금융상품에다가 금리, 환율, 주식, 상품 등과 결합해서 나타나는 파생결합상품들이 시장에 많이 유통되면서 다양해진 금융시장을 멀리하거나 외면할 수도 없고, 너무 가까이하기엔 저금리시대에 물가상승을 반영하지 못할까 봐 예금이나 채권 같은 일반금융상품만 활용하면 안 될 것 같은 기회비용에 대한 두려움도 공존한다. 혼돈의 금융시장에서 추구해야 할 바람직한 방향은 안정성을 추구하면서도 물가상승률을 반영하는 적정한 비율의 투자는 고려하되, 투자에 있어 달걀을 한 바구니에 전부 담지 않는 분산투자의 원칙, 그리고 사람들을 미혹하게 하는 사기꾼들이 난무한 시대에 피해를 보지 않기 위해 본인의 독자적인 투자원칙을 마련하는 것이 무엇보다 중요한 때이다.

2) 금융시장구조의 이해

금융시장이란 자금을 가진 사람에게서 부족한 사람에게 전달되는 시장을 말한다. 대부분 일반인이 알고 있는 은행이나 증권사, 보험사 등 금융기관이 담당하는 자금중개의 매개가 되는 것을 금융상품이라고 하며 우리가 알고 있는 금융상품은 예금, 주식, 채권 등의 전통적인 상품에서부터 리스크관리와 시간 차이를 이용한 선물과 확률개념이 있는 옵션이 도입된 이후 점점 더 복잡해져서 일반인들은 잘 이해하지 못하는 복합금융상품들이 시장에 쏟아져나오고 있다.

기업의 경우 환율이나 금리, 상품가격에 대한 변동 등의 리스크를 관리하기 위해 선물, 옵션 등을 이용하여 미래의 위험을 대비하며 관리하여 수익을 내기도 하며, 큰 손실의 위험을 저렴한 비용으로 줄이는 데 사활을 걸고 있다. 금융공학에 AI 등 기술의 발달을 통해 새로운 금융상품 만들기나 가격을 정하기도 하고 헷징 등이 이용된 파생상품 등을 만들면서 더욱 복잡한 형태의 금융상품 비중을 늘리고 있다.

점점 어려워지고 복잡해지는 금융상품은 역사적으로 돌아보면 뜻밖의 상황들을 만들어내기도 했는데, 예상하지 못하는 큰 수익에 즐거웠던 경험을 얻었을 뿐 아니라 예상하지 못한 손실로 손해를 입은 피해자들도 양산했다. 지나고 보니 투자에는 당시의 흐름을 반영하는 키워드가 있었는데, 그 흐름에 물 흐르듯 관심을 가지고 올라탔다면 어땠을까? 항상 돌이켜보면 기회는 이미 지나가고 후회만 남는다. 금융에 대해 무지한 채로 사회에 처음 나와 증권사 직원의 권유로 당시 적금처럼 불입하여 중국에 투자하는 적립식 펀드의 수익경험과 ELS, ETF 등 주가지수를 연계한 파생상품이 등장했을 때 뜻밖의 권유로 투자하여 연 15%의 수익을 올렸던 즐거운 경험이 있기도 했고, 파생금융상품으로 인해 무리수를 둔 투자실패로 혹독한 대가를 치르기도 했다.

2000년 초반 겪은 KIKO[1]사태에 기인한 유망수출기업의 도산사태로 우리나라 수출산업경쟁력을 잠식했을 뿐 아니라 중견기업의 부실화

---

[1] KIKO(Knock-In Knock-Out)란, 환율하락으로 발생하는 환차손위험을 줄이기 위해 수출기업과 은행 간 맺는 일종의 계약으로 파생상품을 의미한다.

를 초래하여 대기업중심 산업구조가 더욱 심화하게 된 것도 이러한 복잡한 구조의 금융상품이었고, 불과 얼마 전 발생해 전 국민을 분노하게 한 옵티머스사태[2], 라임사태 등과 같이 복잡한 금융 관련 정보와 어려운 금융지식을 거머쥔 금융회사와 기업, 그리고 일반 투자가들 사이에서 일반인들이 정보의 비대칭성과 불확실성이 만연한 시기에 리스크를 알면서도 투자하는 것은 용기가 필요한 일임이 틀림없다.

> 어떤 기업이 ESG이슈를 잘 관리할 수 있다고 한다면, 곧 그 기업이 지속가능한 성장에 필요한 리더십과 좋은 지배구조를 가졌다는 것을 의미하기 때문에, 투자결정과정에서 이 세 가지 이슈(ESG)를 점점 더 고려하게 될 것이다.
> - 세계최대자산운용사 블랙록의 최고경영자 래리 핑크(Larry Fink)가 2018년 CEO들에게 보내는 서신의 내용 中

---

[2] 2020년 대한민국의 사모펀드 사기사건으로 옵티머스자산운용은 증권사 등의 펀드 가입권유를 통해 투자자 2,900여 명으로부터 1조 2,000억 원을 모은 뒤, 안정적인 정부채권에 투자한다고 투자자들을 속이고, 실제로는 조폭이 사장인 부실기업채권에 투자했다가 5,500억 원의 손실을 봤다. 원금의 손실이 막대하여 옵티머스자산운용은 결국 환매중단사태를 일으켰다(출처: 위키백과사전).

2. 새로운 패러다임이 온다

1) 차세대투자의 키워드는 ESG

예금자보호, 안정적 금리를 대표하던 우리나라 사람들의 보수적인 금융상품성향은 최근 몇 년 동안 부동산, 주식, 비트코인 등의 투자기사에 익숙해졌으므로 투자의 당위성에 대해서는 여기서 설명할 필요는 없을 것 같다. 투자하면 실패를 할 수도 있지만, 꾸준하게 무리하지 않고 기다릴 수 있는 소신투자를 통해 물가상승률을 반영하는 자산에 투자해야 '벼락거지'와 같은 상대적 박탈감에서 조금은 자유로워질 수 있다는 경험학습을 통해 투자에 대해 열린 마음을 갖게 되었으나, 어떤 방식으로 어떻게 투자할지를 모르는 사람들에게 실패하지 않을 차세대 키워드, ESG기업에 대한 투자의 전반적인 안내를 하고자 한다.

1980년 1월 4일 기준 상장종목 전체 시가총액을 100이라고 했을 때 현재 상장종목들의 시가총액이 얼마나 되었는지를 비교한 지수를 코스피지수라고 하는데, 대한민국 주식시장에서는 최근 코스피지수가 3300을 찍고 최고기록을 지속경신 중이다. 기업이나 데이터정보의 접근에 대한 개방성이 증가하여 일반 투자자들도 점점 스마트해지고 기업이나 산업에 대해 바라보는 관점 또한 빠르게 전환되고 있다는 것을 실감할 수 있는데, 일반인에게 생소한 ESG투자에 대한 예를 든다면, 미국의 전기차업체 테슬라의 주가폭등과 S&P지수편입, 미국 엑슨모빌의 주가

급락이나 우리나라 전기차 관련 대표주자인 LG화학의 주가급등 등이 이에 해당한다고 할 수 있다.

ESG는 환경(Environment), 사회(Social), 지배구조(Governance)의 약어로 2018년 세계최대 자산운용사 블랙록(BlackRock)의 창업자이자 최고경영자인 래리 핑크(Larry Fink)의 공개서한에서 강조한 내용으로 기업은 단기재무성과가 아닌 장기적인 지속가능성장을 추구해야 하고, 이를 위해서는 ESG문제를 잘 해결할 역량을 갖춰야 한다고 하였다. 특히, 재무적인 성과를 넘어선 비재무적 성과의 기업평가를 통해서 회사의 가치를 평가하는데 평가항목으로 저탄소, 친환경, 투명경영, 종업원복지 등을 통해 과거처럼 회사가 돈을 얼마나 잘 버는지 '겉모습'만 보는 것이 아니라 투자자들이 과연 기업이 어떻게 돈을 벌고 쓰며 회사를 꾸려가는지를 종합적으로 평가해 투자하는 '사회공헌'처럼 여겨졌던 ESG를 중요한 투자기준으로 삼을 것이라 선언하면서 많은 전문경영자가 관심을 두게 되었다. 투자회사나 국민연금 등 '큰손'이 늘어난 가운데, 갑작스러운 코로나충격이 기업의 지속가능성에 대한 경각심을 불러일으키면서 ESG가 이제는 투자의 대세로 급부상하고 있다.

ESG투자는 역사적으로 보면 사회책임투자(Social Responsible Investment)에서 파생한 개념으로 볼 수 있는데, 유사한 개념으로 책임투자(Responsible Investment), 지속가능투자(Sustainable Investment), 윤리투자(Ethical Investment) 등으로 불린다. 과거에도 이런 방면으로 지속적으로 투자는 이루어져 왔으나 코로나19의 발생 이후 그 관심이 커지고 있으며 특히 2021년에는 파리기후협약뿐 아니라 전 세계의 폭염, 홍수 등 이상기후 현상, 바이든 정권의 주요정책 등 글로벌정책 공조와 양호한 투자성과도 그 영향이 있는 것으로 보인다. 과거 「Who Cares Wins: Connecting Financial Markets to a Changing World」라는 2004년 유엔 글로벌콤팩트(UN Global Compact)리포트에서 ESG투자라는 내용이 처음 등장하는데, 여기에는 기업들이 환경문제와 사회적 책임을 다하면 장기적 재무성과가 좋아진다는 실증분석에 대한 내용이 포함되어있다.

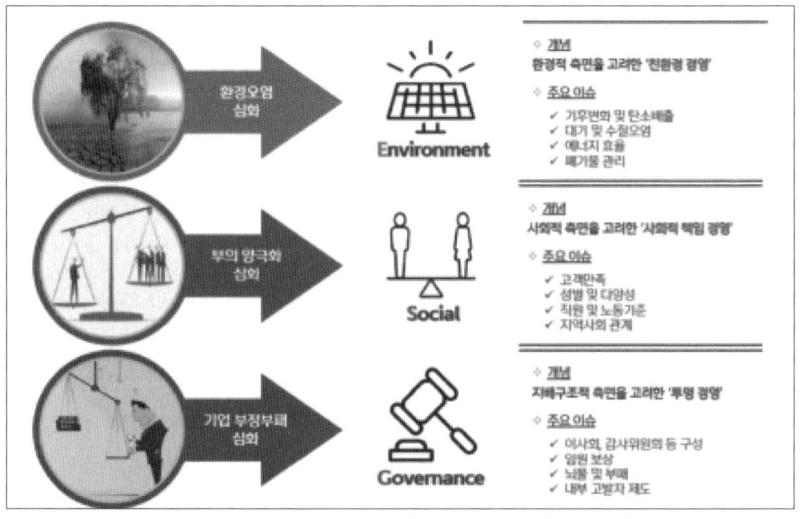

▲ **ESG개요** (출처: 신한금융투자 IPS본부, 2021, E.SG 워너비)

더 중요한 것은 '가치(Value)'이다. 결국 투자로부터 시작된 ESG중심의 경영은 단순히 투자이익을 거두는 것보다 지구의 온난화나 깨끗한 자본주의를 정착시키는 ESG를 통해 기업가치의 장기적인 극대화를 위한 적극적인 메커니즘을 활용할 것이기 때문에 투자자가 이러한 경영을 독려하고 기업의 가치창출에 이바지할 수 있어 ESG투자는 이미 시장흐름의 대세로 자리를 잡았다고 봐도 무방하다.

2) 지속가능발전(SDG)을 뛰어넘는 ESG

지속가능성이라는 것은 생태계적 관점에서 소비자와 생산자뿐 아니라 이에 관계된 지역사회나 내부직원까지 시스템적으로 유기적인 관계를 맺은 형태를 보여야 지속가능할 수 있다는 개념에서 1970년대부터 탄소배출과 같은 기후문제로부터 관심을 끌게 되었다. 이때부터 사회책임투자라는 개념으로 '돈을 많이 벌더라도 사회적으로 해로운 기업에 투자하지 않는 개념'으로 사람들이 받아들이게 되면서 기업들의 소극적인 방어를 이끌어냈다. 한 걸음 더 나아가 ESG투자는 '사회적으로 좋은 일이면서 돈 되는 기업에만 투자하겠다는 성격'이 강하므로 투자자들의 수익률에 대한 목표를 추구하면서 기업들의 ESG개선을 추구하는 경영을 하도록 독려하게 된다. 이로 인해 자연적으로 기업들의 장기적인 실적들이 개선될 것으로 전망되는 이유이며, 이러한 방향을 추구하는 기업들에 안정적으로 투자하고자 하는 기관투자자들이 많아질 것이라는 예측은 쉽게 짐작 가능하다.

3. ESG기업에 투자해야 하는 이유

1) 착한 기업이 뜬다

지구의 환경이나 사회문제, 투명경영으로 대표되어 일반인들은 ESG를 추구하는 기업이 착한 기업이라고 말한다. 그러나 다수 전문가의 의견은 ESG가 추구하는 바는 '착하게 사업하자'는 윤리경영과는 완전히 다르며 오히려 코로나 같은 초대형위험을 만나도 기업이 살아남을 수 있도록 '체질개선'을 압박하는 수단에 가깝다는 의견이 많았다. 세계 3대 자산운용사인 스테이트스트리트 글로벌어드바이저(SSGA)의 벤저민 콜튼 스튜어드십팀 공동대표는 "ESG는 어떤 기업이 계속 사업을 해 나갈지, 어떻게 리스크를 줄여나가는지 따져보는 고도의 투자전략이다."라고 말했다.[3] 오히려, 이러한 리스크를 줄이기 위해 또는 대중들에게 비난받지 않기 위해 선제로 체질개선을 하면서 똑똑해진 투자자들에게 막대한 수익을 안겨줄 투자기회가 될 것이다. 특히, 같은 금액을 투자하더라도 일반산업보다 친환경산업에 투자되는 자본의 가치가 훨씬 높게 평가받는 시대가 되었으므로, 예전처럼 불필요한 비용지출이나 경제성장의 제약이 된다기보다는 새로운 파트의 성장으로 인식하는 패러다임의 전환이라는 시각이 더욱 강하다.

---

3 출처: 윤형준 기자, 신수지 기자, 고태원 인턴기자, 「[Mint] 대세가 된 ESG투자… 모르면 돈 못 법니다」,『조선일보』, 2020.9.20.

이러한 생각은 최근의 SNS를 통해 가치관공유를 중시하는 MZ세대의 트렌드와도 일맥상통한다고 말할 수 있는데, 시장조사기업 엠브레인트렌드모니터라는 기업이 2017년 조사한 '착한 소비'에 대한 설문조사결과도 가치소비를 중시하는 MZ세대의 모습을 볼 수 있으며 자신의 취향이나 신념을 SNS에 올리고 함께 공유하는 소신소비(미닝아웃; Meaning+Coming out)를 하는 사회적 운동이 이를 증명한다. 응답자 중 68.9%가 윤리적 경영을 실천하는 기업제품이면 비싸더라도 구매할 의향이 있다고 답했고, 누군가에게 도움을 줄 수 있는 제품이면 가격이 비싸더라도 구매할 의향이 있다고 답한 소비자도 이미 2017년에 68.1%에 달해, 기업 또는 투자자 입장에서 의사결정에 ESG를 고려하는 것은 이제 선택사항이 아닌 필수가 되어가고 있다.

2) ESG키워드: 책임경영과 투명경영

주식투자를 통해 주주가 된다는 것은 회사의 주인이 된다는 것이다. 경영을 책임지는 CEO는 주주들의 대리인으로서 주주의 이익을 극대화할 의무가 있으며 그동안 보편적으로 기업은 노동자의 임금을 착취하고 환경을 오염시키는 등 비윤리적인 행동도 기업의 이윤극대화라는 범주에서 허용되었다. 주주는 이러한 괜찮은 수익을 안겨주는 CEO만을 인정했지만 이러한 주주가치의 극대화를 추구하는 주주자본주의가 자본주의의 위기를 낳았다는 문제의식에서 출발하여 주주뿐 아니라 기업과 관련된 모든 이해관계자 이익을 고려하는 '이해관계자 자본주의'

가 거론되기 시작했고[4] 기업이 단기보다는 장기적인 관점의 이익을 중요시하고 기업성과를 공유하고 개선하기 위해 경영을 책임지는 CEO가 책임경영을 할 수 있도록 주주들과 경영진이 한뜻으로 의견을 모으는 문화가 ESG경영을 표방하는 기업들로부터 퍼지고 있다. 신뢰감을 상징하는 투명경영을 바탕으로 하기에 ESG경영은 투명경영을 촉진할 것이고 투자자들은 올바른 의사결정을 할 기회들이 늘어나게 될 것이다. 특히 펀드를 운용하는 글로벌 상위운용사와 국가별 연기금에 ESG를 포트폴리오에 적극적으로 반영하고 있어 단기유행이 아닌 장기적으로 투자를 지속할 전망이다.

3) ESG기업 평가지수: 해외 및 국내평가지수

ESG에 대한 투자수요뿐 아니라 관심이 높아지면서 전 세계에 2018년 기준 600개 이상의 ESG평가기관이 생겨났고 계속 증가하고 있으며 현재 미국의 대표적인 평가기관인 MSCI가 가장 공신력이 있다. 해외에는 서스테이널리틱스(Sustainalytics), 블룸버그(Bloomberg), 로배코샘(Robeco SAM) 등이 있으며 우리나라에는 서스틴베스트나 한국기업지배구조원, 대신경제연구소 등이 있다.

ESG투자증가 추세에 따라 ESG평가를 위한 기관이 계속 늘어나고 있다는 것은 그만큼 이를 데이터로 활용할 수요기관들이 증가하고 있

---

[4] 조신, 『넥스트 자본주의, ESG』, 사회평론, 2021

다는 단편적인 현상이다. EGS기업평가에 대한 구체적인 기준은 없으며, 기관별로 평가기준이 다르므로 같은 기업에 대해 상반되는 ESG점수가 나오기도 한다. 물론 그 이유는 기관별로 가중치가 다르고, 비정형데이터로 정보제공의 수준이 조사기관의 능력에 따라 다르기 때문으로 추정된다. 당연히 재무적인 요인 이외의 비재무적 정보를 취득하는 절차는 매우 어렵기 때문이다.

국내평기기관 중 대표기업인 한국기업지배구조원과 서스틴베스트 보고서에서 정리한 ESG평가 핵심지표를 아래에 정리하였다.

항목	평가지표
Environment (환경)	환경경영인증, 환경정보공개, 국제이니셔티브(CDP참여, UNGC참여), 환경경영조직, 환경교육, 환경성과평가, 온실가스배출량, 에너지사용량, 유해화학물질 배출량, 용수사용량·재이용량·폐기물배출량·재활용량
Social(사회)	기간제근로자 비중, 인권보호프로그램 운영, 여성근로자 비중(15% 이상), 협력사지원, 공정거래 프로그램, 부패방지 프로그램, 제품 및 서비스안정성 인증, 사회공헌지출액(매출액 대비 0.23%로 산업평균초과)
Governance (지배구조)	주주총회, 배당, 기업지부구조 공시, 이사회독립성(사회이사비율 55%), 이사회운영실적(연간 10회), 이사회 내 전문위원회, 감사기구(감사위원회 내 사외이사 67%), 감사위원회 운영(1년간 4회), 외부감사인 독립성, ESG등급 공개

▲ 한국기업지배구조원의 ESG평가지표 (출처: 조신, 「넥스트 자본주의, ESG」, 사회평론, 2021)

환경		사회		지배구조	
항목	평가지표	항목	평가지표	항목	평가지표
혁신 활동	친환경 혁신역량	인적 자원관리	근로조건	주주의 권리	경영권 보호장치
			고용평등 및 다양성		주주총회
	환경성 개선성과				주주가치환원
			노사관계관리	정보의 투명성	공정공시
	환경경영 시스템 인증				공시위반
			근로자보건 및 안전		회계투명성

생산 공정	환경사고 예방 및 대응	공급망 관리	공정거래	이사회 구성과 활동	이사의 선임
					이사회의 구성
	공정관리		상생협력		이사회의 활동
					감사 및 감사 위원회
	온실가스		공급사슬관리	이사의 보수	이사보수의 적정성
					보상위원회
공급망 관리	친환경 공급망 관리	고객관리	고객정보보호	관계사위험	관계사 우발채무
			소비자 만족경영		관계사거래
			품질관리		내부거래위반
고객 관리	그린마케팅	사회공헌 및 지역사회	국제 이니셔티브 가입 및 활동	지속가능경영 인프라	지속가능경영 거버넌스
			사회공헌 활동		지속가능 경영보고
			지역사회 관계		윤리경영

▲ 서스틴베스트의 ESG등급 평가지표 (출처: 서스틴베스트, 「상장기업 ESG 분석보고서」, 2020)

4. 쉽게 따라 하는 ESG투자

ESG투자의 일반투자자 비중이 늘어나고 있다. 일반 주식형펀드의 자금유출이 큰 것과는 달리 2021년에는 ESG 주식형펀드에만 6천억 원가량의 자금이 유입되었으며 ESG펀드 중 삼성 KODEX 200 ESG의 경우 최근 1년 수익률이 70%에 이르는 등 주식시장의 성장에 따라 많은 사람에게 투자의 기쁨을 안겨주었다. 대부분의 ESG펀드는 최근 몇 년 동안 꽤 좋은 성과를 통해 입소문이 확산하고 있는바, 관심을 가지고 조금씩이라도 시도해보는 것을 고려해보자. 누구나 쉽게 따라 할 수 있다.

1) 기대수익률(시간에 대한 보상+위험에 대한 보상)을 정하라

돈을 던진다는 의미 즉, 투자는 쉽게 결정할 수 있지만, 내 손을 떠나게 되면 그것은 나에게 어떻게 돌아올지 알지 못한다. 투자에 앞서 기대수익률(Expected Rate of Return)을 정하자. 기대수익률은 시간에 대한 보상과 위험에 대한 보상의 대가이다. 위험에 대한 보상은 늘 불확실하며, 이것을 리스크라 부르는데 수익을 위해 감당할 수 있는 리스크를 생각하여 마음의 준비가 된다면 이제 ESG투자를 시작해보자.

2) 증권사계좌를 개설하여 투자금액을 정하고 준비하자

우선, 증권사에서 예수금으로 활용할 수 있는 계좌 즉, CMA를 만드는 것이 금융상품의 시작이다. 증권회사에 신분증을 들고 방문하면 계좌개설이 가능하다. 요즘은 본인인증만 된다면 각 증권사계좌는 스마트폰에 애플리케이션을 설치한 후 비대면 계좌개설 절차를 통해 계좌개설이 가능하다. 인터넷뱅킹과 연동된 모바일뱅킹에서도 가능하고 주식계좌개설은 카카오페이(Kakao Pay)나 토스(Toss) 등을 통해서도 쉽게 접근할 수 있다. 물론, 간접투자방법으로 분류되는 적립식 또는 거치식 펀드의 경우 은행에서도 가입할 수 있다. 투자성향이 공격적이고 주식투자나 파생상품 등 위험등급이 높은 상품에 관심이 있다면 증권사계좌 개설 시 투자성향조사에서 이러한 성향이 반영되어야 투자를 함에 있어 높은 수익률을 추구하는 공격적인 상품가입이 가능하다.

3) 직접투자 VS 간접투자, 투자방법을 정하자

직접투자는 ESG투자와 관련된 해당 기업의 주식이나 채권을 직접 사고파는 것으로 하이리스크, 하이리턴(High Risk, High Return)원칙에 입각하여 본인의 책임으로 가장 직접적인 수익률을 가져오는 투자방법이다. ESG평가기관 지수를 확인할 수 있는 기업들을 탐색하여 ESG기준에 부합되지 않는 기업들을 배제[5]하고 난 뒤 비교대상 대비 ESG성

---

5 네거티브 스크리닝(Negative Screening)이라 하며, ESG기준에 반하는 산업, 기업 등을 포트폴리오에서 배제하는 방식을 의미한다.

과가 우수한 기업 등에 선별해 주식이나 채권에 투자하는 방식 즉, 포지티브 스크리닝(Positive Screening)으로 관심종목을 선별하기가 가장 쉽다. 조심해야 할 것은 친환경적이지 않은 기업이 위장하는 행위 즉, 그린워싱(Green washing)이나 사회문제해결에 이바지하지도 않으면서 그런 척하는 소셜워싱(Social Washing) 등 ESG에 부정적인 시각을 갖게 하는 상품이나 기업들을 잘 걸러내야 하기에 평가지수를 꼭 확인하는 것을 권고한다.

이러한 제한된 정보가 걱정이라면 직접투자보다는 전문가들이 운영하는 간접투자에 관심을 가져보는 것은 어떨까? 개인이 기업공시자료나 재무상태표, 손익계산서나 현금흐름과 같은 재무적 정보습득은 가능하지만 ESG는 비재무적 요소까지 고려한 투자이기에 개인이 이러한 비재무적 정보를 습득하는 것은 매우 어렵다. 필자는 전문가를 통해 다양한 ESG투자전략에 골고루 편승할 수 있고 세분된 포트폴리오 구성을 통해 위험에 분산하는 ESG간접투자를 추천한다. ESG간접투자 방식은 보통 자산운용자가 투자분석모형에 ESG요인을 통합해 투자를 결정하는 액티브투자방식과 각종 ESG인덱스에 기초한 펀드에 투자하는 패시브투자방식이 있다. ESG평가기관들이 만든 다양한 인덱스를 통해 ESG인덱스펀드를 만드는데 자산운용사들이 판매하는 ESG ETF 상품이 패시브 인덱스펀드이다. 해외의 경우 유럽은 액티브펀드, 미국은 패시브펀드가 ESG펀드를 주도하고 있는데, 액티브펀드는 시장수익률을 초과하는 수익을 올리기 위해 펀드매니저들이 적극적인 운용전략을 펴는 펀드이다. 패시브펀드는 특정주가지수를 구성하는 종목들을 펀드에 담아 그 지수상승률만큼의 수익률을 추구하는 펀드라고 생각하면 된다. 예를 들면, 국내펀드 중 'NH-Amundi 100년기업그린코리아'라는 ESG펀드는 펀드유입 투자금액이 가장 많았는데 2021년 4월 기준으로 삼성전자(22.2%), SK하이닉스(7.83%), LG화학(4.94%) 등 ESG경영에 앞장서는 기업종목들 위주로 포트폴리오를 구성하고 있고, 최근 3년간 약 160%의 수익률을 달성한 해외펀드인 ICLN(ishares Global Clean Energy)은 청정에너지에 특화된 ETF로 글로벌 청정에너지기업 총 글로벌시가총액이나 산업영향력 등을 고려하여 약 30개의 기업만 편입하여 운영, 대체에너지기업이나 전기부품회사 등의 업종을 구성하여 수익을 추구하고 있다.

4) 글로벌 보고 이니셔티브(GRI), IIRC 등 ESG성과측정 공개자료를 바탕으로 매기는 평가기관의 등급을 확인하여 투자대상 기업을 고려하자

대다수 중견기업은 매년 '지속가능경영보고서'를 발간하여 ESG정보 공개 내용을 포함하고 있어 기업의 활동과 ESG성과내용을 확인할 수 있다. 하지만 지속가능성과의 상관관계개념은 아니므로 IIRC(International Integrated Reporting Council)나 글로벌보고이니셔티브(GRI; Global Reporting Initiative) 같은 공신력 있는 기관들의 통합보고서를 통해 기업들을 평가하는 ESG평가기관들의 자료들을 일반인들도 쉽게 확인할 수 있다.

앞서 평가항목을 명시했던 서스틴베스트나 한국기업지배구조원 등

대표적인 8개 평가기관의 자료를 종합하여 분석한 신한금융투자의 신한 ESG컨센서스 보고서에는 주요항목들에 영향을 주는 요인들과의 상관관계를 파악하여 ESG와 관련된 128개의 기업의 위험요소들을 파악할 수 있도록 보고서를 발간하였는데 권유대행인으로 활동하고 있는 신한금융투자에서 발간한 2021년 기준 신한 ESG컨센서스 상위 30개 종목에 대한 등급을 발췌하여 아래에 기록하였다. 이러한 기업들을 포트폴리오에 편입하고 있는 펀드나 회사의 주식 장기분산투자를 통해 수익률을 기대하는 것을 고려해도 좋겠지만, 투자에 대한 판단 및 책임은 스스로 고려하여 신중하게 결정하도록 하자.

업종	회사명	평가기관	ESG등급	E	S	G
IT	삼성SDI	8	A+	A+	A	A
	삼성전기	7	A+	A+	A	A
	SK 하이닉스	8	A	A	S	A+
	LG디스플레이	8	A	A	A+	B+
	삼성SDS	8	A	A	A	A
금융	신한지주	8	A+	S	A+	A+
	KB금융	8	A+	S	A+	A+
	삼성화재	8	A+	A+	A+	A
	BNK금융지주	7	A+	B+	A	A
	DGB금융지주	7	A+	A	A+	A
	삼성증권	7	A	B+	A+	B+
	미래에셋대우	8	A	A	A	B+
서비스	SK텔레콤	8	A+	A+	A+	A+

산업재	SK	8	A+	A	A+	A
	두산	5	A+	S	A+	A+
	삼성엔지니어링	7	A+	A	A+	A
	GS건설	7	A+	A+	A	A
	삼성물산	8	A	A+	A	B+
	현대건설	7	A	A+	A+	A
필수 소비재	아모레G	6	A+	A	A	A
	LG 생활건강	8	A+	A+	A+	A
	CJ 제일제당	7	A+	A+	A+	A
	아모레퍼시픽	8	A+	A+	A+	A
경기 소비재	LG전자	8	A+	S	A+	B+
	한국타이어앤테크	8	A	A+	A+	B+
	코웨이	8	A	A+	A	A
유틸리티	한국가스공사	7	A	A+	A+	B
에너지	SK이노베이션	8	A	A	S	A
	S-OIL	8	A+	A+	A+	A
소재	POSCO	8	A	A+	B+	A

▲ **2021년 신한 ESG컨센서스 상위 30개 종목 및 등급**
(출처: 신한금융투자 The Blue Book, 「뉴 패러다임, ESG」, 2021)[6]

5) 중장기 및 분산투자를 고려하여 투자기간과 상품을 정하자

ESG투자는 투자성과가 있을까? ESG투자성과를 분석한 G. Friede 외 2명(2015)의 실증분석논문에서 ESG투자는 63%가 긍정적인 영향

---

[6] 참고자료로만 활용하기를 당부하며, 투자에 대한 모든 의사결정과 책임은 본인에게 있음을 명심하자.

을 끼친다고 조사되었다. 물론 국가별로, 투자방법에 따라 성과는 다르겠지만, 대부분의 ESG투자는 단기실적보다는 5~7년 정도의 중장기실적에 효과가 있다는 점을 생각하자. 글로벌금융시장의 큰손이라 불리는 연기금과 같은 국부펀드(Sovereign Wealth Fund)의 움직임을 파악하여 자금이 어디로 흘러가는지를 잘 파악하다 보면 어느 기업에 또는 어떤 펀드에 투자해야 하는지 힌트를 얻을 수 있으므로 대세의 흐름을 확인하는 것이 좋다.

개별종목의 주식투자, ESG인덱스펀드 외에도 선호하는 섹터의 여러 종목을 한꺼번에 사기에 좋은 ETF투자도 고려할 수 있다. ETF는 여러 종목을 인덱스로 구성한 펀드를 거래소에 상장시켜 투자자들이 주식처럼 편리하게 거래할 수 있도록 만든 상품이라 안정적이고, 수수료가 저렴한 장점이 있다.

미국금융상품의 경우 주요 친환경 ETF의 성장세가 두드러지는데, 청정에너지나 2차전지, 태양광, 풍력 및 저탄소 관련 ETF의 수익률이 최근 1년 동안 최하 15%에서 최대 180%까지 성장하였다. 우리나라에서도 최근 '서학개미'라고 불리며 미국의 배당주주식투자와 ESG편입 종목들에 대한 일반투자자들의 개인블로거들의 작성내용도 눈에 띄게 늘었다. 관심을 두고 금융상품들을 공부해보자.

6) 목표로 한 재무성과를 거두었는지와 기업의 ESG 활동의 흐름을 평가하며 투자비율을 조정하는 자산 재배분의 과정을 주기적으로 시행한다

펀드매니저의 변경이나 펀드 종목 투입 변경 등으로 투자의 방향성이 달라지는 점을 감안하여 수시로 수익률을 체크하고, 편입비율을 조정하여 수익률에 따른 평가와 재배분을 통해 관리하는 것이 바람직하다.

5. 마무리하며

최근 기후변화에 따른 현상으로 탄소중립, 녹색성장, 전기차, 신재생에너지 등 ESG경영확대를 뒷받침할만한 시기에 사회적 책임을 다하는 기업들의 성장과 글로벌 주요국가들의 기업ESG 관련사항들은 이제 권고수준을 넘어 의무사항이 되고 있다. 이미 글로벌 주요국가들의 친환경정책과 파리기후협약 시행 등 여러 요인으로 ESG투자는 이미 시장의 대세흐름이 되었고 몇 년간의 수익률이 이를 증명하고 있다. 연평균 17.2%의 빠른 성장을 보이는 글로벌ESG 자산규모는 2024년에 전체투자자산(141조 달러)의 3분의 1을 초과할 전망이다.

각 국가의 친환경 또는 신재생에너지 정책지원 등을 바탕으로 대세가

되는 ESG투자를 소개하였고, 이러한 자금을 바탕으로 우리나라 성장을 견인하는 좋은 기업들이 더 많이 나오기를 기대한다. 또한, 이런 ESG경영을 실천하는 좋은 기업들을 통해서 장기적 안목을 가진 선량한 개인투자자들이 이익을 얻는 선순환 구조가 만들어지기를 소망해본다.

참고문헌

- 『뉴 패러다임, ESG Ⅱ.기업편』, 신한금융투자, 2021.
- ESG 워너비, 신한금융투자 IPS, 2021.
- 제현주, 『돈이 먼저 움직인다』, 어크로스, 2021.
- 조신, 『넥스트 자본주의, ESG』, 사회평론, 2021.
- 한국은행 금융보고서, 2012.
- 황유식 외, 『ESG 머니전략』, 미래의 창, 2021.
- J. Copland 외 2명, 「ESG and financial performance : Aggregated evidence from more than 2000 empirical studies」, Journal of Sustainable Finace & Investment, 5(4), pp. 210~233, 2015.

저자소개

강미영 KANG MI YOUNG

학력

- 강원대학교 무역학과 졸업
- 홍익대학교 교육학과 중퇴
- 학점은행제 행정학사(사회복지학)
- 연세대학교 경영학 석사(인사조직관리)
- 강원대학교 경영학 박사(국제경영 및 상학)
- 이화여대 최고명강사과정 수료(9기)
- 광운대학교 부동산개발과정 수료(93기)
- 상지대 사회적 경제 리더과정(Semi-MBA) 재학

경력

- (현)강원대학교 경영회계학부 시간강사
- (현)일류기업연구소 연구위원
- (현)국민연금공단 민간노후준비강사
- (현)리치앤코 금융컨설턴트

- (현)신한금융투자권유대행인
- (현)(주)삼일글로벌 대표이사
- (현)캠프리딩 병영독서코칭 강사
- 한국산업기술대학교 시간강사
- 경기대학교 지식정보대학 겸임교수
- 원주시 시정모니터 역임
- ㈜KSC 선임연구원
- 안보경영연구원 연구위원
- 능소호두과자 원주점 대표
- 공군부사관 재무설계 강사
- 키움에셋플래너 센터장
- 대한민국 공군 대위 전역

자격

- 일반행정사
- 사회복지사 2급
- 심리상담사 2급
- 유통관리사 2급
- 무역영어 1급, 2급
- 증권투자상담사, 증권펀드투자상담사
- 생명·손해·변액 보험판매자격

저서

- 『신중년, N잡러가 경쟁력이다』, 브레인플랫폼, 2021. 공저
- 『창직형 창업』, 브레인플랫폼, 2021. 공저

17

기업과 사회의 공유가치
- CSR활동

김남식

1. ESG (환경 Environment, 사회 Social, 지배구조 Governance) 와 기업윤리 (Business Ethics), 기업의 사회적 책임 (CSR: Corporate Social Responsibility)

사회와 기업에서 대세를 이루고 있는 것이 ESG이다. 환경(Environment), 사회(Social), 지배구조(Governance)의 첫머리 글자를 따서 ESG라 하였다. 그렇다면 ESG가 사회에서 각광받는 이유는 무엇인가? 이는 미국의 제46대 대통령 조 바이든(Joe Biden)이 추구하는 정책노선과 맞물려 있기 때문이다. 우리나라도 2021년 6월 1일에 있었던 P4G서울선언문 채택에서도 ESG를 중요하게 여겨야 한다는 점을 강조하며 '경제와 사회구조 전반을 저탄소 방식으로 전환해야 미래세대가 생존할 수 있다고 믿는다.'라고 하며 서울선언문을 작성하였다.

기후위기를 환경문제를 넘어서 경제, 사회, 안보, 인권과 연관된 과제들에 영향을 미치는 시급한 국제적 위협으로 간주하였고, 우리의 기업, 주주, 그리고 경제단체가 지역사회 및 소비자와 같은 이해관계자와 보다 긴밀하게 소통하고 기업 활동에서 친환경 관행과 태도를 내재화하기 위해 최선의 노력을 기울이고자 하였다. 우리는 환경, 사회, 지배구조(ESG)의 가치가 기업평가를 주도하는 중요한 기준이 되었다고 보며 기업이 ESG활동을 강화하겠다고 공약할 것을 권장하였다. 지속가능 발전 목표 달성 및 저탄소 경제사회 구축이 미래세대의 생존을 위해 필수적이라고 본 것이다. 결국에는 ESG의 본말은 미국 바이든 정부의 핵심지표를 그대로 나타낸 것이라고 본다.

　기업경영에 있어 기업윤리(Business Ethics)란 무엇인가? 기업이 경영 활동을 수행함에 있어 수단이나 방법에서 법규나 도덕에서 정하는 옳고 그름을 구분하는 기준이다. 기업의 경영자와 내부구성원들이 기업을 운영함에 있어 지켜야 할 기준이 되는 것이다. 기업의 목표는 이윤추구이다. 이윤은 기업의 생존 전략이며 발전 전략으로 중요한 가치였으나 오늘날에는 경영자의 도덕적 가치와 책임, 경영 정책과 운영 방식을 중요한 요소로 꼽고 있다. 기업윤리를 최우선가치로 한다는 것은 모든 경영 활동 기준을 윤리규범에 맞춰 투명하고 공정하게 합리적이며 구성원들이 이해할 수 있도록 하는 경영 활동을 말한다. 소비자로부터 신뢰받기 위해 기업은 윤리 경영을 해야 하고 이를 통해 사회적 경쟁력을 높여 지속가능경영을 하게 되는 것이다.

　조지아대학의 드보라 캐롤(Deborah Carroll) 교수는 기업의 사회적 책임(CSR: Corporate Social Responsibility)을 경제적, 법률적, 윤리적, 자선적 책임으로 구분하였고, 윌리엄 워서(William Werther)와 데이비드 챈들러(David Chandler)는 과정인 동시에 목표라고 정의하였다. 기업의 사회적 책임이 기업의 존속을 위한 선택적인 조건이 아닌 필수적인 조건으로 대두되는 이유는 기업과 관련된 이해관계자들에게 법률을 준수하고 윤리와 도덕적인 행동을 실천함으로써 긍정적인 평가를 받을 수 있기 때문이다.

기업을 운영하면서 경제 법률을 준수하여 사회경제 정의를 실현하고, 기업과 사회에 적용되는 규칙 안에서 경영 활동과 이익을 창출하여야 한다. 기업도 사회시스템을 이루는 하나로서 법규를 준수하고 공공의 이익을 추구함에 있어 투명하고 공정하게 운영하여 위법 행위를 하지 말아야 할 법률적인 책임을 가지고 있다. 기업윤리적 책임은 도덕적 책임, 재무적 책임, 사람에 대한 책임, 사회에 대한 책임 등 믿음과 신뢰를 줄 수 있는 기업경영을 말한다. 기업은 이윤을 추구하여 기업의 발전과 지속가능한 경영을 할 뿐 아니라 이익의 일부를 사회에 환원하여 공유함으로써 자선적 책임을 실천하는 것이다.

즉, 기업의 사회적 책임은 기업이 시장에 제품이나 상품 서비스를 전달하는 방식이며 동시에 과정이다. 나아가 기업과 관련된 이해관계자들의 관심사를 고려함으로써 사회에서 기업 활동의 정당성을 유지하는 방식이며 기업 활동의 목표인 것이다.

2. CSR활동이 사회에서 주목받는 이유

기업은 영리를 얻기 위하여 제품이나 상품, 용역을 생산하는 경제주체이다. 기업은 아이디어를 가지고 어떤 제품을 어떻게 얼마나 생산하여 어디에 공급할지를 결정하고 토지, 노동, 자본의 생산 3요소를 투입하여 생산하고 판매하는 역할을 한다. 이때 기업은 적은 비용으로 더 많은 이윤을 얻기 위해 아이디어를 구상하게 된다. 시장의 반응을 높이기 위해 저렴한 가격과 높은 품질의 상품 판매를 노력하게 된다. 질 좋은 상품은 소비자들로부터 만족도를 높여 매출액을 증대시키고 더 많은 이윤을 발생하게 한다. 기업의 생산 확대와 매출 증대는 고용효과를 창출시키고 국민의 생활을 풍요롭게 함과 동시에 세금 증대효과로 경제 발전의 원천적 영향을 가져온다.

미국의 철학자이자 교육학자인 니컬러스 버틀러(Nicholas Murray Butler)는 '기업은 인류역사상 가장 위대한 발명품이다.'라고 하였다. 기업은 사람들의 경제생활을 이끄는 원천이며 재화를 획득할 수 있는 수단이며 도구의 역할을 하는 곳이다. 노동력을 제공하고 임금을 받아 생계를 유지함과 동시에 자신의 가치를 창출하는 것이다. 또한 소비자로서 활동도 전개하고 있다. 오늘날 기업은 국가와 소비자, 근로자 등의 이해관계자와 밀접한 관계를 맺고 있다. 이들은 기업의 발전에 지대한 영향을 미칠 뿐 아니라 국가 경제에도 영향을 미친다. 따라서 기업은 단순히 기업의 이윤에 집착하여서는 안 되며 사회에 대한 관심과 책임도 동시에 가져야 한다는 사회적 책임이 주목받게 되는 것이다.

최근 N기업의 사례는 기업들에게 생생한 교훈이 되었을 것이다. 왜냐면 N기업의 만행은 최근만이 아니었기에 이번 사태는 더더욱 기업인들에게 좋은 본보기가 되는 것이다. 2013년 영업직원이 대리점장에게 내뱉은 욕설녹취록이 공개되면서 대표이사는 머리를 숙여야 했고 기업 이미지에 타격은 물론 불매운동으로 매출이 급감하여 기업의 존

폐위기에 몰려 극적으로 타협한 사례가 있었음에도 불구하고 최근 또 다시 불거진 거짓 과대광고로 기업은 몰락하고 만 것이다. 경영자의 공금유용, 기업 차량을 개인 용도로 사용하는 등 대체로 관용적인 부분이라 여겨 스스로 사회적 책임을 다하지 못한 기업에 대한 사회의 관심이 결과로 나타난 것이다. 57년 만에 N기업은 매각되었다.

그렇다면 왜 N기업은 이러한 결과를 초래하게 되었는가? 우리 사회는 빠르게 변화하고 진화하고 있다. N기업은 이러한 사회적 트렌드를 읽지 못하였고, 구시대적 사고로 소비자의 기대에 부응하지 못하였다. 또한 시간이 해결해줄 것이라는 시대착오적 오판을 하였기 때문이다.

기업의 경영진이나 구성원들에게 어려운 일 중 하나가 자사 소비자들의 이슈와 관심사와 사회의 이슈를 예측하는 일이다. 효율적인 기업의 사회적 책임활동의 계획수립과 실행을 위해서 트렌드의 변화와 사회적 관심사가 어떤 것인지를 예상하고 판단할 수 있어야 한다. 소비자들과 같은 이해관계자들을 중심으로 대두되는 트렌드와 사회적 관심사를 알아내는 것이 그리 쉬운 일이 아닐 것이다. 그러므로 소비자들의 사회적 요구와 문제점들을 정확히 조사하고 정리하여 분석하여야 하며 이들을 통하여 트렌드에 적합한 소비자 활동을 계획하고 전개하여야 한다. 또한, 소비자들의 만족도를 향상시키기 위한 부수적인 활동도 아울러 수행하여야 할 것이다.

앞서 N기업의 사례에서 CSR활동이 사회에서 주목받는 이유를 알 수 있었을 것이다. 사회는 기업의 활동과 경영자와 구성원들의 활동을 주목하고 있다. 이는 자신들의 생계와 직결되는 것이기 때문도 있지만, 자신도 소비자의 한사람으로서 기업과의 이해관계자이기 때문이다. 사회의 문제가 바로 나의 문제이며 나라의 문제가 바로 나 자신의 문제와 다를 바 없다는 것이다. 기업의 사회에 대한 책임 활동 즉, CSR활동을 왕성하게 전개하는 기업이 사회의 문제를 해결하는 기업으로 사회에서 우대받을 것이며 긍정적인 기업으로 좋은 이미지와 평판을 얻어 자사의 제품이나 상품 서비스의 매출 증가로 이어져 기업의 최종목표인 이윤추구를 달성하게 될 것이다.

3. CSR활동이 소비자 행동(Consumer Behavior)에 미치는 영향

기업경영에 있어 자사와 연관관계에 있는 소비자들의 행동변화는 기업 활동에 매우 큰 영향을 가져온다. 현실에서는 행동변화를 파악하거나 예측하기 어려워 시장환경을 조사하고 정리하고 분석하여 최소화하기 위한 마케팅 전략을 수립하고 있다.

소비자들의 메가트렌드는 정치·경제·사회·문화 등의 영향을 받게 되고 가치관이나 라이프스타일 변화의 원인이 되고 있다. 새로운 소비자 트렌드의 등장은 기업들에게 있어 새로운 경쟁국면을 만들게 되고 이것에 대처하지 못하는 기업들은 경쟁에서 밀려나게 되며 종래에는 도

태되거나 퇴출될 수도 있다는 것이다. 그러므로 기업은 소비자의 트렌드변화에 빠르게 대처할 수 있는 마케팅 전략을 수립하여야 하며 무엇보다도 그들의 행동에 민감하게 밀착하여 빠르게 실행하여야 한다. 기업의 이미지와 평판 명성은 더 이상 단순한 투자자나 몇몇 소비자의 목소리에 의해서 형성되는 것이 아니다. 기업을 경영하는 경영자와 구성원들과 기업과 연관되어있는 협력 기업들, 지역사회와 시민단체, 소비자, 공공기관, 미디어 등 다양한 외부이해관계자들의 평가로 형성되는 것이다. 이들은 기업을 평가할 때 기업이 실행한 CSR활동에 대하여 엄중한 평가를 하게 된다. 그만큼 CSR활동은 이해관계자들에게는 중요한 평가지표로 활용되고 있어 CSR활동에 대하여 많은 준비를 하여야 하며 기업은 사회적으로 좋은 평판과 이미지를 확보하기 위하여 트렌드변화에 촉각을 모아야 한다.

국내 대표 치킨 프랜차이즈 BHC치킨은 2020년 4004억 원의 매출을 올려 26%의 성장을 했다. 2013년 독자 경영이래 8년 만에 6배의 이상 성장하였고 교촌치킨과 치킨 업계 양대 산맥으로 자리 잡았다. BHC치킨이 이렇게 성장할 수 있었던 요소들을 살펴보면 모두가 주창하는 R&D기술 개발사업은 물론이거니 무엇보다도 시대적 흐름 즉 현실 트렌드 분석이 있었으며 소비자가 선호하는 마케팅 전략을 수립하고 그것을 과감하게 실행하였다는 것이다. 가맹점과 가맹본부 간의 본연적 역할과 책임(R&R)에 대한 공감대를 형성하고 그것을 책임감 있게 실천하였다. 2013년 가맹점 수가 700여 개에서 1,500여 개로 증가하였으며 가맹점 연평균매출도 2013년 1억 4천만 원에서 지난해 5억

7천여만 원으로 성장하였다. BHC치킨은 가맹점들과의 상생 경영 100억 지원 프로젝트를 본격화하여 노후화 개선사업, 고객중심 서비스 강화를 통해 양적성장은 물론이거니와 질적성장도 동시에 이룸으로써 진정한 상생 경영을 실천하였다고 평가받고 있다. BHC치킨은 지역사회와의 나눔 경영에서도 적극적으로 동참하였다.

  2017년 나눔과 상생의 정신을 담은 새로운 개념의 사회공헌 활동인 'BSR(BHC+CSR)'을 본격적으로 가동하여 기업의 사회적 책임을 다하고자 하였으며 이를 통하여 고객과의 신뢰를 구축하는 계기를 마련한 것이다. 2018년에는 'BSR프로그램'의 일환인 대학생 봉사단체인 '해바라기 봉사단'이 아동보호시설, 쪽방촌, 요양원, 워터파크, 농촌 일손 돕기 등 도움의 손길이 필요로 하는 곳에서 구슬땀을 흘렸다. BHC는 이들의 봉사단체에 전액 지원은 물론이거니와 우수 봉사단원에게는 소정의 장학금을 지급하여 이익을 사회에 환원하는 본보기를 보여주었다. 한편 BHC는 '민식이법'이 국회를 통과하자 어린이보호에 동참하고자 어린이보호구역 내 과속방지를 위한 과속경보시스템 표지판을 무료로 설치하였으며, 지난해 코로나19로 대구 경북지역에 확진자가 급격히 늘어나자 지역가맹점에 마스크와 손 세정제를 무상으로 지원하는 등 발빠른 대응으로 가맹점주는 물론 가맹점주 가족들의 바이러스 감염 예방을 위해 다각도로 지원하여주었다.

  무서운 성장을 보인 BHC의 또 하나는 독자 경영을 시작으로 전문경영인체제를 구축하여 경영과 조직 문화에 새롭고 신선한 바람을 불어넣었다는 것이다. 기존의 비합리적인 관행을 과감히 없애고 스피드 경영, 투명한 경영, 합리적인 의사결정시스템 도입, 원칙과 준법 경영 체제로서 경영진과 직원들 간의 리얼타임 소통과 협업으로 업무효율을 향상시키고 개인역량을 강화시키는 등 원칙을 중시하는 경영체제를 구축한 것이다.

앞서 살펴본 사례에서 사회는 기업의 가치척도가 되고 있는 ESG에 대하여 관심을 가질 것이다. 환경과 사회, 지배구조의 항목에서 특히 소비자들과 매우 밀접하게 연관되어있는 사회책임(SR)에 대한 부분을 눈여겨볼 것이다. 지속가능한 발전을 하기 위한 기업이 사회에 사회적 책임(CSR)을 어떻게 전개하고 있는지를 소비자들은 지켜볼 것이며 기업의 역할과 참여를 기대할 것이다.

4. CSR활동이 기업성과에 미치는 영향

최근의 화두는 ESG를 경영에 적극적으로 반영하여야 한다는 것이다. 코로나19사태를 계기로 자본시장에서 위험을 감지하여 ESG중대성을 강조하고 있는 만큼 ESG요소를 KPI(핵심성과평가지표)에 반영하여 적극적으로 대응할 필요가 있다.

우리나라에서 존경받는 기업의 기준은 무엇일까? 역사가 오래된 기업, 최대의 매출액을 올리는 기업, 기업브랜드 가치가 높은 기업, 호감도가 높은 기업 등등 여러 가지 요소가 있을 것이다. 미국의 조 바이든 대통령 정부가 들어서면서 우리 정부도 새로이 정책 전략안에 ESG 요소를 부각하게 되었다. 환경경영, 정도경영, 사회공헌 등 CSR활동을 기업에 요구하고 기업들도 이에 호응하게 된 것이다. CSR활동이 기업의 이미지 제고를 향상해 경쟁력을 높이고 재무적 성과로 이어지는 것이다. 기업의 지속가능경영과 성장을 위해 사회적 투자가 필요하게 되고 CSR활동이 그 성과를 위한 밑거름이 되는 것이다. 경영자와 내부구성원, 소비자와 지역사회, 주주와 투자자 등 다양한 이해관계자들에게 관심과 참여를 유도해 호응할 수 있도록 하여야 하며 이들로 하여금 최대의 효과와 시너지 현상으로 효과를 극대화하자는 것이다. 기업의 경영전략을 CSR전략과 일체화하여 경영자와 내부구성원들이 실천함으로써 경영의 합리화를 도모하고 외부적으로는 이미지 효과를 최대한 끌어올리자는 것이다. CSR을 시스템화하여 내부구성들로 하여금 업무와 연계함으로써 개인역량을 강화하여 양적 질적 향상으로 기업성과를 극대화하자는 것이다.

CSR활동의 성공사례라 하면 유일한 박사가 설립한 생활용품 기업 유한양행을 빼놓을 수 없을 것이다. 유한양행의 성공은 '기업에서 얻은 이익은 그 기업을 키운 사회에 환원해야 한다.'는 숨은 철학 때문만이 아닐 것이다. 유일한 박사는 숱한 정경유착의 유혹을 뿌리치고, 그로 인해 불이익을 당할지언정 기업경영원칙은 단 한 번도 흔들린 적 없었다고 한다. '우리 강산 푸르게 푸르게'라는 캐치슬로건은 환경보호와 동시에 환경에 대한 책임을 지겠다는 의지의 표현으로 많은 사람이 기억하고 있을 것이다. 유한양행은 윤리경영, 고객중심경영, 노사 간 화합과 신뢰관계를 중심으로 인류건강에 이바지하고 있으며, 기업을 전문경영인에게 경영권을 넘겨 전문경영인시대로 전환하였으며 사재를 털어 교육사업을 시작 이후 교육사업을 확장에 심혈을 기울였으며, 소유주식을 사회에 환원하여 나눔과 공유를 실천한 국민기업으로 성장·발전하고 있다. 창업자이신 유일한 박사는 본인 개인재산을 공익재단에 모두 기부한 사례는 CSR활동의 본보기라고 하여도 과언은 아닐 것이다.

현대자동차는 6대 무브(MOVE) 사회공헌 활동 비전을 선포하고 고객과 함께, 사회와 함께 더 나은 세상 만들기를 시작하였다. 우리나라 미래를 이끌 천 년과 기회가 부족한 이웃들이 원하는 꿈을 펼칠 수 있도록 드림 무브(Dream Move)를 설정하였고, 사회공헌의 지속성을 높이도록 계열사의 전문성을 활용하는 넥스트 무브(Next Move)를 설정, 교통약자는 물론 이웃들과 차별과 불편 없이 쉽고 편리하게 이동할 수 있도록 이지 무브(Easy Move)를 설정하였다. 연령대를 고려한 맞춤형 교통안전 및 캠페인을 통해 안전한 세상 확대를 위한 세이프 무브(Safe Move)를 설정하였고, 생명력을 잃어가는 자연과 황폐해지는 지구환경을 풍요롭게 복원하고자 그린 무브(Green Move)를 설정, 전 임직원은 세상 모든 이들이 행복한 삶을 누리며 희망찬 내일을 마주할 수 있도록 봉사활동에 참여해야 한다는 해피 무브(Happy Move)를 설정하여 ESG 활동의 중요성을 중장기 경영방침으로 선포하였다. 현대자동차의 6대

무브 활동은 현대자동차 소비자와 지역사회 등 이해관계자와 함께 지속가능한 미래가치를 공유하고 새로운 가치를 창조하고자 하는 데 목적을 둔 것이다. 이는 현대자동차가 기업의 재무적 이익만을 위한 것이 아니라 창출된 이익에 공헌한 소비자와 지역사회에 환원하겠다는 의지의 표현이며 더 나아가서는 사회와 공유가치를 만들겠다는 장기적인 목표이다.

최근 CSR활동이 대두되면서 코즈마케팅(Cause Marketing)이 소개되고 있다. 기업과 소비자의 관계를 통해 기업이 기업의 이익과 공익을 동시에 얻게 된다는 것으로 코카콜라가 시작하여 미국의 헬프 레미디스, 아메리칸익스프레스가 동참하였으며, 우리나라의 CJ제일제당이 미네워터를 구매하는 소비자들이 제품에 부착된 기부용 바코드나 QR코드를 찍으면 아프리카 어린이들이 마시는 물을 정화하는데 드는 비용으로 100원씩 기부하는 운동이다. 이후 의류업계와 패션업계, 화장품업, 식품업 등 다양한 업종에서 참여하고 있다. 결국에는 기업의 이익을 공유하기 위한 대의명분과 공익에 참여하고자 하는 마케팅전략인 것이다. 기업이 수익창출 이후에 사회에 공헌활동을 하는 것이 아니라 기업 활동 자체가 사회적 가치를 창출하면서 동시에 경제적 이익을 추구할 수 있는 방향으로 이루어지는 CSV(공유가치창출)로의 발전을 기대한다.

5. CSR활동을 위한 전략적 시사점

　미국의 조 바이든 정부의 핵심정책으로 다시 부상하게 ESG경영은 최근 우리 기업들에게도 중요한 요소로 특히 사회적 책임(CSR) 활동이 기업의 좋은 평판과 명성을 갖는다. 기업이 소비자들에게 좋은 이미지와 평판, 명성을 얻게 되면 결국에는 자사의 제품이나 상품 서비스 매출로 이어지게 되고 기업의 최종 목표인 이윤추구를 극대화할 수 있게 된다. 기업들은 소비자들의 관심과 지역사회의 이해 속에서 생존하고 성장·발전하는 것이다. 그러므로 기업의 경영전략을 수립할 때 기업이미지 제고와 평판·명성을 높이기 위한 전략을 수립하게 되고 어떻게 하면 그 좋은 이미지를 오래도록 유지할 수 있을 것인가에 각고의 노력을 기울여야 할 것이다. 이미지제고와 평판 명성이 높은 기업일수록 시장에서 경제적 이득은 물론이거니와 오래도록 생존하게 되고 새로운 시장으로의 전환도 가능하다.

　기업은 시장에서의 생존과 발전, 경제적인 이득을 위해서 소비자들로 관심의 대상이 되어야 하지만 비영리조직인 학교나 공공기관도 CSR활동이 필요한가? 공공기관이란 개인의 이익이 아니라 공적인 목적으로 정부의 투자 또는 출자, 재정지원으로 설립 운영되는 기관이다. 이 기관들은 정부의 지원을 받기 때문에 흔한 말로 절대 망할 수 없는 조직이다. 그런데도 기업처럼 이미지제고를 위하거나 평판·명성을 위해서 경영전략을 수립해야 하는 이유는 무엇일까? 그것은 시장에서 소비자들이 외면하게 된다면 공공기관이라고 할지언정 시장에서 퇴출당할 수 있기 때문이다. 독과점 상품이 아니라면 시장에서 소비자들의 관심에서 멀어질 수 있다는 것이다. 더군다나 공공기관은 대국민을 위한 공공복리, 안전을 위한 서비스제공을 목적으로 설립 운영되기 때문에 국민의 신뢰와 지지를 받지 못한다면 이해충돌로 이어지기 때문에 더더욱 CSR활동에 전심전력을 기울여야 할 것이다.

21세기 글로벌시대 세계시장은 하나로 되어 정보의 홍수 속에 선의의 경쟁을 통하여 생존하고 발전한다. 소비자들의 욕구는 다양하게 되고 자신의 프라이버시를 강조하여 맞춤형 제품이나 상품 서비스가 이루어지지 않으면 등한시하게 된다. 기업이나 국가, 공공기관들이 소비자들의 관심을 끌기 위해서는 경영자가 내부 이해관계자들에게 CSR활동에 대하여 목표를 제시하고 그 목표 달성을 위한 동기를 부여하여야 할 것이다. CSR활동이 왜 필요한지, 시장에 어떤 영향을 가져오며 무엇을 해야만 하는지를 알려주어야 할 것이다. 조직의 생존을 위해 구성원들이 어떻게 해야만 하는지를 알려주고 그들 스스로도 긍정적으로 이해하고 실천할 수 있어야 할 것이다.

기업이나 공공기관들은 소비자들로부터 사회적 이미지 제고와 평판, 명성을 향상하기 위해 CSR경영전략을 수립해야 한다. 시장과 사회에서 어떤 수준의 CSR을 요구하고 있는지 조사하고 정리하여 분석하여야 하며 어떤 수준으로 평가받고 있는지도 진단하여야 한다. 최고 경영진과 내부 구성원들이 신속하게 선제로 합리적인 의사결정을 하여야 하며 기업의 경영목적과 비전에 적합하게 CSR기준을 정립하여야 할 것이다. CSR활동은 장려사항이 아니라 필수적인 사회 요구사항이 되어있어 지속적인 노력과 관리가 필요하다는 것이다. 금전적인 기부나 단순한 봉사활동만으로 인식되어온 CSR활동은 이젠 지난 일이라는 것이다. 코로나19 팬데믹으로 CSR활동이 단순한 활동이 아니라는 것을 증명하여준 좋은 사례가 되었다. 기업의 이미지 제고나 평판·명성은 더 이상 단순한 노력으로 얻어지는 것이 아니다. 기업의 경영자와 내부 구성원들이 외부 이해관계자 즉, 소비자와 지역사회, 주주와 투자자, 협력사와 시민단체 등을 위해 노력하고 또 노력할 때 얻을 수 있다. 결국, CSR활동이 시장의 이미지 제고와 평판·명성을 결정짓는 중요한 요인일 뿐 아니라 조종자로서 존재한다는 것이다. 따라서 소비자를 위한 다양한 CSR활동을 적극적으로 실행하는 기업이나 공공기관이 좋은 이미지와 평판 명성을 얻게 되고 시장에서 오래도록 지속가능한 경영을 형성할 수 있게 된다. 나아가서는 이러한 CSR활동과 기업과 공공기관의 성장발전전략과 밀접한 상관관계가 있음을 시사하고 있다. 가치창출에 대한 구체적인 목표를 설정하고 핵심비즈니스와 역량을 연계한 CSR전략을 수립할 때 비로소 조직목표를 극대화할 수 있다는 것이다. 따라서 기업이나 공공기관은 사회에서 긍정적이고 창의적인 이미지와 평판·명성을 얻고 유지하기 위해서 이윤 극대화에만 급급하지 말고 사회적 책임(CSR) 활동에 더 많은 관심과 노력을 기울여야 할 것이다.

참고문헌

- 『GS리포트 7권 1호』, 동 4권 7호, 2017.02.
- 안광호, 이학식, 하영원, 『소비자행동』, 법문사, 2007.
- 유필화, 김용준, 한상만, 『소비자행동론』, 학현사, 2012.
- 최진봉, 『기업의 사회적 책임』, 커뮤니케이션북스, 2014.
- 유성은, 『기업 윤리와 경영성과』, 한국학술정보, 2007.
- 명순영 기자, 「기업 성공 방정식이 바뀐다…'재무성과'보다 '환경' 더 중시」, 매경ECONOMY, 2021.04.21.
- 김지웅 기자, EBN, 2020.4.13.
- 류영재 기자, 주간한국, 2021.4.19.
- 김영수 기자, 이데일리, 2021.6.18.

저자소개

김남식 KIM NAM SIG

학력

- 국립강릉원주대학교 경영학과 2년 수료
- 한국방송통신대학교 경영학부 경영학사
- 인천대학교 경영학부 경영학사
- 인하대학교 경영대학원 경영학과 경영학 석사(인사관리전공)
- 인하대학교 일반대학원 경영학과 경영학 박사(인사관리전공)

경력

- (현)한국능률협회 컨설팅 위원
- (현)창업진흥원 창업 전문 멘토
- (현)BHM연구원 대표
- (현)인천대학교 기초교육원 시간강사
- (현)한국평생사이버교육원 에듀업원격평생교육원 운영교수
- (현)국가인적자원개발사업 HRD 심사 등 10여 개 기관 평가위원
- 기업경력 32년, 상무이사

- 인하대학교 경영학부 시간강사
- 인천대학교 기초교육원 시간강사, 세무회계학과 겸임교수
- 가천대학교 경영학부 겸임교수
- 국가직무능력표준(NCS) '경영기획'부문 개발 전문위원
- 경영·기술지도사 국가자격시험 사전출제위원
- 산업안전(보건)지도사 전문자격시험 출제위원
- 능력중심 공공기관 채용출제 및 시험 평가위원
- 능력중심 채용 HR전문면접관

자격

- 경영지도사(재무관리)
- 직업능력개발훈련교사 3급
- ISO9000/14001 인증심사원
- 부동산 전문상담사

저서

- 『신중년 도전과 열정 2021』, 브레인플랫폼, 2021. 공저
- 『기업가정신과 창업가정신 그리고 창직가정신』, 브레인플랫폼, 2021. 공저

수상

- 인하대학교 총장상(2004)
- 지식경제부장관상(2011)

18

ESG,
글로벌 트렌드를
거스를 수는 없다

김재우

1. 왜 모든 글로벌 기업들이 ESG인가?

'유니콘기업'이라는 용어는 실리콘밸리의 카우보이벤처스 설립자 에일린 리가 2003년에 기고한 글에서 따온 것으로 당시 수많은 기업 중에 기업가치 10억 달러(약 1조 1천억 원) 이상의 기업들을 지칭한 것이다. 평범한 말 중에 하늘을 나는 유니콘은 특이할 수밖에 없고 선택받은 말이기 때문이다.

'MZ세대'라는 용어는 밀레니엄세대(2000년대 이전에 태어나 밀레니엄을 맞은 세대)와 Z세대(2000년대 이후 탄생한 세대)가 결합한 단어로, 과거 기성세대인 X세대, Y세대와 구별하기 위한 신조어다.

그런데 'ESG'라는 용어는 위 신조어들과 형태가 다소 다르다. 환경(E), 사회 이슈(S), 지배구조(G)의 앞글자는 국가나 기업, 시스템 등 모든 곳에 적용되는 포괄적인 단어들이다. 예를 들어 선진국들은 당연히 지구온난화 등의 환경에 힘을 쏟는다. 후진국들에게 적합한 분야는 사회적인 이슈와 지배구조일 것이다. 선진국을 바라보는 중진국들의 기업은 외부투자가나 금융 당국으로부터 지배구조를 투명하게 할 것을 압박받는다.

모건스탠리캐피털인터내셔널(MSCI)에서 발표한 기업들의 환경 및 사회문제해결과 지배구조개선을 위한 ESG등급은 마이크로소프트, 엔

비디아, 세일즈포스닷컴 등이 탁월(AAA) 등급으로 조사됐다. 반면에 전통 자동차 제조업인 폭스바겐, GM 등은 부진(CCC) 등급을 받았다. AAA부터 CCC 내에는 여섯 개 등급이 구분되는데 우리가 흔히 함께 취급하는 코카콜라(AA)는 맥도날드(BB)보다 세 등급이 앞섰다.

투자가들도 점차 환경(E), 사회 이슈(S), 지배구조(G)처럼 이 분야에 열심히 하는 '착한 기업'에 더욱 투자하고 우리에게 부정적인 영향을 주는 기업과는 점점 거리를 두겠다는 제스처다.

이 ESG의 특징 중 하나가 바로 비계량평가에 의존한다는 점인데 앞서 설명한 MSCI의 ESG지수는 흔히 대차대조표를 비롯한 기업의 재무회계보고서를 기반으로 하지 않고 담당자에게 의견을 물어 판단한 결괏값이다.

우리나라의 10대 그룹(자산총액 기준) 중 ESG위원회를 설치한 그룹은 7곳이며 나머지 3개 그룹도 이와 유사한 조직을 사내에 만들어두었다. 하지만 아래 표와 같이 전국경제인연합회와 모노리서치에서 매출 500대 기업을 대상으로 조사한 애로사항에서 가장 높은 비중은 'ESG의 개념이나 범위가 애매하다(29.7%)'였다. 또한 '기업마다 하는 일이 달라 우리 기업과는 맞지 않다(19.8%)'는 응답과 'ESG의 이 비계량 평가 방식(17.8%)' 등이 그 뒤를 잇고 있다.

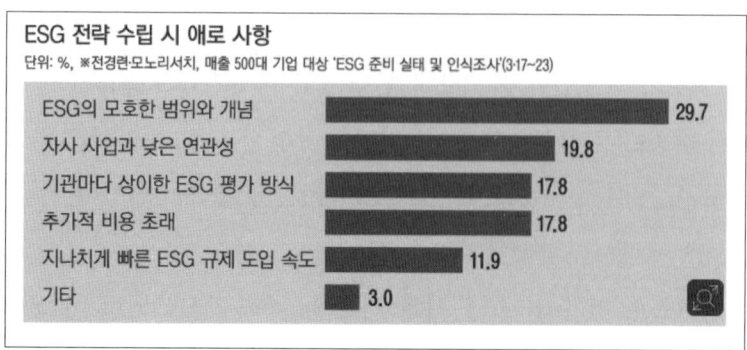

출처: 경향비즈
(http://biz.khan.co.kr/khan_art_view.html?artid=202105102205005&code=920501)

어찌 보면 '주위에서 하니까 나도 해야 한다.'는 ESG경영으로 여길 수도 있겠지만, 우리만 빠져서는 안 된다는 느낌마저 든다. 그래서 정부가 우리 기업과 실정에 맞는 한국형 ESG지표를 검토하고 있다. 환경·사회·지배구조·정보공시 등 4개 분야에 평가문항을 담고 지표를 마련하겠다는 것이다.

우리나라 기업들은 다소 끌려가는 느낌이지만 글로벌 기업들이 ESG에 중점을 두는 이유는 기업가치를 평가할 때의 방식이 계속 진화하고 있기 때문이다. 이는 지금의 기업평가가 과거와는 달리 단순하게 계량적 수치로만 평가하기에는 무리가 있기 때문인데 예를 들어 쿠팡이 뉴욕 증권거래소에 상장할 당시에 매년 수천억 원의 적자를 내고 있었지만, 미래 성장성과 매출, 사용자 수의 증가 등에서 합격점을 받은 걸 볼 수 있다.

이제 기업들을 바라보는 관점은 ESG가 비계량지표로서 매우 중요하며 점차 이 비중이 높아질 것이라는 것쯤은 쉽게 예측할 수 있다.

2. 모두가 ESG로 바삐 움직이는 이유

태양열이 지구에 갇혀 계속 순환되며 마치 온실 속에서 맴도는 바람에 지구의 기온이 계속 오르는 온실효과, 이 주범을 탄소로 보고 있다. 특히 이산화탄소는 온실효과 기체들의 대표적인 원소다. 이외에도 아산화질소, 메탄, 오존 등이 온실효과를 일으키지만, 이산화탄소에 비해서는 상대적으로 덜한 편이다.

ESG가 올해에 크게 부각되었지만 과거에 없었던 개념은 아니다. 이전부터 주요 글로벌 기업들은 지속 성장 가능 경영에 힘써왔으며 기업 지배구조 개선과 제조업의 경우 특히 탄소 배출에 많은 신경을 쓰고 있었다. 특히 영국은 2007년 유통, 제조 기업들이 '카본트러스트(Carbon Trust)'라는 협회를 결성해 자체적으로 탄소 감축에 관한 인증제도를 시작하였다.

이때 이 탄소의 배출량을 어떻게 측정할 것인지를 두고 탄소의 처음부터 끝까지 발자취를 남긴다는 뜻에서 '탄소 발자국(Carbon Footprint)'라는 개념을 사용하게 되었다. 예를 들어 스팸 이메일을 10%만 삭제

해도 매년 1톤의 탄소를 줄일 수 있다. 이메일이 쌓여있으면 저장에 필요한 클라우드가 계속 가동되야 하고 이때 들어가는 전기가 어쩔 수 없이 탄소를 배출하기 때문이다. 기차를 이용하는 경우 자동차에 비해 수송객을 고려했을 때 탄소 배출을 훨씬 많이 줄일 수 있는 것과 같은 이치다. 최근의 비대면 회의를 통해 사람들이 이동을 줄이면서 절감한 탄소 배출량은 상상을 초월한다.

미국은 중국에 이어 두 번째로 많은 탄소를 배출하는 국가인데 제조업이 발달한 우리나라도 10위권 안에 들 만큼 탄소 배출에 있어 유리한 상황이 아니다. 다만 미국은 주별로 환경에 신경을 많이 쓰는 편인데 특히 캘리포니아 주가 그렇다. 저자가 15년 전 미국 실리콘밸리에 근무할 무렵 이미 샌프란시스코 주립대 MBA 과정에서도 환경 MBA를 별도로 두며 환경보호에 관한 애착을 보였듯이 주 정부 차원에서는 선도적으로 탄소 제로를 실천하기 위해 노력 중이다. 우리나라 정부가 2050년까지 온실가스 순 배출량을 제로로 만들겠다는 '2050 탄소 제로' 정책도 어찌 보면 국제사회에서 '기후악당(Climate Villain)'이라는 오명을 벗고 이를 주도하기 위해서다.

결국 ESG는 국가와 기업을 가리지 않고 대세가 될 가능성이 매우 크다. 물론 추후에 ESG를 대체할 만한 비계량지표가 또 등장하겠지만, 이 역시 과거 지속가능경영에서 ESG로 흘러왔듯이 연장선 측면에서 바라보는 것이 현실적이다.

코카콜라가 ESG경영에서 높은 점수를 받는 것은 꽤 의아한 느낌이다. 플라스틱 콜라 용기가 전 세계 쓰레기 매립지에 얼마나 묻혀있는지를 상상해본다면 코카콜라야말로 발등에 불이 떨어진 격이다. 이를 위해 코카콜라는 종이팩 콜라를 만드는 데 상당한 연구개발비를 투입하고 있다. 과거 병에서 유통과 무게, 경제적인 측면으로 인해 플라스틱 용기가 일상적으로 보편화 되었지만, 그 반대급부로 코카콜라는 3년 연속 세계 1위의 플라스틱 오염원기업으로 선정되기도 하였다.

출처: The Drum 홈페이지

'코카콜라가 리사이클(재활용) 노력을 게을리한다면 사 먹지 마세요!'라는 강력한 홍보는 코카콜라가 기업의 이미지를 다시 한 번 탈바꿈할 절호의 기회를 노렸다고 볼 수 있다. 만약 코카콜라가 이런 노력으로 탄소 배출량을 줄이고 ESG경영을 선도한다면 코카콜라의 주가는 앞으로도 계속해서 오를 가능성이 크다.

우리나라는 재활용 분리수거율이 매우 높다. 그런데 얼마 전 언론에서 생수병의 라벨을 벗겨내느라 드는 세척비용과 물의 양이 상당하다는 것을 보도한 적이 있다. 시민단체와 일부 소비자들은 라벨을 없애고 대신 양각을 해야 한다는 목소리를 높였고, 코카콜라 코리아는 국내 탄산음료 중 최초로 라벨을 없앤 페트(PET)병을 출시하기도 했다.

그런데 만약 코카콜라가 사회적 책임을 다하기 위해 노력을 하다가 너무 많은 비용이 들어 기업 이미지는 좋아지나, 실적이 나빠진다면 어떻게 될까? 결론부터 말하자면 그것은 코카콜라 경영진의 잘못이다. 코카콜라는 사회적 기업은 아니기 때문이다.

글로벌 식품 기업이자 유제품으로 유명한 다논(Danone)사는 ESG경영에 있어 세계적인 리더다. 그런데 CEO가 너무 사회적인 활동(?)에 집착하여 더는 회사가 성장하지 못하고 매출이 떨어졌다. 결국, 다논의 행동주의 펀드들이 모여 파베르 CEO를 해임하기에 이르렀다.

갑자기 불어닥친 ESG경영에 너무 집착하기보단 재무적인 부분과 사회 활동의 균형이 필요하다. 워런 버핏 회장은 최근 ESG경영이 너무 많은 이슈가 되고 버크셔헤서웨이에도 적지 않은 압력이 들어오자 이를 두고 "회사는 적법한 활동을 통해 이윤을 추구하는 집단이다."라고 딱 잘라 말하기도 하였다.

3. ESG에서 더 중요한 분야가 있다

ESG는 이처럼 다소 양면성을 갖고 있다. 특히 지금 시장에서 가장 각광을 받는 ESG경영은 맨 앞글자인 '환경(E)'을 중심으로 이뤄지는 경향이 높다. 왜냐하면, 기업의 입장에서 환경에 가치를 둔다는 점은 기업의 이미지 제고와 밀접하게 관련되어 있고, 그나마 구체적인 성과가 잘 나타나는 분야이기 때문이다.

그런데 지속가능한 경영을 위해서 기업에서 더 중요한 개념이 바로 사회 이슈(S), 지배구조(G)분야다. 특히 글로벌기업들은 환경은 외적인 지표로서 간주하고 내부적으로 오히려 '사회적 책임(S)'에 상당한 노력을 하고 있다.

'다양성' 하면 실리콘밸리 기업들을 빠뜨릴 수 없을 정도로 실리콘밸리는 전 세계에서 가장 다양한 민족과 인종들이 어우러진 곳이다. 미래기술을 이끌어가는 곳뿐 아니라 성 소수자들이 가장 차별 없이 지낼 수 있는 곳으로도 유명하다. 이미 애플의 CEO 팀 쿡은 자신이 게이라는 사실을 일찌감치 선언(커밍아웃)하며 성에 관한 다양성을 다시 한 번 주목받게 하였다. 잘 알다시피 실리콘밸리 기업들이 가장 신경 쓰는 부분은 인재들의 융합이다. 우리에겐 다소 생소한 최고 다양성 책임자(CDO, Chief Diversity Officer)라는 임원을 두는 기업들도 많고 조직에서 차별을 방지하고 사회적으로 포용할 수 있는 문화를 만들기 위해

부단히 애쓰고 있다.

이에 대해서는 MZ세대의 목소리도 한몫한다. 젊은 세대들은 기업들이 적극적으로 자신들의 목소리를 들어줄 것을 바란다. 환경문제를 등한시하는 기업은 강력한 SNS 활동으로 얼마든지 시장에서 퇴출할 수도 있다. 또한, 기업의 사회적 책임은 상대적으로 직장 내에서 덜 중요한 위치에 놓여있는 젊은 세대들이 더욱 강력히 요구하는 추세다. 요즘은 누구나 투자할 수 있는 플랫폼들이 워낙 발달해 젊은 세대를 중심으로 소액주주들의 보호활동도 더욱 활발해지고 있다. 기업은 지배구조(G)에서도 MZ세대들에게 자유로울 수는 없다.

그럴 바엔 기업들 역시 아예 ESG활동을 더욱 공격적으로 감행하고 있다. 특히 실리콘밸리의 구글, 인텔, 페이스북 등과 시애틀의 아마존, 이베이처럼 플랫폼과 전자상거래, 고객 데이터를 선도하는 기업들은 아예 미 증권거래위원회(SEC)에 '기후변화대처에 관한 공시제도'를 마련할 것을 주문하기도 하였다.

기업들은 지구 온난화가 더는 간과해서는 안 될 부분으로 간주하고 외적으로 환경(E)에 집중하면서도 기업 내부의 결속을 다지기 위해 사회 이슈(S)를 그리고 지속성장을 위해 지배구조(G)에 힘을 쏟는다. 앞서 이야기했듯이 ESG용어 자체가 사실상 모든 활동을 포괄하기 때문에 기업이나 심지어 국가들도 이를 앞다투어 도입하지 않을 수가 없다.

4. 앞으로의 ESG

ESG가 화두가 된 지 벌써 30년이다. 환경(E)은 지속해서 갖춰야 할 경영트렌드이다. 앞서 설명한 대로 사회(S)와 지배구조(G)가 오히려 기업의 핵심이 되어야 한다는 데 전문가들의 이견은 없다.

현재 실리콘밸리를 이끄는 기업들은 대다수가 플랫폼에 기반을 두고 있으며 이를 성공시킨 우수한 경영진들 덕분에 더욱 큰 시장을 겨냥하며 성과는 날로 좋아지고 있다.

동서고금을 막론하고 리더십은 늘 세상의 화두였다. 과거 전쟁의 승패는 리더의 자질에 판가름나곤 했다. 다만 지금 기업들과 과거 군사력의 가장 큰 차이를 따지자면 '직원이나 군사들의 사기'일 것이다. 기업들은 직원의 복지를 우선하고 직원들에게 기회를 창출할 수 있는 자기계발의 기회를 끊임없이 제공해야 한다. 그리고 더 여유가 된다면 환경문제에 대해서도 직시하고 기업과 연관된 커뮤니티를 돌보는 데도 힘을 쏟아야 한다.

ESG 경영에서 경계해야 할 부분은 너무 ESG의 피상적인 부분에 몰입한 나머지 젊은 세대들의 요구사항은 등한시하는 부분이다. MZ세대의 가치관은 이들이 "근로를 통해 얻는 근로소득보다 노동력이 투입되지 않는 자본소득자가 재정적으로 더 빠르게 성공한다."는 점을 이미 간파했다는 점에서 출발한다. 불과 몇 해 전까지만 해도 '욜로족(YOLO)'들이 '현재에 충실하는 데서 보다 부정적으로 지금의 인생을 그냥 즐기자!'는 과거 히피족을 연상케 하는 움직임을 보였다. 그런데 미래의 불확실성을 실감한 젊은 계층들은 최대한 빨리 은퇴를 꿈꾸는 '파이어족(FIRE)'으로 선회했다. 이들은 근로소득과 더불어 자본소득을 모으기 위해 이모작을 하며 투자소득을 모으고 이를 다시 주식이나 가상화폐에 투자한다.

이들은 사회적인 이슈에서도 적극적인 목소리를 내며 지금 사회의 부조리로 인식되는 불공정, 불평등에 관해 관심이 많다. 최근 정치권에도 젊은 바람이 불고 있고 어찌 보면 이는 ESG경영과 매우 밀접하게 맞물려 있다. 2008년 월 스트리트에서 촉발된 서브프라임 모기지 사태는 투자가들의 도덕적 해이(Moral Hazard) 이슈를 불러왔고 그동안 기업의 사회적 책임(CSR)을 권장하는 수준을 뛰어넘어 ESG경영의 확산을 불러온 촉매제가 되었다. 사람들은 법에 저촉되지 않더라도 비도덕적인 행위로 일어서는 기업을 더 이상 좋은 기업으로 보지 않기 시작했다. 앞으로 닥쳐올 미래가 더 가까이 혹은 더 멀리 있더라도 ESG는 사회적 약자와 무엇보다도 미래세대를 위해 남겨주어야 할 유산으로 자리 잡으면서 국가나 기업들이 관여하는 이해관계자들에게 긍정적인 영향을 미쳐야 한다는 것은 틀림없는 사실이다.

참고문헌

- 강인수, 「ESG, 규제로 인식하지 말고 경영전략으로 접근해야」, 『KDI 경제정보센터』, 2021.06.
- 안소영 기자, 「미래 비즈니스 바꾸는 新인류 'MZ 세대'」, 조선비즈, 2021.5.31.
- 한화저널, 「오늘 당신이 남긴 탄소 발자국(Carbon footprint)은 얼마?」, 한화 홈페이지, 2021.01.07.(https://m.hanwha.co.kr/media/discover/view.do?seq=3865)
- 전혜진 기자, 「코카콜라, '플라스틱 폐기물 세계1위 배출업체' 오명 벗는다」, ESG경제, 2021.02.16.

저자소개

김재우 KIM JAE WOO

학력

- 산업공학, 컴퓨터 정보 시스템 학사
- 경영학 석, 박사

경력

- (현)KOTRA 부장
- (현)관세학회, e비즈니스학회, 통상정보학회 이사
- (현)성결대 경영기술연구소 객원 연구원
- 무역금융보험학회 이사 및 논문심사위원
- 단국대 무역학과 외래교수
- 구글(Google), 인텔 유치 실무협상

자격

- 경영지도사
- 직업능력개발계좌제 심사팀장

저서

- 『실리콘밸리의 시간』, 브레인플랫폼, 2021.
- 『4차 산업혁명 시대 AI 블록체인과 브레인경영』, 브레인플랫폼, 2020. 공저
- 『창업과 창직』, 브레인플랫폼, 2020. 공저
- 『경영기술컨설팅의 미래』, 브레인플랫폼, 2020. 공저

수상

- 서울벤처정보대학교총장 표창(2010)
- 지식경제부장관 표창(2012)
- 국무총리 표창(2019)
- 한국해운항만학술단체협의회장 공로상(2020)

19

인공지능을 활용한 ESG 경영 전략

권영우

1. 광범위한 ESG성과 측정지표

최근 기업들이 ESG경영을 체계적으로 하여 소기의 성과를 거두는 것이 중요한 과제가 되면서 ESG경영에 대한 관심이 나날이 커지고 있다. ESG란 기업경영전략의 실행과 기업가치의 제고능력에 영향을 미칠 수 있는 환경(Environment), 사회(Social) 및 지배구조(Governance)에 관한 요소를 포괄하는 개념을 의미한다.

측정이 없으면 개선이 없다. 즉 기업들이 ESG경영을 잘하기 위해서는 현재 기업의 ESG경영현황과 문제점을 조사한 후 그 원인을 파악하고 이를 선진기업들과의 차이 분석(Gap Analysis)을 통해 개선해나갈 우선순위를 설정한 후 이를 해결하기 위해 인공지능(AI: Artificial Intelligence)을 활용한 ESG경영전략을 수립하여 추진해나가는 것이 바람직할 것이다. 한국 정부나 공공기관에서 제시하고 있는 ESG측정지표를 살펴보고 이를 토대로 향후 ESG경영성과를 현재보다 제고하는 방안을 강구해나가야 할 것이다. 그런데 ESG경영현황을 파악하는 데 필요한 측정지표들이 매우 방대하여 우리 기업이 인공지능 솔루션을 활용하여 최적의 ESG경영전략과 전술을 찾아서 실천해나가는 것이 바람직하다.

우리 정부나 공공기관에서 제시하고 있는 ESG측정지표들을 살펴보면 다음과 같다. 한국거래소는 2021년 1월 상장법인의 ESG정보공개 활성화를 위하여 「ESG 정보공개 가이던스」를 발표하였다.

동 가이던스의 제정배경을 보면, 최근 글로벌 자본시장은 지속가능한 발전을 위한 기업의 역할에 주목하고 기업의 비재무적 요인을 투자의사결정에 반영하는 ESG투자문화가 확산하고 있으나, 국내의 경우 일부 기업을 제외하면 기업의 비재무정보의 공개수준은 매우 제한적이며 이에 대한 인식도 낮은 수준이다. 따라서, 한국거래소의 「ESG 정보공개 가이던스」는 정보공개를 위한 실질적 방법 등을 안내함으로써 ESG정보공개에 익숙하지 않은 상장법인들에게 그 방향을 제시하는 데 목적이 있다.

제정 경과를 보면, 상장법인, 증권회사, 자산운용회사, ESG평가 및 자문회사 등 시장참가자 중심으로 워킹그룹을 구성하고 해외 가이던스 조사, 베스트 프랙티스(Best Practice) 기업 분석 및 세부 문안 작업을 거쳐 내용을 확정한 것이다.

가이던스는 정보공개의 필요성, 보고서작성과 공개절차, 그 과정에서 준수해야 할 원칙 및 ESG정보공개와 관련한 글로벌 표준 등으로 구성되어 있다.

구분	주요 내용
1. 목적	가이던스 제정의 목적
2. ESG의 개념	ESG의 개념, 정보 공개의 필요성
3. 이사회 및 경영진의 역할	ESG이슈 관리를 위한 이사회·경영진의 역할
4. 정보공개 원칙	ESG정보공개 과정에서 준수해야 할 원칙
5. 중요성	중요성의 개념 및 중요성 평가 절차
6. 보고서 작성 및 공개 절차	이해관계자 의견 수렴 등 보고서 작성 절차
7. 공개지표	주요 정보공개 표준 및 권장 공개지표
[참고] 주요 표준의 공개지표	WFE, TCFD 및 GRI의 공개지표

▲ 한국거래소의 「ESG 정보공개 가이던스」 목차
(출처: 한국거래소 「ESG 정보공개 가이던스」 제정 보도자료. 2021. 1. 18.)

특히, 한국거래소의 「ESG 정보공개 가이던스」에는 상장법인에 실질적인 도움이 될 수 있도록 주요 항목에 대한 베스트 프랙티스(Best Practice)와 공개대상정보 선택에 참고 가능한 권고공개지표(12개 항목, 21개 지표)를 포함하고 있어서 기업들이 잘 활용할 경우 적지 않은 성과를 거둘 수 있을 것으로 기대된다.

구분	조직	환경	사회
항목	ESG대응(1) ESG평가(1) 이해관계자(1)	온실가스 배출(3) 에너지 사용(3) 물 사용(1) 폐기물 배출(1) 법규 위반·사고(1)	임직원 현황(4) 안전·보건(3) 정보 보안(1) 공정경쟁(1)

※ 괄호 안의 숫자는 해당 항목 세부지표의 수를 표시함
▲ 한국거래소의 ESG 권고공개지표 개요
(출처 : 한국거래소 「ESG 정보공개 가이던스」 제정 보도자료. 2021. 1. 18.)

우리나라의 국민연금, 공무원연금, 사학연금 등 3대 연기금도 책임투자를 확대하고 있다. 국민연금법은 기금을 관리·운용하는 경우 투자대상과 관련한 ESG요소를 고려할 수 있도록 규정하고 있으며, 국민연금은 기금운용지침에 책임투자원칙을 포함하고 있다. 이에 따라 국민연금은 ESG 관련 52개 평가지표를 선정하고 약 800개 기업을 대상으로 연 2회 평가를 시행하고 있으며, 기금의 위탁운용회사를 선정·평가하는 경우 책임투자이행 여부를 포함하고 ESG와 관련하여 투자기업에 대한 적극적 주주권한 행사계획을 밝힌 바 있다.

구분	항목	지표	비고
조직	ESG대응 (1)	경영진의 역할	ESG이슈의 파악/관리와 관련한 경영진의 역할
	ESG평가 (1)	ESG 위험 및 기회	ESG관련 위험 및 기회에 대한 평가
	이해관계자 (1)	이해관계자 참여	이해관계자의 ESG프로세스 참여 방식
환경	온실가스 배출(3)	직접 배출량 (Scope 1)	회사가 소유하고 관리하는 물리적 장치나 공장에서 대기 중으로 방출하는 온실가스 배출량
		간접 배출량 (Scope 2)	회사 소비용으로 매입 또는 획득한 전기, 냉난방 및 증기 배출에 기인한 온실가스 배출량
		배출 집약도	활동, 생산 기타 조직별 미터법의 단위당 배출된 온실가스 배출량
	에너지 사용(3)	직접 에너지 사용량	조직이 소유하거나 관리하는 주체의 에너지 소비량
		간접 에너지 사용량	판매제품의 사용 및 폐기처리 등 조직 밖에서 소비된 에너지 소비량
		에너지 사용 집약도	활동, 생산 기타 조직별 미터법의 단위당 필요한 에너지 소비량
	물 사용 (1)	물 사용 총량	조직의 물 사용 총량

구분	항목	지표	비고
환경	폐기물 배출(1)	폐기물 배출 총량	매립, 재활용 등 처리 방법별로 폐기물의 총 중량
	법규 위반·사고(1)	환경 법규 위반·사고	환경 법규 위반·환경 관련 사고 건수 및 조치 내용
사회	임직원 현황(4)	평등 및 다양성	성별·고용형태별 임직원 현황, 차별 관련 제재 건수 및 조치 내용
		신규 고용 및 이직	신규 고용 근로자 및 이직 근로자 현황
		청년인턴 채용	청년인턴 채용 현황 및 정규직 전환 비율
		육아휴직	육아휴직 사용 임직원 현황
	안전·보건(3)	산업재해	업무상 사망, 부상 및 질병 건수 및 조치 내용
		제품 안전	제품 리콜(수거, 파기, 회수, 시정조치 등) 건수 및 조치 내용
		표시·광고	표시·광고 규제 위반 건수 및 조치 내용
	정보보안(1)	개인정보보호	개인정보보호 위반 건수 및 조치 내용
	공정경쟁(1)	공정경쟁·시장지배적 지위 남용	내부 거래·하도급 거래·가맹사업·대리점 거래 관련 법규 위반 건수 및 조치 내용

▲ 한국거래소의 ESG권고공개지표
(출처: 한국거래소 「ESG 정보공개 가이던스」 제정 보도자료. 2021. 1. 18.)

구분	ESG이슈	정의	평가지표
환경 (E)	기후변화	탄소배출 관리수준	온실가스 관리시스템
			탄소배출량
			에너지소비량
	청정 생산	환경유해물질 배출 관리수준	청정 생산관리시스템
			용수사용량
			화학물질 사용량
			대기오염물질 배출량
			폐기물 배출량
	친환경 제품 개발	환경친화적 제품개발 노력수준	친환경제품 개발 활동
			친환경 특허
			친환경제품 인증
			제품 환경성 개선
사회 (S)	인적자원 관리	근로환경과 인권 및 다양성 관리수준	급여
			복리후생비
			고용
			조직문화
			근속연수
			인권
			노동관행
	산업안전	작업장 내 안전성 관리수준	보건안전시스템
			안전보건 경영시스템 외부 인증
			산재다발사업장 지정
	하도급거래	공정하고 합리적인 협력업체 관리수준	거래대상선정 프로세스
			공정거래 자율준수 프로그램
			협력업체 지원 활동
			하도급법 위반 사례
	제품안전	제품안전성 관리수준	제품안전시스템
			제품안전 경영시스템 인증
			제품안전 사고 발생

구분	ESG이슈	정의	평가지표
사회 (S)	공정경쟁	공정경쟁 및 사회발전 노력수준	내부거래위원회 설치
			공정경쟁 저해 행위
			정보보호시스템
			기부금
지배 구조 (G)	주주의 권리	주주권리보호 및 소통 노력수준	경영권보호장치
			주주의견 수렴장치
			주주총회 공시 시기
	이사회구성 과 활동	이사회의 독립성 및 충실성 수준	대표이사와 이사회 의장의 분리
			이사회 구조의 독립성
			이사회의 사외이사 구성 현황
			이사회 활동
			보상위원회 설치 및 구성
			이사보수 정책 적정성
	감사제도	감사의 독립성 수준	감사위원회 사외이사 비율
			장기 재직 감사 또는 감사위원 비중
			감사용역 비용 대비 비감사용역 비용
	관계사 위험	관계사부실로 인한 위험성 수준	순자산 대비 관계사 우발채무 비중
			관계사 매출 거래 비중
			관계사 매입 거래 비중
	배당	배당 등 주주가치 환원 노력수준	중간/분기배당 근거 마련
			총주주수익률
			최근 3년 내 배당 지급
			과소 배당

▲ 국민연금의 ESG평가지표
(출처: 국민연금관리공단, 한국거래소 보도자료에서 재인용. 2021. 1. 18.)

우리나라 산업통상자원부는 ESG경영에 관심이 많은 주요 기업 등을 대상으로 2021년 4월 21일 'K-ESG 지표 업계 간담회'를 개최하고, ESG표준화 작업의 일환으로 최초로 ESG지표 초안을 공개하였으며 이를 토대로 향후 업계와의 소통을 본격적으로 추진할 계획이라고 보도자료를 통해 밝혔다.

산업통상자원부는 공신력 있는 ESG평가 필요성에 대한 업계 의견을 바탕으로 지난 2020년 4월부터 산업발전법에 근거한 가이드라인 성격의 ESG지표를 준비·마련해왔다.

업계는 현재 국내외 600여 개의 평가지표가 운용되는 등 평가기관이 난립하고 있어 평가대상인 기업에 혼란이 가중되고 있다는 우려를 표명한 바 있고, 또한, 평가기관마다 세부항목 및 내용이 다르다 보니 동일한 기업에 대해 다른 평가가 발생하고 있다며, 지표마다 다른 평가결과가 기업의 ESG경영 확산을 방해하는 장애물로 작용하고 있다고 지적한 바 있다.

이와 함께, 해외 ESG지표는 우리나라의 경영환경 및 특수성을 고려하지 않아 국내 기업에 역차별을 일으킬 가능성이 있는 만큼 우리나라 상황에 적합한 ESG지표를 마련해야 한다는 의견도 있었다. 예를 들면 해외지표의 경우 기업의 인종 다양성에 대해 평가하는 항목이 있는데 우리나라는 외국인 근로 비율이 EU, 미국 등 선진국보다 현저히 낮아 같은 잣대로 평가하는 것이 불합리 결과를 가져올 수 있다.

이번 산업통상자원부의 K-ESG지표 초안은 공신력을 갖춘 국내외 주요 13개 지표를 분석하여 도출한 핵심공통문항을 중심으로 마련되었고, 어느 한쪽에 치우치지 않도록 정보공시·환경(E)·사회(S)·지배구조(G)분야별 문항 비중을 균형 있게 구성하였다고 밝혔다.

구분	대표문항 내용 예시	문항
정보공시	· ESG정보 대외 공개 방식은? · ESG정보공개 주기는?	5
환경(E)	· 재생에너지 사용량은? · 온실가스 배출량 집약도(매출액 기준)는?	14
사회(S)	· 정규직 비율은? · 최근 3년간 산업재해율은?	22
지배구조(G)	· 이사회 내 여성 인력 수? · 내부 비위 발생 현황 및 공개 여부는?	20
합계	정보공시(5개), 환경(14개), 사회(22개), 지배구조(20개)	61

▲ 산업통산자원부의 K-ESG 분야별 대표 문항(예시)

산업통산자원부는 K-ESG지표가 여타 ESG평가지표들이 참고할 수 있는 가이드라인으로 활용되는 동시에, 기존 국내외 주요지표와의 높은 호환성을 바탕으로 우리 업계의 ESG평가 대응능력강화에도 이바지할 수 있을 것으로 기대한다고 밝혔다.

산업통산자원부는 ESG지표 초안에 대한 의견수렴 및 보완작업을 통해 2021년 하반기 최종적인 지표를 발표할 계획이며, 특히, ESG경영에는 관계부처·기업·평가기관·투자기관 등 다양한 이해관계자가 존재하는 만큼 여러 차례 의견수렴과정을 거칠 예정이라고 하였다.

산업통상자원부 관계자는 "동 지표는 기존 평가지표에 더해지는 또 하나의 새로운 평가지표가 아니라, 기업과 여러 ESG평가기관 등에게 가이던스 성격으로 제공되는 표준형 지표이며, 동 지표가 국내외 여러 사용처에 활용되어 기업이 ESG평가에 대한 부담을 완화하는 동시에 우리 기업의 ESG역량을 강화할 수 있도록 관계부처 및 관련 업계와 앞으로 긴밀히 협력해 나가겠다."고 밝혔다.

분류		세부내용
정보공시 (5개 문항)	정보공시	지속가능경영 정보공개방식, 사업장범위, 목표
환경 (14개 문항)	환경경영정책	환경정책 및 조직, 기후변화대응 등
	환경경영성과	친환경 비즈니스, 폐기물 배출량·재활용률 등 환경경영성과, 이해관계자 소통 등
	환경경영검증	협력업체 환경경영지원 등
	법규준수	환경법규위반
사회 (22개 문항)	사회책임경영정책	사회책임경영 전략 및 목표 등
	임직원	임직원다양성, 채용 등
	인적자원관리	임직원교육, 역량개발 등
	근로환경	사업장안전 관련 사항 등
	인권	인권정책, 교육 등
	협력사	공급망, 동반성장 관련 성과 등
	지역사회	지역사회 사회공헌 참여 및 활동 등
	정보보호	개인정보보호 현황 등
	법규준수	사회 부문 법규 위반

지배구조 (20개 문항)	이사회	이사회 다양성, 활동 등
	주주	주주권리, 배당 등
	소유구조	소유구조 등
	윤리경영 및 반부패	윤리경영 및 반부패, 준법현황 등
	감사	감사기구 관련 등
	법규준수	지배구조법규 위반

▲ 산업통산자원부의 「K-ESG 지표」 주요 내용(안)
(출처 : 산업통상자원부, 한국식 환경·사회·지배구조(ESG) 지표 정립 본격 착수 보도자료, 2021. 4. 21.)

이해 관계자	소통채널		주요관심사항
임직원	· 소통게시판 · 경영설명회 · 경영진과의 대화 · 사내방송 · 임직원 만족도 조사	· 노사협의회 · 임직원포탈 · 직원교육 · 워크숍	· 공정한 보상·안전한 근로환경 · 중장기적 비전·전문교육 · 임직원소통·복리후생 · 노사관계관리
협력 회사	· 간담회 · 동반성장워크숍 · 동반성장협의회	· 설문조사 · 동반성장데이	· 동반성장 · 상생경영 · 지속가능한 경영
주주· 투자자	· 주주총회 · 영업브로셔 · 투자자미팅 · 사외이사 후보 · 주주추천 공모제	· 공시, 경영실적 발표 · 사업보고서 · 지속가능 경영보고서 · 기업 지배구조보고서	· 투명한 경영활동 · 투명한 공시 · 지배구조개선 · 사업 포트폴리오 개선

정부·지자체	· 환경부 · FSC, ISO · 공동협력 프로그램	· 기획재정부 · 정책연구참여	· 고용창출·납세의무 · 법규준수로 기업의무이행 및 국가의 지속가능한 발전에 기여 · 규제준수·기후변화대응 · 공공정책대응 및 참여 · 사업장 안전준수
고객	· 홈페이지 · 페이스북 · 브로셔 · 고객만족도 조사 · 전시회, 박람회	· 블로그 · 유튜브 · 홍보영상 · 고객초청행사	· 품질 및 서비스향상 · 고객소통 · 브랜드가치
지역사회 NGO	· 사회공헌활동 · 지속가능 경영보고서	· 사업장 인근 지역 소통활동	· 폐수·폐기물저감 · 사업장 유해물질관리 · 고용창출 및 유지 · 사회공헌·지역경제발전

▲ 기업의 이해관계자 소통채널 예시 (출처: H사의 지속가능경영보고서, 한국거래소 보도자료에서 재인용)

2. 인공지능을 활용한 ESG경영 전략방향

ESG보고서의 일반적인 작성 및 공개 절차를 보면 다음과 같다.

우리 기업들이 단계별로 필요한 수많은 데이터의 수집 분석과 이해관계자의 의견을 수렴하여 최적의 보고서를 작성할 때 인공지능모델을

활용한다면 기대한 좋은 성과를 거둘 수 있다.

인공지능이란 인간의 지적 능력을 컴퓨터로 구현하는 과학기술로서, △상황을 인지하고, △이성적·논리적으로 판단·행동하며, △감성적·창의적인 기능을 수행하는 능력까지 포함하고 있다.

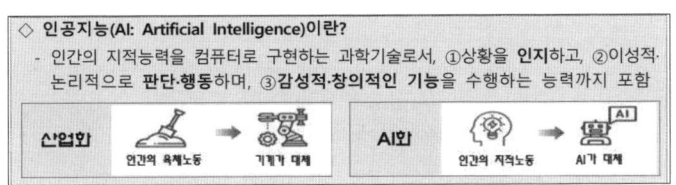

출처: 과학기술정보통신부, 인공지능(AI) 국가전략, 2019. 12. 17.

기계학습, 언어·시각·청각 등 인지 해석·상황이해 등 추론이 가능한 인공지능은 다른 분야와 융합하여 새로운 부가가치를 창출하는 데 활용되고 있으며 그 범위가 나날이 확대되고 있다.

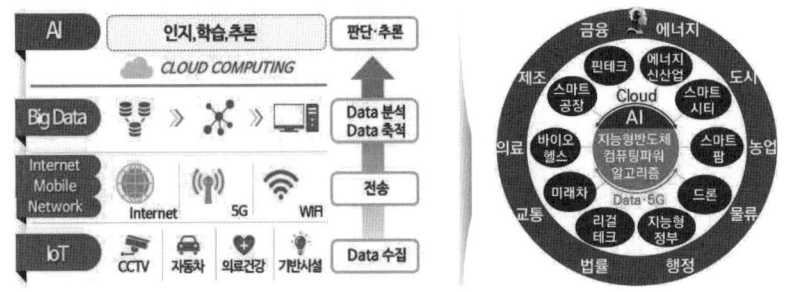

출처 : 과학기술정보통신부, 인공지능(AI) 국가전략, 2019. 12. 17.

인공지능기술은 학습 및 추론기술, 상황이해기술, 언어이해기술, 시각이해기술, 인지컴퓨팅기술 등을 포괄하고 있다.

기술	주요 내용
학습 및 추론기술	인간의 사고 능력의 모방과 관련된 기술로 기계학습, 추론, 딥러닝 등 세부지식을 활용하여 지능화된 기능을 제공하는 가장 일반적으로 알려진 인공지능의 기술로서 빅데이터를 활용한 인공지능기술 전반에 걸쳐 활용되고 있음
상황이해 기술	IoT 센서 등을 이용하여 수집된 데이터를 기반으로 주변의 상황을 인지하고 예측하여 상황에 적절한 대응을 제공할 수 있도록 하는 기술로서 자율주행자동차, 드론 분야에 필수적임
언어이해 기술	사람의 음성 언어를 학습하여 이해하고, 이를 이용하여 인간과의 상호작용을 가능하게 하는 기술로서 챗봇 및 지능형 교육 프로그램 운영에 필요함
시각이해 기술	카메라 등을 통해 입력된 데이터에서 객체와 배경을 분리하여 필요로 하는 정보만을 파악하는 기술로서 영상 검색, 시각 데이터 마이닝 등의 지능화 기능의 제공이 가능함
인지 컴퓨팅기술	정보 습득, 이해, 의사결정 등으로 이어지는 정보처리 프로세스를 학습하는 인공지능의 능력을 의미함

출처: 중소벤처기업부·중소기업기술정보진흥원·NICE평가정보(주), 중소기업 기술로드맵 2019-2021 -인공지능-, 2018.

인공지능의 일반적인 서비스 프로세스를 보면, 모바일 등을 통한 데이터(이미지, 텍스트 등) 획득, 데이터 가공, 반복 학습을 통한 AI 모델(알고리즘) 생성 과정을 통해 최종적으로 서비스를 제공한다. 인공지능은 학습방법인 머신러닝, 인간의 인지지능에 해당하는 시각·언어·청각지능, 인공 비서 역할을 하는 지능형 에이전트 등이 있다.

인공지능서비스 제공을 위해서는 대량의 데이터학습이 필요하여 클라우드 및 GPU기반의 고성능컴퓨팅 인프라가 필요하다. 인공지능의 주요 서비스 부문을 예시해 보면 다음과 같다.

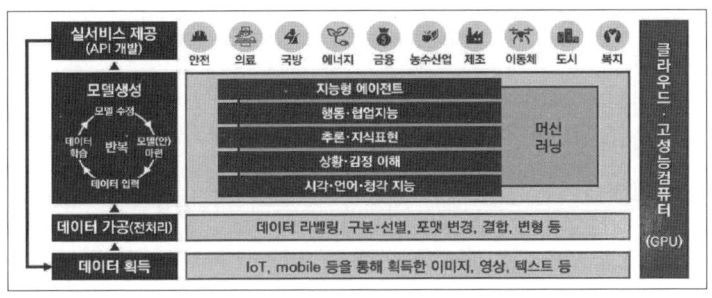

출처: 과학기술정보통신부, 「I-Korea 4.0 실현을 위한 인공지능(AI) R&D 전략」, 2018. 05.

① 머신러닝

데이터를 기반으로, 인지이해모델을 형성하거나, 최적의 해답을 찾기 위한 학습지능이며 과거 설계자가 직접 모델링하는 단계에서 머신러닝 기반의 AI발전으로 스스로 데이터를 반복학습하는 단계로 전환한다.

② 시각·언어·청각지능

인공지능이 데이터를 통해 현실 세계를 인간처럼 보고, 읽고, 듣는 감각기관에 해당하는 지능으로 시각 지능은 사물을 인식하는 단계에서 영상의 상황을 이해하는 단계로 빠르게 발전하여 교통, 의료, 교육 등 분야에 활용된다. 또한, 언어 청각 지능은 자연어(음성, 텍스트 등)를 이해하고, 합성 생성(요약, 통번역 등)하는 기술로 인간 수준에 근접한다.

③ 상황감정이해

센서데이터(온도, 습도, 속도, 위치 등), 사용자데이터(의사결정 패턴, 제스처 표정 등)에 기반을 두어 상황감정을 이해하는 기술이다.

④ 추론지식표현

입력학습데이터를 기반으로 새로운 정보에 대한 답을 스스로 도출해내는 지능으로, 개별적 정보를 이해하는 단계를 넘어 각 정보 간 상대적 관계를 파악하여 추론하는 단계까지 발전한다.

⑤ 행동협업지능 및 지능형 에이전트

학습하여 판단한 결과를 실행하는 단계로, 기계(로봇)의 움직임(동작제어)과 인간의 행동·판단을 보조하는데 활용(지능형 개인비서, 챗봇, 전략제언 등)되는 지능 등이 포함된다.

ESG경영에 인공지능을 활용하는 주요 방향을 예시해 보면 다음과 같다. 먼저 ESG 각 부문에서 효율성 및 효과성, 생산성을 높이는 데 인공지능을 활용하는 방법이다. 이 경우 머신러닝 및 딥러닝 등 인공지능 모델들을 ESG 각 부문에 활용해나가면 좋은 성과를 거둘 수 있을 것이다. 또한, ESG평가수준을 높이기 위해 기업의 한정된 자원을 ESG경영에 모두 투입할 수 없는 것이 현실이다. 따라서 기업들이 ESG 각 부문에서 단계적인 달성 목표를 수립하고 이를 보다 효과적이고 효율적으로 달성하기 위한 투자우선순위를 선정할 때 인공지능 모델을 활용하면 최적의 자원배분 우선순위와 ESG목표 달성수준을 추정해 볼 수 있을 것이다.

우리 기업들이 인공지능을 활용한 ESG경영의 미션(Mission)과 비전(Vision)을 수립하고 이를 달성하기 위한 전략(Strategy)과 전술(Tactics), 그리고 실행계획(Action plan) 등을 수립하여 실천해나가는 것이 중요하다.

또한 우리 기업들이 SCM 전체 단계에서 '사실(Fact) → 데이터(Data) → 정보(Information) → 지식(Knowledge) → 지혜(Wisdom)' 등의 과정을 거치면서 확보하는 인공지능 활용 ESG경영 관련 데이터를 분석하여 활용할 수 있도록 시스템화해나가야 한다. 즉 우리 기업들이 ESG경영 관련 데이터가 나오는 프로세스를 만들고 이를 활용해나가는 것이 필요하다.

우리 기업들이 인공지능 활용 ESG경영을 잘하고 있는 기업을 벤치마킹하고 정부의 지원사업을 잘 활용하여 스스로 단점을 보완하고 장점을 살려 나가야 할 것이다. 예를 들면, SCM(공급망관리) 전체 과정, 즉 SIPOC 즉 S(공급자, Supplier) → I(투입, Input) → P(프로세스, Process) → O(산출, Output) → C(고객, Customer) 각 단계별로 이해관계자와 공동으로 인공지능 활용 ESG경영 고도화를 통해 이해관계자 및 고객만족수준을 높여야 한다.

우리 기업들이 인공지능 활용 ESG경영의 현재 수준과 당사의 과거 최고수준 또는 벤치마킹 대상 기업수준과 비교한 후 그 차이를 줄이기 위한 구체적인 목표 및 추진일정을 수립하여 시행해나가야 할 것이다. SCM의 SIPOC 과정별로 월별 목표 대비 실적을 분석한 후 목표에 도달하지 못한 경우 그 차이를 익월에 넘겨서 4M(인력(Man), 설비(Machine), 원부자재(Material), 방법 및 노하우(Method)) 등의 측면에서 PDCA(계획(Plan) → 실행(Do) → 평가(Check) → 개선(Act)) 사이클을 수행해나간다면 우리 기업들이 인공지능 활용 ESG경영목표를 보다 효과적이고 효율적으로 달성하고 차별화 경쟁력을 갖추어서 소기의 목적을 달성할 수 있을 것이다.

3. 결론

우리 기업들에게 ESG경영은 선택이 아닌 필수과제가 되었다. ESG경영을 피하거나 하는 흉내만 내는 시대는 지났다. 따라서 인공지능을 활용한 ESG경영을 잘해나가는 것이 우리 기업들에게 매우 중요하고 미래 지속가능한 성장을 하는 데 있어서 매우 바람직한 방향이다.

코로나19사태로 인해 어려움을 겪고 있는 자원이 한정된 중소기업 및 중견기업들이 ESG경영에 인공지능을 잘 활용하기 위해서는 과학기술정보통신부의 인공지능 바우처 지원사업 및 데이터바우처 지원사업,

중소벤처기업부의 스마트서비스 지원사업 및 스마트팩토리 지원사업, 그리고 서울특별시 및 경기도 등 지방자치단체의 인공지능 도입 지원사업 등을 적극적으로 활용한다면 적지 않은 도움을 받을 수 있다.

기업들의 ESG경영의 현상문제 해결을 위한 인공지능(AI) 솔루션의 활용은 점차 확산될 것으로 전망된다. 인공지능 솔루션을 활용하여 ESG경영 이슈를 시스템적으로 해결해나가기 위해서는 AI 솔루션 ESG경영 이슈 해결시스템 프로세스 절차를 거치는 것이 바람직할 것이다.

즉 우리 기업들이 앞으로 ESG경영현안 과제를 해결하고 경쟁력을 높이기 위해 '기업의 ESG경영이슈 발생 → ESG경영이슈를 AI솔루션 활용과제로 전환 → ESG경영이슈에 대한 AI솔루션 활용해결책 수립 → AI솔루션 활용하여 ESG경영이슈 해결'의 시스템적 프로세스를 구축하여 실천하는 것이 필요하다.

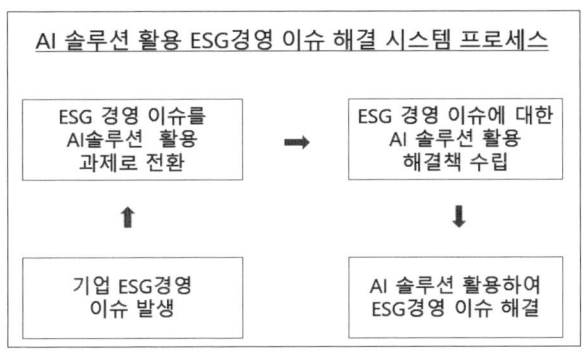

출처: 저자 작성

우리 기업들이 인공지능의 활용 수준을 체계적으로 관리하고 미진한 부분을 보완해나간다면 ESG경영 이슈의 해결 성공 수준을 높여 기대하는 ESG성과를 거둘 수 있을 것이다.

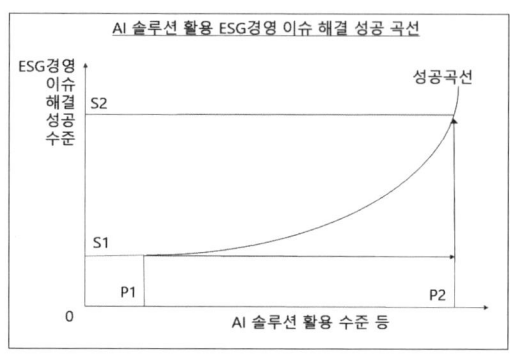

출처: 저자 작성

아무쪼록 우리 기업들이 전술한 내용을 잘 실천하고 정부 지원사업은 물론 한국인공지능협회 등 관계기관의 멘토링 서비스와 교육에 중장기적인 관점에서 전략적으로 참여하여 인공지능을 활용한 ESG경영을 잘 추진하여 좋은 성과를 거두기를 진심으로 기원하는 바이다.

참고문헌

- 권영우, 「4차 산업혁명과 소상공인 창업전략」, 2020.
- 권영우, 「인공지능을 활용한 소상공인 경쟁력 제고전략」, 2020.
- 권영우, 「인공지능 AI 친구와 함께하는 인생 2막」, 2020.
- 권영우, 「인공지능 전문가 양성과정 전직지원 프로그램」, 2020.
- 권영우, 「인공지능 활용 창업과 창직 노하우」, 2020.
- 권영우, 「인공지능 활용 총론」, 2020.
- 권영우, 「인생 2막 유망자격증 : 인공지능 산업 컨설턴트」, 2020.
- 과학기술정보통신부, 『과학기술정보통신부 웹진』(2018. 06).
- 중소벤처기업부·중소기업기술정보진흥원, 『중소기업 전략기술로드맵 2021~2023-인공지능』, 2020.
- 과학기술정보통신부, 「인공지능(AI) 국가전략」, 2019.12.17.
- 산업통상자원부, 「산업부, 한국식 환경·사회·지배구조(ESG) 지표 정립 본격 착수」, 보도자료, 2021.04.21.
- 한국거래소, ESG 정보공개 가이던스 제정 및 교육 동영상 제작 보도자료, 2021. 1. 18.
- 한국정보화진흥원(NIA), 『IT & Future Strategy』, 제3호. 2018. 6. 20.
- 위키백과(https://ko.wikipedia.org/wiki)

저자소개

권영우 KWON YOUNG WOO

학력

- 서강대학교 경영학 학사
- 연세대학교 경영대학원 경제학 석사
- 숭실대학교 대학원 경영학 박사

경력

- 경기대학교 산학협력단 교수 겸 AI빅데이터위원회 위원장
- 인공지능(AI) 전도사
- 인공지능(AI) 비즈니스 닥터
- 한국인공지능협회 최고 전문위원
- 월드클래스 300+ 전문가
- 서울기업지원센터 전문위원 등

자격

- 인공지능 산업 컨설턴트

- 인공지능 창업지도사
- 경영지도사
- 국제공인경영컨설턴트(CMC)
- 고용노동부 대한민국산업현장교수
- 스마트공장 수준확인제도 심사원
- 창업지도사(1급)
- 블록체인 플래너(IBA)

저서

- 『브레인 경영』, 범한, 2016. 공저
- 『제4차 산업혁명 충격과 도전』, 배문사, 2017. 공저
- 『제4차 산업혁명 이렇게 달성한다』, 배문사, 2017. 공저
- 『2020 소상공인 컨설팅』, 렛츠북, 2020. 공저
- 『공공기관·대기업 면접의 정석』, 브레인플랫폼, 2020. 공저

수상

- 상공자원부장관 표창(1993)
- 통계청장 표창(1993)
- 대통령표창(2006)

20

창업에서 ESG도입이 가능한가?

김영대

1. 들어가며

새롭게 시작했던 희망의 2021년! 코로나19 백신 개발과 접종으로 다시 코로나 이전으로 돌아갈 것이라는 희망과는 달리, 2021년 상반기 코로나 4차 대유행을 앞두고 있다. 델타바이러스에서 이제는 감마바이러스까지 등장했다. 역시, 코로나19는 예측 불가능하여 대응하기가 쉽지 않다. 지난번 『창직형 창업』에서도 언급했지만, 이제는 '포스트 코로나'가 아닌, '위드 코로나' 시대가 옳은 표현이다. 2019년 시작한 코로나19, 힘들었던 2020년을 지나서 2021년 상반기가 끝나고, 하반기를 맞이하고 있다.

2020년~2021년 상반기! 여러분들이 생각하는 대한민국 현재의 핵심 키워드는 무엇일까? 대부분의 사람이 코로나19, 델타바이러스, 백신, 언택트 비즈니스, 로봇, 무인시스템, 데이터 사이언스, 빅데이터, 인공지능, 메타버스, 부동산, 가상화폐, 블록체인, BTS 등 다양한 키워드를 떠올릴 것이다. 모두가 맞다.

여러분들이 최근에 한 번은 들어보고, 많은 매체를 통해 보았던 또 하나의 키워드를 이야기하고자 한다. 그 키워드는 바로 ESG경영이다. 도대체 ESG경영이 무엇이길래 기업, 정부, 공공기관뿐만 아니라, 개인들조차 ESG경영을 말하고 있는가?

나에게 ESG경영은 친숙한 용어이며, 2011년 이후부터 2021년 현재까지 경영학부 '생산운영관리', '공급사슬경영'이라는 수업을 통해 학생들에게 지속가능성(Sustainability)이라는 이름으로 1~2주차 강의에서 가르치던 용어이다.

그런데 갑자기 2020년부터 한국에서 ESG경영이 열풍이다. 아니 광풍이라는 표현이 맞는 것 같다. 왜 갑자기 2010년 경영학 서적에 등장했던 ESG경영이 2021년 현재 여러 다중매체와 서점의 수많은 책에서 소개되는 것일까?

내가 『ESG경영』 공저에 참여하게 된 이유는 10여 년 전부터 다루고 있던 ESG경영이 기업뿐만 아니라 국가, 정부, 공공기관 등 모든 분야에서 도입의 필요성을 제기하고 있기 때문이다. 그뿐만 아니라, 창업에서도 'ESG경영' 또는 '철학'을 중요시하는 움직임이 있다.

ESG경영이란 무엇인가? 나는 ESG경영 도입배경을 알아보고 창업에 ESG경영 도입이 가능한지 정리하고 함께 고민해보고자 이 글에 참여했다. 참고로 본문의 글들은 2011년 이후 2021년 현재까지 경영학부 강의에서 활용한 서적과 강의자료인 2011년 김연성 외 공저 『생산운영관리』와 2018년 김성홍 외 공저 『생산관리』라는 서적과 강의노트를 인용하였다.

여러분들이 쉽게 접할 수 있는 ESG경영 관련 수많은 서적과 자료,

칼럼과 기사, 유튜브 동영상은 셀 수 없을 정도로 너무 방대하고 많다. 그중에서 ESG경영에 대한 정의와 등장배경, 그 의미에 대해 정확히 알고 전달하시는 문형남 교수님의 자료를 인용하여 글을 작성하였다. (사)지속가능과학회 공동회장으로 ESG경영을 오랜 기간 연구해오시고, 다양한 ESG칼럼들을 작성하여 공유해주신 문형남 교수님의 자료들을 참고하였다. 문형남 교수님은 현재 숙명여자대학교 경영전문대학원 주임교수이자 국가ESG원장을 맡고 계시고, ESG경영 관련 다양한 칼럼과 보도자료를 내고, 강의를 하시는 ESG전문가이자 전도사다.

이글을 통해 독자들이 ESG경영에 대한 올바른 이해와 실천에 도움이 되길 희망한다. 그뿐만 아니라 창업을 준비하는 예비창업자와 기창업자들도 ESG경영과 철학을 정확히 이해하고, 하고자 하는 창업에 도입할 수 있기를 권고하는 바이다.

2. 2010년 ESE전략이 2021년 ESG경영으로

1) ESG경영? No! ESE경영

현재 대한민국, 아니 전 세계는 ESG경영이 열풍이다. 광풍이라는 표현이 더 적합할 수도 있다. ESG가 글로벌 메카트렌드로 등장하면서, 이러한 흐름이 한때의 유행이 아닌, 지속가능경영을 위한 기초로써 기업뿐만 아니라, 국가, 정부, 공공기관, 창업, 개인들도 도입해야 할 하나의 뿌리가 되어야 한다.

ESG경영에 대한 정의는 공저에 참여한 모든 저자가 언급했을 것이고, 누구든지 인터넷검색, 미디어검색을 하면 너무나도 방대한 자료를 찾을 수 있을 것이다. 그러나 ESG경영에 대해 정확하게 이해하고 표현한 자료는 많지 않다.

따라서 ESG경영에 대한 정확한 개념정의와 지속가능한 차별화 전략을 위해 ESG경영을 도입해야 할 필요성에 대해 말하고자 한다. 대기업뿐만 아니라, 중소기업, 창업기업들도 이제는 ESG경영을 도입해야 한다.

내가 ESG경영 공저에 참여한 이유는 서문에서도 언급했듯이, 모든 기업과 조직, 개인뿐만 아니라 창업에서도 이제는 ESG경영에 도입할 필요성이 있기 때문이다. 그러기 위해서는 ESG경영의 개념과 정의, 올바른 이해와 적용이 필요하다. 국가ESG연구원 초대원장인 문형남 교수님은 ESG경영의 정의를 다음과 같이 정의하였다.

"ESG란? 기업의 비재무적 요소인 친환경(Environment), 사회적 책임경영(Social Responsibility), 지배구조개선을 고려한 투명경영(Governance)의 3요소의 앞 자를 따온 약자로 ESG를 설명한다."

즉, 기업 활동에 친환경, 사회적 책임경영, 지배구조개선 등을 고려한 투명 경영이 지속가능한 발전을 할 수 있다는 철학이며, 개별 기업을 넘어 자본시장과 한 국가의 성패를 가를 키워드라고 정의한다.

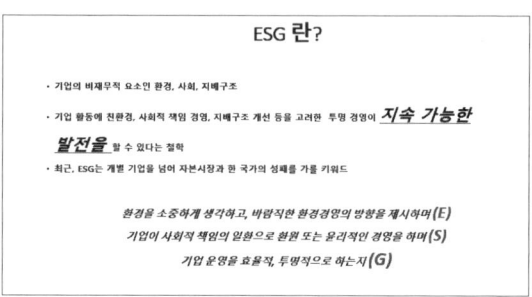

출처: 전문기자 양성과정 현장취재와 칼럼 쓰기 강의자료.
숙명여자대학교 경영전문대학원 문형남 교수님 발표자료, p14 재인용

매일경제에서 제시한 ESG의 정의에 공감하면서 그 자료도 공유한다. ESG란 환경(E), 사회(S), 지배구조(G)가 아닌, 환경(E), 책임(S), 투명 경영(G)으로 해석하는 것이 적합하다고 문형남 교수님은 설명한다.

출처: 전문기자 양성과정 현장취재와 칼럼 쓰기 강의자료.
숙명여자대학교 경영전문대학원 문형남 교수님 발표자료, p16 재인용

ESG경영을 언급하기 위해서는 먼저, ESE전략과 지속가능성(Sustainability), 삼중 최저점(Triple Botton line)에 대한 개념을 알아야 한다.

나는 2011년부터 2021년까지, 경영학부의 '생산운영관리'와 '공급사슬경영'의 강의에서 기업의 생존을 위한 지속가능전략으로 ESE전략을 언급하였다.

ESE전략은 아래의 그림에서 정의된 삼중 최저점(Triple Bottom Line)과 3가지 전략의 균형(Balancing)을 유지해야 지속가능하다는 의미이다.

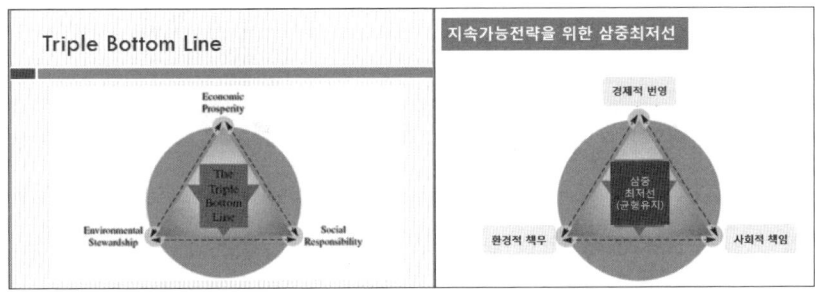

출처: Jacobs & Chase(2013) McGraw-Hill companies, inc. 김성홍 외(2018) 『생산관리』, 한경사

ESE의 세 가지 전략은 다음과 같다. 첫째, 경제적 번영(Economic Prosperity). 둘째, 사회적 책임(Social Responsibility). 셋째, 환경적 책무(Environmental Stewardship)이다.

경제적 번영(Economic Prosperity)이란 기업이 주주나 이해관계자들에게 경제적 수익을 보장할 의무를 말한다. 즉 경제적 번영전략은 기업의 성장을 촉진하고, 주주나 이해관계자들에게 돌아갈 이익형태의 장기적 가치를 증대시켜야 함을 의미한다. 지속가능성을 위한 경제적 번영은 기업의 이익을 넘어 사회에 장기적 이득을 제공해야 한다는 것을 말한다.

사회적 책임(Social Responsibility)이란 기업은 직원(종업원), 지역공동체, 이해관계자들과의 관계에서 공정하고 유익한 사업 관행에 따라 수익이 창출된다. 따라서 기업은 직원들과 지역사회, 이해관계자들을 위한 사회적 가치창출을 추구한다. 기업수익 일부를 다시 사회에 환원하는 것이다.

환경적 책무(Environmental Stewardship)란 환경에 대한 기업의 영향을 의미한다. 환경적 책무는 기업의 친환경시스템으로 후속세대를 위해 3R을 실천하는 것을 말한다. 환경을 보호하고, 탄소배출량을 줄이며, 폐기물에 대한 처리로 환경오염을 줄여야 하는 책임이 있다. 3R을 다시 정리하면, 천연자원의 사용을 최소화(Reduce)하고, 탄소배출량을 최소화하기 위해 자원을 재사용(Reuse)하거나 재활용(Recycling)하여, 후속세대들도 현재의 자원을 사용할 수 있도록 하는 자원순환시스템을 구축하는 것을 말한다. 그렇다면 ESE전략의 도입배경은 무엇인가?

2) 2010년 ESE전략의 도입배경

ESE의 균형전략은 2010년 이전 기업들의 전략설정에 대한 비판에서 시작한다. 기업들이 선택한 전통적 전략은 경제적 번영에만 초점을 둔 전략을 말한다. 기업의 전략 선택 시 사회적 책임과 환경적 책무보다는 경제적 번영만을 고려해 기업의 비용을 최소화하고, 이윤을 극대화하는 방안만을 고려하였다.

사회적 책임과 환경적 책무는 큰 비용을 수반하기 때문에 경제적 번영에서의 효율성과 상충하기에, 두 가지 측면을 전략과는 별도로 생각했다. 즉 기업의 전략설정에서 고려하지 않았다.

그러나 경영환경이 변화하고, 고객들의 인식이 달라지면서 기업은 사회적 책임과 환경적 책무를 고려하지 않을 수 없게 된다. 기업의 모든 활동이 노출되고, 공개되며, 공유되는 환경에서 사회적 책임과 환경적 책무를 다하지 않은 기업의 제품이나 상품을 고객들은 선택하지 않는다.

2000년 이후 경영환경을 살펴보면, 동종산업에서 경쟁이 치열하고, 불확실성이 높아져서 기업들은 경쟁에서 살아남고 생존하기가 어려워졌다. 기업들은 생존을 위해 다운사이징하고, 핵심분야만을 남긴 채 비핵심분야는 아웃소싱(Outsourcing)을 하는 형태로 전환한다. 비용절감 차원에서 생산분야나 물류분야를 아웃소싱한다.

생산 부분에서도 인건비와 생산비를 절감하기 위해 경제적으로 저렴한 국가로 생산기지를 이전하는 오프쇼어링(Off-shoring) 또는 물류비 절감을 위해 다시 자국 근처로 생산시설을 재이전하는 리쇼어링(Re-shoring)을 선택하기도 한다.

원자재시장도 전 세계에서 조달하고, 유통하며, 판매하는 글로벌화가 되었다. 즉, 글로벌 공급사슬환경으로 전환되었다.

기업이 제품과 상품을 사용자인 고객들에게 전달하기 위해서는 생산, 물류, 판매 등을 담당하는 이해관계자들과의 제휴나 파트너십을 요구한다. 얼마나 신속하게 자원을 조달해 필요한 상품과 제품을 적시에 고객들에게 제공할 수 있느냐가 기업의 생존을 좌우하는 차별화 요인이다.

2000년대의 경영환경은 글로벌 공급사슬(Global Supply Chain)환경으로, 경쟁이 치열하고, 불확실한 환경변화에 대응하기 위해 유연성(Flexibility)과 민첩성(Agility)이 생존을 위한 경쟁우위 차원이 되었다. 2010년의 경영환경은 국제간 거래를 하기 위해서 친환경시스템을 구축하고 친환경인증(ISO 14000)을 받아야 국제무역이 가능해졌고, 사용자인 고객의 선택을 받기 위해서는 기업의 사회적 책임을 요구하게 되었다.

글로벌 경영환경에서 기업이 지속가능경영을 위한 패러다임의 변화를 딜로이트 안진회계법인의 이준희 이사는 『한국기업들의 ESG경영을 경영을 위한 변화』에서 다음과 같이 제시하였다.

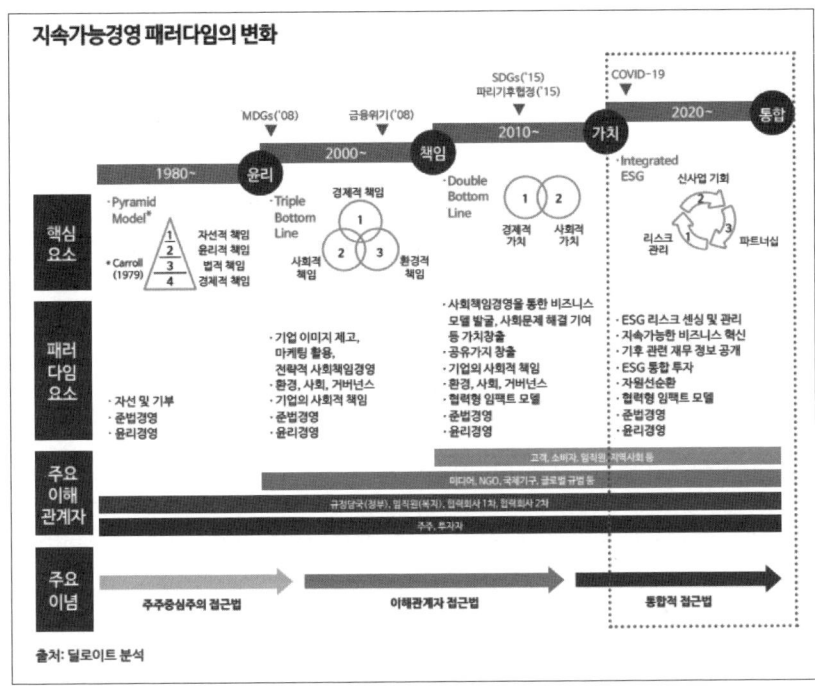

출처 : 『한국기업들의 ESG경영을 위한 변화 – ESG경영의 개념과 접근 방법』,
이준희 이사 Business Highlights, p19 재인용

3) 왜 그토록 ESG경영 열풍인가?

그렇다면 2021년 현재 기업들은 왜 ESG경영에 열풍인가? 그 이유는 간단하다. 기업들이 투자를 받기 위해서이다. ESG평가가 기업의 투자를 위한 평가요소이기 때문이다. 유럽연합이나 미국에서는 이미 ESG경영이 기업을 평가하는 중요한 기준으로 활용한다. 그러다 보니

ESG가 전 세계적으로 확산되고 있다.

이러한 움직임이 잘못되었다는 것을 언급하는 것이 아니다. 다만, ESG경영의 의미를 올바로 이해하고, 지속가능경영을 위해 ESG경영을 도입해야 한다는 것을 말하고 싶다.

국가ESG연구원 원장이신 문형남 교수님은 '공공기관의 ESG경영 동향 및 방향'이라는 제목으로 제1회 경영세미나를 개최하여 ESG정신에 대해 "ESG경영을 잘 실천하기 위해서는 기업과 기관의 전 직원들이 워크숍을 통해 비전, 미션, 핵심가치를 재정립하고, 비전과 미션 및 핵심가치에도 ESG정신을 담을 필요가 있다."고 언급하였다. 그렇다면 효율성과 혁신을 강조하는 창업에서도 ESG경영 도입이 가능한가?

3. 창업에도 ESG경영 도입이 가능한가?

1) 창업에서 바라보는 ESG경영

나는 '가치를 찾아주는 창직창업전문가'라는 퍼스널 브랜드로 활동한다. 창업에 대한 자문, 심사, 평가, 멘토링, 컨설팅을 한다.

창업에서 ESG경영 도입이 가능할까?

결론부터 말하자면 창업에서 ESG경영 도입을 요구하기란 현실적으로 불가능하다. 하지만 창업에서도 그들의 비전과 미션, 핵심가치에 ESG경영 철학을 반영할 필요가 있다.

창업에서는 효율성과 혁신성을 중요시한다. 그 이유는 간단명료하다. 자원의 제약 때문이다. 자본, 시간, 물적 자원, 인적 자원이 제한되어 있다 보니, 대부분 창업자가 효율성이 높은 경제적 번영에만 초점을 둔다. 선택과 집중으로 제품과 상품을 개발하여 시장에 진출한다. 그렇다고 모든 창업자가 경제적 번영만을 선택하지 않는다. 사회적 책임을 선택하는 창업자나, 환경적 책무를 선택하는 창업자도 존재한다. 사회적 책임이나 환경적 책무는 창업자가 하고자 하는 창업분야가 사회적 가치를 실현하는 사회적 기업이냐, 친환경분야의 환경창업이냐에 따라 사회적 책임이나 환경적 책무, 경제적 번영 중 선택해서 창업의 방향과 비전과 미션을 설정하고 창업한다. 사회적 기업을 선택하는 창업자의 경우, 경제적 번영과 환경적 책무보다는 사회적 책임만을 고려하고 있다.

2) 사회적 기업은 왜 경제적 번영(E)을 고려하지 않는가?

사회적 기업(Social Enterprise)이란 비영리조직과 영리기업의 중간 형태로 사회적 목적을 추구하면서 영업활동을 수행하는 기업을 말한다. 쉽게 설명하면 국가나 정부, 공공기관이나 기업들이 수행하지 못하는 사회적 문제를 대신 수행하는 기업이다.

앞에서도 언급했지만, 지속가능경영(Corporate Sustainability Management)은 경제적 번영(E)과 사회적 책임(S), 환경적 책무(E)의 균형을 맞추어야 가능하다.

정부나 지자체들은 사회적 기업을 준비하는 기업들에 사회적 기업 인증을 통해 여러 혜택과 지원을 한다. 안타깝게도 국가나 정부의 지원을 받아 사회적 기업을 준비하는 예비창업자나 기창업자들은 경제적 번영을 크게 고려하고 있지 않다. 그러다 보니 국가나 정부의 지원이 끊겨 지속가능하지 못하고, 폐업하는 경우도 많이 있고, 일반기업으로 전환하는 기업들도 많이 있다.

이것은 잘못된 접근이다. 사회적 기업도 지속가능하기 위해서는 경제적 번영(E)에서 추구하는 효율성과 수익을 창출해야 사회적 가치실현이 가능해지고 지속가능경영이 가능해진다.

그러다 보니 사회적 기업을 준비하는 예비창업자와 기창업자들을 만나서 심사나 평가할 때 일반기업과 같이 아이템이 차별화되고, 상품화 될 수 있는지를 평가한다. 시장성이 있고, 수익창출이 가능한지를 평가하는 것이다. 상품성이 떨어지는데, 취약계층의 일자리창출을 위해, 사회서비스를 제공하기 위해 상품구매를 강제할 수 없기 때문이다.

3) 환경창업은 ESG경영을 고려하고 있는가?

환경오염을 예방하고, 자원을 보호하는 환경창업분야는 ESG경영을 고려하고 있는가? 친환경분야의 아이템을 가지고 환경창업을 준비하는 예비창업자나 기창업자들의 심사와 평가를 해보면, 환경적 책무(E)의 차원만을 고려하고, 효율성 추구와 이해관계자들의 수익에 이바지하는 경제적 번영(E)차원은 고려하지 않은 경우가 많다. 환경문제를 해결하는 좋은 아이템이긴 하나, 시스템을 구축하거나 친환경가치를 창출하기 위해 들어가는 비용이 너무 많아서 수익창출이 불가능한 경우도 많이 있다. 물론 국가나 정부는 환경적 측면의 가치와 사회적 가치가 크기 때문에 정부사업으로 운영하기도 하고, 창업기업을 지원하는 경우도 있다. 그러나 수익창출을 하지 못하고 경제적 차원을 고려하지 못한다면, 경쟁력을 가고 지속할 수 있기가 쉽지 않다.

4) 창업기업은 ESG경영 도입이 불가능한 것인가?

창업기업도 그들의 사업계획서와 비즈니스모델에 ESG경영철학을 반영하고, 실천해야 한다. 현실적인 자원의 제약으로 환경적 책무(E), 사회적 책임(S), 경제적 번영(E)의 세 차원 모두를 고려하여 균형점을 찾아 지속할 수 있기란 쉽지 않다는 것을 나는 이해한다. 선택과 집중으로 차별화된 아이템을 가지고 시장에 진출하는 전략을 부정하는 것은 아니다. 세 가지 차원 중 하나의 차원에서 사회적 가치를 창출할 수 있다면, 부족한 차원을 보완하기 위해 국가나 정부에서 창업지원을 한다.

  창업지원의 목적은 예비창업자나 기창업자의 역량을 진단한 후 부족한 부분이나 한계점을 체크하여 그 문제를 해결할 수 있는 대안을 제시하는 것이다. 이러한 컨설팅과 멘토링을 통해 창업기업이 성장하고 지속할 수 있도록 도움을 주고 있다. 이것이 바로 지속가능경영에서 말하는 ESG전략의 균형을 찾아주는 일이다.

  그뿐만 아니라 창업전문가들이 예비창업자나 초기창업자들의 심사나 평가를 할 때, 엔젤투자나 벤처캐피털에서 투자를 할 때도 결국 다음의 질문들을 통해 예비창업자와 초기창업자들을 평가한다.

> 아이디어나 아이템이 차별화되었는가? (핵심활동)
> 시장성이 있는가? (경영환경분석 : 경쟁사, 고객, 시장)
> 수익 창출이 가능한가? (비용구조, 수익구조)
> 사회적 가치를 창출하고 있는가? (가치 제안)
> 실현 가능한가? (핵심자원, 핵심파트너, 이해관계자 등 팀 구성)
> 지속가능한 경쟁력을 갖추고 있는가?
> 친환경과 관련성이 있는가? (환경오염)
> ……

  심사나 평가를 할 때 창업전문가들이 공통으로 하는 질문유형들이다. 그 질문들은 창업에서 이야기하는 비즈니스모델 캔버스(9블럭)의 내용을 확인하는 절차이다. 즉 사업계획서나 IR발표자료에서 위의 질문요소에 대한 내용이 반영되어 있고, 준비되었는지를 확인한다.

결국, 창업에서도 예비창업자와 초기창업자들을 평가할 때 차별화되어 경쟁력이 있고, 시장성이 있으며, 수익창출이 가능한지, 사회적 가치를 창출할 수 있는지를 평가하고 심사한다.

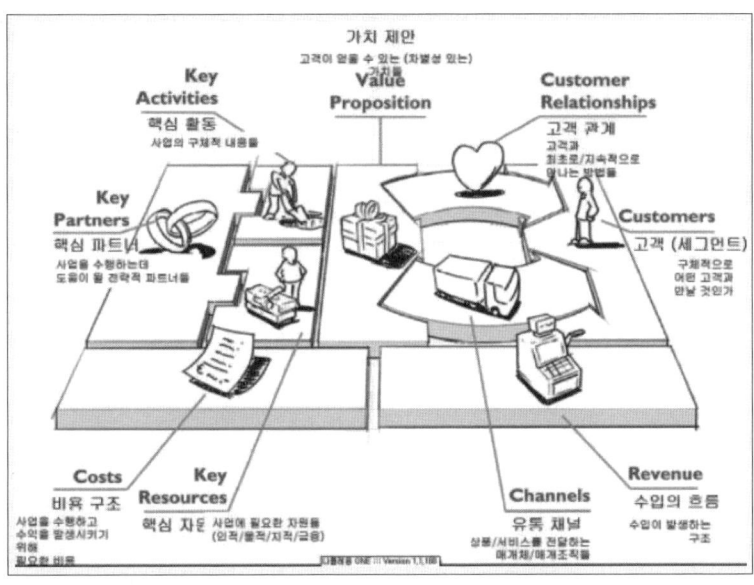

출처: 「비즈니스모델 캔버스 9블럭 이해하기」, 강민철 블로그, 2014.01.02. 재인용

5) 창업에서도 ESG경영 도입이 필요한가?

창업에서도 이미 ESG경영철학이 반영되어 있다고 감히 말할 수 있다. 물론 현실적으로 예비창업단계나 초기창업단계에서 ESG경영철학처럼 3가지 차원의 균형을 유지하기란 쉽지 않다.

하지만 예비창업자와 초기창업자, 창업전문가들은 ESG경영 철학과

3가지 차원의 균형을 고려하여, 경쟁력을 가지고 지속가능할지를 고려해야 한다. 자원의 제약으로 당장 실천이 어렵다 하더라도 비전과 미션, 핵심가치에 ESG경영철학을 반영하도록 실천하자.

창업에서 ESG경영철학이 반영되어 있고, 실현 가능하다면 분명히 창업에 성공하고, 성장하여 지속가능할 것으로 확신한다.

참고문헌

- 강민철, 「비즈니스모델 캔버스 9블럭 이해하기」, 강민철 블로그, 2014.01.02.
- F. Robert Jacobs, Richard B. chase, 『생산관리』, 한경사, 2018.
- F. Robert Jacobs, Richard B. chase, 『생산운영관리. 2/E』, 한경사, 2011.
- 김영기 외 , 『창직형 창업』, 브레인플랫폼, 2021.
- 김아름내 기자, 「"ESG전도사 역할하겠다"…문형남 국가ESG연구원장」, e경제뉴스, 2021.06.29.
- 김아름내 기자, 「문형남 국가ESG연구원장 "ESG경영은 글로벌 메가트렌드"」, 우먼컨슈머, 2021.06.03.
- 김아름내 기자, 「"ESG경영, CEO 의지만으로 실현되는 게 아니다"」, 우먼컨슈머, 2021.06.29.
- 문형남, 「포스트 코로나, ESG, AI, 세 가지 모르면 CEO 자격 없다」, 아주경제, 2021.03.21.
- 문형남, 「ESG경영에 대한 오해와 진실」, 아주경제, 2021.05.26.
- 이민영 기자, 「문형남 국가 ESG연구원 원장, 모든 조직 ESG경영 도입 주장」, 전민일보, 2021.06.01.
- 이준희, 『한국기업들의 ESG 경영을 위한 변화–ESG 경영의 개념과 접근방법』, 딜로이트 안진회계법인, 2016.
- Jacobs & Chase, 『Operations and Supply Cahin Managmement. The core(4e)』, McGRAW-Hill INTERNATION EDITION, 2017.

저자소개

김영대 KIM YOUNG DAI

학력

- 연세대학교 이학사(2001)
- 연세대학교 경영학 석사(2003)
- 연세대학교 경영학 박사(2011)
- 중앙대학교 창업학 석사(2019)

경력

- 연세대학교 정경창업대학원 창업학전공 전담교수
- 고용노동부 지역산업 맞춤형 일자리창출 지원사업 기획 및 운영(2016~2021)
- 행정안전부 맞춤형 청년창업 지원프로그램 컨설팅프로그램 기획, 운영, 컨설팅(2019~2020)
- 강원도 경제진흥원 창업전문위원(2020~2021년 폐광지역 주민창업 지원사업 자문, 평가, 심사, 컨설팅&멘토링)
- 강원도인적자원개발위원회 일자리전문관(자문)
- 한국환경산업기술원 창업전문위원(2020년 에코스타트업 자문, 심사, 평가, 조언, 컨설팅)

- 원주여성새로일하기센터 일자리협력망 위원(2020~2021년 경력이동 여성 취창업 지원, 창업지원프로그램 자문)
- 한국1인미디어창직창업협회 원주센터장
- (사)커리어코치협회 상임이사
- (사)창직교육협회 이사
- (사)스타트업미래포럼 이사
- 연세대학교 보건대학원 연구교수(2014~2015)
- 연세대학교 경영대학 객원교수(2012~2013)
- 평생회원 활동 학회[(사)한국창업학회, (사)한국벤처창업학회, (사)한국경영학회, (사)한국중소기업학회, (사)한국무역학회, (사)미래융합교육학회 등]

자격

- 창업지도사 1급((사)한국창업지도사협회)
- 1인크리에이터전문가 1급((사)한국1인미디어창직창업협회)
- 커리어코치 1급((사)커리어코치협회)
- 창직컨설턴트 1급((사)창직교육협회)

저서

- 『창직형 창업』, 브레인플랫폼, 2021. 공저
- 『문화露 크리에이터』, 이새의나무, 2021. 공저

수상

- 연세대 우수강의상(2015)
- 횡성군사업 강원지역우수사례 선정(2017)
- 횡성군청(전국지방자치단체 일자리대상) 고용노동부장관상 우수상(2018, 대한민

국정부)
- 중앙대 사업계획서발표대회 최우수상(2018)
- 중앙대 우수논문상(2019)
- 중앙대 학술상(2019)
- 한국창업협회 우수논문상(2019)

ESG management

21

ESG경영과 지속가능경영의 실제

권오선

1. ESG경영의 개요

1) 경영과 ESG

경영의 의미는 본래 '조직을 관리하고 운영한다.'는 것이나, 학교, 병원, 기업 등 조직의 성격에 따라 그 개념이 다르게 쓰이고 있으며, 경영한다는 것은 위의 열거한 '어느 경제단위를 그 설립목적에 부합하도록 의식적으로 계획·유도하고 지휘하는 것'이라는 데는 이론이 없다.

특히 영리를 목적으로 경영하는 경제단위인 기업체는 정치, 경제, 사회, 문화, 환경 등의 대내외적인 요소들에 의해 지배를 받게 되고 이 지배가 기업경영의 리스크로 다가오기도 하고 그렇지 않기도 한데 최근의 기업경영은 더욱 그렇다는 생각이 든다.

기업의 전통적 경영방식은 사실상 재무적 성과에만 초점이 맞추어져 있어 개별기업은 영리추구 활동에만 주력하면 되었다. 그러나 경제가 발전하고 교육수준이 높아진 현대에는 "기업규모가 커질수록 이해관계자들로부터 요구되는 기대 수준과 기업의 지속가능성이 중요시되며 전략적 사고로서의 ESG(Environment, Social, Governance)가 뜨거운 화두로 부상했다."고 한다.

이제 기업은 경제적 가치와 사회적 가치라는 두 바퀴를 동시에 잘

구르도록 해야 하는 과제를 안게 되었고 이 과제의 해결이 곧 '지속가능경영'의 길이라는 것에 주목해야 한다.

기업의 궁극적인 목표가 지속가능경영이라면 기업의 건강상태와 지속 성장 여부의 판단기준이 되는 재무제표, 그리고 ESG경영을 통해 재무적 성과와 비재무적 성과가 균형 있게 산출될 수 있도록 이해관계자와의 소통전략이 필요하다.

2) ESG경영활동의 내용

최근 'ESG경영'이 세계적인 이슈가 되고 기업경영의 핵심키워드로 부상하면서 환경(Environment), 사회(Social), 지배구조(Governance)에 대한 개념이 재정립되는 추세이다.

기업이 환경을 보호하고 사회적 책임과 가치를 중시하며 투명하고 윤리적인 지배구조로 리더십을 바로 세울 때, 이해관계자들의 지속가능경영(Sustainability Management)은 가능할 것이다.

'ESG경영활동'은 환경(Environment), 사회(Social), 지배구조(Governance) 관점에서 준수해야 할 가이드라인과 지속가능경영보고서에 공개해야 할 정보를 구체적으로 제시하고 이를 수행하기 위해 노력하는 활동이다.

<ESG 주요 주제>		
환경(E) 이슈	사회(S) 이슈	지배구조(G) 이슈
· 기후변화 및 탄소배출	· 고객만족	· 이사회 구성
· 대기 및 수질오염	· 데이터 보호 및 프라이버시	· 감사위원회 구조
· 생물의 다양성	· 성별 및 다양성	· 뇌물 및 부패
· 삼림 벌채	· 직원참여	· 임원 보상
· 에너지 효율	· 지역사회 관계	· 로비
· 폐기물 관리	· 인권	· 정치 기부금
· 물 부족	· 노동기준	· 내부 고발자 제도

▲ ESG 주요 주제 (출처: 금융투자협회)

또한 ESG와 유사한 개념으로 쓰이고 있는 기업의 사회적 책임(Corporate Social Responsibility, 이하 CSR), 지속가능성(Sustainability), 공유가치창출(Created Social Value), 기업 시민의식(Corporate Citizenship), 지속가능한 발전(Sustainable Development) 등은 ESG와 혼용되어 쓰기도 하나, ESG는 비재무적 리스크 측면에 특화된 개념이라는 사실에 유의해야 한다.

그러므로 ESG경영활동을 한다는 것은 기업이 ESG경영전략을 수립(Plan)하고 실행(Do)하며, ESG정보공시(Check)를 통해 기업가치를 제고(Action)하기 위한 시스템적 노력을 지속적으로 하는 것을 의미한다.

3) ESG경영의 중요성

ESG가 기업의 환경보호와 사회적 가치실현, 투명하고 윤리적인 지배구조 개선 등을 통해 지속 성장을 위한 수단이 되고 있으므로, ESG경영은 재무적 성과와 함께 기업이 실행해야 할 과제이다.

기업이 'ESG경영을 통해 돈을 얼마나 버는가?' 하는 문제만이 아니라, 어떻게 돈을 잘 쓰는지는 더욱 중요하다. 자본을 조달하고 효율적인 운용을 해야 하는 기업의 입장에서 다양한 이해관계자들의 재무적 및 비재무적 요구에 적절한 대응으로 컨센서스를 형성하고, 이런 결과로 경제적 및 사회적 가치의 성과를 만들어내고자 하는 것이 ESG경영을 해야 하는 이유이다.

최근 ESG경영이 기업에서 '핫 이슈'가 되는 중요한 이유는 기업의 기본활동인 경영활동, 즉 경영활동의 결과로 얻게 되는 기업가치에 영향을 미치는 요인이 다양한 이해관계자들의 요구 때문이라고 삼정KPMG 경제연구원의 『ESG의 부상, 기업은 무엇을 준비해야 하는가?』의 보고서는 설명한다.

(1) ESG의 규제강화

① 기업의 ESG정보 공시의무 강화

② 2050년 탄소배출 넷제로(Net-Zero) 달성을 위한 탄소감축 규제강화 및 기업의 준수 노력

(2) 투자자의 ESG 요구 증대

① 기업지배구조 개선 등을 도모하는 스튜어드십코드 강화

② 연기금과 자산운용사 등의 책임투자 및 ESG투자전략 활용확대

(3) 기업평가에 ESG 반영

① 글로벌 신용평가사, ESG요소를 신용평가에 적극 반영

(4) 고객의 ESG 요구 증대

① 공급망 관리와 협력업체선정에 주요요소로 부각되는 ESG

② MZ세대 중심의 고객 ESG 요구 증대

2. ESG경영의 목표와 추진전략

1) ESG경영의 목표

최근 ESG가 각광을 받게 된 데에는 여러 가지 배경이 있으나 그 중

글로벌 지성들이 동의하는 2가지 배경은 '기후변화의 악화와 이해관계자 자본주의의 급부상'이다.

(1) 기후변화를 막기 위한 기업의 노력

1차 산업혁명 이후 수 세기 동안 경쟁적인 화석연료의 개발과 남용에 의한 경제활동의 결과는 글로벌 기후변화를 불러왔으며, 이에 대응하여 기후변화를 막기 위한 다양한 언급과 시도들은 도표에서와 같다.

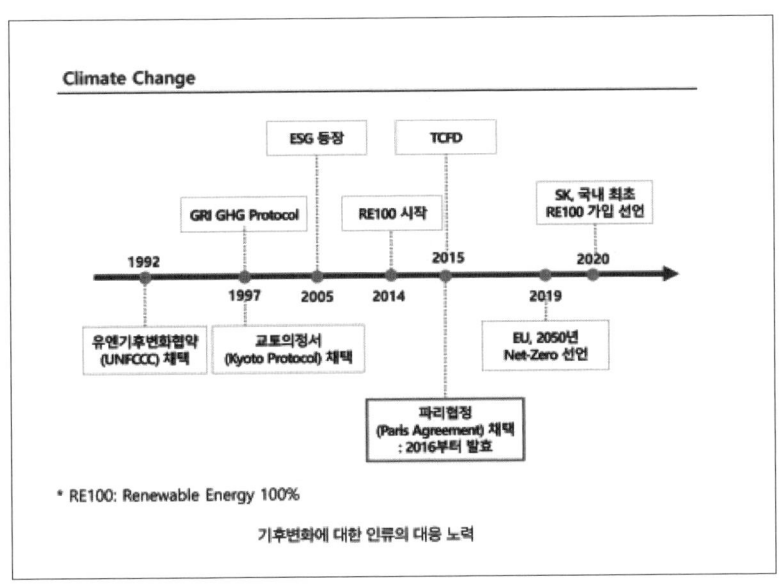

출처: 나석권, 『환경의 역전-ESG 경영의 과거, 현재, 미래』

위와 같이 기후변화에 대한 인류의 대응 노력은 1992년 유엔기후변화협약(UNFCCC)에서 출발하여 최근의 넷제로(Net-Zero) 선언까지 많은 시도(예컨대, 협정체결 및 수행원칙 수립시행 등)가 있었는데 목적은 지구환경의 회복이었다.

따라서 ESG경영의 첫 번째 목표는 지구환경(Earth Environment)의 보존 및 개선과 관련하여 기후변화를 줄이려는 기업의 대응전략 수립과 실행이며, 이를 정량적, 정성적으로 측정, 평가, 관리하는 시스템구축이다.

기후변화는 생태계를 파괴하는 탄소배출, 적절한 물 관리, 폐기물과 공해 발생, 삼림파괴 여부 등 지구환경과 밀접한 관련이 있으므로, 지구환경을 보호하기 위한 기업 차원에서도 전략을 수립하고 실행하며, 이를 관리할 시스템이 요구되는 것이다.

(2) 이해관계자 자본주의의 적극적 실천

미국의 경제학자이자 자유주의 시장경제 옹호자 밀턴 프리드먼은 1970년 제시한 '프리드먼 독트린(Friedman Doctrine)'에서 '주주자본주의(Shareholder Capitalism)'가 핵심인 기업의 목표를 '수익의 극대화, 주주의 이익극대화'라고 했는데, 그 주장에는 20세기 말까지 별다른 이견이 없었던 것으로 보인다.

그러나 최근 광의의 목표인 '이해관계자 자본주의(Stakeholder Capitalism)'가 다수 학자들의 지지를 받고 있다. 이해관계자 자본주위는 1973

년 다보스포럼이 발표한 '다보스 메니페스토'에서 최초로 제시되었던 '여러 이해관계자들의 다양한 이해관계를 조화롭게 하는 것(harmonize the different interest of the stakeholders)'이라고 재정의한 것에서 유래한다.

또한 이 정의는 2019년 미국의 상공회의소 격인 비즈니스 라운드테이블(Business Roundtable)에서도 '기업의 목적에 대한 성명서'로 발표하였고 2020년 현재까지도 동일하다.

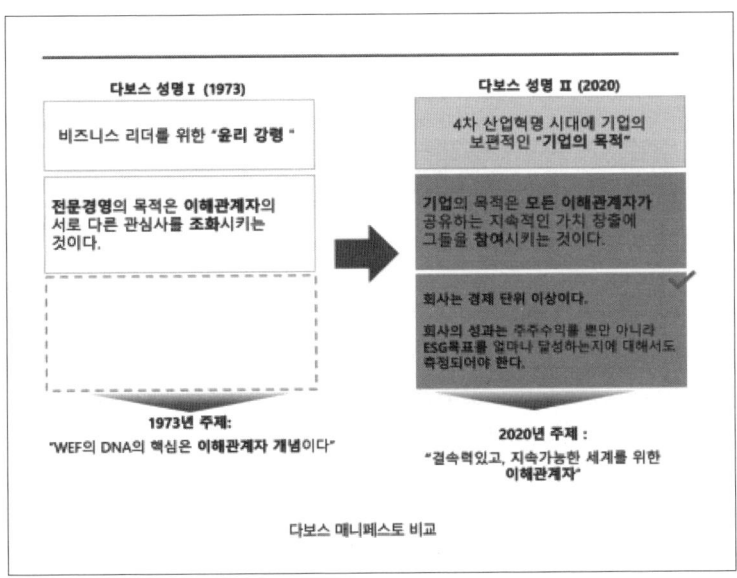

출처: 나석권, 「환경의 역전 - ESG 경영의 과거, 현재, 미래」

따라서 ESG경영의 두 번째 목표는 기업에 광의의 이해관계자들과 사회적(Social) 이슈 및 지배구조(Governance) 이슈를 잘 조율하고 조정하여 이슈별 컨센서스를 만들어내고, 그 실천결과에 의한 성과를 극대화하는 이해관계자 자본주의의 적극적 실천이다.

2) ESG경영의 추진전략

기업이 ESG경영을 추진하는 전략은 기업의 사정에 따라 각기 다를 수 있으나, 개별 기업 나름의 추진을 위한 시스템구축은 필요할 것이다. 여기서는 삼정KPMG 보고서의 'ESG 경영체계 구축 Framework'를 추진전략으로 소개하고자 한다.

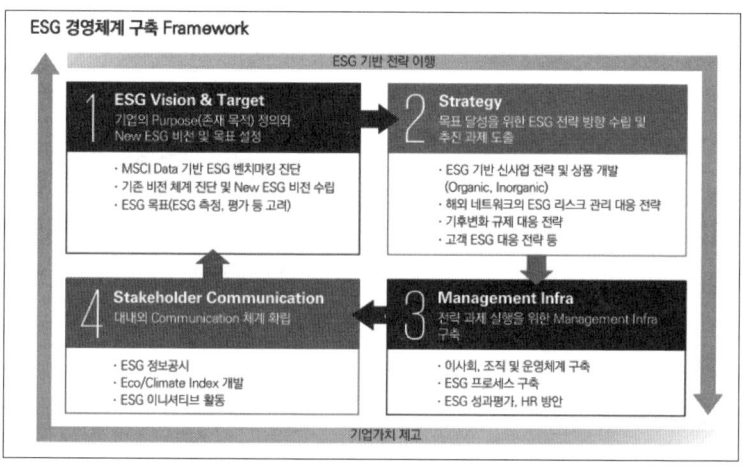

출처: 「삼정KPMG 인사이트 보고서」

첫째로, 'ESG기반 전략이행' 단계에서는 ESG의 비전과 목표를 설정하는 것과 전략 수립이 필요하다. 둘째로, '기업가치제고' 단계에서는 '관리 인프라' 구축과 '이해관계자와의 소통'이 중요하다.

피터 드러커 교수는 "세계적인 질병, 기아, 전쟁 등 사회적 문제를 해결하는 과정에서 더 큰 사업 기회가 생긴다."고 역설했는데, 필요할 시 기업은 "ESG 경영체계 구축 Framework"를 전략기반으로 이해관계자와 상생의 길로 나아가고 모두가 윈윈하고 시대적 요구에 부응하는 ESG경영을 해야 할 것이다.

3) ESG경영의 성공적 수행방안

ESG경영이 기업의 재무적 성과와 비재무적 성과를 동시에 추구하는 지속가능경영의 수단이 되고 있다면 ESG경영의 성공을 위한 기업의 수행전략은 구체화할 필요가 있는데 어떻게 하는 것이 좋을까?

(1) 수치화 및 측정지표 만들기

기업이 ESG에 효과적으로 대응하기 위해서 필요한 것은 제대로 된 '측정'이다. 환경(E), 사회(S), 지배구조(G) 같은 사회적 가치를 객관적으로 수치화하고 정도를 측정하기 위한 지표가 요구된다.

(2) 맞춤형 접근하기

기업 실정에 맞는 ESG경영을 통해 투자유치, 고객신뢰확보가 될 수 있어야 하는데, 기관마다 평가방식이나 요소가 다르므로 평가기관 선택 및 평가준비에는 반드시 맞춤형 접근이 필요하다.

(3) 적극적인 공시하기

ESG공시 강화는 기업가치상승에 있으므로 ESG정보에 대한 적극적 공시를 통해 충분히 정보를 전달하여 투자자신뢰도 제고와 기업가치향상에 긍정적인 영향을 기대해야 한다.

(4) ESG운영시스템 구축하기

ESG경영은 전사(全社) 차원에서 ESG 관리체계가 구축되어야 하며, 지속가능성에 영향을 미치는 이슈 등을 조기에 인지해 필요할 시 선제적 대응이 가능하도록 구축하는 것이 좋다.

(5) 비즈니스모델에 ESG경영 접목하기

ESG경영이 기업의 주된 관심사가 되고 있으나 '어떻게 하면 된다.'는 정답이 있을 수 없다. 100개 기업에 100가지 다른 사업모델이 있듯, ESG활동도 각 기업의 사업특성에 따라 맞춤형 ESG경영을 접목해야 한다.

(6) ESG 제대로 하기

대외적인 시선에만 신경 쓰는 '그린 워싱' 문제가 일부 기업에서 나타나고 있다고 한다. 보여주기식 사회봉사 활동이다. 기업의 ESG활동은 수행 주체의 진정성이 필요하다. 진정성의 결과는 검증할 수 있고 향후 실질적인 효과나 눈에 보이는 수치로써 정량적인 성과가 될 것이기 때문이다.

(7) 조세 신경 쓰기

기업의 ESG경영과 세금은 밀접한 관계가 있다. 예컨대, 세금을 정당하게 내서 사회적 가치(S)를 창출하고, 환경보호에 앞장서 환경(E) 관련 세제를 감면받는 식이다.

(8) 장기투자로 생존하기

ESG는 시간을 두고 비재무적 성과로 나타나므로 단기에 성과를 기대할 수는 없다. 장기에 걸쳐 지속 발전 가능성에 투자해서 혜택을 받아야 지속가능경영이 된다.

(9) ESG투자 충분히 검토하기

ESG기업을 인수하려 한다면 트렌드보다는 기업현황을 면밀히 분석하고 기존사업과의 시너지효과·성장가능성 등을 검토 후 필요시에만 인수하는 것이 좋다.

(10) ESG 네트워크 구축하기

ESG의 성과는 '가치사슬, 공급망에 속한 기업들과 다 함께 참여해야 본격적인 성과가 나타난다.'고 한다. 특히 유통·소비재산업의 경우 본사가 직접 배출하는 탄소배출량보다 유통망에 참여하는 협력업체의 몫이 더 크다는 조사결과를 참고하자.

3. ESG경영의 실천사례와 시사점

ESG경영에 대한 관심과 요구가 국내외 기업의 경영 패러다임을 변화시키고 있는 중에도 진정한 ESG경영은 생각처럼 쉽지 않은 것 같다.

그러나 조 바이든 미국 정부 출범에 따라 세계무역의 핵심가치가 '이익'에서 '환경'으로 급격히 이동하고, '세계 각국 기업이 ESG 중심 경영을 선언하고 나서면서 ESG경영은 일부 선도기업의 선택이 아닌 전 산업계의 트렌드로 확산하고 있다.'는 것이 매경 기획취재팀의 분석이다.

그런 중에도 ESG경영을 실천함으로써 기업경영의 성공사례를 만들어가는 기업과 ESG경영을 실천하지 않아서 기업경영의 실패사례를 만들어 갔던 기업에 대해 살펴보고, 그 시사점을 찾아보는 것은 매우 흥

미진진하고 의미가 있을 것이다.

1) ESG경영의 성공사례 보기

(1) Microsoft(MS)

마이크로소프트는 미국에 위치한 세계 최대의 소프트웨어 기업으로서, 다양한 컴퓨터 기기에 사용되는 소프트웨어 및 하드웨어제품들을 개발, 생산, 판매, 관리하는 회사이다. 마이크로소프트 윈도우라는 운영체제가 대표상품이다.

MSCI[1] ESG RATING에서 2016년 5월 이후 AAA등급을 꾸준히 받는 MS는 국내에서도 ESG대응을 잘하는 해외기업으로 평가받고 있다.

MS는 ESG경영을 위해 'AI for Good'[2] 프로젝트를 진행하고 있으며, 이를 통해 환경과 사회에 공헌하고자 하며, '탄소 네거티브(Carbon Negative), 데이터 과학기반 환경연구와 실천, 순환센터를 통한 폐기물 제로화, ESG기반 새로운 캠퍼스(나틱 프로젝트), 상수도 없앤 탄소

---

[1] 모건스탠리캐피털인터내셔널(Morgan Stanley Capital International).
[2] 'AI for Good'은 환경, 건강, 문화유산 등 사회적인 이슈를 해결하기 위해 만들어진 프로그램이다. 인공지능을 활용해 많은 양의 데이터를 분석함으로써 각종 사회문제를 예측하고 예방한다.

중립(Net-Zero) 캠퍼스, 무탄소전기로 운영하는 워싱턴 본사'를 실천하려 한다.

(2) 삼성전자

SAMSUNG

삼성전자는 2020년 말 기준 전 세계에 230여 개의 생산거점, 판매거점, R&D센터, 디자인센터를 보유하고 있으며, 본사가 있는 한국을 비롯해 북미, 동남아, 유럽, 아프리카 등에 15개 지역별 총괄 체제를 운영하는 임직원 287,439명의 글로벌기업이다.

CEO 직속 지속가능경영 추진센터를 설치하여 ESG경영을 추진하고 있으며, 한국기업지배구조원의 2020년 12월 말 기준 ESG 평가결과는 A등급이다.

또한, 지속가능경영을 위해 대외적으로 표방하는 것은 "글로벌기업 시민으로서 긍정적 가치를 창출하고 혁신적인 제품과 서비스를 제공하기 위해 노력합니다."라는 것이다.

이를 위해 삼성전자는 환경부문에서 지구를 최우선으로 생각하는 'PlanetFirst', 사회공헌부문에서 청소년들의 잠재력 발휘 지원, 디지털 책임 부문에서 모두를 위한 안전하고 균형 잡힌 디지털 라이프스타일 약속, 노동과 인권 부문에서 가장 엄격한 기준을 준수하기 위한 노력,

다양성과 포용 부문에서 더 나은 미래를 위해 다양성과 포용의 문화를 추구, 지속가능한 공급망 부문에서 모든 부품이 윤리적이고 책임 있는 방식으로 공급되도록 함을 목표로 노력하고 있다.

(3) SK텔레콤

SK텔레콤(이하 'SKT')은 유무선 통신사업과 함께 미디어, 보안, 커머스 등 뉴 비즈(New Biz) 사업영역을 구축하며, 5G 통신기술을 기반으로 AI(인공지능), 빅데이터, IoT, 모빌리티, 양자암호 등 다양한 분야의 기술발전을 선도하며 글로벌 ICT 리더로 발돋움하고 있는 ICT 복합 기업으로서, 한국기업지배구조원의 2020년 12월 말 기준 SKT의 ESG 평가결과는 A등급이다.

SKT는 4대 그룹 관계사 최초로 2007년 5월 이사회 만장일치로 유엔글로벌콤팩트(UN Global Compact) 가입을 결정하고 노동, 인권, 환경, 반부패 등 4대 분야 10대 원칙의 준수에 있어 글로벌 수준의 사회책임경영실천을 이해관계자에게 약속한 바 있으므로, 고객, 구성원, 이해관계자의 행복과 가치창출을 위해 다각도로 고민하며, 사회와 함께 성장하기 위한 노력으로 ESG경영을 통해 그린 ICT기업 진화에 속도를 내는 중이다.

지난해 11월 SK그룹 관계사와 함께 국내 최초로 RE100[3]에 가입하면서 국내 ESG 리딩 기업이 되었으며, 기업의 지속가능성을 높이기 위해 ESG분야의 성과를 측정하고 관리하는 전담조직을 신설하여 운영하고 있기도 하다.

SKT의 지속가능경영 현황은 홈페이지를 통해 확인할 수 있는데 '책임 경영 5대 분야'를 통해 실현하고자 하는 것이 핵심이며, "추진전략은 개정된 SKMS(SK Management System)에 기반을 두어 경제 발전에 이바지함은 물론 사회적 가치창출을 통해 사회와 더불어 성장하는 것을 추구하는 것이다."

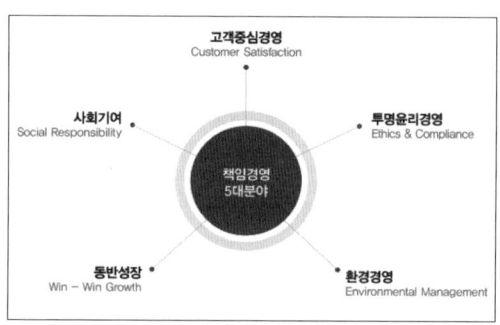

출처: SK텔레콤 홈페이지

---

3   2050년 이전에 필요한 전력의 100%를 태양광, 풍력 등 재생에너지로만 충당하겠다는 기업들의 자발적인 약속이다. 2014년 비영리단체인 기후그룹(The Climate Group)과 탄소공개프로젝트(Carbon Disclosure Project)가 처음 제시했다. RE100 가입기업은 2020년 말 기준 애플, 구글 등 240여 곳에 이른다.

이를 위한 책임경영 추진체계는 이사회 산하 기업시민위원회가 재무적 성과와 비즈니스역량 기반의 사회적 가치창출을 지향하는 DBL(Double Bottom Line)의 추진을 통해, 장기적 관점에서 이해관계자의 행복 추구와 기업가치 제고에 이바지하고자 노력하는 것이다.

2) ESG경영 실패사례 보기

(1) 남양유업

1964년 3월 설립되어 분유, 시유, 치즈 등 유가공제품 및 카페믹스 등을 생산, 판매하는 회사로 오랫동안 유업계 부동의 1위 자리를 고수했던 "남양유업은 인간존중을 바탕으로 인류 건강증진에 이바지하는 신뢰받는 기업이 될 것입니다."라는 것이 설립이념이다.

이를 실천하는 전략으로 고객만족, 인간존중, 사회봉사를 들고 있으나, 2013년 '대리점주 물량 밀어내기'로 갑질 기업으로 낙인찍힌 이래 기업이념과 실천전략에 반하는 크고 작은 부정적 이슈들로 소비자들의 외면과 불매운동이 계속되고 있다.

매출과 영업이익은 지속 감소하였고 2016년 매출 1조2391억 원을 정점으로 2020년에는 매출 9,489억 원, 영업손실 771억 원이 발생하여 최근 5년간 창립 이래 가장 어려운 시간을 보냈다.

"남양유업이 자사 발효유제품 '불가리스'가 코로나19 억제효과가 있는 것처럼 발표한 이후 강한 역풍을 맞고 있답니다. 제품의 약 40%를 책임지는 세종공장의 2개월 영업정지까지 예고되며 남양유업에 우유를 납품하는 낙농가와 제품을 파는 대리점까지 타격이 예상된답니다."

이는 최근 남양유업 홈페이지에 올라있는 내용에서 일부 발췌한 내용이다. 그러나 세종시는 위 내용과 관련하여 낙농가와 대리점 등의 연쇄 피해를 고려하여 영업정지 기간 60일 만큼의 과징금 8억2,000만 원의 처분을 내렸다고 한다.

이 사건의 발단은 지난 4월 한국의과학연구원 주관으로 열린 '코로나 시대 항바이러스 식품 개발' 심포지엄에서 동물시험이나 임상시험 등도 거치지 않은 불가리스 제품이 마치 코로나19를 77.8% 줄이는 효과가 있는 것처럼 과대광고하고 소비자를 우롱한 기업윤리 부재에 따른 신뢰도 추락에 있다.

얼마 전 남양유업의 홍원식 회장이 기자회견을 통한 대국민 사과와 함께 회장직에서 물러나고, 본인은 물론 가족들의 회사지분까지도 '한앤컴퍼니'에 모두 양도하는 주식매매 계약을 체결하였다. 과연 홍 회장이 몇 달 전만 해도 자신과 기업이 이렇게 되리라는 것을 상상이나 했을까?

한국기업지배구조원(KCGS)의 기업 ESG 등급 평가결과 남양유업의 작년 기준 ESG통합등급은 '보통' 수준인 B등급인데, 사회적 논란이 계속되고 있는 남양유업의 ESG 등급 추락가능성은 여전히 남아있다. 만일 ESG 등급이 더 추락한다면 투자기관은 남양유업의 투자를 피하게 되고 은행권의 기업금융은 더욱 옥죄게 될 것이다.

(2) 두산전자

두산 전자(BG)는 인쇄 회로기판의 핵심소재인 동박적층판(FCCL)을 비롯해 반도체 패키징(PKG)에 들어가는 부품과 네트워크 보드에 사용되는 NWB 등 고부가가치 전자부품을 만드는 두산의 사업부로서 과거의 '두산전자'이다.

1991년 '낙동강 페놀 오염사건'으로 부정적 유명세를 탄 두산전자는 수 개월간 페놀 400여 톤을 낙동강에 무단 방류 또는 유출시켜, 낙동강 수계에 있는 1천만 영남지역 주민들이 페놀오염 수돗물로 극심한 고통을 겪도록 했으며, 심각한 환경피해를 주었다.

또한, 박용곤 두산그룹 회장이 물러나고 관련 공무원과 임직원들이 구속되었으며, 환경오염 등 사회적으로 물의를 일으킨 기업은 언제든지 시민들의 불매운동 등으로 파산할 수도 있다는 경각심을 일깨워준 우리나라 최초의 자발적인 시민불매운동의 계기가 된 사건이다.

ESG경영에 대한 인식도 없던 그 당시 지금으로 말하면 환경, 사회, 지배구조 등 ESG경영을 외면함으로써 철저히 기업의 재무적 성과만을 위하며, 환경적·사회적 피해를 야기하는 기업에 대해 시민들이 책임을 물은 것으로 ESG경영의 필요성을 설명하는 좋은 사례이다.

(3) 엔론(Enron)

엔론은 미국의 에너지·통신 기업으로 창업 15년 만에 포춘(Fortune) 500대 기업순위 7위의 위업을 달성하며, 1990년대 월스트리트에서 가장 주목받는 기업으로 부상했으나, 2001년 최악의 회계부정 스캔들로 파산한 기업이다.

미국의 경제전문지 포브스가 2013년 8월 초에 지난 1990년대 이후 20년간 벌어진 미국 내 최대 금융사기사건 10건에 대해 '투자자손실 규모, 미 증권거래위원회(SEC)와 법무부 처벌수위, 개인소송과 사회적 영향' 등을 고려해 선정하였는데 그중 대표적 사기사건이었다.

탐욕스런 엔론 최고경영자 제프 스킬링의 대담한 장부 조작과 회계법인의 묵인이 결국 1조5천억 원이라는 이익을 부풀려 기관투자가와 이해관계자들에게 많은 피해를 준 것이다.

회계조작 사실은 기업 내부의 제보자 셰런 왓킨스 부사장이 경영진에게 문제를 제기하고 언론에 제보함으로써 그 전모가 세상에 밝혀졌다. 엔론은 보유자산의 가치를 원가 대신 시가평가회계로 인식하여 자산가치를 부풀리는 방식을 사용했다. 엔론과 회계법인 아서앤더슨은 1년 뒤에 모두 파산했다.

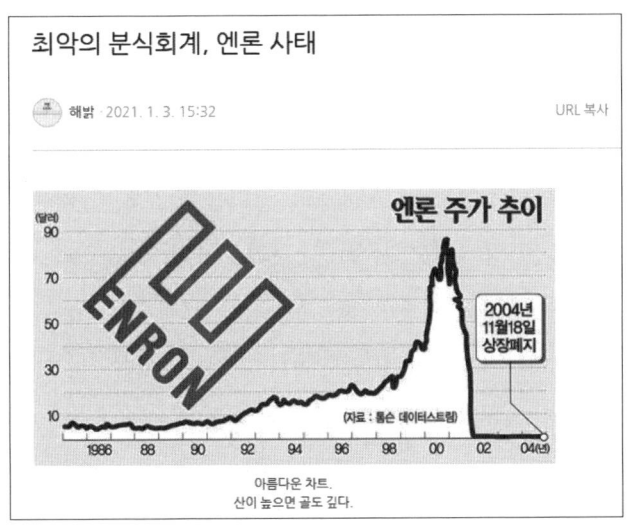

출처: https://blog.naver.com/haevarc/222194814611

3) ESG경영의 실천사례에서 보는 시사점

미 포춘지 선정 2021년 세계에서 가장 존경받는 50대 기업의 랭킹 발표결과를 보면 애플, 아마존, 마이크로소프트 등 혁신기업들이 상위

1~3위에 올라 있으며, 국내 기업은 삼성전자가 49위에 랭크되어있다.

내용을 보면 소비자용 전자제품이나 서비스를 제공한 기업들이 상위권이고, 이들 기업은 코로나19로 고립된 인류와 전 사회를 연결하여 네트워크 강화에 앞장선 기업들이라는 것이다.

물론, 평가기관에 따라 ESG등급 평가결과는 다소 차이가 있으나 A등급 이상의 ESG경영을 잘하고 있는 기업들인 것만은 틀림없는 것 같다.

그러나 당장은 존경받는 기업이라 해도 '지속적인 이해관계자를 고려한 정도경영, 투명경영으로 고객들의 신뢰를 담보하지 않는다면 그들의 관심은 언제든 멀어지고 지속가능경영은 쉽지 않다.' 하겠다.

최근 지구온난화와 기후변화, 코로나19 팬데믹 등의 글로벌 이슈가 전 인류에게 환경문제에 대한 중요성을 강조하는 가운데, 경제가 발전할수록 이해관계자는 자신들의 이익을 위해 기업의 사회적 역할을 다양하게 요구하고 있고 그 수위는 계속 높아진다.

따라서 앞선 ESG경영의 성공 및 실패사례에서 몇 가지 시사점을 정리해볼 수 있다.

첫째, ESG경영은 이제 기업에서 재무적 성과와 함께 반드시 함께해야 할 비재무적 성과로 성공하고 존경받는 기업은 ESG경영을 성공적으로 수행하고 있다는 사실이다.

둘째, ESG경영을 잘 하고 있는 기업은 재무적 성과 또한 높게 나타나고 있으며, ESG성과에 따라 시장가치도 크게 달라진다는 것이다.

셋째, ESG경영의 실천은 기업이 지속가능한 경영을 해야 한다는 인식에서 출발하고 CEO의 의지에 달려 있겠으나, 분명한 것은 ESG경영의 실천 없이는 기업의 미래가 없다는 것이다.

넷째, ESG와 관련하여 이해관계자는 자신들의 이익을 위하여 기업의 정도경영, 투명경영 등을 통한 사회적 요구를 계속 늘려갈 것이므로 이들과의 이해관계를 조정하고 조율하는 의사소통은 매우 중요하다는 것이다.

마지막으로, 지속가능한 경영이 중요해지면서 향후에는 'ESG경영성과'가 기업의 운명을 좌우하는 '경영평가의 지표'가 될 것이다.

4. ESG경영과 지속가능경영의 실제

지난해 세계 최대의 자산 운용사 블랙록의 래리 핑크 회장이 자본

참여의 기준으로 'ESG'를 선언한 이후, 환경(E), 사회(S), 투명경영(G)에 최선을 다하는 기업이 지속 성장에 따른 지속가능경영을 하게 된다는 것이 ESG 전문가들의 공통된 견해이다.

실제 ESG 관련 투자가 계속 증가하고 있는데 "금융투자 업계에 따르면 글로벌 ESG 관련 투자자산 규모가 2012년 13조3,000억 달러에서 2020년 40조5,000억 달러로 8년 새 3배 넘게 증가했다."는 것이다.

"같은 기간 국민연금의 경우 49억 달러에서 2019년 255억 달러로 5배 증가했다."고 한다. 한편으로는 ESG를 요구하는 기관투자자의 기대에 부응하지 못하는 많은 기업은 투자배제, 의결권 적극 행사 등의 조치로 경영상에 많은 어려움에 놓이게 되었기 때문에 모든 대기업의 핵심과제가 ESG경영이 된 것도 오늘의 현실이다.

서울대 명예교수이자 인천대 총장을 지낸 산업정책연구원의 조동성 이사장은 "유럽에서는 ESG를 비관세 장벽으로 쓰는 움직임도 있는데 기업이나 국가·사회가 ESG에 동참하지 않으면 생존을 장담할 수 없다."고 하며, "CSR(Corporate Social Responsibility)에서 시작해 CSV(Creating Shared Value)를 지나 ESG로" 세 단계를 거쳐 진화되고 있다고 말한다.

그는 이어서 "본래 투자자들은 뼛속까지 수익성을 추구하는 DNA를 가진 종족이다. 이들이 그동안 관심이 있지 않았던 환경보호와 사회공헌을 갑자기 내세우는 이유는 단지 가림막으로 진심을 숨기기 위해 GES 대신 ESG로 부르는 것은 아닌지" 의심된다고 한다.

왜냐하면 "투자자들에게는 지배구조 개선(투명 경영)을 통해 투자자들의 이익을 확실하게 확보하겠다는 목적이 가장 중요하다."는 것이고, ESG는 '투자자, 기업경영자, 사회구성원 모두가 이득을 얻는 윈윈게임"이라는 것이다.

물론 투자자들에 대한 시각이 다를 수 있겠으나 이를 차치하더라도 이해관계자의 일원인 고객도 기업의 제품을 구매 시 사회적·환경적으로 어떤 영향이 있는지에 관심이 증대하고 있기 때문에 ESG경영은 이제 기업이 해도 좋고, 하지 않아도 좋은 선택의 문제일 수는 없게 되었다. ESG경영은 기업이 꼭 해야만 되는 '필수조건'이고, 기업의 생존과 지속가능경영을 위한 전제 조건이 되어있는 것이라 하겠다.

참고문헌

- 김국현, 「세계는 지금 ESG 혁신 중, 다양한 사례를 통해 알아본 ESG 경영」, SK 하이닉스 뉴스룸, 2021.02.09.(https://news.skhynix.co.kr/2387)

- 위키백과(https://ko.wikipedia.org/wiki/경영)

- 명순영, 류지민, 반진욱 기자, 「ESG 성공하려면…성과 계량화하고 공시에 힘 쏟아야」, 매일경제, 2021.06.18.(https://www.mk.co.kr/news/business/view/2021/06/593042)

- AhnLab 콘텐츠기획팀, 「너도나도 ESG 경영, 왜 중요한가?」, AhnLab, 2021.03.03.(https://www.ahnlab.com/kr/site/securityinfo/secunews/secuNewsView.do?menu_dist=2&seq=29993)

- SKT Insight, 「"이제는 기업경영도 친환경이라고?" ESG에 대한 모든 것」, SK텔레콤 뉴스룸, 2021.02.26.(https://www.sktinsight.com/129401)

- 그리오, 「ESG로 전환하는 해외 기업들-마이크로소프트」, 그리오 공식 블로그, 2021.04.22.(https://blog.naver.com/tnglab/222319699932)

- 위키백과, 1991년 낙동강 페놀 오염 사건(https://ko.wikipedia.org/wiki/1991)

- 지현영, 「'낙동강 페놀 사건'을 통해 보는 ESG경영」, 세계일보, 2021.03.18.(https://n.news.naver.com/article/022/0003562669)

- 성규환 기자, 「'불가리스 사태' 남양유업, 영업정지 피해…과징금 8억2000만 원 부과」, 부산일보, 2021.07.05.(http://www.busan.com/view/busan/view.php?code=2021070519153178112)

- 해밝, 「최악의 분식회계, 엔론 사태」, 해밝의 인생 상담소, 2021.01.03.(https://blog.naver.com/haevarc/222194814611)

- 씨선, 「엔론 사태(회계이슈관련)」, 씨선 티스토리, 2019.04.02.(https://ccsun.tistory.com/86)

- 염지현 기자, 「포브스 "지난 10년 미국 최대 금융사기는 엔론"」, 이데일리, 2013.08.03.(https://www.edaily.co.kr/news/read?newsId=01344806602903712&mediaC-

odeNo=257&OutLnkChk=Y)

- GS칼텍스, 「[ESG] 우리는 왜 ESG에 주목해야 할까?」, GS칼텍스 미디어허브, 2020.02.20.(https://gscaltexmediahub.com/csr/esg-column/)
- SKT 홈페이지(https://www.sktelecom.com/view/manage/csr.do)
- 최성철, 「ESG, 포스트코로나 시대의 지속가능경영 전략」, 삼성 SDS 인사이트 리포트, 2021.04.02.(https://www.samsungsds.com/kr/insights/esg.html)
- 삼성전자 사회공헌 홈페이지(http://csr.samsung.com/ko/main.do)
- 남양유업 홈페이지(http://company.namyangi.com/)
- 삼정KPMG 경제연구원, 「ESG의 부상, 기업은 무엇을 준비해야 하는가?」 Vol. 74, 『Samjong INSIGHT』, 2021.
- 조동성, 「CSR에서 시작해 CSV를 지나 ESG로」, 매일경제, 2021.07.09.(https://www.mk.co.kr/opinion/contributors/view/2021/07/662747/)
- 최재천, 임춘택, 나석권, 홍민정, 요조, 『환경의 역전』, 메디치미디어, 2021.

저자소개

권오선 KWUN OH SUN

학력

- 경영학사
- 경영학 석사
- 경영학 박사

경력

- (현)KCA한국컨설턴트사관학교 전임교수
- (현)한국사업전략연구소 소장
- (현)(주)기업혁신센터 수석컨설턴트
- (현)한국생산성본부 컨설턴트
- (현)경기도경제과학진흥원 평가위원
- (현)공공기관 NCS 블라인드 전문면접관
- (현)한국디자인진흥원 창업패키지 평가위원
- (현)한국고용정보원 고용서비스기관 인증심사 평가위원
- (현)한국산업평가관리원 평가위원

- (현)농촌융복합산업지원지원센터 현장코칭전문위원
- (현)인천지방노동위원회 심판조정위원
- (현)인천광역시노사민정협의회 노사협력조정분과 위원
- (현)중소벤처기업부 현장클리닉 자문위원
- (현)인천테크노파크 기술지도위원

자격

- 경영지도사
- ISO국제선임심사원(ISO9001&14001,22000)
- 소자본창업지도사
- 포장관리사
- 산업카운슬러(2급)

저서

- 『완구점 창업가이드』, 중소기업청, 1999.

22

ESG경영과 사회적 경제

이상은

1. ESG경영과 사회적 경제

1) ESG경영이란?

ESG(Environmental, Social and Governance)는 기업의 비재무적 요소인 환경(Environment)·사회(Social)·지배구조(Governance)를 뜻하는 말로, 투자 의사결정 시 '사회책임투자(SRI)' 혹은 '지속가능투자'의 관점에서 기업의 재무적 요소들과 함께 고려한다. 사회책임투자란 사회적·윤리적 가치를 반영하는 기업에 투자하는 방식이다. 기업의 재무적 성과만을 판단하던 전통적 방식과 달리, 장기적 관점에서 기업가치와 지속가능성에 영향을 주는 ESG(환경·사회·지배구조) 등의 비재무적 요소를 충분히 반영해 평가한다. 기업의 ESG성과를 활용한 투자방식은 투자자들의 장기적 수익을 추구하는 한편, 기업 행동이 사회에 이익이 되도록 영향을 줄 수 있다.

지속가능한 발전을 위한 기업과 투자자의 사회적 책임이 중요해지면서 세계적으로 많은 금융기관이 ESG평가정보를 활용하고 있다. 영국(2000년)을 시작으로 스웨덴, 독일, 캐나다, 벨기에, 프랑스 등 여러 나라에서 연기금을 중심으로 ESG정보 공시의무제도를 도입했다. 유엔(UN)은 2006년 출범한 유엔책임투자원칙(UNPRI)을 통해 ESG이슈를 고려한 사회책임투자를 장려하고 있다.

2021년 1월 14일 금융위원회는 우리나라도 오는 2025년부터 자산총액 2조 원 이상의 유가증권시장 상장사의 ESG공시 의무화가 도입되며, 2030년부터는 모든 코스피 상장사로 확대된다고 발표하였다. 이로써 비재무적이고 친환경인 사회적 책임활동이 기업가치를 평가하는 주요지표로 자리매김하게 되었다.

2) 사회적 경제와 사회적 기업

(1) 사회적 경제란?

자본주의 시장경제가 발전하면서 나타난 불평등과 빈부격차, 환경파괴 등 다양한 사회문제에 대한 대안으로 등장하면서, 이윤의 극대화가 최고의 가치인 시장경제와 달리 사회적가치(경제, 돌봄, 교육, 문화, 환경 등 사회 각 분야에서 공공의 이익과 공동체 발전에 이바지하는 가치)의 실현을 위해 화폐적·비화폐적 자원의 생산, 교환, 분배 및 소비가 이루어지는 경제체계를 말한다.

(2) 사회적 경제의 필요성

① 사회양극화, 공동체붕괴, 고령화 등으로 사회불안정

② 소득불평등, 수익 중심의 경제성장정책으로 시장경제실패

③ 폭발적으로 증가하는 복지수요에 대한 대응 한계

④ 청년일자리 부족 등 일자리빈곤

⑤ 지방경제를 회생시키고 건강한 지역공동체를 복원할 수 있는 대안으로서 사회적 경제는 시대적 요구사항

⑥ 공동체마인드 및 협동경제로 지역발전동력 확보

⑦ 마을과 지역, 일상의 문제를 주민 스스로 해결

⑧ 지역의 자원과 노동력을 지역 내 순환경제시스템으로 유도

⑨ 이윤의 극대화나 재정적 보상보다는 구성원들 또는 지역사회를 위해 재화와 서비스를 생산.

⑩ 정부에 의해 통제되지 않는 자율적인 관리 및 운영

⑪ 의사결정을 하고 이견을 조율할 때 민주적으로 진행

⑫ 자본보다 인간과 노동에 우선순위

⑬ 참여하고, 권한을 강화하며 개인적·집합적인 수준에서 '책임'을

중요한 원칙으로 설정

(3) 사회적 기업이란?

취약계층에게 사회서비스 또는 일자리를 제공하거나 지역사회에 공헌함으로써 지역주민의 삶의 질을 높이는 등의 사회적 목적을 추구하면서 재화 및 서비스의 생산·판매 등 영업활동은 하는 기업을 말한다(사회적 기업육성법 제2조).

영리기업과 비영리기업의 중간형태로 사회적 목적을 우선적으로 추구하면서 재화, 서비스 생산, 판매 등 영업활동을 수행하는 기업이다.

사회적 기업은 공동의 수요에 적합한 사회서비스를 확충하고, 취약계층에 안정적 일자리를 제공할 뿐만 아니라, 지역의 인적, 물적 자원을 활용하여 고용 및 복지를 확대함으로써 경제활성에 기여한다.

(4) 사회적 기업의 의의

① 지속가능한 일자리제공
가. 취약계층을 노동시장으로 통합·보람되고 좋은 일자리 확대
나. 사회서비스분야는 노동집약적인 산업으로써 취약계층에게 고용친화적 일자리창출이 가능한 분야

② 지역사회 활성화

가. 지역사회 통합·사회적 투자확충을 통한 지역경제발전

③ 사회서비스 확충

가. 새로운 공공서비스 수요 충족·공공서비스 확산

나. 기부, 후원, 자원봉사 등 사회적 자원과 결합하여 적절한 가격에 양질의 사회서비스를 공급

다. 사회적 기업은 지역사회요구에 민감하므로 국가나 시장으로부터 공급되지 못하는 신규 사회서비스 영역을 발굴

④ 윤리적 시장 확산

가. 기업의 사회공헌과 윤리적 경영문화 확산

나. 사회적 기업의 투명경영과 민간기업의 사회적 기업에 대한 사회공헌 증가로 윤리경영 문화 전파에 기여

다. 사회적 기업 생산품에 대한 우선구매 등 '착한 소비'라는 새로운 소비문화 조성

⑤ 사회적 목적

가. 취약계층에게 일자리 또는 사회서비스 제공(취약계층: 저소득자, 고령자, 장애인, 성매매 피해자, 장기실업자, 경력단절여성 등)

나. 지역사회발전 및 공익증진

다. 민주적 의사결정구조(서비스 수혜자, 근로자, 지역주민 등 이해관계자가 참여)

라. 수익 및 이윤 발생 시 사회적 목적 실현을 위한 재투자(상법상 회사, 이윤 2/3 이상)

⑥ 사회적 기업의 책임과 의무

가. 사회적 기업은 취약계층에게 사회서비스 또는 일자리를 제공하거나 지역사회에 공헌함으로써 지역주민의 삶의 질을 높이기 위해 최선의 경영활동을 수행하여야 하며, 사회가 정한 법과 제도를 준수하고, 관습 및 윤리기준을 이행하여야 한다(사회적 기업 육성법 제1조 '목적').

나. 사회적 기업은 영업활동을 통하여 창출한 이윤을 사회적 기업의 유지, 확대에 재투자함으로써 자립 및 지속가능성 확보를 위해 노력할 의무가 있다(사회적 기업육성법 제3조 '운영주체별 역할 및 책무').

다. 사회적 기업은 경영활동에 대한 보고를 성실히 이행하고 정부 재정지원사업의 운영에 대한 적절한 모니터링을 수용할 의무가 있다(사회적 기업 육성법 제17조 '보고 등').

⑦ 사회적 기업가 정신(Social Entrepreneurship) 실현

3) 사회적 경제기업의 종류

(1) 사회적 기업

① (인증)사회적 기업/(예비)사회적 기업은 영리기업과 비영리기업의 중간 형태로, 사회적 취약계층에게 사회서비스 또는 일자리를 제공하면서 재화 및 서비스의 생산, 판매 등 영업활동을 하는 기업으로서 고용노동부 장관의 인증을 받은 기관이다.

② 사회적 기업은 기업의 영리성과 자선의 사회성을 통합한 새로운 개념의 기업이라고 할 수 있다. 사회적 기업은 자선단체와 달리 수익을 창출하는데, 일회성이 아니라 지속가능한 사회적 가치실현을 추구한다. 또한 주주나 소유자를 위한 이윤 극대화를 추구하기보다는 우선적으로 사회적 목적을 추구하기 때문에, 이윤을 사업 또는 지역공동체에 재투자한다.

③ 세계적으로는 1970년대부터 시작되었으며, 1990년대에는 정부 차원에서 정책적으로 지원되고 있다. 유럽 각국과 미국의 경우 협동조합, 유한회사 등의 형태로 확산하는 추세다. 한국에서는 경제성장이 둔화하고 고령화가 진행됨에 따라 산업구조와 가족구조가 변화하는 등 사회서비스의 수요가 증가하면서, 2003년부터 사회적 일자리창출 사업이 추진되었다. 그러나 사회적 일자리가 대부분 단기간의 임시직·저임금 일자리라는 점이 지적되면서, 영리활동을 고용창출과 사회적 재

투자로 연결시키는 사회적 기업이 육성되고 있다.

④ 사회적 기업육성법은 2007년 1월 제정되어 7월부터 시행되고 있다. 현행법에 따르면 사회적 기업으로 인증받기 위해서는 △민법에 따른 법인·조합, 상법에 따른 회사·합자조합, 특별법에 따라 설립된 법인 또는 비영리민간단체 등 대통령령으로 정하는 조직형태를 갖춰야 하며 △유급근로자를 고용하여 재화와 서비스의 생산·판매 등 영업활동을 하며 △취약계층에게 사회서비스 또는 일자리를 제공하거나 지역사회에 공헌함으로써 지역주민의 삶의 질을 높이는 등 사회적 목적의 실현을 조직의 주된 목적으로 해야 하며 △영업활동을 통하여 얻는 수입이 대통령령으로 정하는 기준 이상(예: 조직의 주된 목적이 취약계층에게 사회서비스를 제공하는 것인 경우에는 해당 조직으로부터 사회서비스를 제공받는 사람 중 취약계층의 비율이 100분의 50(2016년 12월 31일까지는 100분의 30) 이상일 것, 조직의 주된 목적이 취약계층에게 일자리를 제공하는 것인 경우에는 해당 조직의 전체 근로자 중 취약계층의 고용비율이 100분의 50(2016년 12월 31일까지는 100분의 30) 이상일 것)이어야 하는 등의 요건을 갖춰야 한다.

(2) 협동조합

① 협동조합은 공동으로 소유되고 민주적으로 운영되는 사업체를 통하여 공통의 경제적, 사회적, 문화적 필요와 욕구를 충족시키고자 하는 사람들이 자발적으로 결성한 자율적인 조직으로 재화 또는 용역의 구

매, 생산, 판매, 제공 등을 협동으로 영위함으로써 조합원의 권익을 향상하고 지역사회에 공헌하는 사업조직이다.

② 재화 또는 용역의 구매·생산·판매·제공 등을 협동으로 영위함으로써 조합원의 권익을 향상하고 지역사회에 공헌하는 사업조직이다(협동조합기본법 제2조제1호).

③ 공동으로 소유되고 민주적으로 운영되는 사업체를 통하여 공통의 경제적, 사회적, 문화적 필요와 욕구를 충족시키고자 하는 사람들이 자발적으로 결성한 자율적인 조직이다(국제협동조합연맹-ICA).

④ 이용자가 소유하고 이용자가 통제하며 이용규모를 기준으로 이익을 배분하는 사업체이다(미국 농무성-USDA).

⑤ 숫자로 풀어보는 알기 쉬운 협동조합기본법

숫자	내용		의의
	요약	상세	
1	1인 1표	출자액수에 관계없이 1인 1개의 의결권과 선거권부여	주식회사(1주 1표)와 다른 민주적 운영방식
2	2개의 법인격	일반협동조합/사회적협동조합	영리·비영리 부분의 정책수요 모두 반영
3	최소설립 조합수 3개	3개 이상의 협동조합이 모여 연합회 설립 가능	협동조합 활성화 촉진

4	자본주의4.0 (대안적 기업모델)	기존 주식회사, 비영리법인과 달리 소액·소규모창업, 취약계층 자활을 통한 '공생발전' 모델	양극화 해소·서민경제 활성화의 대안 모델
5	최소 설립인원 5인	5인 이상 자유롭게 설립 가능(기존개별법: 300~1,000명)	자발적 소규모 활동 지원
6	기본법 제6조 (협동조합 기본원칙)	조합원을 위한 최대 봉사 자발적 결성·공동소유·민주적운영, 투기·일부 조합원 이익추구금지	협동조합 정신 반영
7	7월 첫 토요일 (협동조합의 날)	협동조합의 날(7월 첫 토요일) 협동조합주간(그전 1주간)	협동조합 활성화 촉진
8	8개 협동조합법의 일반법	기존 8개법과 독립적인 일반법 – 농협, 수협, 신협, 중기협, 생협, 새마을, 엽연초, 산림조합법	협동조합 설립 범위 확대 개별법과 관계 정립

⑥ 협동조합과 사회적협동조합 비교

법인격	(영리)법인	비영리법인
설립	시도지사 신고	기획재정부(관계부처)인가
사업	업종 및 분야 제한 없음, 금융 및 보험업 제외	공익사업 40% 이상 수행 지역사회재생, 주민권익증진 등 취약계층 사회서비스, 일자리제공 국가·지자체 위탁사업 그 밖의 공익증진사업
법정적립금	잉여금의 10/100 이상	잉여금의 30/100 이상

배당	배당 가능	배당 금지
청산	정관에 따라 잔여재산 처리	비영리법인 국고 등 귀속

(3) 자활기업

① 자활기업은 지역자활센터의 자활근로사업을 통해 습득된 기술을 바탕으로 1인 혹은 2인 이상의 수급자 또는 저소득층 주민들이 생산자협동조합이나 공동사업자 형태로 운영되는 기업이다.

② 자활근로사업을 거쳐 자립하는 자활 경로의 최종단계로 저소득층의 공동창업을 통한 탈빈곤을 지향한다.

③ 사회적 기업의 모태로서 역할을 수행하는 등 취약계층의 일자리 창출 및 사회서비스 제공에 중요한 역할을 수행한다.

④ 지역자활센터는 보건복지부로부터 지정받아 근로능력이 있는 저소득 주민의 자립과 자활을 지원하기 위해 설립된 자활지원사업 전문 사회복지시설이다. 1996년 5개 시범사업을 시작으로 2000년 국민기초생활보장법 시행에 따라 확대되어 현재 전국 247개, 광주 9개 지역자활센터가 지역주민들을 위한 근거리 일터를 만들고 가난한 이웃들과 함께 생산, 나눔, 협동의 공동체를 만들어가고 있다.

⑤ 자활근로사업은 장기 실직이나 질병 등으로 일정 기준(최저생계비)

이하의 소득, 재산을 가진 저소득층 중에 근로 능력이 있는 사람들이 일을 통해 자립·자활할 수 있도록 개인의 특성과 능력에 맞는 다양한 교육과 일할 수 있는 기회를 제공하고 자기 삶의 주체로 살아갈 수 있도록 국가와 사회가 지원하는 사업이다.

⑥ 자활기업 인증절차는 지역자활센터 등 자활사업실시기관(읍/면/동 포함)은 국민기초생활보장법에 의한 자활기업 성립요건을 갖추고 서류를 제출하여 시·군·구청장에게 신고한다.

(4) 마을기업

① 마을기업은 지역주민이 각종 자원을 활용한 수익사업을 통해 공동의 지역문제를 해결하고, 소득 및 일자리를 창출하여 지역공동체 이익을 효과적으로 실현하기 위해 설립·운영하는 마을 단위 기업이다(행정안전부 마을기업 육성사업 시행지침).

② 마을기업은 지역주민 또는 단체가 해당 지역의 인력, 향토, 문화, 자연자원 등 각종 자원을 활용하여 생활환경을 개선하고 지역공동체를 활성화하며 소득 및 일자리를 창출하기 위하여 운영하는 기업이다(도시재생 활성화 및 지원에 관한 특별법 제2조 제1항 제9호).

③ 마을기업은 각종 사업을 통해 수익을 추구하는 경제조직이어야 한다. 단순히 공익을 추구하는 비영리 사회단체나 조직은 마을기업으

로 부적합하다.

④ 마을기업의 사업은 시장경쟁력이 있어야 한다. 장기적으로 주수입이 사업에서 나와야 하며 순수 민간기업과의 경쟁이 치열한 사업은 마을기업으로 부적합하다.

⑤ 마을기업은 지속가능해야 한다. 마을기업은 순이익의 10% 이상을 사업추진에 대한 손실금 충당을 위해 적립하여야 하고(단, 보조금을 지원받은 해에는 30% 이상을 적립함), 순이익의 50% 이상을 재투자를 위한 유보금으로 적립해야 한다.

⑥ 기업으로서 조직형태는 민법에 따른 법인, 상법에 따른 회사, 협동조합기본법에 따른 협동조합, 농어법 경영체법에 따른 영농조합 등 법인이어야 한다. 법인이 아닌 경우에는 시·군·구에서 시·도로 추천 불가하다.

⑦ 마을기업은 출자자 개인의 이익과 함께 마을기업 전체의 이익을 실현해야 한다.

⑧ 마을기업의 모든 회원은 마을기업(법인)에 출자하는 것을 원칙으로 하며, 공동체 일원으로서 마을기업의 계획과 운영에 참여하여야 한다.

⑨ 마을기업의 출자자는 5인 이상이어야 한다. 마을규모, 지역범위, 사업내용 등에 비추어 공동체성을 보장할 만큼의 충분한 수의 출자자를 갖추도록 노력해야 한다(10인 이상이 출자할 것을 권장함).

⑩ 마을기업의 회원 외에도 구매자, 소비자, 고용자 등 다양한 지역주민 및 지역 내 이해당사자의 의견을 중요하게 반영해야 하며, 지역 순환경제 구축을 위해 노력해야 한다.

⑪ 마을기업은 마을기업의 경제적 이익과 함께 지역사회 전체의 이익을 실현해야 한다.

⑫ 최대 출자자 1인의 지분은 30% 이하여야 하며, 특정 1인과 그 특수관계인의 지분의 합이 50% 이하여야 한다. 여기서 출자금액이라 함은 마을기업 신청을 위해 출자한 금액과 당초 법인설립을 위해 출자한 금액의 합계를 말한다. 특수관계인은 △배우자 및 직계 존비속 △배우자 및 직계 존비속이 50% 이상을 출자하고 있는 법인 △배우자 및 직계 존비속이 이사의 과반수이거나 출연금의 50% 이상을 출연하고 그 중 1인이 설립자로 되어 있는 비영리법인을 말한다.

⑬ 마을기업은 법인 전체를 지정하는 것을 원칙으로 한다. 법인의 한 사업형태로 운영하는 것은 행정안전부의 승인을 받아야 한다.

⑭ 마을기업은 사업계획서상의 지역사회공헌활동(또는 이에 상응하는

공헌)을 반드시 이행해야 한다.

⑮ 마을기업 명의로 특정 정당 또는 후보를 지지해서는 안 된다.

⑯ 마을기업은 사업계획 및 운영방침을 민주적 절차에 의해 스스로 결정하고 일자리 및 소득창출을 위해 노력해야 한다.

⑰ 마을기업은 지역에 뿌리를 두고 설립·운영되어야 한다.

⑱ 마을기업은 지역에 소재하는 자원을 활용한 사업을 해야 한다. 지역 간 유동이 쉬운 자원은 마을기업사업으로 부적합하다.

⑲ 마을기업은 지역주민이 주도하는 기업이어야 한다. 마을기업 사업비의 일정 부분을 구성원들이 자발적으로 출자하여야 한다. 일정 부분이란, 보조금의 20% 이상을 자부담 하여야 함을 의미한다(우수마을기업 선정 시 자부담 제외). 마을기업 출자자(회원)의 70% 이상, 고용인력의 70% 이상은 지역주민이어야 한다. 단 출자자가 5인인 경우는 5인 모두 주민이어야 한다.

(5) 소셜벤처

① 소셜벤처는 사회적 목표달성을 위해 혁신적이고 체계적인 해결책을 제공하고자 하는 사회적 기업가에 의해 설립된 기업 또는 조직이다.

② 소셜벤처는 개인사업자, 영리를 목적으로 하지 않는 기업, 비정부기구, 청소년단체, 지역사회단체 등 다양한 형태로 운영된다. 일반적으로 정부 기관은 소셜벤처로 간주되지 않지만 아쇼카 등 사회혁신지원 기관들은 사회적 서비스에 혁신적인 방법을 고안하고 실행한 정부기관과 지자체, 공무원도 사회적 기업가정신(Social Entrepreneurship)이 있다고 평가하기도 한다.

③ 엘킹턴(Elkington)과 하티간(Hartigan)은 소셜벤처를 비영리, 하이브리드 비영리, 사회적 기업 소셜 비즈니스 등 3가지 모델로 제안한다. 비영리 벤처기업은 공익을 제공하는 데 있어 재정적 지원을 위해 외부 파트너를 활용한다. 반면, 하이브리드 비영리는 제품 또는 서비스 판매를 통해 사업비용을 조달한다. 사회적 기업 형태에서 소셜벤처는 이익을 창출하지만, 상업적 벤처처럼 주주에게 이익을 반환하는 대신, 사회적 이익을 증진시키기 위해 그 이익을 재투자한다.

④ 소셜벤처가 일반 벤처기업과 다른 점은 사회적 문제를 해결하고 사회적 혜택을 제공하는 것을 우선목적으로 삼는다는 점이다. 소셜벤처는 이익을 창출할 수는 있지만, 그것이 핵심은 아니다. 이익은 사회적 혜택을 지속가능하게 제공하기 위한 수단이다.

⑤ 소셜벤처는 빈곤, 불평등, 환경파괴, 교육격차 등 사회·경제발전 와중에 발생하는 여러 문제를 다룬다. 주로, 시장이나 정부가 해결책을 제시하지 못하거나 이들이 시행하면 실패할 수 있는 해결책을 제시한다.

⑥ 소셜벤처기업가 혹은 사회적 기업가는 창조적이고 혁신적으로 문제에 대한 새로운 해결책을 찾아야 하며 사업을 지속할 수 있는 수익원을 만들어내야 한다.

4) 사회적 기업의 유형과 목적

(1) 사회서비스제공형

① 신청기업으로부터 사회서비스를 제공받은 사람 중 취약계층의 비율이 30% 이상이어야 한다.

② 전체 사회서비스 제공내역(인원, 시간, 횟수 등)을 확인하고 그 중 취약계층서비스 수혜자의 취약계층 여부를 확인한다.

③ 신청기업은 사업의 특성에 따라 인원, 시간, 횟수 등의 일관된 증빙단위로 실적을 제출해야 한다(사회서비스 실적 인정 기준).

④ 사회서비스의 전체 수혜자 중 취약계층의 비율은 취약계층에게 제공한 사회서비스 실적 전부를 기준으로 판단한다.

⑤ 사회서비스 실적의 판단기준은 사업의 특성에 따라 제공(연)인원, 제공시간, 제공횟수 등으로 산정할 수 있다.

⑥ 취약계층 사회서비스제공형 사회적협동조합은 사회적 목적 실현 기준을 충족한 것으로 인정하되(사회적협동조합 설립인가증 및 정관 확인), 그 여부는 현장실사 시 확인한다.

(2) 일자리제공형

① 신청기업의 전체 근로자 중 취약계층의 비율이 30% 이상이어야 한다.

② 전체 근로자 수가 3인 이상(대표자의 배우자, 대표자 또는 배우자의 직계존비속, 임원은 제외)이어야 한다.

③ 괜찮은 일자리를 최저임금 이상 지급, 주 15시간 이상 근무, 기간의 정함이 없는 근로계약체결 여부로 판단한다.

④ '취업애로계층'의 경우, 괜찮은 일자리 형태로 근무가 불가할 경우에는 위원회 심의를 통해 인증 여부를 결정한다.

⑤ 의무 고용비율(30%)에 해당하는 취약계층에 대하여는 반드시 괜찮은 일자리를 제공하여야 하고, 그 외 취약계층 근로자에 대한 괜찮은 일자리제공 여부는 구체적인 사업내용과 사례 등을 참조하여 위원회에서 판단한다.

⑥ 신청기업의 사업내용이 비정규직(파견, 용역, 일용, 계약직, 기간제, 시간제 등) 고용이 불가피한 경우에는 위원회 심의를 통해 인증 여부를 결정한다.

⑦ 괜찮은 일자리 제공 실적 이외 기타 근로조건 개선 노력, 지역사회 공헌활동 등을 종합적으로 확인한다. 신청기업 사업방식(OEM 등)의 적정성 여부도 위원회 심의를 통해 판단한다.

(3) 지역사회공헌형

① 지역의 인적·물적 자원을 활용하여 지역주민의 소득과 일자리를 늘림으로써 지역사회에 공헌한다고 인정되는 경우 신청기업의 전체 근로자 중 해당 지역에 거주하는 취약계층의 비율이 20% 이상이거나 사회서비스 수혜자 중 해당 지역 취약계층의 비율이 20% 이상이어야 한다.

② 지역의 빈곤, 소외, 범죄 등 다양한 사회문제를 해결하는 경우 해당 부분의 수입 또는 지출이 전체 수입 또는 지출의 40% 이상이어야 한다.

③ 지역사회에 사회서비스 또는 일자리를 제공하거나 지역주민의 삶의 질을 높이는 등 사회적 목적을 우선적으로 추구하는 조직에 대하여 컨설팅, 마케팅, 자금 등을 지원하는 경우 해당 부분의 수입 또는 지출

이 전체 수입 또는 지출의 40% 이상이어야 한다.

④ '지역'은 고용노동부장관이 정책심의회 심의를 거쳐 사회적 기업에 의한 지역사회 공헌이 필요하다고 인정하는 지역을 말한다(사회적 기업 육성법 시행령 제9조). 사회적 기업육성전문위원회에서 지역사회공헌형 사회적 기업으로 심의 의결한 경우에는 고용노동부장관이 정책심의회 심의를 거쳐 사회적 기업에 의한 지역사회공헌이 필요하다고 인정한 지역으로 본다.

⑤ 해당 지역에서 생산되는 물품을 구매하거나 지역 내 프로보노 활동, 지역축제참여 등 다양한 방식으로 지역자원 연계활동이 가능하다.

⑥ 근로자 중 취약계층(의무고용비율 20%)에게는 괜찮은 일자리를 제공한다.

⑦ 사회서비스 실적 인정 기준은 '사회서비스제공형'과 동일하게 적용한다.

⑧ 지역사업형 사회적협동조합과 행정안전부 지정 마을기업은 지역 취약계층 고용비율(20%) 또는 사회서비스 제공비율(20%)을 충족하면 이 유형으로 인정한다(사회적협동조합 설립인가증 및 정관, 마을기업 지정서 확인).

(4) 혼합형

① 조직의 주된 목적이 취약계층 일자리 제공과 사회서비스 제공에 함께 있으므로, 취약계층의 고용비율과 취약계층 사회서비스 수혜자 비율이 각각 20% 이상을 충족해야 한다.

② 근로자 중 취약계층(의무고용비율 20%)에게는 괜찮은 일자리를 제공해야 한다.

③ 사회서비스 실적 인정 기준은 '사회서비스제공형'과 동일하게 적용한다.

(5) 기타(창의·혁신)형

① 사업의 특성상 사회적 목적의 실현 여부를 요건에 따라 판단하기 곤란한 경우에 해당하며, 사회적 기업육성전문위원회에서 사회적 목적의 실현 여부를 판단한다.

② 조직의 설립취지, 조직이 해결하고자 하는 사회문제와 그 문제를 해결하는 방식, 취약계층 참여 및 지원정도, 지역사회기여 및 공헌도, 참여자·수혜자에 대한 복지프로그램 구비 여부 등을 종합하여 판단한다.

③ 사회적 목적 실현(취약계층 고용, 사회서비스 제공 등)에 대한 계량화가 가능한 사업을 영위하는 기업이 기타(창의·혁신)형으로 신청하는 경우 인정하지 않는다.

④ 기업의 주된 활동 이외의 실적 및 사회공헌 활동(지역사회기부 등)은 사회적 목적 실현 실적에 해당하지 않는다.

참고문헌

- 지식백과, 두산백과
- 시사상식사전, pmg 지식엔진연구소
- 위키백과, 협동조합

저자소개

이상은 LEE SANG EUN

학력

- 세종대학교 산업경영대학원 경영학 석사(졸업)
- 대전대학교 일반대학원 경영컨설팅학 박사(재학)

경력

- 울산테크노파크 기술닥터
- 제주소상공인경영지원센터 멘토
- 전북경제통상진흥원 멘토 및 창업컨설턴트
- (재)장애인기업종합지원센터 창업컨설턴트
- 서울시 자영업지원센터 업종닥터(사업정리)
- 중소기업유통센터 마케팅전문위원
- 인천시사회적경제지원센터 사회적경제기업멘토
- 한국어촌어항공단 친환경양식컨설턴트
- 충청남도경제진흥원 기업지원전문위원
- 경기도시장상권진흥원 시설경영현대화컨설턴트

- 경기도일자리재단 협동조합설립 및 경영지원단
- 중소벤처기업부 제조바우처 재기컨설팅
- 한국데이터산업진흥원 자격시험감독관
- 경북콘텐츠진흥원 스타트업 엑셀러레이팅평가위원
- 신용보증재단중앙회 재기지원컨설턴트
- 중소기업기술정보진흥원 기술평가위원
- 한국데이터산업진흥원 외부평가위원
- 울산신용보증재단 사업정리 및 멘토링
- 소상공인시장진흥공단 전통시장화재공제상담사
- 제주신용보증재단 소상공인 상시종합컨설팅
- 경남신용보증재단 사업타당성검토, 점포운영컨설팅
- 경기도시장상권진흥원 자영업서포터즈
- 한국컨설턴트사관학교 NCS기반 전문면접관
- 소상공인시장진흥공단 사업정리컨설턴트

자격

- 행정사(일반)
- 창업지도사 1급
- 협동조합코칭컨설턴트
- 사회적 기업컨설턴트
- 심리상담사 1급
- 기술창업지도사
- 기술평가사

저서

- 『2020 소상공인 컨설팅』, 렛츠북, 2020. 공저
- 『재취업전직지원서비스 효과적 모델』, 렛츠북, 2020. 공저
- 『미래 유망 자격증』, 렛츠북, 2020. 공저

23

마켓5.0 시대 환경과 지속성장은 이제 필수불가분의 관계다

이준호

코로나19로 우리가 처음 마주한 세계의 혼선과 가속화는 역사 이래 갑절이 되었다. 기존의 굴뚝산업을 필두로 하는 산업군의 메이저기업들은 너나 할 것 없이 ESG 지속가능경영을 선택하고 수행하며 평가해 가는 문화를 자발적으로 창출해가면서 스타트업들 중에서 ESG의 화두로 환경의 테마를 선두에 두고 새로운 투자기준으로 설정해가며 급부상하는 추세다.

1. 마켓의 패러다임의 전환시대에 ESG는 무엇인가?

기후변화로 인한 환경보존에 앞서고 탄소배출을 줄이는 것에 기업들도 동참하는 것이 주목적이다. 사회 및 지역에 이바지하는 기업과 한 기업의 지배구조가 얼마나 투명한지까지 평가하는 방식의 신 경영법이라고 할 수 있다.

요즘 기업 뉴스들을 보면 ESG마케팅을 직접 전개하거나 ESG스타트업 공모전을 통해 후원하거나 ESG경영추진위원회 출범 등의 지속가능경영 강화의 ESG마케팅의 테마로 마켓의 페러다임의 전환이 가속화되고 있다.

트렌드를 넘어 메가트렌드로 자리매김하여가고 있다고 해도 과언이 아니다. 기업들이 지구환경을 보호하는 일선에 포지셔닝하지 않는 기업들은 앞으로 기업의 생존을 담보하지 못하는 시대가 될지도 모를 일이다.

고객들은 CSR마케팅을 투명하고 진정성 있게 실천해가는 기업들의 브랜드제품이나 서비스를 선호한다.

2. 2021 P4G 서울 녹색미래정상회의는 ESG 신경영기법이 정착되어야 하는 이유를 제시

5월 31일 문재인 대통령은 "화석연료에 의존할 수밖에 없는 개발도상국에게는 탄소중립의 길이 매우 어렵다."며 "선진국들이 지원을 늘려 개발도상국의 부담을 함께 나눠야 한다."고 말했다.

기업들이 선택하고 직간접적으로 우수하고 차별화된 ESG마케팅 사례들을 창출해가며 사회에 탄소배출을 줄이는 친환경적인 산업으로 혁신 육성해가는 거에 일조하여 온실가스 감축은 해운과 선박, 항공기산업 나아가 교통수단과 공장, 빌딩 등 전 산업군에서 이용되는 모든 탄소배출을 줄이기 위한 기업들의 ESG 신경영들을 필수적으로 선택하는 기업들이 한국의 그린뉴딜국가 역점사업에도 부합한다고 할 수 있다.

3. 5대 시중은행 주요 ESG 전략방향 엿보기

1) 환경전략

△ 적도원칙(Equator Principles) 가입 및 추진
△ 탈석탄금융 선언 및 친환경투자대출 확대
△ ESG채권발행 및 친환경상품 확대
△ 전 은행 차원 친환경 캠페인 추진

2) 사회 측면

△ 중소기업, 소상공인대출 및 지원 확대
△ 사회적 기업, 스타트업 및 예비창업자지원
△ 취약계층지원 등 포용금융확대
△ 사회공헌활동 추진

3) 지배구조 측면

△ 지배구조 독립성 강화 및 투명성 제고
△ ESG경영평가체계 구축

ESG 전략방향들에 대해 이처럼 직접적으로 제시하고 ESG지원과 캠

페인을 해간다는 것은 기존의 기업가치평가에서 가장 의미 있게 진행하던 CSR경영을 뛰어넘는 이슈가 아닌가 싶다.

기업들의 기업 미션, 철학, 사업지향점, 경영전략 모든 측면이 빠르게 ESG로 가속화되어 기업들의 신경영기법으로 정착될 것으로 예상한다.

4. 기업들에 ESG마케팅의 행동주의가 일어나는 이유 3가지

첫째, 내부로부터 자발적인 추진을 하기 시작했다. 직장 내 기업 행동주의를 이끄는 X세대와 Y세대들의 지구환경의 중요성과 탄소배출과 기후위기들의 심각성을 인식하고 환경, 사회, 투명한 지배구조의 가치 중심으로 기업경영의 의사결정을 내려가고 있다.

둘째, 새로운 위생요인의 급부상이다. 기업의 도덕적 행동에 대한 고객의 높아진 관심도 한몫한다. 대표적인 것들이 직장인들이 가장 많이 사용하는 아메리카노 테이크아웃 잔인 플라스틱 커피잔 대신 머그잔 사용이 증가하고 있다는 점이다.

셋째, 지속가능한 성장의 필요성이 위드코로나시대가 되면서 생존을 넘어 공존의 가치로 더욱 증대되고 있다. 사회에 대한 재투자가 열어

주는 새로운 성장의 기회를 발견하고 발굴하기 위해 스타트업을 후원, 투자하는 대기업들이 늘고 있다.

지구환경문제, 사회불균형의 양극화 문제, 기업의 지속가능한 성장의 여부 문제 등 위드코로나시대가 되면서 디지털 트렌스포매이션과 더불어 ESG 신경영의 바람이 가속화되고 있다.

5. 사회공헌의 새로운 트렌드 ESG마케팅

역사적으로 보면 환경경영은 18세기 산업혁명 초기부터 중요한 문제로 인식되었고 4차 산업시대가 된 2021년 더는 미룰 수 없는 전 세계의 공통 이슈인 탄소배출량 줄이기의 실천을 통한 지구환경 지키기는 전 지구인이 함께 실천하지 않으면 안 되는 전 지구인의 공통문제 인식 화두이다.

환경이라는 키워드를 빼놓고는 비즈니스를 전개하기가 힘든 세계 탄소세부터 나라별 환경법 나아가 기업들의 ESG 지원과 캠페인 그리고 실질적인 투명한 환경문제 해결을 위한 실천이 필요한 지금이다.

의식이 깨어있는 기업의 신세대 CEO들일수록 그 어떤 사회문제보다 환경문제를 1순위로 놓고 기업을 경영하며 세계적으로 사랑받는 기업들의 우수한 사례들도 나타나기 시작했다.

글로벌리서치기관 글로브스캔(GlobeScan)과 지속가능성 솔루션 연구기업 서스테인어빌리티(SustainAbility)는 매년 71개국의 기업, 정부, NGO 및 학계를 대표하는 700명 이상의 전문가에게 지속가능성을 비즈니스 전략에 통합하는 데 앞장서거나 지속가능한 개발 의제의 발전에 가장 크게 이바지한 기업에 대한 리서치를 진행하고 있다.

1위인 유니레버는 2010년에 회사의 경영전략과 지속가능전략을 결합한 것을 통해 ESG를 기업의 모든 활동에 내재화하고 있는 회사다. 올해는 특히 유니레버의 코로나19 대응이 또 한 번 주목받았다.

세계 최대의 비누회사인 유니레버는 코로나19 발생 이전에도 제3세계 아동의 조기 사망과 질병을 예방하기 위해 손 씻기 캠페인을 적극적으로 펼쳐왔다. 그러던 중 코로나19가 발생했고 유니레버는 즉각 손 씻기 캠페인을 함께 진행하던 제3세계 아동단체에 1억 유로가 넘는 비누 수백만 개와 유니레버의 식품을 무상으로 공급하기 시작했고 현재까지 그 양은 점점 더 늘어가고 있다.

2위인 파타고니아는 2018년에 기업의 미션을 "우리는 우리의 집인 지구를 지키기 위해 비즈니스를 한다."라고 고칠 만큼 비즈니스 자체를 통해 환경과 사회문제를 해결하기 위해 전투적으로 노력하는 회사다.

파타고니아가 속한 의류산업은 석유화학산업에 이어 두 번째로 환경오염을 많이 유발하는 산업이다. 그동안 파타고니아는 자신들이 만드는 제품이 환경에 미치는 영향을 줄이기 위해 큰 노력을 해왔으며, 특히, 폐플라스틱을 재활용한 섬유를 사용하는 등 폐기물을 활용한 의류생산을 1990년대부터 꾸준히 해왔다. 파타고니아는 2025년까지 모든 의류를 재활용한 재료 또는 재생 가능한 재료로 만든다는 목표를 세우고 실천해나가고 있다.

이들 기업의 공통점은 기업이 직접 환경적인 테마 중심의 기업철학과 가치 그리고 ESG캠페인을 기업경영이나 마케팅에 직접 적용하여 고객들로부터 사랑과 존경을 받는 것까지 창출해내는 우수한 ESG마케팅 사례라는 점이다.

ESG는 환경문제에 의식 있는 고객들이 요구하고 고객들이 실천하고 고객들이 평가해가는 문화정착이 되어간다면 승산이 있는 게임이다.

6. 성숙한 CEO가 환경문제, 사회공헌, 윤리경영 통해 ESG트렌드를 선도한다

성숙한 CEO가 선도해가는 진정성 있는 기업의 신경영기법의 뉴 지향점인 ESG트렌드를 선도해가며 2021년 마켓의 중심에서 선도하기 시작했다.

 ESG경영의 핵심은 기존의 CSR, CSV 그 이상의 지구와 사람의 물러설 수 없는 최상의 공존가치와 의미를 지닌다. 우수한 기업평판을 얻기 위해 기업들이 CSR을 정립하고 각 기업만의 CSR사례 중심으로 좋은 기업의 이미지를 기업평판으로 이슈메이킹을 해왔다면 이제는 새로운 기업들의 지향점 격인 ESG(환경보호, 사회공헌, 윤리경영)라는 기업의 평가지표에 부합하는 ESG경영을 하는 기업들이 신인류들인 MZ세대에게 존경받는 기업으로 자리매김하며 지속가능한 기업으로 주목을 받는 시대로 진입하였다.

 ESG는 환경(Environmental), 사회(Social), 지배구조(Governance)의 약칭으로 기업의 비재무적 성과를 판단하는 기준으로 활용되고 있다. 환경은 기후변화영향, 사업장 환경오염물질 저감, 친환경제품 개발과 같은 요소가 포함되며, 사회의 경우 인적자원관리, 산업안전, 하도급 거래, 제품과 서비스의 안전성, 공정경쟁 등이 있다. 마지막으로 지배구조는 주주권리, 이사회 구성과 활동, 감사제도, 배당과 같은 요소가 이에 해당한다.

 ESG와 비슷한 개념으로는 기업의 사회적 책임(Corporate Social Responsibility), 지속가능성(Sustainability), 공유가치창출(Created Social Value), 기업 시민의식(Corporate Citizenship), 지속가능한 발전(Sustainable Development) 등이 다양하게 존재한다.

전 세계 모든 나라와 글로벌기업들이 가장 중요하게 생각하는 기후변화, 탄소배출, 환경문제 등으로 예상치 못했던 각종 재난, 재해, 전염병들의 빈도가 증가하면서 지구인들이라면 누구나 관심 있게 실천해가야 하는 이상적인 신경영의 새로운 지표로 비재무적 성과지표인 ESG가 천명되고 앞다투어 기업의 뉴 비전으로 선포하여 실천하는 나라들과 기업들이 증가하는 추세다.

7. 비재무적 성과지표의 가치중요성으로 급부상한 ESG트렌드 엿보기

1) 미국: 금융과 ESG의 활발한 결합

△ 세계 3대 신용평가사의 기업평가에 ESG리스크 반영 선언(2017)
△ 투자사 블랙록(Black Rock), 화석연료 매출이 25% 이상 기업 투자 제외 선언(2020)
△ 투자사 SSGA, ESG 기준 미달 투자사에 개선요구 메일(2020)
△ 바이든 대통령 파리기후협약 재가입(2021)

2) EU: 전 세계 ESG트렌드 선도

△ 500인 이상 기업의 ESG정보공개 의무화(2017)

△ EU 2021년 7월부터 일회용 플라스틱제품 사용금지

△ EU 택소노미(Taxonomy) 2022년부터 공식적용예정

3) 한국: ESG의 제도권 편입 가속화

△ 국민연금, 스튜어드십코드 도입 및 ESG 감안 기업경영참여 천명 (2018)

△ 법무부, 기업인권경영 표준지침안 개발 및 의견 수렴(2019)

△ 한국거래소, 상장 시 ESG공시 의무화계획 발표

△ P4G 개최(2021.5.)

△ 문재인 대통령 G7 정상회의에서 '2050 탄소중립' 달성 선포 (2021.6.)

△ 유엔무역개발회의(UNCTAD)가 한국의 지위를 개발도상국에서 선진국으로 격상(2021.6.)

선진국이 된 한국은 그 어떤 나라보다도 ESG워싱의 중장기 전략을 국가적으로 입안하고 세계의 기후변화, 환경문제의 중요성과 지구온난화의 피해를 줄이기 위한 모범국가가 되기 위해 국가, 금융, 기업, NGO, ESG소비자 등 이해관계자들의 올바른 ESG가치의 중요성을 재인식하고 선진국의 성숙한 친환경비즈니스 리더십을 발휘하는 것에 초점을 두고 뉴그린정책 입안과 각 기관의 정체성에 부합하는 ESG경영 정책의 입안과 ESG위원회와 담당 부서를 신설해나가며 국민연금, 각 은행, 대기업, 글로벌기업들 중심으로 신경영의 진정성 있는 지표를 선

도해가고 있다.

대한상공회의소 최태원 회장의 ESG리더십은 한국을 대표하고 있고, SK그룹 전체적인 신경영 문화로 정착하고 있다. 성숙한 CEO로 존경받고 있는 최태원 회장 같은 경우 반도체산업부터 통신산업의 중심에서 ESG의 중요성을 인식하고 글로벌 ESG평가지표에 준한 기업경영과 ESG 관련 스타트업 지원까지 전방위적인 측면에서 관여하며 한국의 ESG경영의 중요성을 강조하고 한국 나아가 세계기업인들에게도 본보기가 되는 발 빠른 실천적 태도로 모범을 보인다.

8. 왜 CSR마케팅보다 ESG마케팅이 중요한가?

1) 친환경적인 기업가정신

CSR기업의 이윤창출이 사회에 이바지하는 부가적인 활동이었다면 ESG는 친환경적인 기업가 정신의 트렌드에 입각한 기업활동 전반에 친환경, 친사회적 책임, 지배구조 혁신 등을 새롭게 도입, 지속가능한 발전 도모의 의미와 목적이 있기 때문이다.

2) 실행 범주와 방법

CSR은 기업과 직원들이 기부, 봉사 및 사회공헌 프로그램 등을 운영하며 사회적 가치실현을 실행했다면 ESG는 탄소배출, 지구온난화, 재생에너지 사용, 기후변화, 미세먼지, 미세플라스틱, 해양오염, 토지오염, 플라스틱 쓰레기문제 등의 원류라 할 수 있는 탄소배출 제로(Zero)에 초점을 두어 기업경영, 재무활동, 투자자와 이사회, 시민 등의 이해관계자들과의 공동체적인 ESG요소 전반을 연동하여 직간접적으로 ESG평가지표에 부합하는 실행을 한다.

3) 단기적 효과

CSR은 소비자, NGO, 임직원 등에 긍정적 이미지 부여를 통해 충성도 및 기업 이미지 상승을 통해 마케팅 효과적인 측면에서 브랜드 인지도 상승효과를 가져왔다면 ESG는 전 세계의 탄소중립전략의 선입안과 기후변화에 선제로 대응하고 글로벌기업들의 저탄소 전략의 입안을 통해 주주, 잠재적 투자자, 투자매체, ESG소비자, 시민 등에 성숙하고 진정성 있는 영향을 준다. 특히 ESG평가지표에 따라 기업들이 평가받는 시대가 되었기에 투명하고 윤리적인 기업경영을 통해 지속가능한 기업으로의 우수한 기업평판을 받는 중장기적 시너지효과로 이어진다.

4) 장기적 효과

CSR은 기업의 브랜드 인지도 향상에 도움을 주고 매출증대에 이바지하지만 ESG는 중장기적으로 기업의 재무 안정성으로 이어진다. 기업의 수익성과 사회공헌 모두를 아우르는 성숙한 윤리경영의 문화가 정착되기 때문에 전 세계적으로 투자자, 잠재적 투자자, 시민, 고객들에게 충성고객을 넘어 사랑과 존경까지 받는 시너지효과가 있다.

성숙한 CEO는 친환경 기업가정신의 재입안과 재무장으로 지구를 살리는 환경파수꾼으로 친환경기업, 착한기업 문화를 선도하고 트렌드를 리드해가고 있다.

특히 ESG 밸류업을 시키기 위한 핵심키워드 중심의 만다라트기법으로 분석을 해보면 다음과 같다.

9. ESG평가 핵심지표를 지향점으로 기업이 진화하고 있는가?

한국기업지배구조원에서는 환경보호, 사회공헌, 지배구조&윤리경영의 ESG평가지표를 선정하여 공유하기 시작했다. 한국형 ESG평가지표를 지향점과 기업들의 산업별, 카테고리별 큰 틀에서 환경보호를 위한 활동캠페인, 프로그램운영, 교육, 펀딩, 마케팅전개 등을 ESG 트랜스포메이션해간다면 단순히 매출과 이익 중심의 성장기업이 아니라 지구 살리기 환경보호와 탄소배출제로에 지구환경적 모범을 보이며 세계인들에게 존경과 사랑을 한몸에 받는 기업이 될 것이다.

1) 환경보호

환경보호에는 환경경영인증, 환경정보공개, 국제이니셔티브(CCP 참여, UNGC 참여), 환경경영조직, 환경교육, 환경성과평가, 온실가스 배출량, 에너지 사용량, 유해화학물질 배출량, 용수 사용량·제어용량, 폐기물 배출량·재활용량 등이 주요평가지표이다.

2) 사회공헌

사회공헌에는 기간제근로자 비중(1%로 산업평균 미만), 인권보호 프로그램 운영, 여성근로자 비중(15%로 산업평균 초과), 협력사 지원, 공정거래 프로그램, 부패방지 프로그램, 제품 및 서비스 안정성 인증, 사회공헌 지출액(매출액 대비 0.23%로 산업평균 초과) 등이 주요평가지표이다.

3) 지배구조&윤리경영

지배구조와 윤리경영에는 주주총회, 배당(배당성향 47%), 기업지부구조 공사(CoE), 이사회 독립성(사외이사 비율 55%), 이사회 운영실적(1년간 10회), 이사회 내 전문위원회, 감사기구(감사위원회 내 사외이사 67%), 감사위원회 운영(1년간 4회), 외부감사인 독립성, ESG등급 공개 등이 주요평가지표이다.

특히 한국의 ESG투자문화를 선도해가고 있는 국민연금공단과 각 은행권의 ESG운영 정책안들과 ESG마케팅활동을 기준으로 스타트업들도 ESG 지향의 친환경적인 기업가정신의 입안으로 창업과 사업을 시작한다면 사업 초기부터 이해관계자들 모두에게 주목받는 비즈니스모델로 지속 성장해가는 데 많은 도움이 될 것이다.

10. ESG산업과 스타트업 투자초점으로 파이를 키워가는 시대

기업의 존재 이유의 초점이 바뀌기 시작했다. 기업은 왜 존재하는가? 이윤창출을 위해 기업은 존재한다는 관점에서 '기업은 누구를 위해 존재하는가?'의 화답을 얻고자 기업의 비재무적인 요소들에서 기업의 존재 이유와 기업의 목적을 묻기 시작했다.

성숙한 CEO가 입안한 친환경적인 기업가정신의 재정립 아래 기업들은 친환경기업, 착한 기업, 지구를 살리는 기업이 되기 위해 비저너리를 재구축하고 글로벌기업의 그룹들은 고군분투하며 앞으로 국가들이 규제화해갈 ESG평가지표에 준한 비즈니스모델 발굴, 기업의 혁신, 신사업발굴, ESG 스타트업 대상의 펀딩까지 ESG를 주창하는 기업들은 발 빠르게 선도해가고 실행해나가고 있다.

코로나19로 ESG의 의미와 가치, 반드시 해야만 하는 '누구를 위해 존재하는가?'에 대한 화답을 해나가며 솔선수범을 해나가고 있다.

　ESG를 지향하고 선도해가는 기업들의 특성은 건강한 기업이 건강한 사회를 만드는 데 도움을 준다는 인식과 기업과 사회는 서로를 적대자가 아닌 파트로 봐야 한다고 인식하기 시작했다는 것이다. 또한, 이윤이 남으면 사회공헌에 매출의 0.23% 수준으로 재투자하고 임직원들과 지역사회봉사를 하면 되는 식의 1차원적인 가치관에서 탈피하여 중장기적인 사회적 목표를 동인으로 삼는 기업에 더 좋다는 자각에 기반한 ESG 행동의 양상을 띠고 있다.

11. 사회적 편익과 사회적 비용으로 시장규모를 키워가는 리더기업들 엿보기

　탄소중립 100% 달성연도를 지정하고 선포라는 글로벌기업들이 점점 늘고 있다. 경영패러다임의 대전환과 모범사례로 선도해가고 있다고 해도 과언이 아니다.

　기업의 CEO, 투자자, 주주, 시민들 등의 이해관계자들이 ESG를 어떻게 바라보고 있고 어떻게 ESG소비를 해나가고 있는지 알면 기존의 기업들이 어떻게 ESG기업으로 진화하고 스타트업들은 어떤 ESG 관련 뉴비즈니스 모델을 발굴하면 되는지 짐작해낼 수 있다.

한국의 금융권들은 스타트업 육성에 꽂힌 상태라고 해도 과언이 아닙니다. 각각의 금융사들별 육성프로그램과 육성기업의 현황과 누적 투자규모를 보면 ESG · 마중물 투자에 얼마나 관심이 많은지 알 수가 있다.

1) KB금융지주

KB이노베이션허브의 육성기업은 133개사고 누적 투자규모는 600억 원 규모다.

2) 신한금융지주

신한퓨처스랩의 육성기업은 250개사고 누적 투자규모는 360억 원 규모다.

3) 하나금융지주

원크애자일랩의 육성기업은 113개사고 자체집계는 안 하고 있다.

4) 우리금융지주

디노랩의 육성기업은 54개사고 누적 투자규모는 452억 원 규모다.

5) IBK기업은행

IBK창공의 육성기업은 307개사고 누적 투자규모는 1,875억 원 규모다.

ESG경영의 도입은 기업의 진정성, 투명성, 공정성 강화를 시민과 고객들에게 약속하는 것이다. 예전의 단순 CSR을 형식으로 하는 것과는 차원이 다른 부분들이다.

ESG가 강력한 것은 전 세계 국가들이 동의하기 시작했고 탄소배출 제로를 글로벌기업들이 시점을 집어 먼저 선포하고 앞장서 ESG 전담부서, 전담인력, 책임감 있는 자체 ESG지표발표 등을 선도해가고 있기 때문이다.

12. 무분별하게 버려지는 플라스틱 커피 컵, 올바른 분리배출로 시민의식 선도하는 스타트기업 이노버스의 '쓰샘'

출처: (주)이노버스 장진혁 CEO가 개발한 쓰샘 Ver.4

'쓰샘(쓰레기 선생님)'을 개발한 ESG스타트업 이노버스는 커피산업의 발전으로 일자리가 창출되는 '순기능'적인 산업발전의 이면에 플라스틱 컵이 가장 많이 양산하게 되어 해양오염, 토지오염, 미세플라스틱의 인체역습까지 위협을 주고 있는 친환경적이지 못한 '역기능'적인 측면에서의 사회문제의 발견과 솔루션을 제시하는 스타트업이다.

커피숍 매장에서 빨대를 사용하는 대신 머그잔을 권장하지만 시민들과 고객들은 여전히 플라스틱 커피 컵을 사용한다. 2018년 기준 현대경제연구원의 분석을 보면 한국의 성인 1인당 연간 커피 소비량을 보면 세계평균 132잔보다 많은 353잔의 커피를 마신다고 한다. 이에 79% 이상이 플라스틱 일회용 커피 컵을 사용한다고만 해도 플라스틱 커피 컵의 양은 계산조차 서지 않는 것이 현실이다. 무엇보다 일회용 컵 재활용률은 5%도 안 되는 실정이다.

전국의 커피 프랜차이즈 매장에서 발생되는 플라스틱 커피 컵들을 환경부 분리배출 4대 원칙에 따라 처리하고, IoT기술을 적용하여 적재량 모니터링을 통해 수거한 뒤 재활용산업과 연계되어 자원으로 되돌린다. 재활용이 된다면 플라스틱 컵을 소비하는 기업 및 기관에서는 탄소배출 솔루션으로써 ESG경영하는 것에 한 걸음 다가서게 될 것이고 해당 장소를 찾는 시민들과 임직원들은 사용자 시민의식이 향상되고 지역사회를 거점으로 플라스틱 재생산업을 선도하는 사회적 기업들에도 경제적인 효익을 줄 수 있다. 플라스틱 쓰레기를 재활용하는 문화정착으로 이어져 ESG 스타트업, ESG 문화정착의 혁신사례로 자리매김 될 것으로 보인다.

이노버스의 '친환경 IoT 플라스틱 컵 세척 분리수거기-쓰샘'은 중장기적으로 친환경커피 프랜차이즈 매장과 공공장소 및 건물들의 그린스마트시티 문화를 선도하고 정착해가며 시민의식을 끌어올려 주는 우수한 스타트업 사례라고 할 수 있다.

13. ESG기업들의 지속가능경영을 위한 팁

1) ESG는 전 지구적, 산업적, 지향점적인 평가지표로 국가와 기업들을 견인하기 시작했다

첫째, ESG의 전 세계적인 선포로 인해 친환경기업으로의 혁신과 진화는 더 이상 선택 아닌 필수가 되었다.

둘째, 금융은 신패러다임으로 ESG소비자 보호 및 스타트업투자를 통해 금융기업들의 사회적 책임들이 진화하기 시작했다.

셋째, 지배구조와 윤리경영의 개선은 모든 산업과 기업들의 파이를 키워나가는 새로운 기회로 ESG는 강력한 전 지구적 표준이 되어가고 있다.

2) 비재무적인 측면에서의 사회공헌(S)은 기업의 평판을 좌우하는 가장 큰 범주의 영역이다

사회공헌이라는 것은 외부적인 기부, 프로그램 운영, 봉사도 중요하지만 선행돼야 할 것은 기업 내부 직원들이고 1차 고객들이며 사회구성원의 또 다른 시민들인 직원들의 경제적, 정신적, 문화적, 환경적 복지 모두에서 지배구조의 진정성과 투명성 나아가 윤리경영을 통한 올바른 ESG 기업문화의 새로운 정립과 정착을 선도해나갈 때 입사하고 싶고 퇴사 후에도 자부심을 가지며 친환경적인 사회가치실현과 지속적인 이윤창출을 통해 △고용 및 근로조건, 노사관계, 직장 내 안전 및 보건, 인력개발 및 지원, 직장 내 기본권 등 근로자에 대한 부분 △공정거래, 부패방지, 사회적 책임 촉진 등 협력사 및 경쟁사에 대한 부분 △소비자에 대한 공정거래, 소비자안전, 소비자 개인정보보호 등 소비자에 대한 부분 △지역사회참여 및 사회공헌, 지역사회와의 소통 등 지역사회 부분이다.

이런 기업경영적인 측면에서의 중요성도 부각이 되고 있지만 △직장 내의 갑질문화, △직장 내 성희롱과 성폭행, △CEO들의 부정적인 평판들이 ESG경영의 발목을 잡는 후진국형 사례들이 증가해가고 있는 실정이다. 이런 부분들에서 성숙하고 인격적인 CEO들과 ESG전담자들이 ESG의 가치, 인식교육을 체계적으로 받고 ESG경영으로 지속가능한 기업으로 거듭나는 것에 일조해가는 것이 반드시 필요한 사회가 되었다.

1,000명 이상의 대기업, 공기업, 공공기관 등을 중심으로 선행되고 있는 전직 및 재취업지원 프로그램 운영도 총체적으로 보면 사회공헌(S)의 측면이 강하다.

ESG소비를 선도하고 있고 기업의 새로운 조직문화를 선도해가고 있는 MZ세대들의 특징을 선이해하고 지배구조&윤리경영(G) 부분을 새롭게 혁신 적용해간다면 CSR+환경+지속가능경영의 확장판으로 시작된 ESG기업들의 지속가능경영이 한층 더 고도화되고 안정화 될 것이다.

MZ세대들의 특징을 보면 워라밸(워크 라이프 밸런스) 중시, 회사에 보장요구, 조직보다 개인이익우선, 개인의 개성존중요구, 자유롭고 수평적 문화 요구, 공평한 기회 중시, 명확한 업무지시와 피드백, 개인성장 지원 요구 등의 특징을 보이는 것이 현실이다.

MZ세대들의 ESG가치관에 부합하는 조직문화 혁신을 통한 지배구조 혁신과 강화 나아가 윤리경영을 하며 직원들과 수평적인 소통을 해나가는 성숙한 CEO들이 사회에서 존경받고 평판이 좋은 리더로 거듭날 수 있을 것이다. 또한, 전반적인 ESG경영의 가치관을 선이해하고 있는 스타트업의 젊은 CEO들에게 투자자들도 몰릴 것이다.

단순히 옳은 기업 비즈니스를 하자는 것이 아니다. 기업의 생존문제이고 전 지구적인 공존의 문제다. 더 이상 머뭇거리는 기업은 ESG경영의 시대에 발맞춰 가지 못한다면 지금부터 시작되는 미래의 기회는 찾아보기 힘들 것이다. 이미 와버린 ESG경영시대 ESG 벨류업을 시도하고 기업의 조직문화로 정착시켜나가며 기업이 속한 산업과 카테고리를 선도해나가는 ESG 실천기업이 전 지구적인 평판에서 경쟁우위와 가치투자의 대상이 될 것이다. 지금부터는 ESG경영에 해답이 숨어 있다. ESG, 지금부터 시작하자.

저자소개

이준호 LEE JUN HO

경력

- (현)MIR마케팅혁신연구소 소장
- (현)24H러닝스터디카페-카페큐브, 디큐브랩 CEO
- (현)창직가 활동 : Synergy Planner, IMC마케팅컨설케이터,
- 최고시너지경영자(CSO, Chief Synergy Officer) 사외이사
- (현)디큐브아카데미, (주)비즈인사이트 CSO
- (현)디큐브N잡러센터 CSO
- (현)임팩트그룹코리아 CSO
- (현)디큐브커리어임팩트 CSO
- (현)(주)MD스터디 CSO
- (현)(주)취업뽀개기 CSO, 상무이사
- (현)비전공자들을 위한-시너지마케팅대학 CSO
- (현)미래한국 브랜드평판리포트 국장, 칼럼리스트
- (현)사단법인 아시아모델페스티벌 조직위원회 CSO 사외이사
- (현)대한민국베스트브랜드협회 브랜드선정 위원장

- (현)재능기부미디어-북쇼TV CSO
- (현)대한민국2030세대의 꿈을 응원하고 후원하는-엔젤리더드림CSR이너써클 CSO
- 한경희 생활과학, 다원물산, SBS프로덕션, 유진로봇, 특허IPDARLIN, JMW, 아리랑이온, 워터홀릭, (주)CL바이오, (주)에실드, (재)위담한방병원 외 식품, 리테일, 패션, 화장품, 유통, 제조사, 중소 및 강소기업 180여 기업 IMC 브랜드마케팅 혁신컨설팅
- 소상공인시장진흥공단 창업사관학교 3~4기 총괄멘토링
- 국제이벤트, 행사, IMC 마케팅 대행, 프로모션, 홈페이지, 쇼핑몰구, 모바일 프로젝트 등 200가지 프로젝트 진행
- 삼성전자, 신영와코루, 아모레퍼시픽, IT, 중소기업 외 120여 기업 맞춤 교수설계 및 교육진행
- NS홈쇼핑, CU, 신세계백화점, 이마트, 롯데백화점, 등 다수 300여 명 MD 실무교육
- 상명대학교, 단국대학교, 경기대학교, 명지대, 대진대 외 20여 대학 취업캠프 및 특강 교육
- 취업교육 및 커리어컨설팅(마케팅직업군, MD, BM, CM, 팀장, CMO, 창업 CEO 커리어코칭(3,000여 명, 기수별 15년 지속 중)
- 문화예술마케팅 전반 : 문화예술마케팅이란, 문화예술마케팅 전략, 뉴미디어 머케팅전략, 전략적 마케팅 기획과정
- 브랜드자산관리혁신모델(CSC BBE)개발 - 퍼스널, 프로덕트, 컴퍼니로 세분화된 브랜드 평가모델

저서

- 『마케팅 컨설케이션』, 생각나눔, 2019.
- 『신중년, N잡러가 경쟁력이다』, 브레인플랫폼, 2021. 공저

수상

- (사)한국모델협회 협회운영 및 아시아모델 페스티벌 공헌 감사패(2007)
- 제2회 국제평화언론대상 창조경제부분 최우수상(2014)
- 대한민국베스트브랜드위원회 컨설팅교육부분 베스트브랜드 대상(2014)
- 대한민국 인성교육 대상(2015)
- 대한민국 교육공헌 HRD부문 대상(2016)
- 글로벌 교육브랜드 취업, 창업, 창직분야 대상(2016)

24

CSR경영과 공급망 CSR지침

이윤한

1. CSR경영의 현황

한국경제신문(2019년 9월 29일 자 기사)이 글로벌시장 조사기업인 입소스 등과 공동으로 국내 소비자 1만 명을 대상으로 시행한 '2019 한경. 입소스. 피앰아이 기업소셜 임팩트 조사(CSIS)'에서 응답자의 82.8%는 제품 및 서비스를 구매할 때 해당 기업의 사회적 평판에 영향을 받는 다고 답했고, 87.3%는 기업평가 때 환경 등 사회적 문제를 해결하기 위한 활동을 함께 고려하는 것이 바람직하다고 응답하는 등 국내 소비자들의 인식도 많이 변하고 있다. 국내 대기업에서는 기업의 사회적 책임을 전략적 측면에서 접근하여 이의 실천과 그 성과를 위해서 노력하고 있다.

대표적으로 SK그룹 최태원 회장은 2019년 다보스포럼에서 지속가능성장을 위한 핵심전략으로 사회적 가치를 제시한 이후 각 계열사에서 구체적인 실행 추진을 하고 있고, 삼성그룹은 삼성전자 창립 50주년 행사 기념사에서 이재용 부회장이 성장을 위한 핵심전략 중 하나로 사회적 책임감을 가지고 기업시민의 역할을 하자고 주문하고 있고, 롯데그룹 신동빈 회장 또한 기업의 사회적 책임활동을 강화해서 '좋은 일 하는 기업'으로 만들자고 주창하는 등 대기업 총수들이 앞다투어 기업의 사회적 책임을 강조하고 있다.

이와 같은 국내외 기업환경변화에 대응하기 위하여 정부에서는 인적

자본이 부족한 중소기업의 지속가능경영을 위한 사회적 책임 등을 지원하고자 2016년에 사회적 책임경영 중소기업 육성 5개년 기본계획을 발표하고 3대 전략, 6대 추진과제를 선정하여 추진하고 있으나, 아직 그 효과는 미미한 현실이다.

2. 공급망 CSR의 배경과 목적

공급망 CSR은 중소벤처기업부 주관으로 추진 중인 '사회적 책임경영중소기업 육성 기본계획('17~'21)'의 하나로 대기업 공급망에 편입된 중소기업의 CSR 역량강화를 위해 개발되어 대기업과 거래하는 중소 협력사 스스로 CSR과 관련된 회사의 관리수준 및 활동현황을 점검하고, 개선과제를 구체적으로 도출하는 데 활용함을 목적으로 개발되었다.

3. 공급망 CSR의 구성

1) 공급망 CSR의 구성상의 특징

첫째, 중소기업이 현장에서 구체적으로 확인하고 개선할 수 있는 '현장성'을 가장 중요하게 반영하였다.

둘째, 국내 이해관계자들의 관심과 우리 중소기업의 '현실성'을 반영하였으며, 특히 사회적 관심이 높은 안전분야와 공정거래분야를 강조하였다.

셋째, 대상 기업들의 단순한 점수화(서열화)를 방지하고, 현장의 실제적인 '문제해결'이 가능하도록 구성하였다('예·아니오'의 간단 답변, 관리수준별 시그널(Signal) 방식).

2) 공급망 CSR의 세부구성내용

(1) 세부구성내용

자가진단 문항은 총 52개이며, 영역별로는 노동(7), 인권(7), 환경(7), 안전(22), 공정거래(3), 윤리(3), 경영시스템(3)으로 구분하였다. 본 진단표의 모든 지표는 반드시 점검하고 관리해야 하는 항목이며, 특히 국제 표준 등에서 강조하는 항목은 '중대' 항목으로 별도 구분하여 더욱 집중적인 관리활동을 강조하였다.

① CSR 자가진단표

중소 협력사 스스로 CSR 관리 수준을 점검/확인할 수 있는 자가진단 문항과 프로그램을 제공한다(별도 제공되는 '자가진단 매크로 프로그램'

을 활용하여 진단결과진행 및 진단결과 자동확인).

② 실행 가이드라인

가. CSR 자가진단 항목별 현장 개선을 위한 방향, 방법론 및 개선사례를 제공한다.

나. 협력사 스스로의 개선활동과 대기업의 협력사 지원활동에 활용할 수 있다.

3) 자가진단표 활용방안

(1) 대기업 활용방법

① 귀사와 거래하는 주요 협력사 대상으로 본 자가진단표를 활용하여 CSR 경쟁력을 높이는 데 활용한다.

② 자가진단 항목(52개)은 국내 법규 및 국제표준의 제시 내용을 반영하여 구성하였으며, 최소한의 항목으로만 구성되어 있다. 활용 시 필요한 항목을 추가하여 사용할 수 있으나 현재 구성된 52개 문항 중 임의로 제외하는 것은 지양한다.

③ 자가진단표 활용 시 '현장 개선'을 목적으로 하기에, 협력사의 자가진단결과 각 수준별로 다음의 활동이 필요하다(단, 귀사의 공급망 CSR 정책에 따라 변경/적용될 수 있다).

가. Green의 경우: 자체 개선 및 CSR 우수사례 창출
나. Yellow의 경우: 선택적 현장 점검(Audit) 진행 및 개선
다. Red의 경우: 현장 점검(Audit) 필수 진행 및 개선

(2) 협력사 활용방법

① 협력사의 답변영역

가. 수검 기업은 본 파일의 '기업정보', '노동인권', '환경안전', '경영시스템'의 4개 분야를 모두 답변한다.
나. '기업정보'는 효과적인 CSR 경영을 위한 기업의 기초 정보이며, 향후 개선 과정에서 참고 데이터로 활용된다.

② 자가진단 답변방법

가. 별도로 제공되는 '자가진단 매크로 프로그램'을 활용하여 자가진단을 진행한다.
나. 각 문항별 세부 설명문을 반드시 읽어 보고, '예, 아니요, 해당 없음' 중 1개를 선택하여 체크한다.
다. 각 답변의 의미는 다음과 같다.

- '예': 자가진단표의 문항 설명 내용이 모두 충족될 경우
- '아니요': 자가진단표의 문항 설명 내용이 모두 충족되지 못할 경우
- '해당 없음': 자가진단표의 문항 설명 내용이 회사에 해당되지 않은 경우

③ **결과확인방법**

가. 기업정보와 CSR 자가진단의 모든 문항을 입력한 후 '자가진단결과 확인' 시트 우측 상단의 '진단결과표 제작'을 클릭하면 자동으로 결과가 확인 가능하다.

나. 먼저, 상단에 표기되는 '종합 결과 및 영역별 결과'를 확인한다.

각 시그널의 기준은 다음과 같다.

- Green: 전체 항목 중 '아니오' 답변이 10% 미만인 경우
- Yellow: 전체 항목 중 '아니오' 답변이 10~20%인 경우
- Red: 전체 항목 중 '아니오' 답변이 20%를 초과한 경우

다. 다음에는 '중대지표'의 결과를 확인한다.

중대지표는 많은 국제표준에서 강조하는 항목이며, 특히 위반 시 법적 제재(과태료 이상)가 부과되는 항목이기에 반드시 준수해야 하는 항목이다.

라. 이 중대지표에서 결함이 발생하지 않도록 협력사 스스로 관리하는 활동이 우선적으로 필요하다.

마. '문항별 결과'를 확인하면서, 우리 기업이 우선으로 개선해야 하는 과제를 구체적으로 파악한다.

4. 공급망 CSR의 내용

1) 노동

A01	중대	법에 근거한 취업규칙을 작성하여 신고하였습니까?
설명		- 상시근로자 10명 이상 회사는 취업규칙을 작성 후 신고해야 합니다. (필수항목: 총칙, 채용 및 근로계약, 복무, 인사, 근로조건, 임금, 퇴직 및 해고와 퇴직 급여, 표창 및 징계, 교육 및 성희롱 예방, 안전보건, 재해 보상, 복리 후생) - 또한, 취업규칙을 근로자에게 불리하게 변경할 경우, 근로자의 동의를 받아 변경한 후 이를 재신고해야 합니다.

A02	일반	근로기준법에 근거한 근로계약서를 보유, 관리하고 있습니까?
설명		- 근로기준법에 근거한 근로계약서를 상호 합의 하에 작성/사인하고 이를 각각 1통씩 보유해야 합니다. (임금의 구성항목, 계산방법, 지급방법 및 근로시간, 휴일/연차 유급 휴가에 관한 사항을 포함) - 외국인 근로자가 이해할 수 있는 현지 언어로 작성되어야 합니다.

A03	중대	법정 근로시간(현재 주 52시간)을 모든 근로자가 준수하고 있습니까?
설명		- 법정 근로시간 40시간, 연장근로 한도 12시간으로 1주 최대 근로시간은 52시간입니다(50~300인 미만 사업장은 2020.1.1.부터 적용).

A04	일반	초과근무 시 이에 관한 동의 절차를 실행하고 있습니까?
설명		- 근로자가 정규 근로시간 외 근로 중 초과근무(연장근무 및 야간근무)를 할 경우 근로자와 사용자 간 상호 동의서를 작성하고 이를 보관해야 합니다.

A05	중대	근로시간에 따른 근로 수당(최저임금, 초과근로수당 등)을 법규에 따라 지급하고 있습니까?
설명		- 최저 임금액을 보장해야 하며, 정규 근로시간 외 근로(초과근로)나 기타 보상에 대한 임금은 정규 근로시간 임금보다 많이 지급해야 합니다. (최저 임금액: 18년 시급 7,530원 월급 1,573,770원, 19년 시급 8,350원 월급 1,745,150원)

A06	일반	임금에 대한 급여명세서를 근로자에게 제공하고 있습니까?
설명		- 급여 주기(예를 들어 한 달) 동안 근무한 시간에 대해 정확한 보상임을 입증할 수 있도록 총 근무시간, 구체적 공제 내역과 같은 충분한 정보가 포함되어 근로자들이 이해할 수 있는 형식으로 근로자에게 제공해야 합니다.

A07	중대	모든 근로자는 4대 사회보장 보험에 가입되어 있습니까?
설명		- 법정 4대 사회보험(국민연금, 국민건강보험, 고용보험, 산업재해보험)에 모든 근로자들은 가입해야 하며, 4대 사회보험에 따른 공제나 원천징수 금액을 계산하여 해당 정부기관에 납부해야 합니다.

2) 인권

B01	중대	미성년 근로자(실습생 포함)에 대해서 법에서 정한 별도의 보호조치를 시행하고 있습니까?
설명		- 미성년 근로자(18세 미만 근로자)는 최저 연령(15세) 이상이어야 하며 근로계약, 근로시간(정규 근로시간 외 근로 포함), 안전과 보건 등에서 법에서 정한 별도의 보호조치(야간근로 금지, 위험작업 금지 등)를 받아야 합니다.

B02	중대	임신 또는 수유 근로자의 고위험작업을 금지하고 이를 체계적으로 관리하고 있습니까?
설명		- 임신 또는 수유 근로자의 보호를 위해서 유해(화학적 유해물질 취급 업무, 병원체로 인한 오염 우려가 높은 업무 등)하고 위험한 작업(터널 작업, 중량물 취급 업무, 추락이나 붕괴 또는 낙하 위험이 있는 작업 등)을 금지해야 합니다.

B03	중대	임신근로자에 대한 휴가(출산 전후 휴가, 유/사산 휴가, 육아휴직 등) 규정을 준수하고 있습니까?
설명		- 출산 전후 휴가는 90일(산후 45일 이상)이며 유/사산 경험이 있는 근로자의 경우 신청 시 어느 때라도 휴가 사용이 가능해야 합니다. 육아휴직의 기간은 1년 이내로 하며 1회 또는 2회로 나누어 사용할 수 있어야 합니다.

B04	일반	비인도적 행위(성희롱, 성적 학대, 체벌, 정신적 또는 육체적 강압, 폭언, 위협 등) 예방에 대한 사내 규정을 보유하고 있습니까?
설명		- 비인도적 대우를 예방하기 위한 원칙 천명, 예방교육(성희롱 예방교육의 경우 연 1회 의무 등)의 규정을 보유하고 이를 이행해야 합니다.

B05	일반	비인도적 행위에 따른 신고제도(고충처리제도) 및 징계절차를 보유하고 있습니까?
설명		- 고충/불만 사항의 접수, 조사, 처리 절차를 갖춘 프로세스를 갖추어야 합니다. 특히, 상시근로자 30인 이상의 사업장은 3인 이내로 고충처리위원을 선임하여 운영해야 하며, 모든 징계조치는 절차에 따라 진행/기록되어지며 관리자의 검토를 받아야 합니다.

B06	일반	개인적 특성(인종, 피부색, 성별, 장애, 임신 등)을 이유로 채용, 승진, 급여 등에서 차별을 금지하는 규정을 보유하고 있습니까?
설명		- 근로자가 불법적인 차별을 당하지 않도록 하는 규정을 보유해야 합니다. (채용, 취업, 해고, 의료 검사, 휴가, 승진, 급여 및 복리후생에 대한 차별을 금지하는 내용 포함)

B07	중대	노동조합 또는 노사협의회와 정기적인 소통을 하며 노사 간 결정사항의 이행을 관리하고 있습니까?
설명		- 노동조합(근로자 대표 단체) 또는 노사협의회와 정기적으로 소통(노동법상 분기당 1회 이상 노사협의회 개최)해야 하며, 노사 간 결정사항에 대해서 이행하고 이를 관리(정기적 소통, 이행결과에 대한 문서나 사진 보관)해야 합니다.

3) 환경

C01	일반	환경경영에 대한 목표를 수립하고 이를 관리하고 있습니까?
설명		- 환경경영방침(오염예방중심) 및 목표를 수립하고, 이를 실행하기 위한 조직 체계를 구성하며, 정기적(최소 1년 단위)으로 그 성과를 관리해야 합니다.

C02	일반	환경시스템에 대한 인증(ISO 14001)을 보유하고 있습니까?
설명		- 체계적인 환경경영을 위하여 제3자 인증 등 필요한 조치를 취해야 합니다.

C03	중대	법규상 필수적인 환경 인·허가를 취득 및 갱신하고 있습니까?
설명		- 법규상 필수적인 환경 인·허가(대기, 총량, 폐수, 악취, 폐기물, 유해화학물질, 소음, 진동)를 취득하고 규정에 맞추어 정기적으로 갱신/유지해야 합니다.

C04	일반	기후변화 대응을 위한 적절한 관리 활동을 실행하고 있습니까(에너지 사용량, 온실가스 배출량 등)?
설명		- 기후변화 대응을 위하여 에너지 사용량과 온실가스 배출량을 정기적(연 1회 이상)으로 측정하고 배출량을 최소화하기 위해 관리해야 합니다.

C05	중대	법규에서 규정된 지정 폐기물은 적법하게 처리 후 배출하고 있습니까?
설명		- 발생하는 지정 폐기물은 종류, 특성, 발생량을 파악해야 하고 법규에 따라 처리(일반/지정 폐기물에 따른 분리 보관·처리 준수사항 이행) 후 배출해야 하며, 발생량을 줄이기 위해 노력해야 합니다.

C06	중대	대기오염물질은 법적 기준치 이하로 배출될 수 있도록 관리되고 있습니까?
설명		- 제조 공정상 발생하는 대기오염물질(휘발성 유기화합물질, 에어로졸, 부식성 가스, 분진, 오존층 파괴물질, 연소 부산물 등)은 그 물질의 종류, 특성, 발생량을 파악하고 법규(대기환경보전법) 기준치 이하로 배출해야 합니다. - 대기오염방지 설비별(활성탄 흡착탑, 스크러버, 여과집진기, 사이클론) 점검 주기(월 또는 연 1회)에 따라 점검을 하고 관리해야 합니다.

C07	중대	폐수는 법적 기준치 이하로 배출될 수 있도록 적절하게 관리되고 있습니까?
설명		- 모든 폐수는 법규에 따라 처리 후 배출(환경부 고시에 의한 수질 오염물질배출 허용기준 준수)해야 하고, 기준치 내로 배출하도록 폐수처리장을 정기적으로 점검해야 합니다.

4) 안전

D01	중대	국내 법규에 따른 환경안전 담당자(외부 위탁 포함)가 지정이 되어 있고 활동하고 있습니까?
설명		– 환경안전을 관리하는 담당자(외부위탁 포함)가 지정되어 있어야 하고 실질적으로 환경안전관리 업무를 담당해야 합니다. 담당자 지정은 산업안전보건법에 따라 적용대상과 선임 인원이 차이가 납니다.

D02	중대	산업안전보건위원회(법규상 해당 업체)가 구성되고 정기적으로 운영하고 있습니까?
설명		– 산업안전보건위원회(법규상 해당 업체)가 구성(근로자와 사용자가 동수로 구성되어야 함)되어 있어야 하고, 법규에 지정된 업무(산업재해 예방계획 수립, 안전보건관리규정의 작성 및 변경에 관한 사항 등)를 분기별 점검하고 실행하여야 합니다.

D03	중대	법규에서 규정한 안전보건교육(특별안전보건교육 포함)을 실시하고 있습니까?
설명		– 모든 근로자에게 근로자가 이해할 수 있는 언어로 안전보건교육(특별안전보건교육 포함)을 실시해야 합니다. 안전보건교육은 작업 시작 전을 포함하여 정기적(분기/년)으로 실시해야 합니다.

D04	일반	사업장 내 유해 및 위험요인으로 인한 산업재해 발생 가능성을 줄이기 위한 위험성 평가(RA, Risk Assesment)를 실시하였습니까?
설명		- 사업장의 유해 및 위험요인으로 인한 산업재해 발생 가능성(빈도)과 중대성(강도)을 파악하여, 해당 요인의 감소 대책을 수립하여 실행해야 합니다.

D05	일반	사업장 내 유해/위험요인에 대해 법규에 따른 적절한 안전보건 위험표지가 설치되어 있습니까?
설명		- 사업장 내 유해 및 위험요인에는 적정한 규격의 안전보건 위험표지(금지, 경고, 지시안내, 출입금지 표시)가 근로자가 알 수 있는 언어로 설치되어 있어야 합니다.

D06	중대	근로자의 안전사고를 예방하기 위해 적절한 개인보호장비를 지급하고 있습니까?
설명		- 유해 인자별(용접, 밀폐 공간 출입 등의 작업) 적절한 개인보호장비(안전모, 안전화, 방독마스크, 귀마개 등)를 지급해야 합니다.

D07	중대	개인보호장비를 정기적으로 점검하고 작업 시 항상 착용하도록 관리하고 있습니까?
설명		- 근로자에게 지급된 개인보호장비는 정상적으로 작동하도록 점검 및 관리하고 작업 시 항상 착용하도록 관리해야 합니다.

D08	일반	법규에서 지정한 유해 위험기구 및 기계는 안전인증을 유지하고 정기적으로 점검 및 관리되고 있습니까?
설명		- 법규에서 지정한 모든 유해 위험기구 및 기계(크레인, 압력용기, 화학설비 및 그 부속설비 등)는 안전인증이 유지되어야 하고, 정기적으로 점검(검사 주기 만료 30일 전에 안전 검사위탁기관에 제출) 및 관리해야 합니다. - 근로자가 안전 및 상해 위험에 노출될 경우 적절한 물리적 보호장치·안전장치가 설치되어야 합니다.

D09	일반	안전사고 발생 가능성이 있는 작업에 대한 작업 절차서를 구비하고 있습니까?
설명		- 근로자의 잠재적 안전사고 노출 가능성이 높은 작업(위험/화기/절단 등의 작업)은 안전한 작업절차(표준화된 매뉴얼)를 통해서 적절히 통제되어야 합니다.

D11	일반	유해화학물질을 취급하는 근로자에 대한 개인보호장비를 제공하고 있습니까?
설명		- 화학물질을 사용하는 공정 및 화학물질을 저장한 저장소 주변에는 비상 샤워 및 세안시설이 설치되어야 하고, 내화학보호복 및 보호장갑, 보안경 등의 개인보호장비가 지급되어야 합니다.

D12	일반	소방시설 및 장비는 법에서 정한 인·허가를 취득하고, 갱신하고 있습니까?
설명		- 화재 대응을 위한 소방시설 및 장비에 요구되는 모든 허가(시설 및 건물 준공에 관한 인·허가), 라이선스, 점검/검사 보고서가 구비되어 있어야 합니다.

D13	일반	화재에 대응하기 위한 소화기는 적절하게 비치되어 있고 정기적인 점검을 실시하고 있습니까?
설명		- 화재 적응력에 맞는 소화기(분말, CO_2, 하론 등)를 기준(각 층마다, 보행거리 20m 이내, 식별이 쉬운 곳 등)에 따라 비치하고 정기적인(월 1회) 점검을 실시해야 합니다.

D14	일반	화재에 대응하기 위한 소화전은 설치되어 있고 정상가동 여부를 정기적으로 점검하고 있습니까?
설명		- 소화전 설치 기준(옥내 소화전: 호스 2본, 노즐 1개 적재, 반경 25m 마다 설치, 옥외 소화전: 호스 2본, 노즐 1개, 렌치 1개, 반경 40m 마다 설치)에 따라야 합니다.

D15	일반	법규에서 지정한 화재 위험 공정에 자동소화설비가 설치되어 있고 정기적으로 점검하고 있습니까?
설명		- 화재 위험 공정(도장, 도료, 혼합실, 고무, 도금, 종이 박스 등)에는 화재 위험 공정에 맞는 자동소화 설비가 구비되고 정상 작동되어야 합니다.

D16	일반	비상상황에 대비한 적절한 비상통로가 확보되어 있고, 정기적으로 비상대피훈련을 실시하고 있습니까?
설명		- 비상상황에 대비한 비상구 확보, 비상통로 설계, 비상대피도 부착 및 비상구 유도등이 관리되어야 합니다. 그리고 정기적(연 1회 이상)으로 화재에 대비한 비상대피훈련을 실시해야 합니다.

D17	중대	산재 발생 시, 적절한 조사와 기록(문서화), 보고 절차가 확립되어 있습니까?
설명		- 근무 관련 부상(산업재해) 및 질병의 근본원인을 파악하고 이를 시정하고 예방하기 위한 조사를 실시하고 문서화된 기록을 보유하여 관리해야 합니다.

D18	중대	근로자에게 응급처치를 제공하기 위한 효과적인 응급처치 프로세스가 있습니까?
설명		- 부상을 당했거나 아픈 근로자들에게 1차 치료를 제공하기 위한 효과적인 응급 처치 프로세스가 있어야 합니다. - 부상치료를 위한 구급용구가 비치되어 관리되어야 하고, 법에서 정한 보건관리자가 근무해야 합니다(상시근로자 50명 이상~500명 미만의 경우 1명).

D19	중대	법적 작업환경 측정 필요 사업장은 정기적으로 작업환경을 측정하고 법적 기준에 맞추어 관리하고 있습니까?
설명		- 근로자가 노출될 수 있는 화학적/생물학적/물리적 유해인자를 파악하고 정기적인 작업환경 측정(소음, 진동, 실내 공기질 등)을 통하여 그 영향을 파악해야 합니다. - 잠재적 위험요인들은 적절한 관리 감독(대상에 따라 30일 이내/반기별/분기별/연별 측정) 및 기술적/행정적 조치 등을 통하여 노출을 기준치 미만으로 줄여야 합니다.

D20	중대	법규에 의한 특수건강진단 대상자에 대해서 정기적으로 검진을 하고 있습니까?
설명		- 인체에 유해한 공정에 근무하는 근로자의 직업병을 예방하기 위해 정기적(6개월/1~2년 단위)으로 특수건강진단을 실시해야 하며, 유소견자에 대해 적절한 사후관리(작업 전환, 장소 변경 등)를 실시해야 합니다.

D21	일반	육체적 과중 업무를 파악하고 이를 개선하기 위한 대책을 실시하고 있습니까?
설명		- 단순 반복 작업, 중량물 취급 등 육체적으로 힘든 작업을 파악하고, 그로 인한 근골격계 질환이 발생하지 않도록 공정을 개선(보조설비 도입, 작업대 높낮이 조정 등)하거나 순환 근무/스트레칭 등을 실시해야 합니다.

D22	일반	식당 및 기숙사를 운영하는 경우, 필요한 인·허가를 보유하고 정기적으로 관리하고 있습니까?
설명		- 사내 식당(집단 급식소)은 필요한 인·허가를 보유하고 위생적으로 관리(일일 식당 위생 점검, 식수 검사 등)를 해야 합니다. (인·허가 항목: 집단 급식소 운영 인·허가, 조리사, 영양사 등 식당근무 종업원 전문 자격 취득 등) - 기숙사는 필요한 인·허가를 보유하고 위생적으로 관리(청결)해야 하며 화재 등 비상사태에 대비한 행동요령이 구비되어 직원들이 숙지해야 합니다.

5) 공정거래

E01	일반	공정한 계약체결을 위한 절차가 구비되어 있습니까?
설명		다음의 사항을 준수해야 합니다. - 계약서 서면 교부 및 보존 의무 - 부당한 특약의 금지 및 부당한 하도급대금 결정의 금지

E02	일반	공정한 계약이행을 위한 규칙이 정비되어 있고, 이에 따라 업무가 진행되고 있습니까?
설명		• 금지행위유형을 규정하고, 각 금지 행위별 설명을 업무 매뉴얼에 반영하고, 정기적인 감사 및 교육이 이루어져야 합니다. - 물품 등의 구매강제 금지 - 부당한 위탁취소 및 수령 거부의 금지 - 부당 반품의 금지 - 감액의 금지 - 기술자료 제공 요구 금지

E03	일반	대금지급에 관한 정책을 보유하고, 이에 따라 지급이 이루어지고 있습니까?
설명		- 원사업자는 수급사업자에게 하도급법에 따라 대금을 지급하여야 하며 이를 사업별로 관리하여야 합니다. 또한 사업의 내용과 환경이 변경되었을 경우 대금 조정에 대해 협의할 수 있는 채널을 갖추어야 합니다.

6) 윤리

F01	일반	반부패(윤리경영)에 관한 회사의 방침 및 관리 프로그램을 보유하고 있습니까?
설명		- 모든 사업영역에서 어떠한 형태의 뇌물수수, 부패, 강탈 및 횡령에 관해서 청렴성을 유지하기 위한 반부패 정책(윤리강령, 행동지침 등)을 보유하고 이를 관리하는 프로그램(반부패에 대한 조사, 처벌, 개선 이행절차 등)을 운영해야 합니다.

F02	일반	고객정보보호 및 지적재산 보호를 보장하는 규정을 보유하고 있습니까?
설명		- 지적재산을 보호, 관리하는 규정 및 프로그램을 별도로 구비해야 하며, 개인정보보호법에 의거한 개인정보보호 원칙 및 규정(개인정보보호 규정, 윤리강령 내 정보보호항목 등)을 보유해야 합니다.

F03	일반	비윤리적 이슈에 대하여 이해관계자들이 제보할 수 있는 채널을 보유하고 있습니까?
설명		- 이해관계자(공급업체, 고객사, 직원, 고객 등)가 비윤리적 이슈나 고충 등을 제보할 수 있는 온/오프라인의 공식적인 채널(익명게시판, 불만 제기 및 건의함, 핫라인 등)을 가지고 있어야 하며, 비윤리적 이슈 제보자의 신원을 보호할 수 있는 절차를 보유해야 합니다.

7) 경영시스템

G01	일반	CSR의 각 영역에 대한 최고경영자가 승인한 정책/강령을 보유하고 있습니까?
설명		- 노동, 인권, 안전, 보건, 환경, 윤리 각 영역에 대해서 최고경영자가 승인한 성명서 및 규범(정책, 강령)을 보유하고 이를 게시/배포하여야 합니다.

G02	일반	CSR 이슈를 최고경영자와 주요 임원진에게 정기적으로 보고하고 의사결정하고 있습니까?
설명		- 노동, 인권, 안전, 보건, 환경, 윤리와 관련된 이슈를 최고경영자와 주요 임원진에게 정기적으로 보고하는 절차를 보유/운영해야 하고, 이를 기반으로 의사결정하고 실행해야 합니다.

G03	일반	이해관계자들과의 정기적인 커뮤니케이션 절차를 보유하고 있습니까?
설명		- 노동, 인권, 안전, 보건, 환경, 윤리 이슈와 관련하여 이해관계자(근로자, 관리자, 공급업체, 고객, 경영진 등)들과의 정기적인 커뮤니케이션 절차를 보유/운영해야 합니다.

참고문헌

- 중소벤처기업부, 2018년 기준 중소기업공급망 CSR 지침
- 최정철, 「사회책임경영과 지속가능성보고-국내기업의 지속가능보고서 도입실태 분석을 중심으로」, 『기업윤리연구』, 제11권, 2006.02.
- 신진교, 조정일, 「중소기업의 사회책임경영(CSR)이 경영활동과 기업성과에 미치는 영향」, 『중소기업연구』, 제33권, 제1호, 통권 82호, 2011.03.
- 황호찬, 「중소기업의 사회적 책임에 관한 연구 : 기업규모 및 이해관계자의 영향을 중심으로」, 『중소기업연구』, 제29권, 제2호, 2011.03.

저자소개

이윤한 LEE YOON HAN

학력

- 전북대 상과대학 경영학 학사
- 전주대 기업경영대학원 경영학 석사
- 전북대 공과대학 융합기술공학 박사 수료

경력

- (현)한솔경영연구원 대표
- 중소벤처기업부 비즈니스 지원단
- 생산성본부 CSR책임멘토
- 기술정보진흥원 스마트팩토리 지원단
- 소상공인시장진흥공단 희망리턴 컨설턴트
- 중소벤처기업진흥공단인증원(SBCR) 수준평가원
- 공공기관 채용 평가위원 및 면접관(KCA)
- 대중소기업재단 기술보호전문가

- (사)전주시소상공인협회 자문위원
- 한국정책학회 이사
- 전북과 미래 포럼 실행위원

자격

- 경영지도사
- AI 면접관
- 스마트공장 수준 확인 심사원
- ISO 9001, ISO15001 심사원
- NCS전문가

저서

- 「A Study on Quadrotor's Attitude Control by using Kalman Filter(칼만필터를 이용한 쿼드로터의 자세 제어에 관한 연구)」

수상

- 중소기업청장 표창(2012)
- 산업자원부장관 표창(2018)

ESG경영

초판 1쇄 인쇄 2021년 09월 24일
초판 1쇄 발행 2021년 10월 01일

지은이 김영기, 홍승렬, 최효근, 이승관, 김세진, 박옥희, 전수진, 이장우,
조재익, 박상문, 이성몽, 장승환, 임진혁, 임은조, 양석균, 강미영,
김남식, 김재우, 권영우, 김영대, 권오선, 이상은, 이준호, 이윤한
펴낸이 김민규
편집 렛츠북 편집팀 | **디자인** 김현진 | **마케팅** 이재영

펴낸곳 브레인플랫폼(주)
주소 서울특별시 서초구 법원로3길 19, 2층 (서초동)
등록 2019년 01월 15일 제2019-000020호
이메일 iprcom@naver.com

ISBN 979-11-91436-09-9 13320

이 책은 저작권법에 따라 보호를 받는 저작물이므로 무단전재 및 복제를 금지하며,
이 책 내용의 전부 및 일부를 이용하려면 반드시 저작권자와 브레인플랫폼(주)의
서면동의를 받아야 합니다.

* 잘못된 책은 구입하신 서점에서 바꾸어 드립니다.